U0529548

问题青少年教育矫正管理丛书　主编◎苏春景
EDUCATION,CORRECTION AND MANAGEMENT OF PROBLEM YOUTH SERIES

双预机制视角下
问题青少年教育矫正的理论与实践

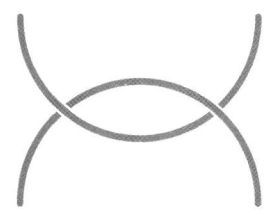

苏春景　等◎著

中国社会科学出版社

图书在版编目（CIP）数据

双预机制视角下问题青少年教育矫正的理论与实践 / 苏春景等著 . —北京：中国社会科学出版社，2020.4
ISBN 978-7-5203-5891-0

Ⅰ.①双… Ⅱ.①苏… Ⅲ.①青少年问题—研究②青少年教育—研究 Ⅳ.①C913.5②G775

中国版本图书馆 CIP 数据核字（2020）第 010900 号

出 版 人	赵剑英
责任编辑	张　林
特约编辑	刘健煊
责任校对	周晓东
责任印制	戴　宽

出　　版	中国社会科学出版社
社　　址	北京鼓楼西大街甲 158 号
邮　　编	100720
网　　址	http://www.csspw.cn
发 行 部	010-84083685
门 市 部	010-84029450
经　　销	新华书店及其他书店
印　　刷	北京明恒达印务有限公司
装　　订	廊坊市广阳区广增装订厂
版　　次	2020 年 4 月第 1 版
印　　次	2020 年 4 月第 1 次印刷
开　　本	710×1000　1/16
印　　张	22.75
插　　页	2
字　　数	351 千字
定　　价	118.00 元

凡购买中国社会科学出版社图书，如有质量问题请与本社营销中心联系调换
电话：010-84083683
版权所有　侵权必究

问题青少年教育矫正管理丛书

主　　　编：苏春景
副　主　编：郑淑杰　张济洲
编委会名单：（按姓氏笔画为序）
　　　　　　王　丹　王陵宇　孔海燕　苏春景
　　　　　　李克信　张济洲　郑淑杰　单爱慧
　　　　　　梁　静　董颖红

前　言

青少年是祖国的未来和民族的希望，党和国家领导人历来重视和肯定青少年在社会发展中的重要地位与关键作用。毛泽东于1957年在莫斯科举行的十月革命四十周年庆祝大会间隙对留苏的中国学生发表了著名讲话："世界是你们的，也是我们的，但归根结底是你们的。你们青年人朝气蓬勃，正在兴旺时期，好像早晨八九点钟的太阳。希望寄托在你们身上。"邓小平于1979年在为中国科协主办的全国青少年科技作品展览题词时写道："青少年是祖国的未来，科学的希望。"习近平总书记指出："全社会都要了解少年儿童、尊重少年儿童、关心少年儿童、服务少年儿童，为少年儿童提供良好的社会环境。孩子们成长得更好，是我们最大的心愿。"十九大报告系统阐述了青年在社会与国家发展中的重要作用，指出："青年兴则国家兴，青年强则国家强。青年一代有理想、有本领、有担当，国家就有前途，民族就有希望。中国梦是历史的、现实的，也是未来的；是我们这一代的，更是青年一代的。中华民族伟大复兴的中国梦终将在一代代青年的接力奋斗中变为现实。"然而，由于部分家庭教育功能缺失、学校教育价值取向错位、社会不良文化传染以及青少年不正确的人生观、价值观和世界观等原因，导致许多普通青少年转变为具有不良行为的问题青少年。问题青少年的违法犯罪不仅会给其个人的成长带来危害，会给他人的情感带来危害，亦会给社会的发展带来莫大的隐患。鉴于此，探究问题青少年预防教育和矫正干预，已成为转型期社会必须直面的重大现实问题。为了预防青少年走上违法犯罪的道路，需要对其进行"预防教育"；而要让那些违法犯罪青少年回归正常社会，则需要对其进行"矫正干预"。因此，"预防教育"和"矫正干预"一体化的"双预机制"就显得格外重要。"双预机制"是指针对正常青少年、虞犯青少年和重新犯罪青少年的"预防教育"和违法犯罪青少年的"矫正干预"的系统性、一体化、全方位的运行过程和规律。

双预机制视角下问题青少年的"预防教育"和"矫正干预"既具有必要性，也具有可行性。问题青少年违法犯罪"预防教育"的必要性在于：犯罪预防有助于减少犯罪的产生与发展；犯罪预防有助于减少犯罪对个体和社会产生的危害；犯罪预防有助于提升物质文明和精神文明建设的水平；犯罪预防是全人类追求和谐的共同需要。问题青少年犯罪预防具有一定的可行性，具体表现为：犯罪预防可行性的哲学依据在于犯罪原因、规律的可认知性；包括犯罪心理学在内的犯罪科学理论的发展与成熟，不仅为犯罪预防提供了理论基础，而且为其提供了可操作的具体方法；越来越成熟的科学技术也为犯罪预防提供了有效的手段；国际性和地区性犯罪预防的合作与交流则为实施犯罪预防提供了便利的客观条件。问题青少年"矫正干预"具有重要的现实意义，其必要性在于：矫正干预有利于与世界接轨，保持一致；矫正干预有利于社会的稳定并为构建和谐社会创造了有利的条件；矫正干预有利于促使被矫正者早日回归正常社会生活。问题青少年"矫正干预"具有一定的可行性，具体表现为：目前，矫正干预相关的理论基础较为丰富；党和政府的高度重视，为矫正干预的推进奠定了坚实的组织保障；我国具有一定的法律、科学技术基础以及良好的社会舆论；实践表明，中国特色的矫正干预实践取得了突破性进展。

本书内容共分为六章，第一章主要阐述了在双预机制视角下，问题青少年教育矫正的缘由，在综合了问题青少年适应性、特征性、结果性、过程性、多学科、要素性概念的基础上，从知、情、意、行等角度界定了"问题青少年"的本质内涵。然后按照问题青少年形成的不同阶段，可以分为虞犯青少年、犯罪青少年、重新犯罪青少年、矫正青少年；按照心理发展水平，可以把问题青少年分为认知错误型、不良人际关系型、情绪型、社会行为障碍型和人格障碍型。第二章主要阐述了问题青少年违法犯罪预防的必要性和可行性及问题青少年违法犯罪矫正干预的必要性和可行性，然后重点阐述了双预机制视角下问题青少年教育矫正的内涵。第三章主要介绍了问题青少年预防教育的理念、分类、原则与具体方法，在问题青少年违法犯罪的预防理念方面，突出强调了临界预防、以社区为基础的预防、以福利为出发点的预防以及坚持综合治理等预防理念。此外,还系统介绍了国内外有关问题青少年犯罪预防的模式与体系。本书试图改变以往仅仅从家庭、学校、社会等方面提出有关问题青少年违法犯罪的预防方法,尝试立足于理论和实践提出具有可操作性的问题青少年违法犯罪的预防策略。第四章阐述了犯罪青少年的监狱矫正,具体包括监狱矫正的界定、刑法哲学基础、法律依据、对象、任务、管理体制、工作者、主要内容与主要方法等。第五章阐述了犯罪青少年的社区矫正,包括社区矫正的概念、社区矫正的理论基础、社区矫正的意义、社区矫正的对象、社区矫正的性质、社区矫正的任务、社区矫正的指导思想、社区矫正的原则、社区矫正的管理体制与队伍、社区矫正的工作流程、社区矫正的方法等。该章专门介绍了未成年犯的社区矫正的理论,并具体阐述了工读教育的历史与发展、工读教育的现状、工读教育存在的问题、工读教育的转向等。第六章主要进行了问题青少年双预论的国际比较,在国际视野下进行问题青少年双预论的比较研究,以美国为例进行中外预防教育的比较研究,以德国为例进行中外工读学校的比较研究,以美国为例进行中外社区矫正的比较研究。

苏春景

2018 年 5 月

目 录

第一章 问题青少年的界定、分类及其研究价值 …………………（1）
 第一节 问题青少年的概述 …………………………………（1）
 第二节 问题青少年的分类 …………………………………（7）
 第三节 问题青少年的心理与行为特征及其成因 …………（26）
 第四节 问题青少年的研究价值 ……………………………（33）

第二章 双预机制的提出及其内涵 ……………………………（37）
 第一节 问题青少年违法犯罪预防的必要性与可行性 ……（37）
 第二节 问题青少年违法犯罪矫正干预的必要性与可行性 ……（43）
 第三节 双预机制视角下问题青少年教育矫正的内涵 ……（48）

第三章 问题青少年违法犯罪预防的理念、模式、原则与方法 ……（51）
 第一节 问题青少年违法犯罪的预防理念 …………………（51）
 第二节 问题青少年违法犯罪的预防模式与体系 …………（64）
 第三节 问题青少年违法犯罪预防的原则 …………………（75）
 第四节 问题青少年违法犯罪预防的方法 …………………（90）

第四章 犯罪青少年的监狱矫正 ………………………………（131）
 第一节 监狱矫正概述 ………………………………………（131）
 第二节 监狱矫正的管理体制与队伍 ………………………（160）
 第三节 监狱矫正的形式和主要内容 ………………………（165）
 第四节 未成年犯的监禁矫正 ………………………………（190）

第五章 犯罪青少年的社区矫正 （198）

- 第一节　社区矫正概述 （198）
- 第二节　社区矫正的管理体制与队伍 （218）
- 第三节　社区矫正的工作流程 （227）
- 第四节　社区矫正的方法 （234）
- 第五节　未成年犯的社区矫正 （260）
- 第六节　我国社区矫正存在的问题与完善 （277）
- 第七节　工读学校 （282）

第六章 问题青少年双预论的国际比较 （297）

- 第一节　中美预防教育的比较 （297）
- 第二节　中外工读学校的比较 （319）
- 第三节　中国和美国社区矫正的比较 （333）

后记 （353）

第 一 章

问题青少年的界定、分类及其研究价值

第一节 问题青少年的概述

一 问题提出

青少年是祖国的未来与民族的希望，这是被实践证明了的显示其在社会发展中具有重要作用的经验总结。一百多年前的梁启超在民族与国家命运危在旦夕之时，曾寄予"少年"深厚的希望，并在《少年中国说》一文中指出："故今日之责任，不在他人，而全在我少年。少年智则国智，少年富则国富，少年强则国强，少年独立则国独立，少年自由则国自由，少年进步则国进步，少年胜于欧洲，则国胜于欧洲，少年雄于地球，则国雄于地球。"[①] 中国共产党和国家领导人历来重视和肯定青少年在社会发展中的重要地位与关键作用。尤其是 2018 年 5 月 2 日，习近平总书记在北京大学师生座谈会上对青年提出了四点希望，即爱国是动力、励志是方向、求真是前提、力行是根本。[②] 然而，由于部分家庭教育功能缺失、学校教育价值取向错位、社会不良文化传染以及青少年不正确的人生观、价值观和世界观等影响因素，许多普通青少年转变为具有不良行为的问题青少年。这些问题青少年呈现出捣乱课堂、夜不归宿、辱骂殴打、持刀威胁、抢劫财物等系列严重问题。据笔者 2017 年对山东省未成年犯管

---

① 梁启超:《少年中国说》，中国言实出版社 2017 年版，第 8 页。
② 《当代青年生逢其时 重任在肩》，2018 年 5 月 3 日，http://edu.people.com.cn/n1/2018/0503/c1053-29962417.html,2018 年 7 月 20 日。

教所 398 名未成年犯的类型进行调查发现,其中"故意伤害"占 20.51%、"盗窃"占 11.04%、"强奸"占 3.41%、"抢劫"占 22.80%、"寻衅滋事"占 36.24%。① 2016 年《法治蓝皮书》指出,虽然我国未成年人犯罪总数连续 6 年呈下降趋势,② 但是"犯罪的质量"却在上升,犯罪手段暴力凶残,共同犯罪居多且犯罪后果严重。③ 显然,青少年违法犯罪给个人、国家和社会的和谐发展带来了巨大的危害。因此,职能部门既要采取积极措施预防青少年违法犯罪,又要对已经违法犯罪的青少年进行矫正干预。

二 问题青少年的本质内涵

概念是思维的形式之一,它能反映客观事物的本质属性。因此,研究问题青少年,首先要真正理解问题青少年的内涵和外延。可以说,问题青少年的概念是研究预防问题青少年违法犯罪与矫正干预的基础和前提,虽然不同学者对问题青少年的概念进行了系列探究,但是到目前为止,仍然众说纷纭,尚未有统一的界定。研究问题青少年涉及教育学、法学、犯罪学、心理学等众多学科,尤其是离不开法学中的诸多法律概念。所谓"法律概念"是指对各种有关法律的事物、状态、行为进行概括定位而形成的术语。④ 在法律中,法律概念起到的是"柱石"作用。美国法理学家埃德加·博登海默(Edgar Bodenheimer)也认为,"概念是辨认和区分社会现实中所特有的社会现象的工具……没有限定严格的专门概念,我们便不能清楚地和理性地思考法律问题"。⑤ 本书试图在教育学、法学、犯罪学和心理学等学科基础上来界定"问题青少年"这一概念。

---

① 苏春景、杨虎民:《双预机制视角下问题青少年教育矫正的原则与路径》,《中国特殊教育》2017 年第 10 期。
② 2011 年为 67280 人,2012 年为 63782 人,2013 年为 55817 人,2014 年为 50415 人,2015 年为 43839 人。本数据来自于中华人民共和国国家统计局。
③ 张国:《我国未成年人犯罪数量连续 6 年下降》,《中国青年报》2016 年 3 月 28 日。
④ 刘星:《法理学导论:实践的思维演绎》(修订本),中国法制出版社 2016 年版,第 100 页。
⑤ [美] E. 博登海默:《法理学:法律哲学与法律方法》,邓正来译,中国政法大学出版社 1999 年版,第 48 页。

(一) 问题青少年概念研究的相关文献

1. 适应性界定

问题青少年的适应性界定,其重点是从社会适应程度来定义青少年是否属于问题青少年。例如,问题青少年在香港被称为"适应有困难儿童",是指与同龄儿童相比,常在家庭、学校或其他公众场合表现出适应能力差、产生情绪困扰或行为问题的儿童。[①] 徐淑慧等认为,问题青少年是指对家庭、学校和社会生活适应不良,偏离或违背社会规范及违法犯罪的特殊群体。[②]

2. 特征性界定

问题青少年的特征性界定,其重点是从青少年具有的消极特征来定义其是否属于问题青少年。例如,闫磊认为,问题青少年是指违背了社会普遍认同的准则或者偏离了正常的健康的成长规划道路的青少年。[③] 符乃斌认为,作为问题青少年,其应具有情感异常、思想空虚、消极懒惰、奢侈浪费和违法犯罪五个方面特征,[④] 即凡是具有以上诸多不良特性的青少年皆可被称为"问题青少年"。

3. 结果性界定

问题青少年的结果性界定,其重点是从青少年最终发展结果来定义其是否属于问题青少年。例如,许德琦和吴再德认为,问题青少年是指各类具有某种不良习气或不良品德的青少年。[⑤] 陶金花等认为,问题青少年是指具有心理障碍和违法的青少年。[⑥]

4. 多学科界定

问题青少年的多学科界定,其重点是从不同学科属性来定义青少年是否属于问题青少年。由于问题学生属于问题青少年,可以认为对问题

---

① 石丹理:《华人社会青少年院护及特殊教育服务》,商务印书馆2004年版,第202—213页。
② 徐淑慧、苏春景、刘丽:《当代问题青少年形成的因素解析及预防对策》,《鲁东大学学报》(哲学社会科学版)2015年第6期。
③ 闫磊:《浅析问题青少年行为矫治与社会工作者的介入》,《社会工作》2010年第4期。
④ 符乃斌:《"问题青少年"增多现象探析及对策思考》,《企业家天地》2012年第10期。
⑤ 许德琦、吴再德:《团伙犯罪与青少年不良交往》,《青年研究》1985年第8期。
⑥ 陶金花、金凤仙、张嫚茹、程灶火:《家庭环境量表中文版在问题青少年群体的信效度验证》,《中国临床心理学杂志》2015年第6期。

学生的界定也是一种划分问题青少年的方法。卢尧等认为，不同学科因其切入角度不同就具有不同的界定视角。他把问题学生分为四类：第一类问题学生是指学习成绩不好的学生；第二类问题学生是指具有不良的思想品德和反叛行为的学生；第三类问题学生是指具有不健全的心理以及偏差的个性特征的学生；第四类问题学生是指由于社会发生的急剧变革，传统规范和伦理道德遭受冲击，社会贫富差距拉大，竞争与压力日趋升温等问题浓缩反映到校园，而产生的与法律规范相抵触行为的学生。①

5. 要素界定

问题青少年的要素界定，其重点是依据"问题青少年"这一概念所摄入的不良要素的多少来定义青少年是否属于问题青少年。由于问题学生属于问题青少年的范畴，可以认为对问题学生的界定也是一种划分问题青少年的方法。"单因素论"是一种用学业成绩、品德行为、个性心理等要素中的某一要素来对问题学生进行的界定。例如，任宜秋、吴俊伟认为，问题学生是指行为举止有偏差的学生；罗世瑛认为，问题学生是指那些学习成绩差的学生。"二因素论"是一种用学业成绩、品德行为和心理素质等要素中的任意二者的组合来对问题学生进行的界定。"三要素论"的代表杨永明认为，问题学生既是学习畏难者，又是行为失控、心理失调的特殊群体。"多要素论"是一种用三个或三个以上的概念要素对问题学生进行的界定。"五要素论"的代表薛浩之认为，问题学生是指学业、行为、心理、生理和情绪上存在着某种偏差与不足，并需要他人帮助才能解决问题的学生。②

(二) 问题青少年的概念

从概念的组合来看，要真正阐释"问题青少年"的本质含义，一是要探究什么是"问题"，二是要阐释什么是"青少年"，三是要理解是什么"问题"+"青少年"，四是通过综合，可以清楚解释"问题青少年"的本质内涵。

---

① 卢尧、黄少兵、汪学余：《国内关于"问题学生"界定研究综述》，《中小学教师培训》2008年第5期。

② 同上。

1. 对"问题"一词的解读

在《现代实用汉语词典》中,"问题"被界定为四种含义:(1)按要求必须回答或解释的题目;(2)尚待解决的矛盾、疑难等;(3)关键或重要之处;(4)事故或麻烦或毛病。① 在本书中,问题青少年中的"问题"按照词典释义,可以理解为第四种的"事故或麻烦或毛病",即该类青少年存在着需要解决的麻烦或毛病,诸如打架斗殴、小偷小摸、骂人、寻衅滋事、夜不归宿、网络成瘾等不良行为。

2. 对"青少年"一词的解读

不同学科、不同领域以及不同风俗等对"青少年"的上限与下限年龄界定存在着巨大差异。《中华人民共和国刑法》第17条对刑事责任年龄进行了明确规定,已满16周岁者犯罪,应当负刑事责任,即完全负刑事责任年龄。已满14周岁不满16周岁者,犯故意杀人、故意伤害致人重伤或者死亡、强奸、抢劫、贩卖毒品、放火、爆炸、投毒罪的,应当负刑事责任,即相对负刑事责任年龄。已满14周岁不满18周岁者犯罪,应当从轻或者减轻处罚,即从轻或减轻刑事责任年龄;不满14周岁者,犯任何罪,都不需要负刑事责任。法律是一门非常严谨的学科,我国刑法所确立的严格意义上的犯罪少年是属于已满14周岁不满18周岁者,超过18周岁的青年犯罪,则应被归为成年人刑事犯罪。我国刑法对于青少年犯罪的上限与下限年龄的界定与大多数国外立法以及相关法律法规、心理学研究、传统文化等不一致。例如,美国青少年犯教养法认为,少年犯罪"是指不满18周岁的犯人"实行"违反美国法律但不受死刑或无期徒刑惩罚的行为",青年犯"是指定罪时不满22岁的犯人"。《奥地利共和国青少年法院法》把青少年界定为14岁以上至16岁以下。② 《德意志联邦共和国青少年刑法》规定:"'少年'是指在行为时已满14岁不满18岁者,'未成年人'是指在行为时已满18岁不满21岁者。"③ 日本《少年法》规定少年的上限为20周岁。《心理学大辞典》把青少年的上限规定为17、18岁。1989年颁布的《儿童权利公约》规定,"儿童"是指

---

① 王继洪、陈鸣、任丽青:《现代实用汉语词典》,上海远东出版社2001年版,第856页。
② 康树华:《当代中国犯罪主体》,群众出版社2005年版,第11页。
③ 曹漫之:《中国青少年犯罪学》,群众出版社1987年版,第27页。

18岁以下的任何人,其中包含了"青年"和"少年"。我国婚姻法规定最低男性、女性结婚年龄分别为22周岁、20周岁。《联合国少年司法规则》强调规则应用范围要扩大:本规则的有关规定不仅适用于少年犯,而且也适用于可能因犯有对成年人不予惩处的任何具体行为而被起诉的少年……还应致力将本规则中体现的原则扩大应用于年纪轻的成年罪犯。综上所述,将问题青少年的上限年龄予以适度提高到不满25周岁为止具有其内在的合理性并得到了学界的广泛认可。

同样,不仅学界存在着对于青少年年龄下限降低的提议,而且某些部门在实践中已把青少年年龄下限设置为12岁甚至10岁。例如,世界卫生组织(WHO)于1998年把"青春期"的起始年龄定为10岁;我国台湾地区的《少年事件处理法》把"少年"下限定为12周岁;《心理学大辞典》把"青少年"的下限规定为11、12岁;我国工读学校招生对象是12周岁到17周岁之间的,具有严重不良行为或一般不良行为并不适宜在普通学校就读的学生。从实践来看,国内外面临着青少年犯罪明显低龄化的严重问题,对刑事责任年龄的划定就显得尤为重要。如果刑事责任年龄定得过高,会漏掉或放纵一些未成年人实施危害社会的犯罪行为;反之,刑事责任年龄定得过低,则会形成打击面过宽与过广的现象。《联合国预防少年犯罪准则》中指出:"要考虑青少年不符合总的社会规范和价值的表现或者行为,往往是其成熟和成长过程的一部分,在他们大部分人中,这种现象将随着其步入成年而消失。"《联合国儿童权利公约》不接受将刑事责任年龄划定在12岁以下,联合国儿童权利委员会鼓励《联合国儿童权利公约》缔约国将刑事责任年龄提高到12岁,并将其作为底线。目前,全球各国的刑事责任年龄呈现出很大的差异性,一般都会根据本国少年儿童成长的实际情况及预防犯罪的需要,根据个体从完全不具备到部分具备,乃至完全具备辨认和控制自己行为的能力的逐步发展过程来划定刑事责任年龄,而且很多国家的刑事责任年龄标准与国际标准差异较大。[①] 综上所述,将问题青少年的下限年龄予以适度降低,降到已满12周岁完全具有必要性和可

---

① 张晓霞:《全球视角下刑事责任最低年龄实践中的困境》,《青少年犯罪问题》2011年第1期。

行性。

3. 对"问题"+"青少年"的解读

"问题青少年"是由"问题"和"青少年"组合而成的。在阐释了"问题"和"青少年"之后,本书认为,"问题青少年"是指难以适应家庭、学校和社会环境的一类特殊群体,他们的年龄被规定为已满 12 岁到不满 25 周岁之间。问题青少年在认知上表现为不能正确分析问题和解决问题,存在着错误的人生观和世界观;在情绪情感上表现为冲动、无情、残忍;在意志上表现为固执、鲁莽、缺乏自控能力;在行为上表现为欺凌、抢劫、打架斗殴等。

第二节 问题青少年的分类

一 问题青少年分类研究综述

学界对问题青少年进行了若干分类研究,但是到目前为止,并没有统一的标准。已有的研究按照不同标准,将问题学生(包括青少年)划分为若干类型,具体表现如下。

从内容角度上来看,可以将问题学生(包括青少年)划分为不同类型。以阮为文为代表的三类型分类法,把问题学生划分为"学习类问题学生""行为类问题学生"和"心理类问题学生"。[1] 以王晓春为代表的五类型分类法,将问题学生划分为"厌学型""纪律型""品德型""心理障碍型""好学生型"(在学校一般是公认的好学生,各方面都不错,问题处于隐蔽状态。这种孩子有时会突然惹出大事,如早恋、出走、犯罪、自杀等)。[2] 陈灿芬指出,问题学生违背了主导的教育规律和社会规范,对教育的正常秩序构成了一定的威胁,给自己和他人带来了消极的影响。其定义下的"问题学生"包括"厌学型""心理障碍型""租房住宿型""网络成瘾型"和"违纪违法型"。[3] 张蕾等人指出,问题学生有

---

[1] 阮为文:《论"问题学生"的教育转化》,《内蒙古师范大学学报》(教育科学版)2005 年第 4 期。
[2] 王晓春:《问题学生诊疗手册》,华东师范大学出版社 2006 年版,第 4 页。
[3] 陈灿芬:《高校问题学生解读》,《社会科学家》2009 年第 12 期。

"学习问题型""行为问题型""交往问题型"和"心理问题型"。① 徐淑慧等把问题青少年划分为三种类型,即"道德沦丧青少年""心理问题青少年"和"违法犯罪青少年"。②

从心理与行为表现上来看,可以将问题学生(包括青少年)划分为"外向表现型问题学生"和"内向退缩型问题学生"。从行为表现的倾向特征进行划分,金学伟和熊群仙等将问题学生划分为"外向表现型问题学生"和"内向退缩型问题学生"两类。其中,外向表现型问题学生表现欲极强,如拒绝遵守校规班纪、上课故意捣乱、打骂同学、穿奇装异服等;内向退缩型问题学生心理活动和行为反应严重内倾,对学校环境中的各种刺激采取退缩反应,以致心理严重紊乱,学习活动不能正常进行。③

从层级角度入手,可以对问题学生(包括青少年)进行更为细致的划分。

从层级角度入手进行的划分,就是在一级划分的基础上,又进行了更为细致的二级划分。例如,胡学志把心理类问题学生归纳为"情绪情感障碍型""性格缺陷型""意志行为障碍型""品行障碍型""神经症型""身心障碍型"六种类型。该种划分使问题学生的特征更加精细化,个性也更加鲜明,实践操作价值也更强。④

综上所述,考虑到问题青少年是逐步形成、发展的,因此,本书主要按照问题青少年形成的不同阶段和问题青少年心理层级的角度,对问题青少年进行若干具体分类。

二 按照问题青少年形成的不同阶段,可以分为虞犯青少年、犯罪青少年、重新犯罪青少年和矫正青少年

问题青少年并不是突然产生的,而是从正常青少年逐步发展而来的。

---

① 张蕾、苏春景、李莹莹:《当代问题学生的类型及其干预策略研究》,《中国特殊教育》2014年第9期。
② 徐淑慧、苏春景、刘丽:《当代问题青少年形成的因素解析及预防对策》,《鲁东大学学报》(哲学社会科学版)2015年第6期。
③ 金学伟、熊群仙:《对转化问题学生的几点思考》,《攀枝花大学学报》1999年第2期。
④ 胡学志:《"问题学生"常见心理问题及成因简析》,《青海教育》2004年第3期。

从问题青少年演变的过程来看，其先后经历了"普通青少年""虞犯青少年""犯罪青少年（包括重新犯罪青少年）""矫正青少年"和"回归青少年"几个阶段，这是一个从前到后、层层递进、环环相扣的过程。其中，普通青少年属于正常青少年，"虞犯青少年""犯罪青少年"和"矫正青少年"属于问题青少年，具体阐述如下。

（一）虞犯青少年

"虞犯"是指尚未犯罪，但根据其个体的不良品德、行为表现、恶习程度、不良的生活环境、与违法犯罪者的交往等情况，被认为有犯罪或触犯刑罚法令的可能的个体。① 从"虞犯"的概念界定可以发现，虽然虞犯青少年所实施的小偷小摸、言语欺凌等行为已经具有触犯刑法处罚的倾向，但是这一类特殊群体并没有真正实施刑法明令禁止的行为，即虞犯青少年具有违法犯罪的潜在危险性，如果不对其进行及时的干预、矫正，他们极有可能实施危害他人和社会的犯罪行为，进而转化为真正的犯罪分子。虞犯青少年包括虞犯青年和虞犯少年，其中虞犯青年的年龄范围在已满18周岁至未满25周岁之间，虞犯少年的年龄为未满18周岁，但是我国的台湾地区、日本等对虞犯少年的年龄界定范围与我国大陆地区不一致。

"虞犯少年"是来自日本的一个法律术语，日本《少年法》第2条第1款规定，"少年"是指不满20周岁的人。《少年法》指出"不良少年"包括"犯罪少年""触法少年""虞犯少年"三种（第3条第1款）。其中，"犯罪少年"是指犯了罪的少年；"触法少年"是指不满14周岁、触犯刑罚法令的少年；"虞犯（犯罪倾向）少年"是指并没有触犯刑法，而是有被称作"虞犯（有犯罪倾向）事由"的一定品行，并且，根据他的性格或环境，将来可能会犯罪，或具有触犯刑法的危险性，即虞犯性，② 符合少年法第3条第1款第3项列举的四项事由（虞犯事由）之一，并参照其性格或环境，将来有犯罪，或者实施触犯刑罚法令行为的危险（虞犯性）的少年。虞犯事由有：具有不服从保护人的正当监督的癖性；无正当理由不接近家庭；与有犯罪性的人或不道德的人交往，或者出入可疑的场所；具有实施

---

① 齐书学、赵瑞恒：《公证律师辞海》，黑龙江人民出版社2003年版，第1001页。
② 赵秉志：《法学新论》，中国法制出版社2016年版，第102页。

有害自己或他人德性的行为的癖性。①

谭邦杞认为,"少年"是指满13周岁到未满18周岁的未成年人,"虞犯少年"是指13周岁到未满18周岁这个年龄段中可能犯罪或处于犯罪边缘者。同时,谭邦杞也指出,只有具备下列情形之一的少年,才能被称为"虞犯少年",具体包括:(1)经常犯事,已有一定的违法行为但又不愿改正者;(2)经常寻衅滋事、打架斗殴者;(3)经常测听犯罪伎俩,并与有违法犯罪行为的人交往者;(4)经常旷课、逃学、流浪和校外一些不三不四的人鬼混者;(5)经常拿家里的现金,变卖家中的物品,出入娱乐场所,追求高消费者;(6)经常谈论女人,传看、传抄淫秽书刊者。②

我国台湾地区的《少年案件处理法》将虞犯划分为以下七种类型:(1)经常与有犯罪习性的人交往者;(2)经常出入成人场所者;(3)经常逃学或离家出走者;(4)参加不良组织者;(5)无正当理由经常携带武器者;(6)有违警习性或经常于深夜在外游荡者;(7)吸食或使用烟毒以外之麻醉或迷幻物品者。③

日本的《少年法》将虞犯划分为以下四种类型:(1)具有不服从保护人的正当监护之恶习者;(2)没有正当理由不靠近家庭者;(3)与有犯罪性的人或不道德的人交往,或出入可疑场所者;(4)具有伤害自己及他人的恶习者。④

(二)犯罪青少年

学界对"犯罪青少年"的界定差异巨大。曹漫之从刑事法学角度认为,青少年犯罪是指刑法规定的某个特定年龄阶段的人,实施了依法应受刑罚惩罚的危害社会的行为。⑤ 同时,曹漫之认为,青少年犯罪学研究的"青少年"范围指25周岁以下,但重点是不满18周岁的犯罪青少年、违法青少年、危险青少年,以及一般青少年教养、管教中的某些缺陷或

---

① [日]川出敏裕、金光旭:《刑事政策》,钱叶六等译,中国政法大学出版社2016年版,第269—270页。
② 湖南省青少年犯罪研究会编:《青少年犯罪研究论文集》,湖南省青少年犯罪研究会1996年版,第151页。
③ 高维俭、胡印富:《少年虞犯制度比较研究》,《预防青少年犯罪研究》2013年第4期。
④ 同上。
⑤ 曹漫之:《中国青少年犯罪学》,群众出版社1987年版,第27页。

问题。① 由此可见，曹漫之认为问题青少年主要包括"犯罪青少年""违法青少年""危险青少年"以及有问题的"一般青少年"等。王牧认为，未成年人犯罪概念有广义和狭义之分，狭义的是以严格的刑法为依据，广义的包含违法犯罪、不良行为和不道德行为。

对未成年人刑事案件的处理与对成年人的处理不一样，《预防未成年人犯罪法》第 44 条第 3 款规定："对于被采取强制措施的未成年学生，在人民法院的判决生效以前，不得取消其学籍。"审理未成年人犯罪案件时，对于已满 14 周岁不满 16 周岁的，一律不公开审理；对于已满 16 周岁不满 18 周岁的，一般也不公开审理。不得披露未成年人犯罪的资料等。② 由前文论述可知，犯罪学界把"青少年"界定为已满 12 周岁不满 25 周岁者，青少年犯罪是指已满 12 周岁不满 25 周岁者所实施的具有危害他人和社会的严重行为。在"青少年犯罪"这一概念界定中，包括了"青年"和"少年"两个年龄阶段群体的犯罪，即未满 18 周岁的未成年犯罪和已满 18 周岁不满 25 周岁的青年犯罪。这种划分方法有利于对不同年龄阶段的违法犯罪个体实施分类化的预防教育和矫正干预，毕竟未成年人与成年人存在显著差异。在我国刑法上，没有"未成年人""青少年"的年龄划分，"未成年人犯罪"不是一个精准的法律概念，"青年犯罪"也不是一个法律专业术语，但是青春期包括了"少年"和"青年"，所以犯罪学界形成了共同研究范式，即常常把"少年犯罪"和"青年犯罪"称为"青少年犯罪"。因此，依据刑法规定和犯罪学等研究范式，问题青少年犯罪包括违法青年和违法少年两大类。

国外对"犯罪未成年人"的界定也是众说纷纭，例如，美国的犯罪未成年人被称为"罪错少年"，根据《世界大百科全书》，美国"少年罪错（Tuvenle delinguency）"，即少年犯罪行为，包括盗窃汽车和盗窃财物行为、禁宵后待在外边或酗酒行为、反对社会规范的行为等。③ 日本把犯

---

① 曹漫之：《中国青少年犯罪学》，群众出版社 1987 年版，第 48 页。
② 周琴、傅文茹：《教师职业道德与教育法律法规》，安徽大学出版社 2015 年版，第 198—199 页。
③ 宋占生：《中国公安百科全书》，吉林人民出版社 1989 年版，第 436 页。

罪未成年人称为"非行少年",它包括"犯罪少年""触法少年"和"虞犯少年"。日本的未成年犯罪则被称为"少年非行"。① 在埃及,诸如夜不归宿、参与伤风败俗活动等广泛的不良行为都被认为是少年犯的行为范围。② 英国的少年犯罪行为包括不听父母的话、与不道德的人交往或其家庭成员犯有某些特定罪行(如卖淫、乱伦等,违反政府法令等)。③

(三) 重新犯罪青少年

依据我国《刑法》规定来看,累犯是一个刑法术语,而"重新犯罪"是一个犯罪学概念,并非是一个刑法用语。"累犯"是指因犯罪而受过一定的刑罚处罚,刑罚执行完毕或者赦免以后,其在法定期限内再次犯罪的犯罪。④ 我国《刑法》规定的累犯包括"一般累犯"和"特别累犯"两类。《刑法》第65条规定,"一般累犯"是指因故意犯罪被判处有期徒刑以上刑罚的犯罪分子,刑罚执行完毕或者赦免以后,在5年以内再犯应当判处有期徒刑以上刑罚的,是累犯,应当从重处罚,但是过失犯罪和不满18周岁的人犯罪除外。《刑法》第66条规定,"特别累犯"是指参与危害国家安全、恐怖活动、黑社会性质的组织的犯罪分子,在刑罚执行完毕或者被赦免以后,在任何时候再犯上述任一类罪的,都将以累犯论处。根据《刑法》第356条规定,毒品再犯制度是指因走私、贩卖、运输、制造、非法持有毒品罪被判过刑,又犯本节规定之罪的,应从重处罚。综上所述,刑法规定的累犯和再犯制度是基于犯罪人的危险性较大或犯罪行为的社会危害性非常严重而将其规定为从重处罚的法定情节。⑤

重新犯罪也被称为"再犯",有广义和狭义之分:广义的重新犯罪是指第一次实施犯罪行为后又犯新罪;狭义的重新犯罪则是指已受过刑罚处罚的犯罪行为人在刑罚执行完毕之后一定期限内又犯新罪。狭义的重

---

① 宋占生:《中国公安百科全书》,吉林人民出版社1989年版,第435页。
② 冯云翔:《未成年人犯罪及预防》,哈尔滨工业大学出版社2003年版,第141页。
③ 康树华:《当代中国犯罪主体》,群众出版社2005年版,第13页。
④ 高铭暄、马克昌:《刑法学》,北京大学出版社2000年版,第278页。
⑤ 郭开元:《青少年犯罪预防的理论和实务研究》,中国人民公安大学出版社2014年版,第184页。

新犯罪概念通常为研究者们所使用。① 从重新犯罪的两个概念可知，重新犯罪中的前罪与后罪之间并没有严格的时间间隔限制。郭开元认为，"青少年重新犯罪"是指14周岁至25周岁的人曾因犯罪被处罚（包括免予刑事处罚，被判处管制、拘役、有期徒刑、无期徒刑或者单独适用附加刑罚的），刑罚执行期间或者刑罚执行结束后又实施故意犯罪行为。② 本书认为，青少年犯罪的年龄下限是已满12周岁，因此，依据"重新犯罪"和"青少年重新犯罪"的概念，重新犯罪青少年是指曾因犯罪被予以刑事处罚，但是在刑罚执行期间或者刑罚执行结束之后又实施故意犯罪行为的介于已满12周岁到不满25周岁的特殊群体。

2011年中国青少年研究中心开展的调查研究数据显示，青少年重新犯罪的现状和特点主要表现在以下几个方面：（1）在犯罪年龄方面，最高人民法院的统计数据显示，2010年未成年罪犯重新犯罪率为2.61%，比同期全部刑事罪犯低4.11个百分点。③（2）在受教育程度方面，受教育程度是小学的青少年罪犯在重新犯罪中所占的比例（30.3%）高于初犯中所占的比例（20.1%）。（3）在犯罪类型方面，青少年重新犯罪的主要类型是盗窃罪和抢劫罪，占55.6%。（4）在犯罪目的方面，重新犯罪目的主要是为了谋取钱财（42.4%）、为了朋友（24.6%）和为了泄愤、报复（12.9%）。（5）在犯罪原因方面，在青少年重新犯罪的原因中，"交友不慎"所占比例较大，达到15.4%，重新犯罪前处于无业状态的占51.7%。（6）在犯罪形式方面，74.9%的青少年重新犯罪是共同犯罪，从在共同犯罪中的作用看，44.1%的青少年在犯罪过程中起主要作用，属于主犯，比初次犯罪时的比例（20.9%）高出23.2个百分点。这表明，重新犯罪的青少年的危险性增大。在共同犯罪成员方面，其在监狱服刑中认识的朋友占4.5%。（7）在犯罪地点方面，青少年重新犯罪地点是以街道里巷最多，占34.7%；另外是宾馆饭店（14%）、KTV等娱乐场所（10.5%）和网吧（9.9%）。（8）重新犯罪青少年在初次犯罪时所

---

① 魏平雄：《中国预防犯罪通鉴》（下卷），人民法院出版社1998年版，第2027—2028页。
② 郭开元：《青少年犯罪预防的理论和实务研究》，中国人民公安大学出版社2014年版，第184页。
③ 张军：《中国人民司法》，人民法院出版社2011年版，第191页。

受的刑罚多数属于轻刑。其重新犯罪时所受的刑罚相对较重，60.4%被判处3年以上有期徒刑，使其较为明显地感知到法律的惩罚。①

（四）矫正青少年

学界对"矫正（correction）"的本质内涵和界定存在不同的观点，高莹认为"矫正"意指正曲使直，匡正、纠正和改正，②应用于医学、犯罪学等领域；美国犯罪学家克莱门斯·巴特勒斯（Clemens Bartollas）认为，"矫正"是指法定有权对判有罪者进行监禁或监控机构及其所实施的各种处遇措施。③ 一般来说，矫正包括"监禁矫正"和"社区矫正（非监禁矫正）"，因此，"矫正青少年"是指接受监禁矫正和社区矫正的年龄范围处于已满12周岁至不满25周岁的特殊群体。

监禁矫正是指在监狱环境中，通过剥夺犯罪行为人的人身自由进行的一种管理、教育和治疗的矫正。而"社区矫正"是一个舶来词，与之相关的概念有"非监禁刑""社区制裁""社区刑法""中间制裁"等。④ 社区矫正是与监禁矫正相对的一种行刑方式，是指将符合条件的罪犯置于社区内，由专门的国家机关在相关社会团体和民间组织以及社会志愿者的协助下，在判决、裁定或决定确定的期限内，矫正其犯罪心理和行为恶习，并促进其顺利回归社会的非监禁刑罚执行活动。⑤ 据最高人民法院、最高人民检察院、公安部、司法部（以下简称"两院两部"）联合下发的《关于开展社区矫正试点工作的通知》，社区矫正的适用范围被明确规定为五类罪犯：(1) 被判处管制的。(2) 被宣告缓刑的。(3) 被暂予监外执行的，具体包括：有严重疾病需要保外就医的；怀孕或者正在哺乳自己婴儿的妇女；生活不能自理，适用暂予监外执行不致危害社会的。(4) 被裁定假释的。(5) 被剥夺政治权利，并在社会上服刑的。在符合上述条件的情况下，应将罪行轻微、主观恶性不大的未成年犯、老病残

---

① 郭开元：《预防青少年重新犯罪研究报告》，中国人民公安大学出版社2013年版，第13—33页。

② 高莹：《矫正教育学》，教育科学出版社1991年版，第2页。

③ ［美］克莱门斯·巴特勒斯：《矫正导论》，孙晓雳等译，中国人民公安大学出版社1991年版，第3页。

④ 郭建安、郑霞泽：《社区矫正通论》，法律出版社2004年版，第5—6页。

⑤ 同上书，第3页。

犯，以及罪行较轻的初犯、过失犯等作为上述非监禁措施的重点适用对象，对其实施社区矫正。①

从历史发展来看，社区矫正是人类刑法思想与刑罚制度发展到一定阶段的产物。在原始社会出现了"同态复仇"，这可以被看作刑法的萌芽，但它并不是真正的刑法思想。刑法出现的时间是在奴隶社会和封建社会，统治者实行的是报复主义和威吓主义的刑法。在自由资本主义阶段，刑事古典学派对刑罚的残酷性进行了否定与反思，以贝卡利亚、边沁等为代表的刑事古典学派，提出了"刑罚人道""罪行法定""罪行均衡"的三大原则，主张对罪犯的处罚只能以其实施的犯罪行为及其对社会的危害程度为根据，超过行为危害程度的刑罚就是不公正的。在垄断资本主义阶段，以龙勃罗梭、菲利等为代表的刑事实证学派认为，犯罪是由行为人的个人因素或者个人和外界两方面的因素所决定的；刑罚的目的不应只是单纯地报应罪犯，而应是矫正罪犯的反社会性人格，使其重新社会化，成为对社会有用的成员；刑罚执行关注的重心应该转移，应该从关注惩罚转移到关注罪犯如何再度适应社会；刑事实证学派也认为监禁矫正具有交叉感染性和封闭性等缺点，刑事实证学派也敏锐地观察到监禁性的弊端，于是社区矫正思想便应运而生了。② 目前，西方国家的社区矫正发展水平较高，主要包括三个模式：以美国、加拿大为代表的"公众保护模式"；以英国为代表的"刑罚模式"；以日本为代表的"更生保护模式"。③

西方发达国家对青少年进行的刑法处遇遵循着轻刑化、非监禁化和非刑事化的司法理念。而我国到目前为止，监狱的监禁矫正仍处于主导地位，非监禁的社区矫正则处于次要地位。再加上社区矫正法律散见于不同刑事法律的现状，监狱矫正和社区矫正并非完全对立，两者具有一定的关联性。因此，随着社会法治文明的进步，针对青少年的矫正，有必要建构监狱矫正与社区矫正一体化的大矫正蓝图。综合干预的大矫正

---

① 最高人民检察院《法律手册》编委会编：《检察委员会委员常用工作手册》，中国检察出版社 2013 年版，第 795 页。
② 葛炳瑶：《社区矫正导论》，浙江大学出版社 2009 年版，第 3—6 页。
③ 张旭光：《和谐社会背景下的社区矫正问题研究》，中国农业科学技术出版社 2014 年版，第 224 页。

实施计划将主要从四个方面展开：①（1）构建一体化的矫正管理机构。建议把监狱矫正和社区矫正纳入统一的管理机构，在司法部下设全国矫正教育总局，地方市、区、县在省级司法厅之下设立矫正局，通过统一机构提高矫正管理水平。（2）制定和完善一体化的矫正法律依据。改变目前矫正法律散见于1997年《刑法》、1996年《刑事诉讼法》和1994年《监狱法》的现状，应尽快制定和出台我国的《社区矫正法》，而且其中应设立未成年人社区矫正专章，其原因在于：未成年人在犯罪原因、犯罪类型等多方面与成年人有很大的差异；有助于建立和完善我国少年司法制度；有助于未成年人顺利回归社会；与国际社会非监禁和非刑事化的思潮相一致。（3）构建"审前矫正""监狱矫正""社区矫正"和"亚犯罪人矫正"一体化的罪犯矫正体系。"审前矫正"主要包括审前羁押矫正和审前社区矫正，其目的在于确保未决犯到法庭接受审判，防止其毁灭或伪造证据，以及预防其重新犯罪等；针对管制、缓刑、假释、暂予监外执行和被剥夺政治权利且在社会上服刑的犯罪青少年，应对其实施心理改正、行为纠正的社区矫正措施；针对不满16周岁不负刑事责任的违法少年，即"亚犯罪人"，应由家长或者监护人进行管教，必要时由政府收容教养；针对社区矫正期满、表现良好的违法犯罪青少年应进行正确的解矫工作，妥善安置他们，使其顺利回归社会。（4）构建专业化的矫正队伍。目前，我国矫正队伍整体的管理与业务素质较低，因此迫切需要组织与实施一体化的矫正人员选拔标准，让那些具备一定学历且具备丰富矫正知识和经验的警察，以及拥有心理学、教育学等专业背景的社会工作者和志愿者担任矫正官。此外，对于被选拔的矫正官，应通过专家引领、网络课程和自我修养等方式提升其理论与实践技能；对于考核不合格的矫正官，实施淘汰机制，真正构建起一支高素质的矫正队伍。

三 按照心理发展水平，问题青少年可以被分为认知错误型、不良人际关系型、情绪型、社会行为障碍型和人格障碍型

（一）认知错误型问题青少年

"认知"是指个体通过感觉、知觉、注意、想象、记忆、思维等

---

① 姚建龙：《社区矫正学导论》，北京大学出版社2016年版，第30—34页。

手段认识客观事物内在规律的一种信息加工活动。瑞士心理学家让·皮亚杰（Jean Piaget）把儿童认知发展划分为感知运动阶段（0—2岁）、前运算阶段（2—7岁）、具体运算阶段（7—12岁）和形式运算阶段（12—15岁以后）。依据认知发展的四阶段理论，青少年处于形式运算阶段。青少年在该阶段的认知结构已趋向成熟，能进行抽象的逻辑运算，形式运算可以借助组合系统而使认识达到一个范围无限的可能性。[1]

问题青少年的不良行为与其不成熟认知具有密切关系，其错误的认知决定了不良行为发展的方向和方式，具体表现为：（1）"思考可能性"会导致不良行为或危险行为的产生。依据皮亚杰认知发展理论，当青少年认知从具体运算发展到形式运算阶段，其认知具有"思考可能性，而非现实性"的特征，即"思考可能性"是指青少年的认知不再依赖眼前具体的人和事物，能够对符号（假设的事物或事物的关系等）进行抽象的逻辑运算。但是问题青少年认知发展的思考可能性会导致其产生不良行为和危险行为，例如，思考可能性会导致问题青少年出现剥夺他人生命的危险行为。一个叫齐刚（化名）的少年为了反抗父母不正确的教育方式，于2002年在家中杀死了自己的母亲，并计划杀死父亲。当被问及"想过这件事的后果吗？"时，齐刚回答："想过。我知道这件事是违法的，法律会严惩不贷，一定会被判坐十几年、二十几年牢。但是我当时想，如果我现在不坐，将来始终会受父母制约；现在坐了牢，等以后出去我就可以一个人生活，就自由了。"[2] 通过分析本案例可以发现，齐刚之所以产生杀害母亲并计划杀害父亲的危险行为的原因在于，他认为如果杀死自己的父母，就可以摆脱父母的约束从而获得更多的自由；反之，如果继续选择并接受父母专制的教养方式，则会失去自身自由。最终，齐刚通过可能性思考，实施了杀死自己母亲的行为，走向了犯罪道路。（2）思维的相对主义会导致不良行为或危险行为的产生。依据皮亚杰认知发展理论，青少年思维发展到形式运算阶段，其认知结构已基本发展成熟，但是并非所有的青少年都能在特定时间达到这样的抽象逻辑水平。

---

[1] 叶浩生：《心理学通史》，北京师范大学出版社2006年版，第290页。
[2] 郑确：《青少年逆反心理》，南京师范大学出版社2006年版，第14—145页。

当那些认知水平较低、认知发展不完善的青少年面对各种复杂情况时,很难做出正确、科学的判断,极易陷入思维的相对主义倾向中,即青少年看待事物的标准会出现"全或无,非黑即白"的现象,他们倾向于采用相对的观点来看待事物,可能对"权威"的言论提出质疑和反驳,也可能会把"事实"当成绝对真理。青少年"事事无绝对"的信念甚至会使他们开始对许多事情抱极端怀疑的态度。① 思维的相对主义倾向很容易使青少年认为道德观、价值观、世界观等具有多元性,很容易做出一些从众性行为,如:随意地抽烟、酗酒、盗窃、打架斗殴等行为,甚至产生拉帮结派的哥们义气。

(二) 不良人际关系型问题青少年

不良人际关系型问题青少年缺乏人际交往主动性,不懂得如何正确处理人际关系,因而极易与他人发生矛盾和冲突。研究表明,有心理问题的学生在人际交往中总是处于被动地位,他们不愿意主动与他人交往,不愿意主动与他人建立良好的人际关系,这主要与他们不良的情绪、个性和行为缺陷有直接关系。②

问题青少年的不良人际关系主要表现为:(1) 与教师的不良关系。教师对青少年学生存在认知偏差、刻板效应、首因效应和近因效应等情况,这极易给学生造成压抑心理与不良行为。尤其是在中学阶段,教师是青少年学生的理想目标与公正代表,他们特别渴望得到教师的表扬、关心与理解并期望教师能够公平对待自己。如果教师缺乏耐心、爱心与容忍之心,对青少年学生常常指责与批评,甚至动辄打骂,那么,这不仅会给青少年学生带来严重的心理创伤,更会引发师生之间的冲突。(2) 与父母的不良关系。如果父母采取专制的方式教育子女,再加上青少年具有极强的逆反心理,容易引发青少年与其父母之间形成不良关系。这种不良的亲子关系会给青少年造成抑郁、愤怒、被抛弃感等不同方面的心理伤害,导致青少年形成孤僻、专横的性格,表现出敌对、破坏性等不良行为,甚至演化为憎恨他人乃至整个社会和国家。(3) 自我封闭

---

① 张文新、赵景欣:《心理矫正与服刑青少年的教育改造》,山东人民出版社2014年版,第9页。

② 周东滨:《心理教育论》,内蒙古科学技术出版社2005年版,第126页。

的人际关系。自我封闭型的青少年以自我为中心,他们具有特别强烈的生理和心理自卑情结,其自尊心不仅强大而且十分敏感。他们在行为上表现为沉默寡言、自我封闭、不与他人交流,对他人的良好建议、帮助等不屑一顾,严重的甚至产生变态心理,引起精神分裂。(4)同学或同伴之间的不良关系。青少年具有强烈的归属感,希望得到班级同学的认可与接纳。但是由于青少年彼此之间的认知方式、学习方式、生活方式存在极大差异,或者有的青少年自私自利,完全不考虑他人的感受,做一些损人利己的事情,这会导致同学之间的关系高度紧张,即使其想恢复良好的人际关系也不知从何下手。同伴关系也是影响青少年违法犯罪的重要外部因素之一。目前,青少年由于生理成熟较早、心理发展较快,从少年期开始就力图摆脱父母的约束和控制,容易对成年人产生叛逆和抵触行为,于是年龄相仿的少年容易形成消极的朋辈群体。

(三)情绪型问题青少年

情绪型问题青少年存在焦虑、抑郁、强迫、恐怖、厌烦、退缩等诸多负性情绪,他们容易表现出激动、冲动、逆反等不良行为。情绪型问题青少年的负性情绪主要表现为:(1)波动情绪。当问题青少年在学习上遇到困难和挫折、在生活上不能适应所依赖的环境、正当需要得不到及时满足、担心和忧虑自己未来前途时,很容易引发问题青少年表现出起伏不定的波动情绪。(2)逆反情绪。问题青少年正处于学会自立自强的阶段,他们为了寻求自立,肯定自我,保护自我,必然会产生针对压抑自己的种种外在力量的反抗情绪。问题青少年逆反情绪集中表现为对学校、社会、班集体所倡导的事物持怀疑或否定的态度,并表现出与众不同的偏激思想和行为,对待集体活动不配合、不响应,甚至表现出对抗行为。(3)冲动情绪。问题青少年尤其渴望摆脱权威的约束,但他们控制情绪的能力较差,容易体验迅猛、冲动、异常强烈的负性情绪。他们高兴时手舞足蹈,忘乎所以,为所欲为;悲伤起来垂头丧气,痛不欲生,甚至不分时间、地点、场合地对引起自己不快的对象大动肝火,进而采取违反道德和法制的攻击行为。如果问题青少年选择过分激进的行为,极易给其自身、他人或社会造成莫大危害。(4)悲观情绪。有的问题青少年容易受自卑情结的影响,常处于忧郁的心境,认为做任何事情都没有价值。有的问题青少年在遭受挫折打击之后,情绪低落,苦闷彷徨，对现实社会持悲观态度，对学习失去兴趣，感到人生毫无追求，甚至走向绝路。总之，问题青少年的情绪存在着消极的两极性，即性质（肯定—否定）、强度（强—弱）、紧张度（紧张—松弛）、激动度（激动—平静）上存在着对立的状态，这就要求对问题青少年的异常情绪进行认知指导与行为矫正。

（四）社会行为障碍型问题青少年

社会行为障碍型问题青少年主要是指具有不良行为障碍的青少年，他们的社会行为障碍是一种能被观察到的异常行为。从不良行为的类别来看，具体包括破坏性行为、校园欺凌（打架斗殴、恐吓、行凶）、涉毒（吸毒、贩毒）、偷窃、自杀、诈骗等不良行为。问题青少年行为障碍主要包括注意缺陷与多动障碍（Attention Deficit Hyperactivity Disorder，ADHD）、品行障碍（Conduct Disorder，CD）和对立违抗性障碍（Oppositional Defiant Disorder，ODD）。ADHD、CD 和 ODD 均是起病于儿童或少年期，严重程度需要进行医学干预的常见行为障碍。随着年龄的增长，到青少年期，部分患儿的症状可能会逐渐缓解，但若治疗和干预不及时或治疗效果欠佳，症状可能会持续并加重，影响其成年期的社会适应能力，导致滥用药物、人格障碍、违法犯罪等问题。[①]

1. 注意缺陷与多动障碍

注意缺陷与多动障碍也被称为"轻微脑功能失调"，主要特征包括活动过多、注意力不集中、冲动或任性。研究发现，45%—60%的注意缺陷与多动障碍儿童出现人格障碍、违法犯罪和滥用药物（Moffitt，1988），并且40%—80%的注意缺陷与多动障碍儿童的不良行为会一直持续到青春期，甚至在其成年后也会出现（Moffitt，1988）。儿童注意缺陷与多动障碍的诊断标准包括如下 9 个方面，在回答时，如果以下 9 项中有 6 项以上，且至少持续 6 个月者，可诊断为注意缺陷与多动障碍。[②]

（1）手或足常有很多小动作，或在座位上扭动。（2）往往在教室或其他要求坐好的场合，擅自离开座位。（3）常在不适当的场合下过多地

[①] 杜亚松：《青少年心理障碍咨询与治疗》，北京大学医学出版社2008年版，第182页。
[②] 洪庆成、王薇：《实用儿科新诊疗》，上海交通大学出版社2011年版，第169页。

奔来奔去或爬上爬下。(4) 常不能安静地参加游戏或课余活动。(5) 常一刻不停地活动，好像有个马达在驱动他。(6) 常常讲话过多。(7) 往往在他人（老师）问题尚未问完时便急于回答。(8) 常难以静等轮流的事。(9) 常在他人讲话时予以打断或插嘴。

2. 品行障碍

品行障碍的青少年往往具有固执不化、敌意行为、挑衅行为和破坏性行为。在过去 12 个月里明显表现出以下 3 条（或更多）行为特征，在过去 6 个月里至少出现以下 1 条特征时，即可诊断为品行障碍。[①]

(1) 经常欺负、威胁或恐吓他人。(2) 经常挑起打架。(3) 用过能致他人严重身体伤害的武器（比如：球棒、砖头、破瓶子、刀或者枪）。(4) 曾经对他人进行过身体伤害。(5) 曾经虐待过动物。(6) 曾经偷窃过或抢劫过（比如：背后袭击、敲诈勒索、持凶器抢劫等）。(7) 曾强迫他人发生性行为。(8) 故意放火，目的是造成财产损失。(9) 故意损坏他人财物（防火除外）。(10) 擅自闯入他人房屋、建筑物或小车。(11) 经常骗取物品或好处却逃避义务。(12) 偷窃价值不菲的财务，但未造成人身伤害。(13) 在 13 岁之前，就开始经常不顾父母反对而夜不归宿。(14) 住在父母家或父母委托人家的时候，至少两次离家出走，在外过夜（或至少一次很久没有回家）。(15) 在 13 岁之前就开始经常逃学。

3. 对立违抗性障碍

对立违抗性障碍的青少年具有攻击性行为、破坏性行为和反社会性行为。至少 6 个月里持续表现出消极的、敌意的和挑衅的行为模式，且出现过以下 4 项（或更多）的行为表现时，即可诊断为对立违抗性障碍。[②]

(1) 经常发脾气。(2) 经常和成人争吵。(3) 经常主动对抗或拒绝听从成人的要求或规则。(4) 经常故意激怒他人。(5) 经常因自己的过失或错误而指责他人。(6) 易怒或容易被他人激怒。(7) 经常生气或愤

---

① ［美］埃里克·J. 马什：《异常儿童心理》，桑标、徐浙宁、苏雪云译，上海人民出版社 2009 年版，第 186 页。

② 同上书，第 185 页。

慨。(8) 经常怀恨或报复。

4. 校园欺凌

校园欺凌（School Bullying），亦称"校园霸凌"。挪威学者奥维斯（Olweus）最早关注校园欺凌现象并开展了相关研究。目前国内外对"欺凌"的界定并没有一个统一的标准，众说纷纭，莫衷一是。奥维斯认为校园欺凌是指一名学生长时间并且重复地暴露于一个或多个学生主导的负面行为之下，欺凌并非偶发事件，而是长期性且多发性的事件。① 一些研究者认为，"欺凌"是直接或间接的攻击行为，具有蓄意伤害性、重复性的攻击行为以及力量的不对等等特征。② 一些研究者将"欺凌"与"攻击行为"等同视之。③ 还有研究者将"欺凌"界定为个体或群体有目的地对一个人施加引起其心理或身体痛苦的行为。④ 在国内，"欺凌"在《现代实用汉语词典》中被解释为："欺侮，凌辱"。⑤ 在国务院教育督导委员会办公室下发的《关于开展校园欺凌专项治理的通知》中，将"校园欺凌"界定为：发生在学生之间蓄意或恶意通过肢体、语言及网络等手段，实施欺负、侮辱造成伤害的事件。⑥ 根据姚建龙于2016年对全国29个县104825名中小学生的抽样调查发现，校园欺凌的发生率为33.36%，其中经常被欺凌的比例为4.7%，偶尔被欺凌的比例为28.66%，远低于西方发达国家。⑦ 面对中小学校园欺凌现象，国内外许多国家采取了针对性措施。美国、日本和挪威等发达国家普遍对校园欺凌实行"零容忍"方案。正所谓"养不教，父之过"，在我国古代，人们

---

① Olweus, D., "Aggression in the Schools: Bullies and Victimization in School Peer Groups", *The Psychologist*, 1991(4): 243 – 248.

② Strohmeier, D. and Noam, G. G., "Bullying in Schools: What is the Problem, and How Can Educators Solve It?", *New Directions for Youth Development*, 2012(133): 243 – 248.

③ Smith, P. K., *The Nature of School Bullying: A Cross-National Perspective*, London, England: Psychology Press, 1999, pp. 279 – 295.

④ Hoover, J., Noll, M., Olsen, G., School Violence and Bullying: Implications for Home and School Partnerships. *Home-school Relations: Working Successfully with Parents and Families*, 2003, pp. 342 – 361.

⑤ 王继洪、陈鸣、任丽青：《现代实用汉语词典》，上海远东出版社2001年版，第635页。

⑥ 国务院教育督导委员会办公室：《关于开展校园欺凌专项治理的通知》，2016年5月9日，http://www.moe.gov.cn/jyb_xwfb/gzdt_gzdt/s5987/201605/t20160509_242514.html/，2018年7月20日。

⑦ 姚建龙：《应对校园欺凌，不宜只靠刑罚》，《人民日报》2016年6月14日。

已经开始注意到了家庭教育的重大意义。《礼记·大学》指出的"古之欲明明德于天下者,先治其国;欲治其国者,先齐其家;欲齐其家,先修其身"就深刻阐述了个人、家庭、治国和平天下的关系,明确指出"齐家"是"治国""平天下"的基石。到了现代社会,教育部于2015年印发了《教育部关于加强家庭教育工作的指导意见》,明确指出家长要在家庭教育中承担主体责任。对497名家长、505名教师、124名校长和501名学生进行的关于校园欺凌的问卷调研的结果显示:在目前存在的校园欺凌的三种形式中,四类调研对象认为占到首位的分别为:"同学被打"(53.3%),"言语侮辱"(61%),"被强索财物"(58.1%),"取笑或捉弄"(57.1%)。换言之,目前的校园欺凌形式主要表现为暴力、言语和强索三种。不同主体对欺凌主要形式的认定不一致,但教师和学生一致认为,言语欺凌为目前主要的欺凌形式。

预防校园欺凌行为的策略很多,例如,善于对孩子进行生命教育。父母要教育孩子呵护、敬畏生命,而不是肆意地虐待、践踏生命,让孩子在冲突中避免伤害他人。对此,李玫瑾的解释更为精辟,她说:"为什么会发生欺凌行为,是因为这些欺凌者不懂得生命。生命教育到底是什么?我认为,生命教育的第一要义就是让孩子们形成人所特有的情感,即对养育恩情的理解、对友善情谊的学习与应用。"[①] 再比如,应该对孩子进行规则教育。孟子曰:"离娄之明,公输子之巧,不以规矩,不成方圆。"(《孟子·离娄上》)这说明在社会中,任何人做任何事情,都必须遵循一定的规则,否则会给他人带来危害。李玫瑾认为,家长要在6岁前对孩子说"不"的教育但是最晚不要超过10岁,否则孩子很容易形成问题青少年。

(五)人格障碍型问题青少年

"人格(personality)"也被称为"个性(character)",来源于拉丁语persona。人格是一个人整个精神面貌的总和,即具有一定倾向性的个性心理特征的有机结合。人格包括个性心理倾向性(需要、动机、兴趣、理想、信念、人生观、世界观等,其中,"需要"是个性心理倾向性的基础)和个性心理特征(能力、气质、性格,其中,"性格"

[①] 李玫瑾:《什么是生命教育的难点》,《法律与生活》2012年第7期。

是个性心理特征的核心成分）。人格是后天形成的，有好坏之分，且容易改变。影响人格形成的因素既有外在的家庭因素（教养方式、家庭结构、家庭氛围等）、学校因素（教育内容、教育方式、教育手段等）、社会因素（政治制度、经济水平、文化状况等）等客观因素，也有主观能动性因素，而且主观能动性因素是影响个性形成的最主要、最根本的因素。如果青少年在其发展过程中受到内外不良因素的严重影响，就可能会形成畸形的人格。一般来说，人格障碍分为偏执型、分裂型、反社会型、情绪不稳定型（包括冲动型和边缘型）、表演型、强迫型、焦虑型、依赖型和其他型。① 人格障碍基本特征包括：②（1）少年时期即开始，相对稳定，持久恒定；（2）性格的极端性和不协调性；（3）情感极不稳定、肤浅、冷酷，而智能无缺损；（4）意志行为的难以克制性，具有盲目性、冲动性，损人害己；（5）人格障碍所导致的挫折，以致经受惩罚都不能从中吸取教训；（6）药物治疗无效，用其他方法也难以矫正。

对问题青少年人格障碍的研究，对于促进犯罪学的发展具有重要的意义。对368名未成年犯的犯罪个性特征进行调查，将样本在犯罪个性特征的各个维度上的得分与全国常模进行比较，结果显示，两者在外倾、同情、从属、波动、冲动、戒备、自卑、暴力倾向、变态心理因子上存在显著差异（t值分别为-3.027、-9.005、5.827、-9.949、-4.934、3.898、-2.103、2.059、11.808，$P<0.05$），结果见表1。这表明，在未管所对未成年犯实施社会接轨培训、感受春节等节日被关心的快乐体验、参加歌咏比赛等人性化和人文化的矫正教育活动之后，提升了他们的归属感和自信，降低了他们的犯罪思维和焦虑情绪，从而使其逐渐开始正确地分析和解决自身面临的问题。但除此之外，未成年犯还存在着波动、冲动、自卑、暴力倾向、变态心理等犯罪个性特征，即他们歪曲的认知、扭曲的世界观和错误的价值观仍未得到完全改变，这就要求未管所继续开展促进政治思想道德构建、良好文明习惯形成、法律意识生成等不同类型、丰富多彩的矫正教育，为未成年犯的健康成长提供良好

---

① 施忠英、陶凤瑛：《新编精神科护理学》，复旦大学出版社2015年版，第172页。
② 曹漫之：《中国青少年犯罪学》，群众出版社1987年版，第553页。

的矫正氛围。

表1　　未成年犯个性特点统计数据及其与全国常模比较

因子	全国常模（M±SD）	样本数据（M±SD）	t
外倾	5.45±2.12	5.12±2.38	-3.027*
聪敏	4.21±2.40	4.33±2.43	5.350
同情	6.46±1.71	6.95±1.66	-9.005*
从属	2.69±2.07	2.17±1.97	5.827*
波动	4.95±2.33	4.16±2.53	-9.949*
冲动	4.28±2.30	3.77±2.29	-4.934*
戒备	3.17±2.29	3.16±2.32	3.898*
自卑	3.20±2.39	3.03±2.37	-2.103*
焦虑	4.02±2.19	3.90±2.31	0.470
暴力倾向	4.72±3.43	3.82±3.33	2.059*
变态心理	2.20±2.05	1.56±1.85	11.808*
犯罪思维	5.63±2.92	4.99±3.16	0.210

注：*$P<0.05$。

由于本书篇幅有限，人格障碍型问题青少年主要以偏执型人格障碍青少年和冲动型人格障碍青少年为例来具体说明。

1. 偏执型人格障碍青少年

偏执型人格障碍是以明显的猜疑或偏执为主要特征的一类人格障碍。偏执型人格障碍青少年以敏感、固执、嫉妒、喜欢抱怨等为主要特征。

针对偏执型人格障碍，我国《精神障碍分类与诊断标准》规定的诊断标准如下：（1）符合人格障碍的诊断标准；（2）以猜疑和偏执为特点，并至少符合以下特征中的3项特征：①对挫折和遭遇过度敏感；②对侮辱和伤害不能宽容，长期耿耿于怀；③多疑，容易将别人的中性或友好的行为误解为敌意或轻视；④明显超过实际情况所需的好斗，对个人权利执意追求；⑤易有病理性嫉妒，过分怀疑恋人有新欢或伴侣不忠，但不是妄想；⑥过分自负和自我中心的倾向，总感觉受压制、被迫害，甚至上告、上访，不达目的不肯罢休；⑦具有将其周围或外界事件解释为"阴谋"等的非现实性优势观念，因此过分警惕和抱有敌意。

2. 冲动型人格障碍青少年

冲动型人格障碍又称为"攻击性人格障碍"，主要分为冲动型和边缘型两种。这两种类型的主要特征分别是冲动和缺乏自我控制。冲动型人格障碍青少年主要以冲动、鲁莽、易激怒及其缺乏自我控制为突出表现。当然，冲动型人格障碍的青少年在不发作时与正常人一样，对曾经不良的所作所为感到异常懊悔。

针对冲动型人格障碍，我国《精神障碍分类与诊断标准》规定的诊断标准如下：（1）符合人格障碍的诊断标准；（2）以情感爆发和明显的冲动行为作为主要表现，并至少符合以下3项特征：①易与他人发生冲突或争吵，尤其是在受到他人非议时；②有突发的愤怒和暴力倾向，对情绪导致的冲动行为不能自控；③对事物的计划和预见能力明显受损；④不能坚持任何没有即时奖励的行为；⑤不稳定和反复无常的心境；⑥自我形象、目的及内在偏好（包括性欲望）的紊乱和不确定；⑦容易产生人际关系的紧张和不稳定，时常导致情感危机；⑧经常出现自杀、自伤或对他人进行威胁等行为。①

第三节 问题青少年的心理与行为特征及其成因

一 问题青少年的心理与行为特征

（一）性格异常和人格不健全

研究显示，问题青少年性格异常，人格不健全。在需要方面，追求物质需要而忽视精神需要，喜欢在他人面前"摆阔"，在吃、穿、玩方面特别讲究，以显示其与众不同；在性格方面，性格内向、不合群、不自信等；在意志方面，行为的自觉水平较低、优柔寡断、不能始终如一、无法控制自己；在情绪方面，情绪波动较大、容易焦虑、易于冲动；在情感方面，缺乏爱心与同情心、不懂得尊重别人、仇视别人与社会；在

---

① 于军：《心身健康调适指南》，安徽科学技术出版社2014年版，第121页。

人际关系方面，经常与同学、父母和教师顶嘴，甚至辱骂、打击报复同学、父母和教师。

（二）不喜欢学习和厌学、逃学

问题青少年厌学、逃学，对学习极度不感兴趣。上课随便早退、迟到，甚至旷课。即使上课，也在课堂上不遵守纪律，不能集中注意力听课，常常扰乱课堂秩序，影响他人学习，以引起别人对他的注意为荣。还有的问题青少年会偷窃同学的学习工具与学习资料，干扰同学的正常学习。在完成作业时，态度不端正，会抄袭他人作业或随便应付。期末考试结束后，有的问题青少年会涂改考试成绩，向家长谎报自己的学习成绩。

（三）热衷于娱乐场所和网络

虽然问题青少年不喜欢学习，但他们热衷于看言情小说和淫秽录像等。问题青少年往往没有正确的人生观和价值观，思想极度空虚，过着浑浑噩噩的生活。一些问题青少年喜欢拉帮结伙地进出卡拉OK等娱乐场所吃摇头丸或吸食毒品，追求感官的刺激。一些问题青少年好逸恶劳，不思进取，追求奢华的物质享受，特别喜欢看低级趣味的言情小说。一些问题青少年热衷于在网络上浏览武打、恐怖和色情小说。还有一些问题青少年会沉迷于网络上的色情游戏、暴力游戏或其他不健康的电子游戏。

（四）犯罪向低龄化和团伙化发展

研究显示，问题青少年犯罪出现了向低龄化和团伙化发展的趋势。具体表现为：（1）问题青少年犯罪主体向低龄化方向发展。安徽省淮南中院以全市法院2003年至2009年青少年暴力犯罪为主要调研对象，发现全市18岁以下青少年暴力犯罪人数占青少年暴力犯罪总人数的比例呈不断上升的趋势（2009年人数比例呈下降趋势）。2003年18岁以下的青少年暴力罪犯有79人（其中14周岁至16周岁的有26人），占青少年暴力犯罪总人数的26.4%；2004年80人（其中14周岁至16周岁的有18人），占总人数的33.8%；2005年96人（其中14周岁至16周岁的有25人），占总人数的39.5%；2006年98人（其中14周岁至16周岁的有18人），占总人数的43.9%；2007年82人（其中14周岁至16周岁的有14人），占总人数的44.1%；2008年69人（其中14周岁至16周岁的有15

人），占总人数的44.8%；2009年35人（其中14周岁至16周岁的有5人），占总人数的29.4%①。（2）问题青少年犯罪方式向团伙化发展。问题青少年有他们自己的亚文化，很容易把意气相投的哥们聚集在一起形成违法犯罪团伙。这种帮会性质的犯罪团伙会在"带头大哥"的指挥下进行暴力抢劫、寻衅滋事和盗窃等有预谋的团伙犯罪，而且逐渐向犯罪职业化方向发展，给社会带来了极大的危害。

二 问题青少年的形成原因

（一）个人自身的消极影响

个人自身因素会导致问题青少年的形成，主要表现在：（1）错误的认知与世界观会导致青少年发展成为问题青少年。一是青少年心理发展水平较低，由于缺乏科学文化教育和思想道德熏陶，因而很容易形成消极的认知。二是青少年世界观尚未真正形成。由于问题青少年自身是非观念较差且情感波动较大，很容易被"快乐至上""暴力英雄观""哥们义气"等消极、落后的思想所影响。这种错误的认知与世界观容易导致青少年逐渐学会逃课、吸烟酗酒、沉溺于网络游戏，甚至形成打群架、吸毒、团伙抢劫等违法犯罪行为。（2）畸形的消费观会导致青少年发展成为问题青少年。在市场经济发展的浪潮中，一些青少年会很快被畸形的消费所影响。他们向往和追求高档次的消费，一旦这种畸形的消费欲望得不到满足时，他们就采用盗窃、抢劫等非法手段去满足自己的物质欲望，最终沦为犯罪分子。（3）淡薄的法律意识会导致青少年发展成为问题青少年。一些青少年之所以走上违法犯罪道路，主要原因之一就是法律素养低下，缺乏法律知识，法律意识比较淡薄，他们很少用法律约束自己的行为，做事从来不计后果，不知道违法犯罪之后需要承担相应的责任。甚至有的青少年明知某些行为属于违法犯罪行为，但仍然铤而走险，以身试法。

（二）家庭教育的失责影响

家庭因素会导致问题青少年的形成，主要表现在：（1）家庭教养方

---

① 《关于青少年暴力犯罪案件的调研报告》，2012年9月26日，http://hnzy.chinacourt.org/article/detail/2012/09/id/603806.shtml，2018年7月20日。

式。研究发现，专制型的父母由于对青少年的行为控制过严，不给他们机会表达意见，从而导致子女自我认同早闭；纵容型的父母对青少年的指导极少，让他们自行其是，结果导致子女自我认同的扩散。① 这两种错误的家庭教养方式都会导致青少年形成不健康的自我认同感，进而导致这类青少年容易参与违法犯罪活动。（2）家庭结构。冲突型家庭导致孩子情绪不稳定，容易使其紧张和焦虑，且会导致孩子对他人不信任，容易形成暴躁、蛮横、孤僻冷漠等性格，容易违法犯罪；离异的家庭结构使孩子失去家庭的温暖，容易导致其产生孤傲、冷漠的心理，有的甚至逃学、辍学，与社会上的问题青少年结群而误入歧途。（3）家长的素质。有的家长素质偏低，整天沉溺于娱乐、酗酒、赌博等低级的社会活动中，对其子女产生了较大的负面影响。正如北京海淀区少年法庭法官尚秀云所说："问题少年是问题父母的产物。"

作为问题青少年不良行为之一的校园欺凌，笔者在《家庭教育视角下中小学校园欺凌成因及对策分析》中进行过深刻探究。文章主要从家庭文化、家庭结构、教育方式等方面对欺凌现象发生的原因进行分析，具体内容如下。

1. "和"与"忍"的文化对欺凌行为的无意识强化与确认

当一种行为上升成一种社会问题时，就有必要重新审视社会文化对该问题的影响。当欺凌成为一种扼杀不掉的社会问题，且呈现出愈加疯狂的涨势之时，或许从文化这种更为宏观的角度去分析会得到更好的解答。家庭是整个社会的一个重要的子系统，必然会受到中国传统文化的影响，进而对社会中的个体成长产生终生影响。中国传统文化倡导"礼之用，和为贵"的和睦、和谐思想，这种思想同样反映在人与人之间的相处过程中，如"君君，臣臣，父父，子子"（《论语·颜渊》），就是以人伦关系的等级约束达到"和"的治国目的。在个人修养中，传统文化也是以"和"为其美德，比如孔子的"君子和而不同，小人同而不和"（《论语·子路》）；道家始祖老子更为提倡"无为而治"，提倡"挫其锐，解其纷，和其光，同其尘"（《道德经》）。这些观点无不反映出对"和"

---

① 杨虎民、邢少颖：《大学新生自我认同感的现状调查与影响因素分析》，《长春理工大学学报》2012年第4期。

的赞美与崇尚。中国文化提倡"和"的思想，其意在于构建人与人之间的一种和谐的关系。这种文化经过时间的洗礼，逐渐渗入国人的骨髓里，成为一种民族精神。这种民族精神使欺凌行为具有隐蔽性，不管是欺凌者还是被欺凌者，抑或是旁观者，都囿于"和"文化的影响，不愿将这种与"和"文化冲突的行为展露出来。传统文化在提倡"和"文化的同时，还从另一个角度进一步确认了欺凌的合理性。这便是中国传统文化中的"忍"文化。这种"忍"的文化源于封建社会的治国需要，只有对统治者俯首称臣与"不争"，方可维持统治秩序。这种哲学思想反映出来的是对"弱""不争"态度的肯定，"忍"就是这种"守弱""不争"，是传统文化影响下的必然结果。

"忍"不仅是社会所提倡的谦让、宽厚的美德，更被认为是一种人格修养，如孟子认为："天将降大任于斯人也，必先苦其心志，劳其筋骨，饿其体肤，空乏其身，行拂乱其所为，所以动心忍性，增益其所不能。"（《孟子·告子下》）孔子的"忠恕之道""躬自厚而薄责于人"，老子的"善者吾善之，不善者吾亦善之，德善"等都表达出对"忍"的赞誉。当"忍"成为一种传统文化表现在欺凌行为中，就落了一个"帮凶"的下场，因为文化"尚忍"，要民众做一个"忍者"，而且认为这种"忍"是有利于人格的发展与成才的，从而将"欺凌"进行了合理化，被欺凌者亦以此作为勉励。固然传统文化对社会有积极的一面，但也不可忽略它可能会无意中导致社会问题的发生。例如本次实证调研中，"应对校园欺凌"的方式中，8.2%的学生选择了"忍"的方式。

2. 家庭结构失能和不良的家庭环境助长欺凌性格的形成

著名少年法官尚秀云曾深有感触地说过："我判处的失足少年到现在有1190多个人了，我发现不良的家庭环境和教育的失当是孩子失足的重要原因。这些孩子要么就是来自失和、溺爱、打骂或放任型的家庭，要么就是父母品行不好。"研究显示，家庭结构是校园欺凌现象的重要影响因素之一，家庭结构失能会导致中小学生社会化主体缺失，进而导致其校园欺凌行为的产生。本次实证调研中，在"哪些学生容易成为欺凌者"这一问题中，有64.0%的家长、80.8%的教师和75.0%的校长一致选择了"家庭结构不完整的学生"，位居首位。最常见的家庭结构包括夫妻家庭、核心家庭、主干家庭、联合家庭和其他形式的家庭（单亲家庭、同居家庭等)。在核心家庭中,独生子女从小与同龄伙伴共同相处的机会大大减少,不懂得与人相处的技能。长大后,一旦遇到问题,就慌乱不堪,便可能采取欺凌的方式解决所遇到的难题。特别是部分中小学生生活在由父母婚姻不和谐所导致的单亲家庭和重组家庭之中,缺少来自父母的监管、温暖与爱,形成了畸变的心理,从而导致其校园欺凌行为的产生。国外许多研究证实了家庭结构的不完整,容易引发暴力犯罪。

父母是子女的第一任老师,父母的一言一行都会潜移默化地影响着子女的行为方式。尚秀云法官发现,凡是爱占小便宜、斤斤计较、小偷小摸的父母,其子女长大后也容易养成偷东西的行为习惯;凡是动辄打骂子女的父母,其子女长大后也容易产生暴力倾向。不良的家庭环境和教养方式也会对校园欺凌行为产生重要影响。研究发现,多数中小学校园欺凌行为的实施者早年生活在充满暴力的家庭环境中,他们耳濡目染了家长的暴力和敌对行为,在无形中形成了用暴力解决问题的心理与习惯。在家庭中,子女目睹父母之间的冲突或者暴力行为,其不良的影响会渗透在子女的整个生命历程中。

3. 家庭教育的缺失及家长教育观念的落伍不利于孩子的个性培养

校园之所以会产生欺凌现象,其根本原因在于青少年经历了不正确的社会化或错误的社会化。他们蔑视社会法律法规,随意践踏别人的人格尊严,没有形成良好的个性,心理结构的消极因素占据了主导地位。本次调研中,学生主体认为"脾气暴躁的学生"最容易成为欺凌者,比例为80.2%,位居几种选项中的首位。不良的家庭教育不利于青少年健全个性的培养。一方面,不良的家庭教育会造成青少年人生观、价值观的错位。由于父母的经济社会地位、职业类型和婚姻状况等所导致的家庭教育的欠缺,很容易使部分心理发展水平较低的青少年形成消极的认知、错误的人生观和世界观。部分来自于富裕家庭的中小学生如果缺少家长正确的引导,其会因为具有较强的社会优越感,更容易过度地自我表现和追求冒险刺激,从而实施欺凌行为。另一方面,不良的家庭教育会导致青少年不良性格的形成。现在90后和00后青少年的基本家庭结构形式是"4+2+1",他们从一出生就生活在家庭成员的层层保护之中。这种家庭教育模式会导致青少年在认识方面容易表现出自私自利、唯我独尊、漠视他人利益;在情感方面,缺乏爱心与同情心、不懂得尊重别人、仇视别人与社会；在意志方面，行为的自觉水平较低、优柔寡断、不能始终如一、无法控制自己；在情绪方面，情绪波动较大、容易焦虑、易于冲动；在人际关系方面，经常与同学、父母和教师顶嘴，甚至辱骂、打击报复同学、父母和教师。

家长教育观念与校园欺凌密切相关。一是部分家长对养育子女的重视程度不够，没有认识到家庭对子女成长的重要性。正如著名心理学家丹尼什（Hossain B. Danesh）把孩子的成长生动地比喻为一棵树的生长，他指出，树根的成长期是五年到十五年，十五年后才是树干与树叶的成长，青少年心理建设的重要时期也是在人生的头十五年。① 二是部分家长错误的教育理念不利于学生的个性成长。当受到伤害时，家长没有引导子女用法律武器维护自身权益。有的家长甚至鼓励孩子用以暴制暴的方式应对冲突，这会在青少年的潜意识里对其欺凌行为起到怂恿作用并导致青少年欺凌行为的出现。三是家长缺少对子女生存技能、人际交往等方面的教育。青少年不仅要满足自身的物质需要，更要满足自己精神方面的需要。如果这些需要得不到合理满足，青少年就会形成不健康的个性，进而就会发展成为欺凌行为的易感性群体。同时，如果家庭教育忽视了对青少年的人际交往的教育，那么在以后的校园生活中，青少年就很难解决人际中的冲突，这就导致部分青少年采用极端的攻击方式解决问题。

（三）学校教育不当的影响

学校因素会导致问题青少年的形成，主要表现在：（1）错误的教育方式。不同的教育方式会导致青少年学生形成不同的自我认同感，而自我认同感的危机使得部分青少年容易转变为问题青少年。研究发现，专制的教育方式会导致学生形成紧张情绪，以及不是冷淡就是带有攻击性的自我认同感。这样的学生会在教师在场时毕恭毕敬，教师不在场时混乱秩序。民主的教育方式会导致学生形成情绪稳定、态度友好、有领导能力的自我认同感。放任的教育方式会导致学生形成无组织、无纪律、放任自流的自我认同感。（2）学校忽视了思想政治与法制教育。一些学校教育为了片面追求升学率，只重视学生的智育，而忽视了思想政治与法制教育，这使得部分青少年学生法制观念淡薄，容易走上违法犯罪的

---

① 牧之、张震：《心理学与你的生活》，新世界出版社2009年版，第172—173页。

道路。在红花岗区问题青少年犯罪人员中,法盲人数占41%。① (3) 学校朋辈群体的影响。朋辈群体是青少年成长过程中的重要群体,朋辈要素在青少年不正确意识与偏差行为的形成过程中起着重要的作用。朋辈群体有其自己的行为规范、价值准则,其成员对这些规范、准则有较高的心理认同感。但是朋辈群体如有不良的意识与行为,青少年学生也会接纳吸收这种不良的行为处事方式,进而转变为问题青少年。

(四) 社会不良环境的毒化影响

社会因素会导致问题青少年的形成,主要表现在:(1) 大众传媒的消极影响。有些电视、电影、杂志、网络等大众传媒存在着暴力、色情等内容,这严重影响着青少年健全人格的发展,一些世界观不成熟的青少年极易通过观察、模仿,实施违法犯罪的行为。(2) 社会不良风气的影响。拜金主义、享乐主义思想在当今社会上不断蔓延,见利忘义、唯利是图、坑蒙拐骗等社会不良现象时有发生,"黄、赌、毒"封建迷信等社会丑恶现象也屡禁不止,这些都严重侵害了青少年的身心健康,容易使部分涉世不深和意志薄弱的青少年腐化堕落,最终走上违法犯罪的道路。②

第四节　问题青少年的研究价值

青少年正处于青春发育的关键期,很多问题青少年常被视为"害群之马",其问题行为的表现更具有普遍性和严重性。问题行为的大量出现严重阻碍了青少年个体认知、个性和社会性的正常发展,影响了我国劳动力素质的提高,给许多家庭和学校带来了极大的困扰,情况严重的甚至会对社会产生危害性后果。因此,研究问题青少年具有极为重要的个体价值和社会价值。

一　问题青少年研究的个体价值

(一) 有利于帮助问题青少年树立正确的法制观念和法律意识

青少年正处于青春发育期,态度和性格都处于半幼稚、半成熟状态,

---

① 周璐:《关于加强对问题青少年教育和管理的思考》,《学理论》2012 年第 3 期。
② 柳晓森:《"问题少年"哪里出了问题?》,《人民日报》2004 年 6 月 9 日。

强烈的独立意识使其思维上较为偏激、固执，看待问题往往较为片面，行为具有盲目性，自我控制力差，容易以极端的方式解决问题。由于缺乏较强的辨别能力，他们有时会把冒险视为勇敢，把轻率当作果断、潇洒。就学校而言，重智育轻德育、体育、美育，重知识传播而轻能力培养，以分数、升学率来衡量学校、教师、学生优劣的现象，仍不同程度地存在着。就社会和家庭来讲，"黄、赌、毒"等社会丑恶现象的沉渣泛起，暴力、凶杀、迷信等不健康因素的大量充斥，严重地影响了青少年的身心健康，个别青少年甚至走上了违法犯罪的道路。观念决定意识，意识决定行为，行为决定效果。研究问题青少年有利于帮助他们辨析各种社会现象，明确权利和义务的关系，从根本上帮助青少年树立正确的法制观念和法律意识。

（二）有利于规范青少年的行为，预防青少年违法犯罪

"不以规矩，不成方圆"，因此国家制定了各种各样的规章制度和行为规范，以约束青少年的各种行为。但是，在现实生活中，有不少的青少年仍然会出现穿着奇装异服、旷课、抽烟、夜不归宿、打架斗殴等行为，如不及时教育制止，这些不良行为都有可能发展成为违法犯罪行为。通过对问题青少年问题行为产生原因等的研究，针对学生的身心发展特点有的放矢地开展教育，对症下药，有利于帮助青少年规范其自身的行为，从根本上提高他们的法律意识和法制观念，有效扼制青少年犯罪，减少违法犯罪行为发生的概率及问题青少年的再犯率。

（三）促进学校进行法制教育

"加强法制重要的是要进行教育，根本问题是教育人，法制教育要从娃娃抓起，小学、中学都要进行这个教育。"邓小平同志的讲话指出了教育在法制建设中的重要性，指出孩子要从小、从学校进行法制教育。《中共中央关于全面推进依法治国若干重大问题的决定》中再次强调，要坚持法治教育从青少年抓起，把法治教育纳入国民教育序列，列入中小学教学大纲，在中小学设立法治知识课程，保证在校学生都能得到基本法律知识的教育。

（四）有利于青少年身心健康发展，减少再犯率

很多青少年被打上"问题""坏孩子"的标签，甚至有的青少年因其年龄小，在懵懂无知的时候，做错了事情，不得不将其放在少管所或者

进行社区矫正。据调查,问题青少年的再犯率很高。有的青少年因为进行过社区矫正或进过少管所,在其长大之后,很难找到工作,周围人往往会用异样眼光看待这些青少年,甚至有的青少年说,自己的父母、亲戚也觉得自己丢人。周围人的不接纳以及找不到工作的双重困境致使这些青少年自暴自弃,再次走上违法犯罪的道路。因此,应当积极进行问题青少年的研究,采取有效的对策,使问题青少年积极进行改造,同时,在改造的过程中,专门人员可以注意其身心健康发展,这样有利于减少问题青少年的再犯率。

二 问题青少年研究的社会价值

青少年能否健康成长,直接关系着国家能否长治久安和社会主义现代化建设事业的成败。正如我国伟大思想家、文学家鲁迅先生所说:"看十来岁的孩子,便可以预料二十年后中国的情形;看二十多岁的青年,便可以推测他儿子孙子,晓得五十年后、七十年后中国的情形。"①

(一) 有利于社会主义精神文明建设

现代社会是市场经济社会,也是法治社会;不懂法律的青少年是无法承担起成为社会主义现代化建设者和社会主义事业接班人的历史重任的。可是,除了法律院校和其他院校法学专业的大学生外,许多青少年还没有认识到法律知识对他们的重要性,缺乏起码的法律知识和法律意识,没有认识到法律素质的重要性,对依法治国,建设社会主义国家的重要性和必要性认识不足。社会主义是一个相当长的历史时期,在这样一个较长的历史时期内,应该积极研究问题青少年,采取科学的、有效的综合措施,提高青少年的素质和水平,预防、减少以至于有效控制青少年犯罪,这有利于维护社会正常秩序,使经济建设顺利进行,有利于实现国家的长治久安。

(二) 对促进犯罪学的发展起着一定的作用

青少年的许多问题行为不加以改正,就会逐步走向违法犯罪的道路。由于青少年犯罪在世界上很多国家发展、蔓延,使问题青少年的应用研

---

① 《鲁迅全集》(第1卷),人民文学出版社1973年版,第375页。

究更具有迫切性。研究问题青少年，不仅能有效预防青少年犯罪问题的产生，在理论上也具有创造、开拓的特殊价值。

（三）有利于从整体上减少社会上的违法犯罪现象

对问题青少年的调查研究发现：一方面，问题青少年不懂得用法律武器保护自己、维护自己的正当权益；另一方面，一些青少年常常在无意中触犯法律，做出违法犯罪的事情。比如，出现类似"马加爵事件"的原因固然是多方面的，但与他的法制观念的淡薄、法律权威意识的缺失也不无关系。因此，国家通过对问题青少年的研究，采取有效措施，可从整体上减少违法犯罪现象。

（四）有利于构建社会主义和谐社会

加强思想道德建设是构建社会主义和谐社会的重要任务。胡锦涛同志强调："没有共同的理想信念，没有良好的道德规范，是无法实现社会和谐的。"一个社会是否和谐，一个国家能否实现长治久安，很大程度上取决于全体社会成员的思想道德素质。青少年是民族的未来，祖国的希望。因此，问题青少年应该引起社会的广泛关注。"少年强则中国强"，通过研究问题青少年，改善青少年的不良行为等，有利于在全社会形成团结互助、平等友爱、共同前进的社会氛围和人际关系，有利于构建社会主义和谐社会。

第二章

双预机制的提出及其内涵

第一节 问题青少年违法犯罪预防的必要性与可行性

一 问题青少年犯罪预防的必要性

学界对"犯罪预防"概念的界定尚未得出一致的结论。曹漫之和张其林认为,"青少年犯罪预防"这一概念的界定有广义和狭义之分。狭义的"青少年犯罪预防"仅仅指以有犯罪危险的青少年为研究对象,防止产生和积极消除在他们身上可能产生和已经开始形成的犯罪原因,防止产生或积极消除在他们周围可能产生和已经开始形成的犯罪条件,防止他们走上犯罪的歧途或从轻微的违法过程中回到健康的道路上来。而广义的"青少年犯罪预防"则是指以整个青少年为研究对象,既包括防止未犯罪的青少年走上犯罪的道路,又包括防止有轻微违法行为和劣迹的青少年走上严重的犯罪道路,还包括防止已经犯罪的青少年继续犯罪或者重新犯罪或者犯更加严重的罪行。[①] 肖建国和姚建龙等进一步明确了"青少年犯罪预防"的广义和狭义概念,主张狭义的"青少年犯罪预防"仅以有犯罪倾向的青少年为对象,防止他们走上犯罪道路,或从轻微的违法过程中回到健康发展的道路上来的活动。广义的"青少年犯罪预防"则是以所有青少年为对象,包括预防一般青少年犯罪(超前预防)、预防有犯罪倾向的青少年犯罪(临界预防),以及预防已经犯罪的青少年重新犯罪(重新犯罪预防)

---

① 曹漫之:《中国青少年犯罪学》,群众出版社1987年版,第307页。

三个方面的内容。① 在我国犯罪学中，储槐值等犯罪预防的概念界定比较有权威，认为犯罪预防是指国家、社会、群体、组织和个人所采取的旨在消除犯罪原因、减少犯罪机会、威慑和矫正犯罪人员，从而防止和减少犯罪发生的策略与措施的总和。②

犯罪预防远比矫正干预更重要，对此，德国刑法学家弗兰茨·冯·李斯特（Franz von List）曾经说过，无论是对个人，还是对社会，预防犯罪行为的发生要比处罚已经发生的犯罪行为更有价值、更为重要。犯罪预防具有重要的社会价值，预防是控制犯罪的根本途径，具体表现为有利于社会的稳定与和谐发展、避免和减少犯罪造成的危害、节约社会有限的公共资源等。法国社会学家迪尔凯姆（Durkheim）曾指出，犯罪既是一种恶行，又是公共健康的一种促进因素，既不可避免，又是社会的一种必需。③ 他认为犯罪在本质上是对现存社会的道德基础以及建立于其上的社会公共秩序的破坏力量，因此，现存社会基于共同的道德情感，出于维护社会共同体不致毁灭以及社会统治秩序免遭瓦解的需要，必然要对犯罪予以防范。④ "必要"一词在《新编学生现代汉语词典》中有两种解释：一是"不可缺少的，非这样不行的"；二是"必然的需要或要求"。⑤ 在本书中，选择第一种释义来界定犯罪预防的必要性，即达到犯罪预防目标是不可缺少的，具有重要意义的。诸多学者从不同角度探究了违法犯罪预防的必要性，具体阐述如下。

徐建认为，青少年犯罪预防的意义有两大点：⑥（1）由于青少年犯罪占我国刑事犯罪的比例比较高，因此，做好青少年犯罪预防工作是关系到刑事犯罪全局的一个重大问题；（2）通过在青少年成长期进行教育可以防止其失足犯罪危害社会，是具有广泛基础的、积极的治本价值的。

曹漫之认为，犯罪预防的意义主要在于它的社会意义。通过采取有

---

① 肖建国、姚建龙、颜湘颖：《建设和谐社会与构建预防青少年犯罪体系》，中国检察出版社2007年版，第157—189页。
② 储槐值、许章润：《犯罪学》，法律出版社1997年版，第269页。
③ [法]埃米尔·迪尔凯姆：《社会学研究方法论》，胡伟译，华夏出版社1988年版，第135页。
④ 储槐植、许章润：《犯罪学》，法律出版社1997年版，第272页。
⑤ 张建国：《新编学生现代汉语词典》，吉林教育出版社2010年版，第32页。
⑥ 徐建：《青少年犯罪学》，上海社会科学院出版社1986年版，第198页。

效措施系统地进行犯罪预防，能阻止青少年个体发生不健康的演变进程，使整个青少年个体犯罪的形势呈螺旋下降的态势。①

康树华认为，青少年犯罪预防的意义有四个方面：②（1）减少犯罪，稳定社会的作用；（2）促进社会主义精神文明建设；（3）保障社会主义物质文明建设；（4）推动人类和平、进步与发展。

张远煌认为，犯罪预防的根据包括两大方面：③（1）制裁具有不充分性，即法律制裁的威慑力对犯罪预防的作用力下降，这就凸显了犯罪预防的必要性；（2）制裁具有有害性，即作为犯罪行为实施之后的刑事制裁对犯罪人员的矫正具有一定的危害性，故需要犯罪预防。

衣家奇认为，犯罪预防的必要性包括：④（1）有利于减少和遏制犯罪率上升；（2）有利于促进社会主义物质文明和精神文明的建设；（3）有利于避免和减少犯罪给社会造成的危害；（4）有利于社会秩序的稳定。

赵翔认为，犯罪预防的必要性包括：⑤（1）犯罪预防是治理犯罪的最根本途径；（2）犯罪预防是社会公正、安全、文明、健康发展的必然要求；（3）犯罪预防能够减少犯罪给社会造成的危害；（4）犯罪预防有利于维护社会秩序的稳定；（5）犯罪预防有利于促进社会主义物质文明和精神文明的建设。

方明月认为，犯罪预防的必要性包括两个方面：⑥（1）必须对犯罪加以预防和控制的全部理由在于它是一种社会危害；（2）犯罪预防是减少和治理犯罪的根本途径（搞好犯罪预防有利于避免和减少犯罪给社会造成的损失；有利于社会秩序的安定；有利于社会主义物质文明和精神文明的建设）。

辛科认为，犯罪预防的必要性包括三个方面：⑦（1）有利于避免和减少犯罪给社会造成的损失；（2）可以增强社会公众的"社会安全感"，以

---

① 曹漫之：《中国青少年犯罪学》，群众出版社1987年版，第306页。
② 康树华：《预防未成年人犯罪与法制教育全书》（中卷），西苑出版社1999年版，第84页。
③ 张远煌：《犯罪学原理》，法律出版社2001年版，第286—287页。
④ 衣家奇：《犯罪学》，湖南大学出版社2005年版，第242—244页。
⑤ 赵翔：《犯罪学新论》，贵州教育出版社2005年版，第524—525页。
⑥ 方明月：《犯罪学》，东北林业大学出版社2006年版，第265—266页。
⑦ 辛科：《犯罪学》，中国检察出版社2011年版，第231—232页。

稳定社会秩序；(3) 犯罪预防是全人类的共同呼声，预防犯罪的重要性和现实性早已为国际社会所公认。

由于问题青少年是属于青少年的一个特殊群体，故了解青少年犯罪预防的必要性，有助于探究问题青少年犯罪预防的必要性。问题青少年犯罪预防对个体及社会的发展等都具有重要的现实意义，其必要性在于：(1) 犯罪预防是全人类追求和谐的共同需要；(2) 犯罪预防有助于减少犯罪的产生与发展；(3) 犯罪预防有助于提升物质文明和精神文明建设的水平；(4) 犯罪预防有助于减少犯罪对个体和社会产生的危害。

二 问题青少年犯罪预防的可行性

青少年犯罪预防的可行性，是指针对青少年犯罪的预防方案可以实行并且具有一定的必要性和科学性。青少年违法犯罪预防的可行性是防范其违法犯罪的一个根本前提，如果不存在违法犯罪预防的可行性，就不存在采取有效措施去预防违法犯罪的事实。但是有的学者对于犯罪预防的效果则提出异议，认为同现代医学疾病预防的理论相比较，犯罪预防还是一项十分遥远的课题。[①] 其原因在于，人类的反社会行为中存在着大量无法用科学加以分析的内容。对此，人们将很难发现其可能性的最终界限。[②] 在国内，诸多学者从不同角度探究了违法犯罪预防的可行性，具体阐述如下。

徐建提出了青少年犯罪预防的科学根据说，具体包括：[③] (1) 由于青少年犯罪预防具有早期性、教育性和保护性，这说明青少年犯罪预防具有可能性；(2) 青少年犯罪发展进程具有可预见性；(3) 青少年犯罪行为的表现及其征兆具有可观察性；(4) 青少年犯罪的偶然性受到客观规律必然性的支配。

曹漫之提出了青少年犯罪预防的社会制度优越说，指出社会主义条件下犯罪预防的有利条件，主要包括四个方面：[④] (1) 社会关系的先进

---

① 菊田幸一：《犯罪学》，群众出版社1989年版，第465页。
② 同上。
③ 徐建：《青少年犯罪学》，上海社会科学院出版社1986年版，第198—201页。
④ 曹漫之：《中国青少年犯罪学》，群众出版社1987年版，第300—310页。

性；（2）人群利益的一致性；（3）预防力量的整体性；（4）多数个体的可塑性。

康树华认为，青少年犯罪预防的根据包括四个方面：①（1）作为一种社会现象的犯罪是可以被认识的；（2）社会机制内部蕴藏着教育、保护未成年人和抵御未成年人犯罪的宏大社会力量；（3）国内外的实践证明，犯罪是完全可以预防的；（4）迄今为止人类积累的犯罪预防经验和方法。

王祖清认为，犯罪预防的可行性包括两个方面：②（1）从辩证唯物主义的哲学视角来看，犯罪预防具有可行性：一是犯罪规律具有可知性；二是犯罪矛盾可以转化；三是通过因果联系了解犯罪；四是犯罪是从量变到质变的结果。（2）我国社会政治制度为犯罪预防提供了群众基础和组织保障。

衣家奇认为，犯罪预防的可行性包括四个要点：③（1）辩证唯物主义的可知性原理为犯罪预防提供了理论根据；（2）我国现有的政治制度和经济制度为犯罪预防提供了保障；（3）现代科学技术的发展为预防犯罪提供了现实的科技手段；（4）国际范围内的努力与合作为犯罪预防提供了国际条件。

赵翔认为，犯罪预防的可行性包括五个方面：④（1）辩证唯物主义的可知论和矛盾转化理论是犯罪预防的理论基础，为预防犯罪提供了思想武器和认识工具；（2）人类社会从正反两方面积累了大量的预防和控制犯罪的实践经验；（3）不断发展并日益丰富的犯罪学研究成果为犯罪预防提供了具体的理论指导；（4）我国治理犯罪问题具有可靠的政治保障和组织保障；（5）国际性、地区性犯罪预防的合作与交流为犯罪预防提供了有利的国际条件。

雍自元提出了犯罪微观预防论。他认为任何犯罪个案都是可以预防的，这是因为犯罪的实施是一个复杂的过程，它要由无数个要素组成，

---

① 康树华：《预防未成年人犯罪与法制教育全书》（中卷），西苑出版社1999年版，第847—848页。
② 王祖清：《犯罪学》，中国政法大学出版社2005年版，第153—154页。
③ 衣家奇：《犯罪学》，湖南大学出版社2005年版，第245—246页。
④ 赵翔：《犯罪学新论》，贵州教育出版社2005年版，第526—529页。

在犯罪链条中只要有一个环节被击破，整个犯罪即可终止，因此，青少年犯罪也是可以预防的。①

董士昙认为，犯罪预防的可行性包括四个方面：②（1）人的本质属性为犯罪预防奠定了生物学基础；（2）人的社会行为随着社会环境变化的特征为犯罪预防创造了条件；（3）现代科学技术的发展为犯罪预防创造了强有力的手段；（4）国际范围内的通力合作为犯罪预防提供了广阔的空间。

综上所述，问题青少年犯罪预防具有一定的可行性，具体表现为：（1）犯罪预防可行性的哲学依据在于犯罪原因、规律的可认知性。在犯罪规律可认知性方面，辩证唯物主义认为，物质运动具有规律并能被人们认识。犯罪作为一种社会现象，有其自身生成与发展变化的客观规律，该种规律也是能被人们识别。通过问卷调查、访谈、心理测试等手段完全可以掌握犯罪的本质规律，依据犯罪规律采取必要措施，可以有效地预防犯罪行为的发生。同时，辩证唯物主义也认为，世界上的事物是普遍联系的，具有因果联系，而不是孤立存在的，包括违法犯罪原因和规律在内的任何事物都能通过与之相关的事物被深刻认知。违法犯罪个体的心理有外部行为表现，可以通过观察其行为了解其犯罪心理，通过科学心理测量技术亦能有效洞察犯罪个体的心理结构。在犯罪矛盾转化方面，辩证唯物主义认为，事物的内部矛盾是事物发展变化的根本原因，矛盾是可以发生变化的。作为社会现象的犯罪是对社会矛盾的一种消极反应，在一定条件下，社会矛盾是可以发生改变的。在预防问题青少年犯罪活动中，采用正确方法及时处理和化解各种社会矛盾，能有效地达到预防犯罪的目的。（2）包括犯罪心理学在内的犯罪科学理论的发展与成熟，不仅为犯罪预防提供了理论基础，还为其提供了可操作的具体方法。实践表明，情境犯罪预防理论、社区警务理论、社会控制论等观点，都为犯罪预防提供了具体而有效的理论与方法。（3）越来越成熟的科学技术也为犯罪预防提供了有效的手段。科学技术为搜集、分析犯罪现象并建立犯罪数据库提供了可能性。在大数据时代，人们可以

---

① 雍自元：《青少年犯罪研究》，安徽人民出版社2006年版，第287页。
② 董士昙：《犯罪预防基本理论探讨》，《山东警察学院学报》2009年第2期。

通过对海量数据相关性的分析来预测某一区域的犯罪情况，可以从消极被动的应付变为积极主动的预防，甚至对即将出现的犯罪行为进行精准预测。（4）国际性和地区性犯罪预防的合作与交流为实施犯罪预防提供了便利的客观条件。随着犯罪的流窜性与国际性的发展趋势，通过与国际刑事司法机构的积极合作，我国司法机构构建了一个更加广泛的犯罪预防平台，相互之间进行经验交流，大大增强了犯罪预防成功的可能性。

第二节 问题青少年违法犯罪矫正干预的必要性与可行性

一 问题青少年矫正干预的必要性

问题青少年矫正干预包括对问题青少年进行监禁矫正和社区矫正。虽然监禁矫正和社区矫正都属于刑罚执行方式的一种，但是两者之间存在着以下八个差别：执行场所不同、执行对象不同、执行方式不同、执行要求不同、执行主体不同、执行内容不同、执行理念不同、经费来源不同。① 美国学者马丁森（Martalson）于1974年发表了题为《是否有效？——关于监狱改革的问题与答案》的研究报告，提出了矫正对减少重新犯罪没有明显效果的结论，即"矫正无效论"，成为震撼矫正界的著名的"马丁森炸弹"。② 马丁森的"矫正无效论"的观点受到许多学者的批评，而且实践证明，科学的矫正干预对违法犯罪个体的管理、改造具有积极作用。限于篇幅，在此，主要以社区矫正为例来说明矫正干预的必要性，具体阐述如下。

郭建安等认为，社区矫正的必要性包括：③（1）有利于探索中国特色的刑罚制度；（2）有利于巩固执政基础；（3）有助于促进整个国家的文明水平；（4）能够体现行刑人道化的要求；（5）有利于解决监狱拥挤问题和维护监管安全；（6）有利于合理配置行刑资源；（7）有利于提高罪犯改造质量；（8）有利于实现司法工作的根本目的。

---

① 金强：《法学热点问题研究》，巴蜀书社2007年版，第698—699页。
② 周勇：《矫正项目：教育改造的一种新思路》，《中国司法》2010年第4期。
③ 郭建安、郑霞泽：《社区矫正通论》，法律出版社2004年版，第82—86页。

2003 年颁布的《最高人民法院、最高人民检察院、公安部、司法部关于开展社区矫正试点工作的通知》指出，开展社区矫正试点工作具有三点重要意义：（1）有利于中国特色的社会主义刑罚制度建设的探索，有利于积极推进社会主义民主法制建设；充分体现我国社会主义制度的优越性和人类文明进步性的要求，为建设社会政治文明、全面建设小康社会服务。（2）有利于有针对性地对那些不需要、不适宜监禁或者不适宜继续监禁的罪犯实施社会化的矫正，充分利用社会各方力量，提高教育改造质量，最大限度地化消极因素为积极因素，维护社会稳定。（3）有利于合理配置行刑资源，使监禁矫正与社区矫正两种行刑方式相辅相成，增强刑罚效能，降低行刑成本。

吴玉华认为，开展社区矫正工作具有十分重要的意义，具体包括：[1]（1）贯彻落实十六大精神，是建设有中国特色社会主义刑罚执行制度的有益探索；（2）有利于社会治安综合防控体系的进一步加强和完善；（3）有利于提高罪犯的教育改造质量，实现罪犯顺利回归社会的目的；（4）有利于合理配置刑罚执行资源，提高刑罚执行效率；（5）符合目前世界刑罚制度发展的趋势。

王琼等认为，实行社区矫正具有现实意义，具体包括：[2]（1）从政治意义上看，实行社区矫正符合世界行刑制度的发展趋势，体现了社会的文明进步；（2）从社会意义上看，实行社区矫正可以充分利用社会资源，维护社会稳定；（3）从法律意义上看，实行社区矫正可以改革和完善刑罚执行制度；（4）从经济意义上看，实行社区矫正可以合理配置行刑资源，增强刑罚效能。

陈淑佩认为，对未成年犯进行社区矫正具有现实意义，具体包括：[3]（1）符合未成年犯犯罪特征；（2）有利于避免监狱对未成年犯的负面影响；（3）有利于未成年犯的改造和重新融入社会。

吴宗宪认为，推进社区矫正的意义包括：[4]（1）有利于巩固执政基

---

[1] 吴玉华：《社区矫正工作初探》，《法学杂志》2003 年第 5 期。
[2] 王琼、邵云伟、章志伟、杨勤容、顾啸斐：《行刑社会化（社区矫正）问题之探讨》（上），《中国司法》2004 年第 5 期。
[3] 陈淑佩：《对未成年社区矫正有关问题的思考》，《法治与社会》2012 年第 7 期。
[4] 吴宗宪：《关于社区矫正若干问题的思考》，《中国司法》2004 年第 3 期。

础；(2) 有助于促进整个国家的文明水平；(3) 能够体现行刑人道化的要求；(4) 有利于解决监狱拥挤问题和维护监管安全；(5) 有利于降低行刑成本，合理配置行刑资源；(6) 有利于提高罪犯的改造质量和维护社会稳定；(7) 有利于实现司法工作的根本目的——化解社会矛盾，维护社会稳定，实现社会正义。

王顺安认为，从理论、实践和刑罚适用模式的发展方向来看，更能说明社区矫正的必要性与重要性。具体包括：[①] (1) 从理论上来看，社区矫正对罪犯再社会化教育与矫正具有极大的重要性与不可替代性；(2) 从实践上看，有利于解决监禁矫正中中短期监禁的弊端及长期监禁的不利于罪犯回归社会的痼疾；(3) 从刑罚适用模式上看，采取非监禁刑罚及非监禁的刑罚执行方向是人类刑罚文明发展的方向。

综上所述，问题青少年矫正干预具有重要的现实意义，其必要性在于：(1) 社区矫正实施有利于与世界接轨，与国际保持一致；(2) 社区矫正有利于社会的稳定并为构建和谐社会创造有利的条件；(3) 社会矫正有利于降低监禁矫正的成本，合理节约司法与财政资源；(4) 社区矫正有利于克服监狱的交叉感染现象，促使被矫正者早日回归正常社会生活。

二 问题青少年社区矫正的可行性

社区矫正是一种不同于监禁矫正的全新的刑罚执行方式，它所蕴含的刑罚的惩罚性和恢复性可以弥补监禁矫正的缺陷。我国的传统文化和现实情况使社区矫正的实现具有可能性。学界不同学者探究了社区矫正的可行性，具体阐述如下。

郭建安等认为，社区矫正的可行性包括：[②] (1) 具有一定的实施社区矫正的经验；(2) 得到有关机关和领导的重视；(3) 具有一定的法律基础；(4) 具有良好的社会舆论氛围；(5) 具有实事求是的作风；(6) 具有不断改善的社区工作基础。

---

① 王顺安：《社区矫正研究》，山东人民出版社2008年版，第134页。
② 郭建安、郑霞泽：《社区矫正通论》，法律出版社2004年版，第87—89页。

王顺安认为，社区矫正的可行性包括：①（1）中央和地方各级党委和政府的高度重视，在社区矫正的组织、人员和资金上给予了一定的保障；（2）随着"小政府、大社会"理念在我国的推行，作为独立社会单位的社区的作用日益显著；（3）社区行刑机构的建立可发掘与利用现成的资源；（4）社会工作教育的发展为社区矫正提供了人才与人力等社会资源；（5）科学技术的发展使包括社区处遇在内的非监禁性措施替代监禁措施成为可能。

赵赤等不仅探究了社区矫正制度的理论根源，而且揭示了我国发展社区矫正制度的可能性。在社区矫正制度的理论根源方面，主要包括：②（1）短期自由刑的弊端使社区矫正制度的出现有了现实需要；（2）综合主义刑罚论为社区矫正提供了正当性依据；（3）刑罚个别化原则为社区矫正提供了政策支持；（4）犯罪学上的不同交往理论和标签理论为社区矫正提供了科学性依据。在我国发展社区矫正制度的可能性方面，主要包括：（1）我国传统的"礼法"文化思想基础使得社区矫正制度成为可能；（2）权利意识的觉醒，使得社区矫正制度有了思想基础；（3）基层社区建设从单位制到社区制，为社区矫正制度提供了现实条件。

高伟认为，社区矫正的可行性包括：③（1）"小政府、大社会"的转型期和风险社会的步入使社区矫正具有社会现实基础。（2）中西方不同语境下的已决犯对刑罚体系的挑战和社区矫正的内容对刑事立法的挑战使社区矫正具有法律现实基础。

综上所述，问题青少年矫正干预具有一定的可行性，具体表现为：（1）目前国际上具有丰富的矫正干预的相关理论基础。在矫正的哲学基础方面，矫正干预的本质是对矫正对象的再教育，其哲学基础是人具有可塑性、人是社会环境的产物。马克思主义哲学深刻地揭示了"人是可以改造的"这一命题，认为人的本质是一切社会关系的总

---

① 王顺安：《刑事执行法学通论》，群众出版社2005年版，第459—461页。
② 赵赤、柯海霞：《社区矫正制度的可行性探析》，《宁波广播电视大学学报》2010年第2期。
③ 高伟：《刑事执行制度适用》，中国人民公安大学出版社2012年版，第398—401页。

和,而社会关系则是在人的实践活动中形成并逐步发展起来的。通过矫正干预实践活动,使矫正教育对象改变不良恶习、错误的认知以及违法犯罪的行为,最终形成了适应社会健康发展的认知和行为。在矫正的心理学基础方面,矫正干预对象之所以违法犯罪的原因,主要是在干预对象个体"犯罪人格"的支配下,通过主体内外复杂因素综合形成的。因此,矫正干预就是要通过心理干预、治疗等方式矫正违法犯罪者的错误认识与不良行为。值得一提的是,心理学为"人是可以改造的"这一命题提供了心理机制和治疗技术。在矫正的社会学基础方面,矫正干预的本质就是针对违法犯罪个体社会化过程的缺陷进行再教育,即主动或强制再社会化,社会学为矫正干预提供了方法论依据。[①] (2) 党和政府的高度重视,为社区矫正的推进提供了坚实的组织保障。(3) 有一定的法律基础、科学技术基础以及良好的社会舆论。(4) 实践表明,中国特色的社区矫正实践取得了突破性进展。依据2016年中国国务院新闻办公室公布的《〈国家人权行动计划(2012—2015年)〉实施评估报告》,截至2015年年底,全国已建立县(区)社区矫正中心1339个,累计接收社区服刑人员270.2万人,累计解除社区服刑人员200.4万人,在册社区服刑人员69.8万人,社区服刑人员在矫正期间重新犯罪率一直保持在0.2%的较低水平。[②] 西方国家提出的循证矫正、社区矫正、社区矫正和专门矫正机构相结合的现代理念在我国开始推广。除此之外,西方国家还提出了针对违法犯罪青少年矫正干预的具体方法,如积极消除"亚文化群"的影响、广泛开展青少年公民道德教育、综合利用社会矫治功能,包括实施保护观察制度、家中监禁、电子监控、周末拘禁制、行为规划令和监督释放等,这些措施也在我国得到不同程度的实践与发展。[③]

[①] 高莹:《矫正教育学》,教育科学出版社2007年版,第26页。
[②] 《国家人权行动计划(2012—2015年)实施评估报告》,2016年6月14日,http://www.rmzxb.com.cn/c/2016-06-14/867000_6.shtml,2018年5月3日。
[③] 闫磊:《香港、台湾及国外问题青少年行为矫治经验借鉴》,《重庆城市管理职业学院学报》2010年第3期。

第三节 双预机制视角下问题青少年
教育矫正的内涵

一 问题的提出

从普通青少年、虞犯青少年、重新犯罪青少年、违法犯罪青少年、矫正青少年、帮扶青少年到回归青少年,这是一个从前到后、层层递进、环环相扣的过程。其中,违法犯罪青少年有着错误的认知水平、较低的道德水平和不良的行为表现,违法犯罪青少年并不是突然产生的,而是经历从正常青少年发展到虞犯青少年,再发展到违法犯罪青少年的。普通青少年的预防教育和问题青少年的矫正干预是矛盾的统一体,不能偏离任何一方。要避免普通青少年违法犯罪,所以需要"预防教育";而对于那些违法犯罪青少年来说,则要让其早日回归社会,所以需要"矫正干预"。因此,提出"预防教育"和"矫正干预"一体化的"双预机制"就显得格外重要。"双预机制",是指针对正常青少年、虞犯青少年和重新犯罪青少年的"预防教育"和违法犯罪青少年的"矫正干预"的系统性、一体化、全方位的机制。

二 双预机制的内涵

(一)预防教育要尽早,筑牢防御机制

预防教育主要针对的是正常青少年、虞犯青少年和重新犯罪青少年,通过实施文化熏陶、道德感化、法制教育与主体实践等"四位一体"的一系列的活动,分别对这三类青少年进行超前预防、临界预防、重新犯罪预防,阻断由正常青少年滑向问题青少年的"基因",防止他们演变为违法犯罪青少年,这就要特别强调预防教育的及早进行,正如《宋书·吴喜传》指出的,要"且欲防微杜渐,忧在未萌"。

古今中外关于犯罪预防的思想极其丰富,《学记》提出:"禁于未发之谓预""发然后禁,则捍格而不胜",要求用"礼"的方法把不合时宜或错误的事情扼杀在萌芽状态,做到"绝恶于未萌,而起敬于微渺",最终达到"事不当时固争,防患于未然"(《汉书·外戚列传下》)的效果。《管子》蕴含着丰富的犯罪预防思想:在经济上,倡导发展生产并节约消费；在政治上，倡导制定合理的政策；在教育上，倡导对百姓加强道德教育；在法律上，倡导应以刑罚作保障。① 儒家思想以"仁"为核心，强调德治，提出了"以德去刑"的犯罪预防思想。到了近现代社会，不同学者更是提出了丰富的犯罪预防思想。意大利法理学家切萨雷·贝卡利亚（Cesare Beccaria）提出："预防犯罪，最可靠但也是最艰难的措施是：完善教育。"② 曹漫之和张其林提出了青少年犯罪的多角度预防思想。③

（二）矫正干预要及时，采取有针对性的措施

矫正分为监禁矫正和社区矫正。监狱是国家的刑罚执行机关，依照我国《刑法》和《刑事诉讼法》的规定，对判处死刑缓期两年执行、无期徒刑、有期徒刑的罪犯，应在监狱内执行刑罚，将罪犯改造成为守法公民，使其在刑满释放之日可以重新适应社会，重新被社会所接纳。而社区矫正则指将缓刑、假释、管制等符合社区矫正条件的罪犯置于社区内，由专门的国家机关在相关社会团体和民间组织以及社会志愿者的协助下，矫正其犯罪心理和行为恶习，促进其顺利回归社会的非监禁刑罚执行活动。④ 虽然从监禁矫正和社区矫正的概念、目标以及任务来看，两者既有区别又有联系，但是二者的共同目的都是罪犯的重新塑造，通过再社会化使罪犯遵纪守法，使其早日顺利融入正常社会生活。

矫正干预主要是针对违法犯罪青少年的，一般以"循证、矫正"为指南，科学诊断评估其"犯罪心结"，通过实施监禁矫正和社区矫正等措施，使他们顺利回归正常的社会生活。违法犯罪青少年犯罪心理结构是人格结构中那些消极认知、道德和法律属性缺陷的总和，对他们矫正的重点在于通过再教育和再社会化手段，对其"违法犯罪人格"进行重塑进而使其人格得到健全的发展。古希腊哲学家柏拉图（Plato）的"善多而能制止恶"和德国哲学家康德（Immanuel Kant）的"人是唯一需要教育的动物"的观点，启示我们必须对问题青少年进行及时的矫正，让他

---

① 杨永林：《〈管子〉犯罪预防思想浅析》，《管子学刊》2003年第3期。
② ［意］贝卡利亚：《论犯罪与刑罚》，黄风译，中国法制出版社2005年版，第128页。
③ 曹漫之：《中国青少年犯罪学》，群众出版社1987年版，第313—338页。
④ 贾洛川、王志亮、魏化鹏：《新中国监狱学研究20年综述》，中国法制出版社2016年版，第729页。

们人性中的"善"战胜"恶",使那些不良青少年经历正确的再社会化,重新成长为健康的青少年。

(三)预防教育与矫正干预一体化,重在统筹设计与交叉渗透

预防教育与矫正干预是有机的统一体,二者相互联系、相辅相成,它们之间没有轻重和主次之分,只是在不同阶段发挥着不同的作用而已,两者的最终目的都是促进青少年的健康发展。在双预机制中,必须依据教育的规律性、科学化与矫正的特殊性、个别化,把预防教育和矫正干预结合起来,抓住正常青少年、虞犯青少年、重新犯罪青少年、违法犯罪青少年、矫正青少年、帮扶青少年和回归青少年转折的关键,动员家庭、学校与社会等各方面的教育资源,实施系统性、一体化、全方位的教育矫正,防止出现问题青少年的"群体现象",杜绝犯罪青少年的重新犯罪,确保回归青少年的灵魂得到真正的洗礼并实现人格升华。在双预机制的运行过程中,"预防教育"是基础,"矫正干预"是关键,"一体化"是本质所在。

第三章

问题青少年违法犯罪预防的理念、模式、原则与方法

第一节 问题青少年违法犯罪的预防理念

一 高度重视青少年的专门立法

在我国，由于已满18周岁以上的青年犯罪属于成年人犯罪范畴，将按照成年人的《刑法》来处置，因此，通过立法来预防问题青少年违法犯罪，主要是通过确立专门的少年司法制度来实现的。西方国家十分重视通过少年司法来预防青少年违法犯罪，大部分西方国家已经确立了专门的少年司法或在刑法中有专门的少年司法规定。康树华于1987年按内容大致将国外青少年法规分为五种类型，具体包括：（1）关于处理青少年违法犯罪的法规。该类青少年法规被法学家们称为"狭义的青少年法规"，特指青少年刑法和青少年刑事诉讼法。《德意志联邦共和国青少年刑法》、《美国青少年犯教养法》、1963年《英国青少年法》、《奥地利共和国青少年法院法》、1948年日本的《少年法》等属于处理青少年违法犯罪的法规。（2）关于保护青少年的法规。该类青少年法规被法学家们称为"广义的青少年法规"，特指如何保护青少年健康成长的法规。《德意志联邦共和国禁止传播危害青少年作品法》、日本的《青少年保护培养条例》以及罗马尼亚的《未成年人保护法》和俄罗斯联邦共和国的《未成年人事委员会条例》等属于保护青少年的法规。（3）综合性的青少年法规。该类法规是青少年保护法、青少年刑法、诉讼程序法以及矫正院法等相结合的产物。《美国少年法庭法》、新加坡的《儿童与少年法》属

于综合性的青少年法规。(4) 关于国家对青少年的政策以及规定青少年权利与义务的青少年保护法规。该类法规不仅规定了国家对于青少年的各项具体政策，而且详细列举了青少年参加国家管理、受教育等权利和保卫祖国、保护全民等义务。匈牙利青少年法就属于这一类法规。(5) 关于青少年福利的法规。该类法规突出强调保护和加强少年儿童的福利，瑞典的少年司法、1922 年西德制定的儿童福利法均属于青少年福利法。①

在过去很长一段时间内，我国司法机关工作人员都按照自己的主观臆想来解读未成年人的刑事法律，把未成年人犯罪与成年人犯罪同等对待。显然，这存在明显的错误和局限，毕竟未成年人不同于成年人，他们之间的违法犯罪存在本质上的差异。鉴于此，相关学者和部门逐步制定了一些少年法律法规，使处置和预防未成年人违法犯罪有了法律依据。1987 年《上海市青少年保护条例》正式出台，这部地方性法规被认为是我国第一部青少年法规和我国第一部少年法。② 1979 年第五届全国人民代表大会第二次会议通过并于 2012 年修订的《中华人民共和国刑事诉讼法》，该法的第五编对未成年人刑事案件诉讼程序以及公安机关、人民检察院和人民法院的各自职责有明确的界定，对未成年人、法定代理人以及诉讼代理人的权利有特别的规定，对附条件不起诉或被附条件不起诉、犯罪记录的封存等也有特别的规定。但是这些规定是依附于成年人的刑事诉讼法的，算不上真正的少年司法。1991 年我国颁布了《中华人民共和国未成年人保护法》（2006 年和 2012 年两次通过了修订，以下简称《未成年人保护法》），这是我国第一部全国性的少年法。随着我国 20 世纪 90 年代新一轮青少年犯罪高峰的出现，1999 年实施了《中华人民共和国预防未成年人犯罪法》（2012 年修订，以下简称《预防未成年人犯罪法》）。虽然《未成年人保护法》和《预防未成年人犯罪法》没有依附于成年人法，它们在一定程度上弥补了我国专门少年司法的空白，但是这

---

① 康树华、郭翔：《青少年法学参考资料》，中国政法大学出版社 1987 年版，第 139—151 页。

② 姚建龙：《长大成人：少年司法制度的建构》，中国人民公安大学出版社 2003 年版，第 295 页。

两部少年法并没有涵盖未成年人违法犯罪的所有方面，不足以构建起我国完整的少年司法体系。从这两部少年法所规定的内容来看，应当说存在着一些类似国外少年法的实体性方面的规定。关于少年严重不良行为的规定和国外少年法中对虞犯的规定极为相近，但是，对少年的这些不良行为或严重的不良行为究竟应当怎样处理，由哪个机关处理，应当按照怎样的程序进行处理，这些在《预防未成年人犯罪法》中并没有做出明确规定。①

二　重视临界预防的理念

学界对"临界预防"概念的界定并没有取得一致的结论。例如，有学者认为，青少年犯罪的临界预防是指对那些已经有犯罪倾向的青少年的犯罪预防。②最高人民检察院未成年人检察工作办公室指出，临界预防是指关注普通青少年向有不良行为青少年转化的边界，重视青少年偷拿财物、逃学、抽烟喝酒、夜不归宿等早期典型行为，及时采取有针对性的预防工作。③综上所述，临界预防，是指针对有不良行为的问题青少年采取积极措施，预先防止他们转化为真正的犯罪实施者。

针对问题青少年的临界预防，要注意区分不良行为与严重不良行为，临界预防是针对不良行为，而越过该界限之后就是严重不良行为。《预防未成年人犯罪法》对未成年人的不良行为和严重不良行为都有明确的规范和说明。《预防未成年人犯罪法》第14条规定，未成年人不得有下列"不良行为"，包括：（1）旷课、夜不归宿；（2）携带管制刀具；（3）打架斗殴、辱骂他人；（4）强行向他人索要财物；（5）偷窃、故意毁坏财物；（6）参与赌博或者变相赌博；（7）观看、收听色情、淫秽的音像制品、读物等；（8）进入法律、法规规定未成年人不适宜进入的营业性歌舞厅等场所；（9）其他严重违背社会公德的不良行为。《预防未成年人犯罪法》第34条规定，未成年人不得有下列"严

---

①　于国旦、许身健：《少年司法制度理论与实务》，中国人民公安大学出版社2012年版，第58页。

②　王牧：《犯罪学论丛》（第5卷），中国检察出版社2007年版，第179页。

③　最高人民检察院未成年人检察工作办公室编：《未成年人检察工作实务手册》，中国检察出版社2016年版，第314页。

重不良行为"（严重危害社会，但尚不满足刑事处罚条件的违法行为），包括：(1) 纠集他人结伙滋事，扰乱治安；(2) 携带管制刀具，屡教不改；(3) 多次拦截殴打他人或者强行索要他人财物；(4) 传播淫秽读物或者音像制品等；(5) 进行淫乱或者色情、卖淫活动；(6) 多次偷窃；(7) 参与赌博，屡教不改；(8) 吸食、注射毒品；(9) 其他严重危害社会的行为。

如果要达到有效的临界预防，就必须对问题青少年危险行为进行科学评估。可以说，建立问题青少年危险行为监测系统是有效进行临界预防的基础和前提，这就需要开发一系列科学的测评工具以帮助人们及早识别具有危险行为的青少年。关于青少年危险行为的测评工具有如下几种。(1) 青少年危险行为监测系统（Youth Risk Behavior Surveillance System，YRBSS）。其建立最早可以追溯至美国，该系统将青少年危险行为分为六类：导致非故意伤害和暴力的行为、烟草使用、酒精和其他药物使用、不健康的饮食行为、导致非意愿妊娠和性传播疾病的性行为、缺乏体育锻炼或体力活动的行为。(2) 青少年危险行为问卷（Risk Behavior Questionnaire Adolescent，RBQ-A）。包含了 20 个条目，是一个评估日常生活中青少年危险行为的问卷，克隆巴赫（Cronbach'a）系数为 0.81，具有良好的信度和效度。该问卷包括七个方面的危险行为，即不安全性行为、攻击或暴力行为、违规行为、危险破坏或非法行为、自伤行为、酒精或药物使用、吸烟行为，并对其实行 0—4 级评分的方法，得分越高就反映被试近一个月危险行为水平越高。除此之外，还有巴瑞特的冲动量表、大五人格测验、简本神经质分测验、青少年危险行为筛查量表、青少年风险评估工具、家庭环境量表、青少年生活事件量表、人格障碍问卷-4$^+$、剑桥神经系统测试表等。实践表明，研究者可以利用这些科学工具检测出问题青少年的危险行为，为问题青少年违法犯罪的临界预防打下坚实的实证基础。

三 树立以社区为基础的理念

"社区"一词在《实用学生汉语词典》中被解释为："有着某种共同

社会因素形成的区域。"① 社区在预防青少年违法犯罪中起着不可忽视的作用，其原因在于：（1）社区是社会矛盾的形成和发源地。社区是青少年生活的区域，既是青少年除了学校之外停留时间最多的地方，也是青少年最为放松和最能表现自我的地方，同时还是对青少年进行教育和犯罪预防的主要场所，所以，在社区对青少年开展教育是非常有利的。② 当下，我国在城镇化过程中，社区很容易成为青少年聚居的主要区域，诸多因素会使社区成为矛盾的形成和发源地。这在客观上就要求我们采取措施消除社区有可能危害青少年发展的不安全因素，大力构建对青少年健康成长有利的和平社区。（2）立足于社区的犯罪预防优于"单位式"犯罪预防。我国传统的青少年犯罪预防工作具有明显的"单位式"色彩，青少年犯罪预防工作主要以单位分摊责任的形式展开，这样的青少年犯罪预防工作模式必然会随着中国单位社会的逐步瓦解而逐渐消逝。③ 西方国家高度重视社区在预防青少年违法犯罪中的突出功能，而我国对社区预防青少年违法犯罪的意识与行为不明显，更多地强调依靠家庭、学校等来预防青少年违法犯罪。美国的经验表明，社区在预防青少年违法犯罪的工作中起着不可替代的作用，预防青少年犯罪不仅仅是个人、家庭和学校的事情，也是社会的问题。为防止少年儿童蜕变成严重的或长期性的犯罪个体，社区可以发展综合性的服务。根据这个原则发展起来的综合服务是扩张以街区为基础单位的青少年犯罪预防项目中不可或缺的一部分。④ 美国在社区犯罪预防方面，不仅积累了成功的经验，而且形成了成熟的社区参与预防理论和社区警务预防犯罪理论。《联合国预防少年犯罪准则》（又称《利雅得准则》）中的许多条款明确指出社区需要参与少年的犯罪预防。其中，第 6 条规定："在防止少年违法犯罪的过程中，应发展以社区为基础的服务和方案，特别是在还没有设立任何机构的地方。正规的社会管制机构只应作为最后的手段来利用。"第 9 条提出让社区参与少年犯罪预防，即第 6 款的"促进社区通过各种服务和方案进行

---

① 李润生：《实用学生汉语词典》，汉语大词典出版社 2002 年版，第 480 页。
② 姚建龙：《青少年犯罪与司法要论》，中国政法大学出版社 2014 年版，第 26 页。
③ 同上。
④ 同上书，第 21 页。

参与"、第 8 款的"让青少年参与制定防止不端行为的政策和程序,包括借助社区资源、青少年自助、受害者赔偿和援助方案等"。第 60 条规定:"应做出努力并建立适当机制,以促进各经济、社会、教育和卫生机构和服务、司法系统、青少年、社区和发展机构及其他有关机构之间开展多学科和部门内的协调和配合。"我国也逐渐开始重视社区在犯罪预防中的积极意义,从 2003 年开始,我国立足社区,实施《青少年违法犯罪社区预防计划》。在计划实施的第一年,在全国范围内选择 30—50 个典型社区作为试点,探索在社区中开展预防工作、落实社区预防计划的成功模式。①

社区是青少年重要的活动场所之一,良好的社区环境会促使青少年形成积极的意识与行为。提高社区防范水平,预防和减少问题青少年的主要方法包括:(1)有人把社区犯罪预防定义为:社区犯罪预防宛如一个装药的胶囊,里面装着两贴良药:一贴是情景预防措施;另一贴是以社区为本的预防犯罪系统工程。(2)郝普(Hope)认为,社区犯罪预防的措施包括三种:社会学措施、经济学措施与人口学措施。改善上述三种措施,旨在发展与健全整个社区的运行机制,从而预防犯罪。(3)卢瑞高(Lurigio)认为,社区预防犯罪的措施包括两个层次:一是在社区整体层次上的群众性的集体预防措施;二是在个人层次上的个体家庭预防措施。(4)约翰·格拉海姆(John Graham)和特雷弗·白男德(Trevor Byrol)认为,社区为本的犯罪预防包括三种方法:社区组织、社区防卫、社区发展。②(5)大力加强社区社会主义精神文明建设;大力挖掘社区潜在资源,构建社区徒步巡逻制度;构建以社区为基础的新一轮警务战略;社区应加强对流动人口的管理;完善社区环境,预防犯罪发生;充分运用好社会行刑矫正的方式,帮助"犯罪人"变为"社会人"。③(6)构建以社区预防为基础的青少年犯罪预防工作体系,应当着重注意

---

① 《我国将实施〈青少年违法犯罪社区预防计划〉》,2003 年 2 月 26 日,http://www.people.com.cn/GB/shehui/43/20030226/931711.html,2018 年 7 月 20 日。

② [英]约翰·格拉海姆、特雷弗·白男德:《欧美预防犯罪方略》,王大伟译,群众出版社 1998 年版,第 93—94 页。

③ 岳鹏:《价值与规范的培育——"思想道德修养与法律基础"改革探索论文集》,电子科技大学出版社 2015 年版,第 158—160 页。

的问题有：社区一定要有专门负责青少年犯罪预防工作的专业工作人员和机构；要进一步丰富和发展青少年活动场所；要丰富青少年犯罪社区预防的方式、方法，注重长效机制的建设；要重点做好社区（闲散）青少年的相关工作。①（7）健全帮教制度。政府职能部门要建立健全帮教制度，积极做好刑满释放人员的安置帮教工作，防止其对青少年的恶性影响和教唆。②（8）要净化学校周围网络内容与环境。网络容易导致青少年产生各种心理问题。例如，在人格方面，网络虽然能够大大地强化青少年的自主性、独立性等自我意识，能够增强青少年的民主、平等的意识观念，然而网络的虚拟性和匿名性的特点容易让青少年表现出放纵的行为，更为严重的是，一些青少年深陷网络游戏、网络聊天中，迷恋色情和暴力，以致迷失自我而不能自拔，逐渐形成异化人格。显然，网络可能导致青少年产生各种心理问题，进而导致青少年容易产生各种违法犯罪行为。因此，相关职能部门要大力加强对互联网的监督与管理，通过净化互联网内容与环境，占领互联网这个文化传播的阵地，积极主动地向青少年传播社会正能量，引导他们走上正确的人生道路。

四 树立以青少年福利为出发点的理念

青少年的社会福利究竟是什么？在英文中，福利被写为"welfare""well-being""weal""boon""material benefits"等，这些词语可以被翻译为"幸福""康乐""生活安宁""有用的东西"等。在《新编学生现代汉语词典》中，"福利"是指生活方面的利益，特指单位对职工、社会对民众的经济照顾。③"青少年福利"是指对个体少年时期的生理、心理、社会环境提供满足需要、促进发展的社会政策、专业科学知识以及具体行为等的总称。④青少年福利有狭义和广义之分，狭义的青少年福利是指由特定的社会机构向特殊的弱势青少年群体提供的一种特定的物质和精

---

① 姚建龙：《青少年犯罪与司法要论》，中国政法大学出版社2014年版，第26—27页。
② 周璐：《关于加强对问题青少年教育和管理的思考》，《学理论》2012年第3期。
③ 张建国：《新编学生现代汉语词典》，吉林教育出版社2010年版，第187页。
④ 陆士桢、王玥：《青少年社会工作》（第2版），社会科学文献出版社2010年版，第151页。

神福利，这种福利是针对特殊的青少年群体提供的有限服务。广义的青少年福利是指整个社会向全体青少年群体提供的一种物质和精神福利，这种福利是社会对广大青少年提供的全面服务。

青少年是社会的特殊群体，就主观而言，其心理正处于从无知到有知、从不成熟到成熟的转变时期，因而更容易受到外界的诱惑与侵犯；就客观而言，社会运转体制是以成年人为中心设计的，所制定的法律、政策的主要参照物是成年人，对青少年因素的考虑不深入、不全面……青少年是一个社会弱势群体，是未成熟的人、正在发展中的人、需要特别帮助的人，因此，需要成人社会、政府、社会团体予以特殊的保护。[1]而且，工业社会的到来真正带来了青少年的时代……那些在社会发展中失去了依靠的青少年情况就更加悲惨，他们可能要流浪街头，甚至走向犯罪的歧途。[2]管子的"仓廪实而知礼节，衣食足而知荣辱"（《管子·牧民》）和孔子的"贫而无怨难"（《论语·宪问》）均说明了社会经济的贫乏容易诱发人们的犯罪思想。因此，作为弱势群体的青少年，整个社会更要最大限度地满足他们物质和精神上的需求。这样一来，从福利层面预防青少年违法犯罪就具有了可能性和现实性。

从福利的角度来预防青少年违法犯罪，不仅得到了学界的认可，还在实践中得到了广泛的应用，尤其是通过法律形式得到逐步确认。《儿童权利公约》《联合国少年司法最低限度标准规则》《联合国预防少年犯罪准则》和《中国儿童发展纲要（2011—2020年）》等法律法规对完善青少年司法、促进青少年福祉、预防青少年犯罪等至关重要。联合国1959年公布的《儿童权利宣言》不仅提出了"儿童福利"这一概念，即"凡是以促进儿童身心健全发展与正常生活为目的的各种努力、事业及制度等均称之为'儿童福利'"，而且强调儿童的最大利益，即"儿童应受到特别保护，并应通过法律和其他方法而获得各种机会与便利，使其能在健康而正常的状态和自由与尊严的条件下，得到身体、心智、道德、精神和社会等方面的发展。在为此目的而制订法律时，应以儿童的最大利

---

[1] 王牧主：《犯罪学论丛》（第5卷），中国检察出版社2007年版，第176页。
[2] 陆士桢、王玥：《青少年社会工作》（第2版），社会科学文献出版社2010年版，第149页。

益为首要考虑"。1989年联合国大会通过的《联合国儿童权利公约》提出了儿童利益最大化原则，缔约国的相关部门和机构在制定儿童政策和落实中以其利益最大化作为指导思想。该公约第3条第1款明确规定，关于儿童的一切行为，不论是由公私社会福利机构、法院、行政当局或立法机构执行，均应以儿童的最大利益为一种首要考虑。第17条规定，缔约国确认大众传播媒介的重要作用，并应确保儿童能够从国际来源获得信息和资料，尤其是旨在促进其社会、精神和道德福祉和身心健康的信息和资料。第23条第2款规定，缔约国确认残疾儿童有接受特别照顾的权利，应鼓励并确保在现有资源范围内，依据申请斟酌儿童的情况和儿童的父母或其他照料人的情况，对合格儿童及负责照料该儿童的人提供援助。《联合国预防少年犯罪准则》（《利雅得准则》）也提出了许多青少年福利思想和实施政策，如：第4条规定，在实施《利雅得准则》时，根据国家法律制度，青少年从其幼年开始的福利应是所有预防方案关注的重心。第5条第3款规定，维护所有少年的福利、发展、权利。第32条规定，社区应制定或加强现有的符合青少年特殊需要，适应他们的问题、兴趣和忧虑的各种社区性服务和方案，以及向青少年及其家庭提供的辅导和指导。第45条规定，政府机构应把帮助青少年的计划和方案放在高度优先地位，并应拨付足够资金及其他资源，以有效地提供服务、设施和配备人员，进行适当医疗、精神保健、营养、住房及其他有关服务，包括吸毒酗酒的预防和治疗，以保证这些资源真正被用于青少年，使青少年得到益处。第52条规定，各国政府应颁布和实施一些特定的法律和程序，以促进和保护所有青少年的权利和福祉。第53条规定，应考虑设立一个监察处或类似的独立机关，以确保维护青少年的地位、权利，并适当指引他们得到应有的服务。2011年，中国政府颁布了《中国儿童发展纲要（2011—2020年）》，共包括儿童健康、教育、福利、社会环境和法律保护，其中设置了8个儿童福利目标，提出了9条保护儿童福利的措施，即提高面向儿童的公共服务供给能力和水平、保障儿童基本医疗、提高儿童医疗救助水平、扩大儿童福利范围、建立健全孤儿保障制度、完善孤儿养育和服务模式、建立完善残疾儿童康复救助制度和服务体系、加强流浪儿童救助保护工作、建立和完善流动儿童和留守儿童服务机制。

五 树立并完善再犯风险评估的理念

全面开展犯罪青少年重新犯罪的研究，对进一步预防和控制青少年犯罪乃至犯罪青少年成年后的重新犯罪，具有极为重要的意义。再犯危险评估是通过一定的技术对犯罪青少年成年后重新实施犯罪的可能性进行判断，从而为控制其风险提供根据。从目前的实际情况来看，我国关于青少年重新犯罪的研究尚处于探索阶段，缺乏足够的实证研究，而以美国为代表的西方国家对青少年重新犯罪的研究已经较为成熟。他们首先通过实证研究，确立青少年重新犯罪的风险因子，然后开发具有良好信效和效度的风险评估工具，最后，进行实证检验，以表明这些风险评估工具有较好的效标效度（预测效度），被广泛地应用于司法部门。研究表明，青少年重新犯罪的风险因子包括静态因子和动态因子，其中静态因子包括性别、年龄、犯罪史、当前的犯罪情况和家庭背景、品性障碍、家庭风险因子、犯罪行为的生物学基础等，静态因子包括反社会人格、反社会认知、反社会/犯罪同伴、居住环境、教育或就业情况、经济状况、休闲娱乐情况、性问题、精神疾病、物质滥用、社会技能、婚姻和家庭关系、矫正中的表现、人际关系等。[①]

目前，世界上关于犯罪青少年重新犯罪的风险评估工具可以分为综合性的风险评估工具和专门针对某种犯罪类型的评估工具，具体包括：(1) 第一代风险评估工具。第一代评估工具基于精神病学家、心理学家的观察和临床经验，通过非结构化和半结构化访谈，来收集再犯原因的相关信息，将罪犯评定为"有危险"和"无危险"两种情况（Holsinger et al., 2006）。到后来，韦伯斯特（Webster）等于1995年基于实证研究，选取了10个关于过去评价的影响因子组成了"HCR-20量表"（Historical Clinical Risk 20），但是由于该评估工具缺乏系统性和客观指标，通常预测的信度和效度都很低。(2) 第二代风险评估工具。针对HCR-20在预测效度上存在的严重问题，研究者们开始采用统计学的方法，基于实证方法，选取已经被证明的会影响再犯的因素作为评

[①] 孙晓敏、刘邦惠、吕郭威：《国外犯罪青少年重新犯罪的风险因子及其评估工具》，《预防青少年犯罪研究》2015年第1期。

估指标。这一时期的特点是"精算式评定"。根据个体过去的劣迹史来判断一个罪犯的危险性。最常用的第二代风险评估工具是"病态人格检索表（Psychopathy Checklist-Revised，PCL-R）"和"暴力危险性评估指南（Violence Risk Appraisal Guide，VRAG）"。（3）第三代风险评估工具。基于实证方法，第三代风险评估工具能同时将静态因素和动态因素作为评估指标。第三代评估工具基于 RNR（risk-need-responsivity）理论模型，根据在押人员再犯可能性的大小，以及犯罪原因和改造需求，培养他们的人际交往、挫折应对等技能。（4）第四代风险评估工具。安德鲁斯（Andrews）于 2006 年研究第四代工具的主要目的，是为了对犯罪人给予更有效的改造和治疗，以保护社会免遭再犯危害。哈里斯（Harris）于 1999 年通过调查发现，经过治疗的罪犯比未经治疗的罪犯再犯的风险性低，这说明第四代评估—矫正工具是有效的。布伦南（Brennan）和奥利弗（Oliver）于 2000 年研究的 COMPAS 是第四代工具中最常用的一个，它能有效地对暴力、再犯、拒绝出庭和社区矫正失败进行评估。（5）第五代风险评估工具。努斯鲍姆（Nussbaum）和贝尔（Bell）于 1997 年将攻击分为掠夺型攻击、激惹型攻击和防御型攻击 3 种类型，不同的攻击类型具有各自的神经递质特点。对于这一问题，由于之前四代风险评估工具是采取问卷形式并且几乎没有考察神经因素，因此，这就需要学者另辟蹊径去解决。随着认知神经科学的发展，努斯鲍姆主张，通过脑电等生理仪器来探求罪犯的神经递质和个性差异，从而实行分类矫正。努斯鲍姆和沃特森（Watson）于 2005 年研究表明，神经和人格变量能够有效区分暴力犯、非暴力犯之间的特征。[1]

国内部分犯罪学、心理学和法学等方面的专家开发了一些再犯危险评估工具，例如《中国罪犯心理评估个性分测验（COPA-PI）》，这是我国第一个自行研制的、符合中国国情与犯情的、拥有全国常模的、用于初步测查罪犯个性心理特征的专用量表。2015 年我国首个"涉罪未成年人心理测评与风险控制系统"在上海正式启动，该系统

---

[1] 何川、马皑：《罪犯危险性评估研究综述》，《河北北方学院学报》（社会科学版）2014 年第 2 期。

由涉罪未成年人心理测评问卷系统、涉罪未成年人风险评估系统、人员信息管理系统、统计分析系统组成。我国开发的一些再犯危险评估工具，在准确性和操作性方面，与西方国家相比存在一定的差距，这就要求司法实务部门在多学科视野下组织更多的专家编制和开发再犯青少年危险评估工具。

六　要坚持综合治理的理念

综合治理是预防和矫正犯罪的重要理念，它是针对我国违法犯罪的实际情况以及在总结经验的基础上逐步形成的。中共中央于1979年转发了中央宣传部等8个单位《关于提请全党重视解决青少年违法犯罪问题的报告》，其中指出，针对青少年犯罪问题，必须在党的领导下，依靠全社会的力量去解决。绝不能就事论事，孤立地去对待它，必须同加快经济发展，加强思想政治工作，健全民主和法制，积极搞好党风、民风，狠抓对青少年的培养教育等工作联系起来进行。在联合国于1984年在北京召开的世界"青少年犯罪与司法"专题会议上，出席会议的联合国预防和控制犯罪委员会特别代表阿迪道昆·阿迪联卡在开幕式致辞中说："中国'综合治理'的方针，为世界范围内的预防犯罪做出了贡献。"他还说："中国'综合治理'，已普遍为联合国成员国所接受。"联合国预防犯罪和刑事司法地区间顾问彼得罗·大卫也说："中国'综合治理'的经验是独创的。'综合治理'经验无论是发达国家和发展中国家都可分享。"[①] 1991年第七届全国人大常委会第十八次会议通过了《关于加强社会治安综合治理的决定》，这标志着我国犯罪预防的基本模式的正式确立。社会治安综合治理的基本任务是，在各级党委和政府的统一领导下，各部门协调一致，齐抓共管，依靠广大人民群众，运用政治的、经济的、行政的、法律的、文化的、教育的等多种手段，整治社会治安，打击犯罪和预防犯罪，保障社会稳定，为社会主义现代化建设和改革开放创造良好的社会环境。社会治安综合治理的工作范围，主要包括"打击、防范、教育、管理、建设、改造"六个方面。搞好社会治安综合治理，领导是关键，要健全领导体制，充实和加强办事机构，层层建立社会治安

---

① 李兰芝：《青少年犯罪：预测、预防、综合治理》，航空工业出版社1994年版，第186页。

综合治理目标管理责任制。① 《预防未成年人犯罪法》进一步强调了预防未成年人犯罪必须实施综合治理，该法第 3 条规定，预防未成年人犯罪，在各级人民政府组织领导下，实行综合治理。政府有关部门、司法机关、人民团体、有关社会团体、学校、家庭、城市居民委员会、农村村民委员会等各方面共同参与，各负其责，做好预防未成年人犯罪的工作，为未成年人身心健康发展创造良好的社会环境。

国内许多学者对综合治理的科学性、体系、手段以及工作环节等进行了深入研究。在综合治理的科学性方面，包括两个方面：（1）青少年犯罪综合治理模式的确定是基于对青少年犯罪原因的正确认知；（2）青少年犯罪综合治理模式是一个预防青少年犯罪的有效方法。② 在犯罪综合治理体系方面，至少应包括三个方面：（1）组织一个条、块、点相结合的青少年犯罪综合治理网；（2）建立一个权威的、多功能的青少年犯罪综合治理的指挥中心；（3）制定一个青少年犯罪综合治理的法规，使综合治理制度化、法律化。③ 在青少年犯罪综合治理的手段方面，最基本的包括教育手段、物质福利手段、行政性经济手段、刑法手段。除此之外还包括倡导性手段、调节性手段、疏导性手段、限制性手段、禁止性手段、警戒性手段、挽救性手段、医疗性手段、技术性手段。④ 在青少年犯罪综合治理的工作内容方面，包括三点：（1）依法打击青少年犯罪；（2）改造社会风气，净化社会环境，堵塞犯罪漏洞，提高青少年的思想道德观念、法制观念，减少社会环境中的不良诱惑，最大限度地减少青少年犯罪的发生；（3）贯彻教育、感化、挽救的方针，切实做好违法犯罪青少年的转化工作。⑤

---

① 李景田：《中国共产党历史大辞典 1921—2011》，中共中央党校出版社 2011 年版，第 650 页。
② 郭开元：《青少年犯罪预防的理论和实务研究》，中国人民公安大学出版社 2014 年版，第 34—35 页。
③ 李兰芝：《青少年犯罪：预测、预防、综合治理》，航空工业出版社 1994 年版，第 197—199 页。
④ 同上书，第 200—206 页。
⑤ 冯树梁：《中外预防犯罪比较研究》，中国人民公安大学出版社 2003 年版，第 355 页。

第二节 问题青少年违法犯罪的预防模式与体系

一 问题青少年犯罪预防模式

(一) 问题青少年犯罪预防模式的概念

"模式"在《新编现代汉语词典》中被释义为"标准式样"。[①] "青少年犯罪预防模式"是指解决青少年犯罪预防问题的方法论,是基于青少年犯罪原因、犯罪规律和预防规律的认知,是对青少年犯罪预防方法的归纳总结和理论提升。[②] "问题青少年犯罪预防模式"是指针对问题青少年开展的犯罪预防的标准规则与标准式样。问题青少年犯罪预防模式具有一定的原则性和规律性,它能指导人们建构犯罪预防的框架结构并指引犯罪预防的未来发展趋势。

(二) 问题青少年犯罪预防模式

由于问题青少年是属于青少年的一个特殊群体,针对问题青少年的犯罪预防模式也是整个社会犯罪预防模式的有机组成部分和重要内容之一。所以,青少年犯罪预防模式也可以适用于问题青少年的犯罪预防。

1. 国内犯罪预防模式

在国内,关于青少年犯罪预防模式也是仁者见仁,智者见智,尚未形成统一的模式。具体包括如下观点。

雍自元的青少年犯罪预防模式主要包括:[③] (1) 综合治理模式。该模式运用综合治理的方式预防青少年违法犯罪。(2) 防控模式。该模式强调预防和控制,即通过"寓防于控"达到预防青少年违法犯罪的目的。(3) 防治模式。该模式从治理国家、治理社会入手,通过法律防治与社会预防手段预防青少年违法犯罪。陆伦章曾指出,"犯罪预防"应改为"犯罪防治"。[④] (4) 交叉模式。该模式兼具前面三种模式的特点,均包

[①] 罗琦、周丽萍:《新编现代汉语词典》,吉林大学出版社2003年版,第801页。
[②] 郭开元:《青少年犯罪预防的理论和实务研究》,中国人民公安大学出版社2014年版,第36页。
[③] 雍自元:《青少年犯罪研究》,安徽人民出版社2006年版,第295—297页。
[④] 陆伦章:《犯罪学》,华东政法学院犯罪学系编,1985年,第406页。

含着"德治"与"法治"的思想。

郭开元的青少年犯罪预防模式主要包括:①（1）刑罚模式。该模式以惩罚为主，它是基于报应刑的理念，强调"罪刑法定"和"罪刑相当"原则，刑罚、惩罚应明确且及时，以便充分发挥刑罚的惩罚和威慑作用，通过恫吓、加强道德禁忌、鼓励习惯性的守法行为等来达到预防犯罪的目的。②（2）矫治模式。该模式以矫正教育为主，倡导个别化和社区矫正，通过心理治疗、文化学习等方式进行意识与行为矫正。（3）福利模式。福利型模式是一种以"国家亲权"理论为基础的犯罪预防模式，它是指国家应给予青少年最大的利益保护，通过保护性的矫正教育改变其不良行为以达到犯罪预防的目的。（4）恢复性司法模式。恢复性青少年司法是一种融合了福利模式和报应模式的青少年司法模式，旨在通过和平方式化解被害人对犯罪人的仇恨，修复被害人、犯罪人和社区三者之间原有的关系以达到维护社会安全的目的。

董士昙的犯罪预防模式主要包括:③（1）社会预防模式。该模式强调通过发展社会经济、改革政治制度、发扬传统文化来营造良好的社会环境以达到犯罪预防的目的，正如德国刑法学家李斯特所说："最好的社会政策就是最好的刑事政策。"（2）刑罚预防模式。该模式是一种刑事模式，它是根据青少年犯罪行为的危害程度给予其相应的惩罚，旨在通过刑法的惩罚和威慑防止犯罪青少年再次犯罪。（3）情景预防模式。该模式关注的重点并非改善社会制度和社会环境，也不是控制犯罪人，而是转向了控制犯罪可能发生的具体环境，强调通过改变具体环境，使犯罪的风险和难度大大增加，犯罪的收益减少，从而使潜在的犯罪人放弃犯罪。④（4）被害预防模式。该模式强调从被害人角度进行犯罪预防，包括被动预防和主动预防。⑤

---

① 郭开元:《青少年犯罪预防的理论和实务研究》，中国人民公安大学出版社2014年版，第36—37页。

② ［挪威］约翰尼斯·安德聂斯:《刑罚与预防犯罪》，钟大能译，法律出版社1983年版，第5页。

③ 董士昙:《犯罪预防模式研究》，《山东警察学院学报》2014年第1期。

④ 王牧:《犯罪学论丛》（第5卷），中国检察出版社2007年版，第222页。

⑤ 雍自元:《青少年犯罪研究》，安徽人民出版社2006年版，第347页。

2. 国外犯罪预防模式

在国外，关于犯罪预防模式也具有巨大的差异性，但相比于国内的犯罪预防模式，其体系化、科学化水平更高，具体包括如下几种预防模式。

美国的"二级"犯罪预防模式，[①] 由常规预防和非常规预防组成。常规预防是国家层面的通过警察局、法院等国家机构进行的犯罪预防，包括一般预防、提前预防、防止再犯三个层次；非常规预防是民间社会的犯罪预防。

日本的犯罪预防模式属于混合型，具有严密的犯罪预防体系，强调系统治理，重视警民关系的建设，也重视对犯罪条件的控制。[②]

新加坡的"寓防于治"模式是把治理国家与治理犯罪结合起来，具体是通过构建和谐社会、加强道德文明建设、实行严刑峻法等方式达到犯罪预防的目的。[③]

英国的情景预防模式是通过情景设计达到预防犯罪的目的，其具体措施主要包括8个方面的内容：目标加固、目标转移、降低犯罪收益、正式监视、行业职员的非正式监视、环境设计、环境管理和邻里守望。[④]

二 问题青少年犯罪预防体系

(一) 问题青少年犯罪预防体系的概念

"体系"是指若干有关事物或某些意识相互联系而构成的一个整体。[⑤] 问题青少年犯罪预防体系是指围绕问题青少年犯罪预防这一目的所形成的相互联系、协调运作的有机整体。

(二) 问题青少年犯罪预防体系的内容

问题青少年犯罪预防是整个社会犯罪预防的有机组成部分和重要内

---

① 董士昙：《犯罪学教程》，中国检察出版社2013年版，第354页。
② 同上书，第356—357页。
③ 同上。
④ 许秀中：《刑事政策系统论》，中国长安出版社2008年版，第185页。
⑤ 中国社会科学院语言研究所词典编辑室编：《现代汉语词典》（修订本），商务印书馆1996年版，第894页。

容之一，这两者之间是特殊与一般的关系。因此，针对成年人的社会犯罪预防体系在某些方面也适合问题青少年的犯罪预防，但是问题青少年的犯罪预防又有其自身的特殊性。

1. 两因素的犯罪预防体系

（1）宏观与微观犯罪预防体系。犯罪的宏观与微观预防的区分主要是从涉及层面和力量大小来探究犯罪预防的。犯罪宏观预防是犯罪预防的整体性措施，是指动员社会各方面的力量，相互配合，通力协作，并采取政治、经济、法律、道德、文化等各种措施，消除犯罪发生的各种原因和条件，以此来预防犯罪发生。[1] 犯罪宏观预防包括：通过发展经济，建设高度的物质文明，为犯罪预防提供物质基础；通过科学文化知识教育、法律法规素养教育，提升社会精神文明程度，为犯罪预防提供内在精神基础。

犯罪的微观预防是指设置各种防线，预防和减少社会犯罪和重新犯罪。微观犯罪预防体系是由群众预防、治安预防、法制预防、心理预防和技术预防这几个方面组成的。[2] 其中，群众预防是指动员和利用群众力量与犯罪分子进行斗争，以预防违法犯罪行为的产生与发展；治安预防是指公安机关利用法律赋予的权力实施的一种预防违法犯罪行为的专业化工作；法制预防是指利用法律制度对违法犯罪分子进行法律威慑和教化以预防其再次犯罪；心理预防是指利用心理健康辅导、心理咨询和心理治疗等心理手段对问题青少年进行专业的心理服务以预防他们违法犯罪；技术预防是指利用先进的计算机、互联网、监控系统、报警装置等技术来预防犯罪行为的一种方法。

（2）原因与条件相结合的犯罪预防体系。犯罪原因预防与条件预防主要是从犯罪预防发生作用的机理角度来探讨犯罪预防的。犯罪原因预防是指通过消除、弱化、转化犯罪原因，从而达到减少犯罪行为发生的一种犯罪预防方法。通过消除犯罪原因以预防犯罪行为的方法主要包括：整个社会要大力发展物质经济水平以预防因为贫穷而实施的犯罪行为。正如列宁在分析资本主义社会犯罪现象时所说："产生违反公共生活规则

---

[1] 康树华：《犯罪学通论》，北京大学出版社1996年版，第595—605页。

[2] 同上。

的捣乱行为的社会根源是群众受剥削和贫困。"① 马克思也指出,贫困导致"男人进行抢劫或是偷盗,女人进行盗窃或卖淫"。② 国家要实行公平正义的社会制度,使人们以内在的法律信仰规范个体的言行;国家和社会应大力提升青少年的文化素养,实施法制教育。任何社会行为的发生都是当时的社会环境所决定的,正如马克思所说:"犯罪——孤立的个人反对统治关系的斗争,和法一样,也不是随心所欲地产生的。相反地,犯罪和现行统治都产生于相同的条件。"③ 当然,犯罪产生的根本原因在于私有制、阶级和国家的存在,它是社会生产方式和生产力矛盾运动的结果。④ 因此,只有最终消除了私有制,消灭了阶级、国家,犯罪才会彻底消亡。⑤

犯罪条件预防是指针对特定犯罪类型、特定区域犯罪的产生情境,通过改变现有的有利于犯罪发生的管理、控制方式和环境,以达到减少犯罪机会的目的。社会存在犯罪是具有不同的原因的,但是,在同一社会或国家,犯罪的人毕竟是极少数,同时,即使是由于某些犯罪原因产生了犯罪动机,有犯罪动机的潜在犯罪人并不都会实施犯罪行为,这种差异的存在是由于"犯罪情境"不同。⑥ 美国犯罪学家科恩(Cohen)和菲尔逊(Felson)在日常活动理论中指出,犯罪的发生除了具有犯罪动机的潜在犯罪人外,还要求有适宜的目标和缺乏有能力的保卫者等条件。⑦ 因此,研究犯罪情境,揭示犯罪情境下各种因素促进、推动犯罪行为发生的特征,并予以消除,便是条件预防。犯罪条件预防相对于犯罪原因预防,具有较强的可操作性和现实性,具有日常性、便利性、低成本等

---

① 中共中央马克思、列宁、恩格斯、斯大林著作编译局:《列宁全集》(第25卷),人民出版社1988年版,第450—451页。
② 中共中央马克思、列宁、恩格斯、斯大林著作编译局:《马克思恩格斯全集》(第2卷),人民出版社2005年版,第556页。
③ 中共中央马克思、列宁、恩格斯、斯大林著作编译局:《马克思恩格斯全集》(第3卷),人民出版社2005年版,第379页。
④ 赵翔、刘贵萍:《犯罪学原理》,中国言实出版社2009年版,第335页。
⑤ 商小平、杨学锋:《犯罪学教程》,中国人民公安大学出版社2008年版,第415—416页。
⑥ 袁林、韦克难:《犯罪学通论》(第3版),四川人民出版社2007年版,第425—426页。
⑦ 赵翔、刘贵萍:《犯罪学原理》,中国言实出版社2009年版,第335页。

特点。① 在实践中,以英国、日本等为代表的西方国家刑事司法部门通过应用犯罪条件预防取得了良好的实际效果。

2. 三因素的犯罪预防体系

(1) 初级预防、次级预防和第三级预防犯罪体系。凯普兰(Caplan, 1964)、利弗尔和克拉克(Lever and Clark, 1965)沙和罗思(Sand and Roth, 1974)以及兰丁汉姆和福斯特(Landinghanmu and Foster, 1976)等提出了公共疾病的第一级预防、第二级预防和第三级预防模式。因此,依据公共卫生疾病预防模式,问题青少年犯罪预防体系可以被分为第一层级预防、第二层级预防、第三层级预防。这三个层级的预防模式也可以被称为犯罪的初级预防、次级预防和第三级预防。犯罪的第一层级预防是指甄别和确定为犯罪提供机会或促成犯罪产生的自然和社会环境,该层次主要是防患于未然,消除犯罪产生的条件。在犯罪第一层级预防中,具体的犯罪预防方法包括环境设计、邻里照看、一般威慑、私人保安和针对犯罪和预防犯罪进行的教育。② 犯罪的第二层级预防是指对潜在罪犯的早期识别及干预尝试,该层次主要是针对已经出现的孕育犯罪行为的因素,对有问题的青少年及时进行干预或转处。犯罪预防主体主要是父母、教育工作者和社区工作人员。犯罪预防方法主要是甄别、转处、干预。③ 犯罪的第三层级预防是指通过使罪犯不再次犯罪的方式处理实际的罪犯和进行干预,④ 即对已经犯罪的问题青少年进行矫治以达到其不重新犯罪的目的。在犯罪第三层级预防中,具体的犯罪预防方法包括逮捕、起诉、监禁、治疗和矫正。针对未成年犯罪人员的特殊处遇制度主要包括审前社会调查制度、犯罪记录封存制度、刑事和解制度、禁止令制度和社区矫正制度等。⑤

---

① 袁林、韦克难:《犯罪学通论》(第3版),四川人民出版社2007年版,第425—426页。
② [美]史蒂文·拉布:《美国犯罪预防的理论实践与评价》,中国人民公安大学出版社1993年版,第13页。
③ 郭开元:《青少年犯罪预防的理论和实务研究》,中国人民公安大学出版社2014年版,第37页。
④ [美]史蒂文·拉布:《美国犯罪预防的理论实践与评价》,中国人民公安大学出版社1993年版,第14页。
⑤ 郭开元:《青少年犯罪预防的理论和实务研究》,中国人民公安大学出版社2014年版,第37页。

（2）超前预防、临界预防和再犯预防体系。肖建国和姚建龙等学者认为，青少年犯罪预防体系包括超前预防、临界预防和再犯预防。① 其中，超前预防是指在正常青少年没有出现犯罪意识、不良行为以及犯罪行为等倾向之前，采取各种积极的预防措施。超前预防的理论依据是美国犯罪学家特拉维斯·赫希（Travis Hirschi）的社会控制理论，这一理论认为人类具有动物属性，个体很可能在内驱力的作用下进行犯罪，即每一个人都是潜在的犯罪者，都有可能实施犯罪行为。赫希进一步指出犯罪原因是个体与社会联系弱化的结果，但是凭借依恋、奉献、投入和信念可以加强社会与个体之间的紧密联系。显然，超前预防是积极的犯罪预防，主要致力于消除或减少青少年健康成长的各种消极因素，预防措施的重点主要是道德教育和法制教育。②

临界预防是指关注普通青少年向有不良行为的青少年转化的边界，重视青少年偷拿财物、逃学、抽烟喝酒、夜不归宿等早期典型行为，及时采取有针对性的预防工作。③ 要掌握临界预防的核心内涵，就需要对"临界"与"预防"进行深刻解读。"临界"在《现代实用汉语词典》中被释义为"接近转变的状态"。④ 通俗地说，临界是指由一种状态转变为另一种状态，超过某一临界点，事物就从量变发展到质变，其性质就会发生根本性的改变。"预防"在《现代实用汉语词典》中被释义为"预先防止"。⑤ 从对犯罪临界预防概念的剖析可以发现，犯罪临界预防是预防问题青少年违法犯罪的重点，因为此时的问题青少年已经具备了不良行为或严重不良行为，如果及时对其施加有效的管理和引导措施，他们还有可能悬崖勒马，否则就会走向犯罪深渊。

重新犯罪预防是指对那些具有犯罪经历的青少年采取一定的措施以预防其重新违法犯罪。问题青少年在违法犯罪后，必然会受到司法机关

---

① 肖建国、姚建龙、颜湘颖、张惠红：《建设和谐社会与构建预防青少年犯罪体系》，中国检察出版社2007年版，第157—189页。

② 郭开元：《青少年犯罪预防的理论和实务研究》，中国人民公安大学出版社2014年版，第38页。

③ 最高人民检察院未成年人检察工作办公室编：《未成年人检察工作实务手册》，中国检察出版社2016年版，第314页。

④ 王继洪、陈鸣：《现代实用汉语词典》，上海远东出版社2001年版，第511页。

⑤ 同上书，第1009页。

的惩罚与矫正，这本身就包含了犯罪预防。《预防未成年人犯罪法》的第六章（第44—48条）专门对未成年人重新犯罪的预防措施进行了规定。第44条规定，对犯罪的未成年人追究刑事责任，实行教育、感化、挽救方针，坚持以教育为主、惩罚为辅的原则。对于被采取刑事强制措施的未成年学生，在人民法院的判决生效以前，不得取消其学籍。这从法律上保障了对未成年犯的教育方针与原则。第45条规定，对于审判的时候被告人不满十八周岁的刑事案件，不公开审理。对未成年人犯罪案件，新闻报道、影视节目、公开出版物不得披露该未成年人的姓名、住所、照片及可能推断出该未成年人的资料。这从法律上保障了未成年犯的隐私，有利于他们将来的学习与发展。第46条规定，对被拘留、逮捕和执行刑罚的未成年人与成年人应当分别关押、分别管理、分别教育。未成年犯在被执行刑罚期间，执行机关应当加强对未成年犯的法制教育，对未成年犯进行职业技术教育。对没有完成义务教育的未成年犯，执行机关应当保证其继续接受义务教育。这既保障了未成年犯的隐私，也有利于他们知识与技能的学习。第47条规定，未成年人的父母或者其他监护人和学校、城市居民委员会、农村村民委员会对因不满十六周岁而不予刑事处罚、免予刑事处罚的未成年人，或者被判处非监禁刑罚、被判处刑罚宣告缓刑、被假释的未成年人，应当采取有效的帮教措施，协助司法机关做好对未成年人的教育、挽救工作。第48条规定，依法免予刑事处罚、判处非监禁刑罚、判处刑罚宣告缓刑、假释或者刑罚执行完毕的未成年人，在复学、升学、就业等方面与其他未成年人享有同等权利，任何单位和个人不得歧视。总之，《预防未成年人犯罪法》从法律上保障了未成年犯与其他未成年人享有同等权利，防止其受到歧视。

（3）犯罪前预防、犯罪中预防和犯罪后预防体系。将犯罪行为发生的先后顺序作为切入点，可以把犯罪预防体系分为犯罪前预防、犯罪中预防和犯罪后预防三个部分。1980年在委内瑞拉首都加拉加斯举行的第六届联合国预防犯罪和罪犯待遇大会上通过了《加拉加斯宣言》，提出了犯罪前预防、犯罪中预防和犯罪后预防的犯罪预防体系。① 从犯罪预防的时间上来说，犯罪前预防是预防犯罪的第一道防线。犯罪前预防是指针对引起和影响犯罪的各种直接或间接原因、条件和相关因素，采取相应的措施和对策，化解和消除潜在的犯罪念头，以阻止犯罪的发生。② "早期预防""保护性预防""家庭预防""学校预防""社会预防"等都属于犯罪前预防。③ 犯罪前预防是一种积极主动的预防，是一种防患于未然的预防，是一种有价值和实际效果的预防。

犯罪中预防是预防犯罪的第二道防线，这是一种积极性的犯罪预防。从犯罪预防的时间上来说，犯罪中预防既不是在犯罪前进行的预防，也不是在犯罪后进行的预防，而是介于两者之间。犯罪中预防主要是指在青少年实施犯罪的过程中进行预防，通过采取特定措施能引起犯罪分子停止犯罪或放弃犯罪，避免犯罪分子继续实施犯罪行为，力求把犯罪的危害性降到最低。显然，犯罪中预防是一种防止犯罪后果扩大、犯罪人逃跑和犯罪人继续犯罪的措施，而且该措施要求在犯罪行为发生以后，必须及时而准确地发现、侦破、逮捕罪犯，并采取各种手段尽量避免损害的发生或扩大。④

犯罪后预防是预防犯罪的第三道防线，这是一种保守性的犯罪预防。犯罪后预防是指，在问题青少年实施违法犯罪行为后，采取政治思想教育、知识文化学习、心理矫治等矫正教育措施以防他们重新违法犯罪。实践证明，当犯罪行为发生后，通过采取惩处、改造措施，进行心理、人格矫治，纠正其不良心态和不良的行为模式，重塑其健康的人格和为其建立健康的观念体系，⑤ 可以有效地防止和减少问题青少年重新犯罪。在犯罪后预防中要正确使用刑罚：如果处理太轻，起不到法律的威慑作用，更会引起人们对法律的蔑视；处理太重，容易引起自暴自弃、"破罐子破摔"等抗拒性心理与行为，而且严刑并不能起到更好的惩治效果。

---

① 郭开元：《青少年犯罪预防的理论和实务研究》，中国人民公安大学出版社2014年版，第18页。
② 赵翔、刘贵萍：《犯罪学原理》，中国言实出版社2009年版，第334页。
③ 高铭暄：《中华法学大辞典·刑法学卷》，中国检察出版社1996年版，第155页。
④ 邹瑜、顾明：《法学大辞典》，中国政法大学出版社1991年版，第342页。
⑤ 赵翔、刘贵萍：《犯罪学原理》，中国言实出版社2009年版，第335页。

正如列宁所说,绝不是看惩罚得严厉与否,而是看有没有人漏网。重要的不是严惩罪行,而是使所有一切罪案都真相大白。①

(4)家庭、学校、社会相结合的犯罪预防体系。诸多学者提出了家庭、学校、社会相结合的犯罪预防体系,但它们之间又存在许多差异,具体包括以下几个方面。一是康树华提出了"三防线五措施说"。② 三防线包括:家庭教育、学校教育、社会教育。该预防模式与体系主要是从横向考虑犯罪预防实施的。在"三防线"的基础上,康树华提出了具体预防措施,包括:保护性预防措施、疏导性预防措施、堵塞性预防措施、惩戒性预防措施、改造性预防措施。二是马结的"两级三线四手段预防说"。③ 犯罪预防的"两级"是战略性预防和战术性预防,"三线"是指通过家庭、学校、社会进行犯罪预防,"四手段"是指具体通过教育、行政、经济、法制手段实施犯罪预防。

(5)道德、行政和刑罚相结合的犯罪预防体系。徐建认为,青少年犯罪预防体系由三道防线构成,具体包括:④ 道德防线、行政和经济防线、刑罚制裁防线。其中,道德防线是指用社会所允许的准则和规范去约束青少年的行为,使他们具有爱国、同情、自尊等意识,使他们具有社会责任感、义务感,避免越过道德底线以防违法犯罪。行政和经济防线是指运用行政的、经济的手段预防青少年违法犯罪。刑罚制裁防线是指,在青少年违法犯罪之后,通过刑法的制裁和威慑,使他们承担必要的法律责任,从而达到预防其再次犯罪的目的。

(6)犯罪原因预防、犯罪行为预防和类型犯罪预防体系。郭开元从类型化的角度认为青少年犯罪预防体系主要由犯罪原因预防、犯罪行为预防和类型犯罪预防三个方面组成。青少年犯罪原因预防是针对青少年犯罪原因所采取的预防措施,主要包括三个方面的内容:青少年犯罪的社会原因预防、个体原因预防和条件预防。青少年犯罪行为预防主要是针对青少年犯罪行为所采取的预防措施,包括不良行为预防、违法行为

---

① 中共中央马克思、列宁、恩格斯、斯大林著作编译局:《列宁全集》(第4卷),人民出版社1984年版,第356页。
② 康树华:《青少年法学》,北京大学出版社1986年版,第157—163页。
③ 马结:《论我国青少年犯罪预防》,《北京政法学院学报》1980年第3期。
④ 徐建:《青少年犯罪学》,上海社会科学院出版社1986年版,第202—204页。

预防和犯罪行为预防。青少年类型犯罪预防，是指针对青少年犯罪的具体类型，以及每一类青少年犯罪的特征、原因和条件所采取的预防措施。青少年类型犯罪预防主要包括暴力犯罪预防、财产犯罪预防、性犯罪预防、网络犯罪预防等内容。①

3. 四因素的犯罪预防体系

（1）社会预防、心理预防、治安预防和刑罚预防的犯罪预防体系。魏平雄根据犯罪预防侧重点不同，主张犯罪预防体系是由社会预防、心理预防、治安预防和刑罚预防等组成的一个有机系统。② 由于问题青少年犯罪的原因包括主、客观两大方面，所以要通过消除犯罪的社会原因和个体原因，即必须采取社会预防、心理预防以达到预防犯罪的目的。对于已经实施了违法犯罪行为的问题青少年，就需要治安预防、刑法和少年法的改造。由于我国已经消除了劳动教养，所以魏平雄的犯罪预防体系缺乏时代的超前性。

（2）观点层次、法律法规、行政政策和政策项目的犯罪预防体系。刘建宏提出了犯罪预防四层次体系，③ 具体包括观点层次、法律法规、行政政策和政策项目。他指出，发达国家对解决犯罪问题形成了一套较完整的政策体系，具体包括四个层次：第一个层次是理论层次；第二个层次是与犯罪控制有关的法律法规；第三个层次是犯罪控制机构的行政设置及其制定的各种政策；第四个层次是具体的项目。该体系尤其强调科学与犯罪控制之间的密切相关性，原因在于第一个层次的理论来自科学研究的结果，后面的三个层次均建立在科学评估的基础上。④

（3）领导体制、管理体制、联动机制、预测机制的犯罪预防体系。莫洪宪和王燕飞认为，青少年犯罪预防是一个网络系统工程，需要全社会各阶层人士的积极配合和群策群力，才能共同完成这一艰巨的任务。

---

① 郭开元：《青少年犯罪预防的理论和实务研究》，中国人民公安大学出版社2014年版，第39—40页。
② 魏平雄：《犯罪学》，中国政法大学出版社1989年版，第198—200页。
③ 刘建宏：《青少年犯罪评估系统回顾研究》，人民出版社2015年版，第19页。
④ 刘建宏：《用科学方法构建犯罪控制政策体系》，《中国社会科学报》2013年3月13日。

青少年犯罪预防体系主要从以下四个方面来构筑，①即理顺预防青少年犯罪工作的领导体制、完善预防青少年犯罪工作的管理体制、建立各职能部门预防青少年犯罪的联动机制、建立科学的青少年犯罪预测机制。

4. 五因素的犯罪预防体系

部分学者从家庭、学校、社会等五个因素来构建犯罪预防体系，具体包括：（1）肖建国和姚建龙等提出了"三层级"和"五防线"的犯罪预防体系，②其中，"三层级"是指犯罪预防的三个层次，具体包括犯罪的超前预防、犯罪的临界预防和重新犯罪预防；"五因素"是指通过自我、家庭、学校、社会和司法来预防犯罪。（2）阴家宝和李克非主张在构建犯罪预防体系时，应该由社会防治体系、学校防治体系、家庭防治体系、专门防治体系、国家防治体系共同组成。③这五个子体系相互联系、相互制约、相互促进，形成了一个有机的犯罪预防体系。

5. 九层次犯罪预防体系

冯树梁提出了九层次犯罪预防体系，该体系是把犯罪预防所依靠的力量、手段、功能、工作环节等方面整合起来的一种犯罪预防体系。在九层次犯罪预防体系中，群众预防、专业预防和技术预防是犯罪预防的力量和手段；一般预防、重点预防和特殊预防是犯罪预防的功能；家庭预防、学校预防和社会预防是犯罪预防的工作环节。这九个层次之间是相互联系、互为补充的关系，它们共同构成了我国的犯罪预防体系。④

第三节　问题青少年违法犯罪预防的原则

双预机制视角下问题青少年违法犯罪预防原则，是指扎根于中国国情，根据预防教育的目的与要求，遵循预防教育发展过程的基本规律而

---

① 莫洪宪：《中国青少年犯罪问题及对策研究》，湖南人民出版社2005年版，第304—319页。
② 肖建国、姚建龙、颜湘颖、张惠红：《建设和谐社会与构建预防青少年犯罪体系》，中国检察出版社2017年版，第157—189页。
③ 阴家宝：《中国犯罪学研究综述（1949—1995）》，中国民主法制出版社1997年版，第372—374页。
④ 冯树梁：《中国预防犯罪方略》，法律出版社1994年版，第152页。

制定的基本要求。违法犯罪预防的对象是活生生的和形形色色的问题青少年，他们正处于长知识、长身体、长智慧，形成世界观的关键期、最佳期、困难期，需要坚持人性化原则，这是违法犯罪预防的基本出发点；违法犯罪预防需要采用科学的理念与方法，才能取得良好的效果，所以离不开科学性原则，这是违法犯罪预防的客观基础；网络时代的违法犯罪预防必然受信息化时代背景的影响，因此需要坚持智能性原则，这是违法犯罪预防的技术保障；违法犯罪预防需要众多学科与部门的齐抓共管，才能解决特定问题，所以要坚持综合性原则，这是其特殊性所制约；违法犯罪预防既要立足于本国，挖掘传统成功经验，又要放眼全球，借鉴国外先进经验，所以要坚守特色性原则和国际性原则，这是中国违法犯罪预防的文化属性。因此，问题青少年违法犯罪预防的基本原则包括六点内容，即人性化原则、科学性原则、智能性原则、综合性原则、特色性原则和国际性原则。

一　人性化原则

（一）人性化原则的概述

"人性化原则"是指，以问题青少年的特殊需求为出发点，以人文关怀为基础，在尊重青少年意愿的基础上开展的违法犯罪预防活动。问题青少年正处于身心发展发生巨大变化的阶段，都是一个个鲜活的生命，是具有丰富情感和思想的个体，这在客观上要求对其进行的违法犯罪预防活动必须体现以人为核心的精神。在违法犯罪预防的司法矫正教育中，刑罚的初衷和目的、手段和方式、启动和裁量、执行和消灭等，既要保护受害人利益，又要保护罪犯不应该在刑罚中失去的基本人权和人格权，最终使刑罚成为一种国家对罪犯的强制性关怀。①

（二）贯彻人性化原则的要点

1. 秉承性善的人性观

孔子在《论语·雍也》中提到的"人之生也直，罔之生也幸而免"，明确指出人因为拥有"直"这样良善的品性才得以立足于人世之间。孟子在《公孙丑上》中提出了"由是观之，无恻隐之心，非人也；无羞恶

---

① 杨金玉：《刑罚的人性化》，《内蒙古民族大学学报》（社会科学版）2008年第1期。

之心，非人也；无辞让之心，非人也；无是非之心，非人也"。他把人的善分为"恻隐""羞恶""辞让""是非"四个方面，然后，孟子又将人的这四种善性分别与"仁""义""礼""智"相对应，这四种善性是人所共有的基本特性，反之，人就不是人。以孔子和孟子为代表的儒家学派认为，人的天性并非是"恶"的，而是"善"的。一项对859名"90后"青少年人性观的实证研究显示，"性本善"是当前青少年的主导人性观，其中女生比男生更倾向于"性善观"，二者分别为64.80%和46.60%；随着年级升高，青少年的人性观逐渐趋向于"性恶"，初中生、高中生及大学生"性善观"的比例依次下降，分别是65.50%、53.40%和50.50%；相反，持"性恶观"的比例依次上升，分别是25.60%、38.90%和41.20%。[1] 该研究对问题青少年违法犯罪预防的启示在于，不能因为青少年违法犯罪，就采取以暴制暴、以恶制恶的理念和手段去对待他们，而应秉承性善的人性观，借鉴积极心理学的现代理念，不断探索人性化的犯罪预防方式，弘扬积极向上的正能量，使问题青少年走上健康发展的道路。

2. 尊重个体差异性

古代先贤对个体差异性早有研究，孔子对弟子生性差异说道："柴也愚，参也鲁，师也辟，由也喭"，并因其差异性因材施教（《论语·先进篇》）。董仲舒的"性三品论"则指出，圣人之性与斗筲之性是不可移易的，它们之间具有人性的差异性。而张载根据对人的现实性的现象理解，提出"气质之性"之说，认为"人之刚柔、缓急，有才与不才，气之偏也"（《正蒙·诚明篇》）。这些观点对问题青少年违法犯罪预防的启示在于，要根据个体的年龄、性别、犯罪动机与犯罪类型等不同特点，制定并实施因人而异的犯罪预防措施，做到有的放矢，以提高犯罪预防的实效性。2012年《社区矫正实施办法》第17条明确规定，应当根据社区矫正人员的心理状态行为特点等具体情况，采取有针对性的措施进行个别教育和心理辅导。现阶段，我国司法犯罪预防的社区矫正不仅看到了矫正个体之间的差异性，而且注意到了矫正阶段和矫正地点的差异性。

---

[1] 徐浙宁：《"90后"青少年人性观实证研究》，《青年研究》2015年第1期。

3. 关注青少年的负性心理情结

情结概念是由精神分析学家荣格最先提出的，即个体一组一组的被压抑的心理内容可以聚集在一起，形成一簇簇心理丛，荣格将之称为"情结"。[①] 虽然心理情结是个体潜意识的观念群，但它是人格发展的内在动力，真正决定着人格发展的方向。精神分析认为，个体早年的创伤并没有消失掉，而是深深隐藏在潜意识里面，这种在无意识状态中的创伤经验会导致个体产生许多心理障碍与问题。问题青少年不健全的人格和失范行为与其特定的暴力情结、贪婪情结密不可分，因此，问题青少年违法犯罪预防工作者要采用自由联想、移情、阻抗等方法及时分析与疏导问题青少年的暴力、贪婪等心理情结。教育矫正人员要善于帮助问题青少年将压抑在潜意识中的幼年时期的心理创伤和焦虑情绪挖掘出来，带入到意识之中，让其重新认识与评估自己，并改变原有的不良言语和行为模式，以达到消除负性心理情结的目的。

二 科学性原则

（一）科学性原则的概述

"科学性原则"，是指对问题青少年的违法犯罪预防教育方法的选择、过程实施与管理等都要符合科学化的要求。对问题青少年的违法犯罪预防因人、因事不同都会具有很大的差异性，尤其是在司法犯罪预防活动中，只有采用科学方法去实施犯罪预防活动，才能取得最佳效果。

（二）贯彻科学性原则的要点

1. 揭示司法违法犯罪预防规律并开发相关研究工具

问题青少年司法违法犯罪预防科学化的关键在于彻底掌握违法犯罪的内在规律并予以实际应用，而真正把握司法违法犯罪预防规律并予以实际应用的最佳途径就是科学研究。只有通过开展科学研究，才能揭示出监狱管理和罪犯矫正的原理与机制，不断深化对管理矫正规律的认识和把握，才能形成符合规律、先进有效的监狱管理和矫正罪犯的理念、模式、方法以及工具量表和技术规范等，才能不断提高管理矫正工作的

---

① ［瑞士］荣格:《荣格性格哲学》，李德荣译，九州出版社2003年版，第9页。

科技含量与科学化水平。① 实践证明了科学研究在问题青少年司法违法犯罪预防工作科学化中的引领、支撑作用，比如，在问题青少年违法犯罪心理测量工具的使用方面，几乎离不开国外的 SCL－90 量表（Symptom Checklist 90）、明尼苏达多相人格问卷（Minnesota Multiphasic Personality Inventory，MMPI）等。但关键问题是来自国外的这些工具并非是通过对违法犯罪人员的研究得到的，其结果的有效性就值得怀疑。《中国罪犯心理评估个性分测验》是由国内专家研制的第一个符合我国罪犯背景且拥有全国常模的测量罪犯个性心理特征的一个科学工具，该量表在了解罪犯思维、罪犯矫正等方面发挥着出色的作用。

2. 分类设计司法违法犯罪预防的矫正教育课程

科学设计司法违法犯罪预防的矫正教育课程包括四个方面，首先，针对普通青少年科学设计教育预防课程，就是各级、各类学校认真设计好 14—25 岁的各种类型的课程，包括"显性课程"和"隐性课程"，学习好这些科学文化知识对预防他们成为罪犯至关重要。其次，监狱内的课程旨在使 18—25 岁的犯罪青年发展其人格、获得新的技术、纠正其发生过失行为的倾向。根据罪犯的经济和文化地位，优先考虑其年龄、刑期和能力，覆盖基础教育、初级教育、高等教育、专业教育、信仰教育、体格训练和心理服务等课程。内容主要包括：进行读、写、算的补偿教育；开设绘画、手工制作、建筑等工艺美术教育；进行文学、历史、传统文化等文化教育；掌握种植、烹饪、缝纫等技能。再次，对违法的不满 16 周岁的未成年人应通过分类对其进行矫正教育，贯彻执行"教育、感化、挽救"的方法，坚持"以教育为主，习艺性劳动为辅"的原则。最后，对少年收容教养人员的矫正教育实施政治思想教育、职业技术教育、文化教育等核心课程。通过做好设施内矫正教育课程的"软文化"教育，使违法犯罪青少年掌握知识与技能，帮助他们早日回归正常社会。

3. 采用先进的司法违法犯罪预防的理念、模式与技术

科学化的司法违法犯罪预防理念、模式与技术包括以下几个方面。

---

① 周勇：《监狱管理矫正工作科学化的概念内涵与实现路径》，《中国司法》2016 年第 10 期。

首先，实施循证矫正。兴起于 20 世纪 90 年代的循证矫正是目前西方发达国家很流行的一种基于证据进行矫正的罪犯管理模式，特别强调了矫正的科学性和现代性。其核心是遵循研究证据进行矫正实践，保证罪犯矫正教育的科学性和有效性，从而把研究者的科研成果与矫正工作者的矫正实践结合起来，实现矫正实践的效益最大化。① 2012 年在江苏省由司法部预防犯罪研究所举办了"循证矫正方法及实践与我国罪犯矫正工作"研讨班，标志着探究符合中国特色的循证矫正模式的开始。其次，还可以采用风险—需求—反应原则法、危险与需求评估法、个案管理法、危机干预模式、家长支持小组法、认知行为疗法、动机式晤谈法等专业化的方法对问题青少年目标群体进行矫正教育。

三　智能性原则

（一）智能性原则的概述

智能性原则是指应最大限度地开发并充分利用信息技术和资源，以推动教育矫正现代化和高效化。对青少年违法犯罪预防教育的各种形式本身就涉及计算机、互联网、大数据等信息技术，因此，必须要贯彻和执行信息化原则。

（二）贯彻智能性原则的要点

1. 信息技术与司法违法犯罪预防教育的深度整合

互联网技术能为青少年提供以 Web 为载体的全球化的共享教育资源，能为青少年提供自主性与个性化的学习方式。在问题青少年心理治疗的过程中，进行心理测量与用生物反馈技术进行干预，也离不开信息技术的大力支持。如今，人们已经认识到信息技术在教育矫正中的重要性并对其进行了广泛的应用。比如，2015 年我国首届社区矫正信息化建设高峰论坛在北京举行并正式成立了中国社区矫正信息技术研究院。社区矫正管理局局长姜爱东指出，信息技术的发展为社区矫正工作提供了新的方法和手段。特别是在社区矫正中，可以运用信息技术对问题青少年建立电子档案，运用电子监控来替代传统的监狱监禁，通过 GPS 定位能及时了解矫正对象的活动范围以便进行警示。《社区矫正信息化》一书具体

---

① 连春亮、张峰：《罪犯矫正模式论》，群众出版社 2014 年版，第 167 页。

阐述了社区矫正人员定位技术，包括基于 GPS 与 RFID、GPS 与 WIFI、A-GPS、GPSONE 的矫正人员无线定位方案以及基于声纹识别和手机定位的矫正人员无线定位方案。矫正中使用的执法记录仪、高清摄像机等执法证据收集设备、工具的联合应用，为矫正教育工作人员的入矫宣传、审前探寻和走访调查等提供了信息技术支持，增强了监管力度并形成了人防、物防、技术防范一体化的监管体系。信息技术与矫正教育整合的具体措施包括：为矫正教育工作者建立科学的信息素养课程，把信息素养知识和专业技能整合起来；在执法机构可以建立小型图书馆，提供资源建设和网站，以便对矫正教育工作者进行信息素养教育；为矫正教育工作者提供良好的学习环境，加大计算机的普及程度；对工作人员进行信息素养的在职培训，提高矫正教育的科技水平。

2. 开发和应用问题青少年司法违法犯罪预防教育数据库

大数据时代，问题青少年教育矫正方面的研究者既要利用社会科学方法，又要利用自然科学方法全面收集数据资料，构建供科学研究使用的"问题青少年教育矫正数据库"，实现资源共享，为分析与解决问题青少年教育矫正打下坚实的基础。在"问题青少年教育矫正数据库"结构方面，软件采用 Oracle[①] 和 MYSQL[②] 等数据库平台；硬件采用一系列以"86"为结尾的处理器作为 CPU 的服务器，其价格便宜，兼容性也好。在客户的使用端方面，主要采用 Web 化的 B/S 架构，它统一了客户端，简化了系统的开发、维护和使用。保证了系统对数据输入、加工、储存、输出的安全性。

在问题青少年教育矫正数据库的内容建设方面，既要包括问题青少年的品德、心理健康等方面的内容，又要包括问题青少年监禁矫正和社区矫正等方面的内容。目前，我国正在实施国家大数据战略，其关键在于推进数据资源的开放共享。推进大数据战略，并不需要政府花钱大量补贴和建立这一领域的新兴产业，只需加快政府数据的开放共享，就能催生出一个重要的新增长点——新型的服务业。[③] 因此，构建不同类型的

---

① ORACLE 是美国甲骨文提供的一种分布式数据库。
② MYSQL 是一种开放源代码的关系型数据库管理系统。
③ 张新红：《大数据时代三个"关键词"》，《经济日报》2016 年 9 月 22 日。

问题青少年科研信息共享平台具有重要的战略意义。问题青少年研究大数据范式说明了客观世界是普遍联系和辩证统一的，它以系统的普遍联系为基础，从系统整体出发，用联系的、统一的方法来研究问题青少年。如果有条件的话，也可以与国际上比较成熟的问题青少年教育发展数据库进行对接，这样可以有效地进行跨文化的横向比较，使人们更加科学地了解国外问题青少年教育发展研究的内容、范式等，最终构建起具有中国特色的问题青少年教育研究数据库。

3. 利用大数据对问题青少年行为轨迹进行探究与反思

大数据的内涵是什么？国际数据中心（International Date Centre, IDC）在 2011 年的报告中对大数据的定义是："大数据技术描述了一个技术和体系的新时代，被设计为从大规模、多样化的数据中通过高速捕获、发现和分析技术提取数据的价值"。① 与传统数据相比，大数据的显著特点表现为：数据规模与体量巨大、数据种类多样、数据生产与处理速度快、数据具有极大的潜在价值。在大数据时代，科学研究范式发生了革命性的变化，已由传统的知识驱动科学发展转变为数据驱动科学发展。美国计算机科学家吉姆·格雷（Jim Gray）在 2007 年阐述了在"指数级增长的科学数据"背景下数据密集型科学研究的第四范式。② 他认为科学研究范式经历了四种变化，具体包括：（1）实验科学范式。实验科学的主要形式是经验主义，客观地描述自然现象并阐述其本质内涵。（2）理论科学范式。理论科学主要采用数学模型和归纳的方法来开展科学研究。（3）计算科学范式。计算科学主要采用模拟的方法来认识更为复杂的现象，以了解事物发展的规律。（4）数据密集型科学范式。③ 数据密集型科学也就是格雷所说的科学研究的第四范式，或者被称为"大数据范式"，而且得到了学术界的认同。普林斯基（Prensky）与吉姆·格雷（Jim Gray）的观点基本相同，他指出："科学家不再必须做出受过良好训练的那种猜想，或者构想假设和模型，通过基于数据的实验和例子来验证它

---

① Gantz,J. and Reinsel,D. ,*Extracting Value from Chaos*,IDC iView,2011,pp. 1 – 2.
② ［匈牙利］亚历山大·斯扎莱、［美］吉姆·格雷、刘超：《指数级增长的科学数据》，《世界科学》2006 年第 5 期。
③ Tony Hey,Stewart Tansley,Kristin Tolle,*The Fourth Paradigm：Data-Intensive Scientific Discovery*,Washingtong,D. C. ：Microsoft Research Press,2009,p. xviii.

们。相反,他们能够为显示效果的模型采集完整的数据集,来产生科学结论,而无须更进一步的实验。"[1] 科学研究第四范式的主要形式是数据密集型和统计性探索,利用数据的相关性可以找出事物背后隐藏的规律性,引导人们更为深刻地认识事物的发展与变化。吉姆·格雷所谓的"范式"是指一个时代科学研究的总体特征,这与科学哲学家托马斯·库恩(Thomas Samuel Kuhn)于1962年在《科学革命的结构》中提出的"范式"具有很大的差异。库恩认为:"范式有两种意义不同的使用方式。一方面,它代表着一个特定共同体的成员所共有的信念、价值、技术等构成的整体。另一方面,它代表着那个整体的一种元素。"[2] 依据吉姆·格雷的自然科学研究范式,即定性研究—定量研究—模拟研究—第四范式,我们也可以认为社会科学研究也经历着与自然科学相同的范式,其目前正处于崭新的第四范式阶段。

问题青少年教育矫正研究涉及了司法学、犯罪学、教育学和心理学等不同的学科和领域,众多的研究者以其各自所在领域的范式进行科学探究,但是传统的研究方法已经不能满足目前所面临的实际情况了,社会发展需要新的研究范式以应对这一迫切问题。作为科学研究第四范式的数据密集型科学,由于具有容错性、全量样本性和关联性等特征,所以它能很好地解决传统定性和定量研究不能解决的复杂问题。具体表现如下:(1)注重科学研究的全样本性。传统问题青少年研究范式中,注重通过抽样来发现内在规律,研究水平高低依赖于样本数据大小。而大数据时代问题青少年研究不再受样本的影响,因为随着储存和软硬件的经济性和工具的先进性,海量数据的处理能力得到提升,数据挖掘算法不断得到改进与丰富,特别是统计分析和机器学习的神经网络建模技术发展,抽样并非是必要的手段和方法论。[3] 虽然问题青少年研究的相关数据规模之大、类型之多样化令人目不暇接,但是我们可以采用全体数据

---

[1] Prensky, M. H., "Sapiens Digital: From Digital Immigrants and Digital Natives to Digital Wisdom", *Innovate: Journal of Online Education*, 2009, 5(3): 1-9.

[2] [美]托马斯·库恩:《科学革命的结构》(第4版),金吾伦、胡新和译,北京大学出版社2012年版,第147页。

[3] 沈洁、黄晓兰:《大数据助力科学研究:挑战与创新》,《现代传媒》(中国传媒大学学报)2013年第8期。

取代抽样样本的研究模式，通过处理和问题青少年相关的所有数据，发现数据背后隐藏的内在规律。（2）重视科学研究的高效性。在传统的科学研究中，每条数据都包含该研究所需的信息，然后对信息进行归纳、抽象等处理，这使得研究的精确度得到保障。大数据时代，由于数据规模较大、数据种类较多，因此，研究追求的不仅仅是精确度，也可以允许存在一定的误差。① 第四研究范式追求的不是精确性，而是高效性，不必担心单个数据对整体研究的影响。英国学者维克托·迈尔·舍恩伯格（Viktor Mayer Schönberger）说："对于这些纷繁复杂的数据，企图消耗高昂的成本以消除所有的误差是得不偿失的，我们应该试着容许细微错误的存在。""我们掌握的数据库越来越全面，它不再只包括我们手头的一点点可怜的现象性数据，而是包括了与这些现象相关的大量甚至全部数据。我们不再需要那么担心某个数据点对整套分析的不利影响了。我们要做的就是要接受这么纷繁的数据并从中受益。"② （3）强调科学研究的关联效应。传统科学研究的重点在揭示自变量如何影响因变量的因果关系，而在大数据时代，科学研究的重点在于通过相关关系去发现事物的本质规律，即关联效应。所谓关联效应是指通过对信息数据的相关分析、联想分析和聚类分析，可以找出事物之间的内在联系。大数据的研究不同于传统逻辑推理研究，而是对数量巨大的数据做统计性的搜索、比较、聚类、分类等分析归纳。③ 在大数据时代，不仅应探求自变量影响因变量的因果关系，我们更要利用大数据的关联效应来揭示隐藏在社会中关于问题青少年丰富的、相互联系的海量数据，然后通过统计方法分析数据中的关联性来寻找问题青少年教育发展中的规律性。正如英国学者维克托·迈尔·舍恩伯格和美国学者肯尼思·库克耶（Kenneth Cukier）所说："我们不能再把精确性当成重心，我们需要接受混乱和错误的存在。我们应该侧重分析相关关系，而不再寻求每个预测

---

① 冯文全、马星光、张倩：《论我国教育研究范式的转变——基于大数据的视角》，《教育科学研究》2016年第8期。
② ［英］维克托迈尔·舍恩伯格、肯尼思·库克耶：《大数据时代：生活工作与思维的大变革》，盛杨燕、周涛译，浙江人民出版社2013年版，第15—29页。
③ 李国杰、程学旗：《大数据研究：未来科技及经济社会发展的重大战略领域——大数据的研究现状与科学思考》，《中国科学学院院刊》2012年第6期。

背后的原因。"①

四 综合性原则

（一）综合性原则的概述

"综合性原则"，是指对问题青少年的违法犯罪预防要以学科整合的系统思维与齐抓共管的全局思路，全方位落实问题青少年的违法犯罪预防措施。对问题青少年的违法犯罪预防涉及众多的学科、众多的部门才能完满地解决问题。

（二）贯彻综合性原则的要点

1. 构建科学化的违法犯罪预防学科共同体

问题青少年违法犯罪预防的复杂性决定其需要学科群的出现，才能加以应对。通过学科综合化，能有效地促进问题的解决和资源的再分配，推动问题青少年违法犯罪预防向多学科综合化的方向发展。在实践中，学科综合就要做到把教育学与矫正教育学、司法与犯罪心理学、心理测量与心理咨询学、人类与社会学、信息与计算科学、认知神经科学和第二代认知科学等融合在一起建构学科共同体，以期共同完成违法犯罪预防这一重大任务。比如，随着计算机断层扫描术（CT）、正电子发射断层扫描（PET）和功能性磁共振成像（FMRI）等技术的日益成熟，现今的脑科学家和神经科学家已经可以对大脑内部的"黑箱"进行无创伤的研究，这为青少年攻击行为、不良情绪的产生提供大脑生理层面的说明，这也为有针对性地进行违法犯罪预防提供了先进的科学知识与技术。

2. 实施知、情、意、行的系统化的违法犯罪预防步骤

问题青少年违法犯罪预防是一项系统工程，需要从其知、情、意、行等方面来实施。特定的心理引导着特定的行为，正确的心理会产生符合客观实际的行为；反之，错误的心理会产生谬误的行为，而个体这些扭曲的心理与行为则是由个体的态度和信仰的影响而逐步形成的。刑法是一种外在的社会规则，它是基于正义的"报应刑论"产生的，因为"恶有恶报，善有善报"的思想早已深入人心。虽然通过

---

① ［英］维克托迈尔·舍恩伯格、肯尼思·库克耶：《大数据时代：生活工作与思维的大变革》，盛杨燕、周涛译，浙江人民出版社 2013 年版。

刑法的一般预防,即威慑预防起到了一定的效果,但是也产生了一定的社会问题,这是因为问题青少年并没有从内心形成法律情感和法律信仰。正如美国著名法学家伯尔曼(Berman)所说:"确保遵从规则的因素如信任、公正、可靠感和归宿感,远较强制力更为重要!法律只在受到信任,并且因而并不要求强制力制裁的时候,才是有效的;依法统治者无须处处都仰赖警察……总之,真正能阻止犯罪的乃是守法的传统,这种传统又植根于一种深切而热烈的信念之中。"① 因此,针对问题青少年的违法犯罪预防要立足于法律信仰与法律规范,通过内外兼修成为一名遵纪守法的合格个体。

3. 健全齐抓共管的预防违法犯罪机制

从美国心理学家尤瑞·布朗芬布伦纳(Urie Bronfenbrenner)的社会生态学理论来看(详见第六章第一节),个体行为深受微观环境、中间环境、外层系统和宏观系统的深刻影响。鉴于此,问题青少年违法犯罪预防应多管齐下,家庭、学校、公安、文化、民政、监狱和社区等部门要加强领导,齐抓共管,健全工作机制,共同构建青少年健康成长的社会环境。在实践中,围绕违法犯罪预防目标要逐步形成主管部门统一领导、相关部门各司其职和全社会广泛参与的工作机制,各级宣传部门和媒体要输出带有正能量的舆论导向,为青少年发展营造良好的舆论环境。在问题青少年违法犯罪预防工作中,具体要做到:领导要高度重视,不同部门要联动,防止违法犯罪预防工作变成空口号;要完善工作机制、强化考核,进一步强化部门联系,使违法犯罪预防工作有合力和活力;要大胆尝试与创新工作方式,使违法犯罪预防工作更上一层楼。

五 特色性原则

(一)特色性原则的概述

"特色性原则",是指对问题青少年的违法犯罪预防应体现出我国独特的文化理念与思维方式,应体现出我国与他国的差别。对问题青少年的违法犯罪预防应立足于中国的基本国情、体现中国特色,这是违法犯

---

① [美]伯尔曼:《法律与宗教》,梁治平译,生活·读书·新知三联书店1991年版,第43页。

罪预防工作的出发点和立足点。

(二) 贯彻特色性原则的要点

1. 构建中国特色的违法犯罪预防理念

具有中国特色的违法犯罪预防理念包括：（1）强化"治未病"理念。《黄帝内经》的"不治已病治未病，不治已乱治未乱"和孙思邈的"消未起之患，治未病之疾，医之于无事之前，不追于既逝之后"，均提到了"治未病"的思想，这启示我们在问题青少年违法犯罪预防工作中要防患于未然，要防重于治。（2）发挥群众与社会组织的作用。问题青少年司法预防矫正教育在社会方面包括社会帮教和社区矫正。在社会帮教方面，需要亲属、朋友的规劝，也需要社会志愿者、社会组织的帮教；在社区矫正方面，章恩友教授认为要强调犯罪人、被害人和社区关系的修复，更需要群众与社会组织的积极参与和配合。统计表明，目前全国从事社区矫正的社会工作者超过 8 万人，社会志愿者近 70 万人，随着慈善法的出台与实施，我国社区矫正事业将会更加进步，而且社区矫正工作在我国将会继续得到家庭和社会参与支持优势的推动。① （3）以思想转化为主。我国的监禁矫正和社区矫正是以马克思主义哲学为理论基础的，认为人具有可塑性，因此特别注重从思想层面对违法犯罪人员进行教育矫正。对此，毛主席曾说过："人是可以改造的，就是政策和方法要正确才行。"作为"监狱特殊学校"指导思想之一的"改造思想"是对罪犯教育的核心内容，其针对未成年人提出了"教育、感化、挽救"的方针，对少年收容教养人员实施政治思想教育，均强调思想教育的重要性并取得了一定的成功经验。

2. 注重中华优秀传统文化的熏陶

中华优秀传统文化源远流长，博大精深，如同明珠一般闪耀于历史长河之中。例如，《周易》认为宇宙万物按阴阳运行，其中"太和"是一种包括人与自然以及人与人之间的最高的和谐思想；《弟子规》强调个体要"凡出言，信为先"的真诚守信的品质，并指出了针对行为规范的具体教育内容；儒家思想的核心是"仁"，强调一种和谐的精神境界；道家

---

① 郭伟、李广平：《全球视野下的中国矫正教育的特色和发展趋势》，《世界教育信息》2016 年第 16 期。

思想的核心"道",强调自然和谐,道法自然;佛家强调因果与个人修养,鼓励人们做善事。这些和谐、仁爱、真诚等传统文化中的宝贵精髓滋润着每一个中华儿女的心灵,同样,对问题青少年进行中华经典文化普及与熏陶,不仅有利于培育他们的品德和情操,还能启迪其人生,通过与古圣先贤的心灵交融、思想火花的感染与碰撞,能使其人格得到全面升华,最终形成解决人生征途中许多复杂问题的智慧。正如习近平总书记指出的:"中国传统文化博大精深,学习和掌握其中的各种思想精华,对树立正确的世界观、人生观、价值观很有益处。学史可以看成败、鉴得失、知兴替;学诗可以情飞扬、志高昂、人灵秀;学伦理可以知廉耻、懂荣辱、辨是非。"①

3. 借鉴与创新关于司法犯罪预防的成功经验

连春亮从三个层次阐述了我国对罪犯的矫正教育:首先是以政治教育为主的阶段。该阶段主要指从新中国成立到1978年实行改革开放这一时期,对罪犯的教育主张以政治教化为核心,以社会的安全、秩序为目的。对罪犯实施教育的理论基础主要是马列主义、毛泽东思想中关于劳动改造罪犯的理论,主张把教育和生产结合起来,组织罪犯进行生产劳动。其次是以知识技能教育为主的阶段。该阶段主要指从1978年改革开放到2003年监狱体制改革这一时期,在监狱之中办特殊学校,把思想教育作为对罪犯教育的核心内容,把文化教育作为对罪犯教育的基础内容,把技术教育作为对罪犯教育的重点内容,体现了我国监狱行刑"教育本位"的行刑观。最后是法治规范阶段。该阶段主要指从2003年监狱体制改革至今,主张刑罚人道主义要以自由、人权和宽容为基础。尊重人的自由性,实施人性化的管理,最后上升到人权保障的层面。在已经取得成功经验的基础上,我国罪犯矫正教育工作的创新表现在:吸收社会营养,进一步加强教育矫正方式的社会化、更加重视矫正个别化、注重矫正的分类教育与因材施教、教育矫正质量标准追求科学化、强化矫正人员的职业化建设、在教育矫正中

---

① 《习近平在中央党校建校80周年庆祝大会的讲话》,2013年3月1日,http://www.gov.cn/ldhd/2013-03/01/content_2342890.htm,2018年7月20日。

更加广泛地运用现代矫正技术。①

六 国际性原则

（一）国际性原则的概述

"国际性原则"是指在经济全球化、文化多元化背景下，客观上要求立足于本国，放眼于全世界，充分利用"两个市场"，对问题青少年违法犯罪的资源在国家间进行重新配置与流动，为国内问题青少年违法犯罪预防工作提供最佳服务。

（二）贯彻国际性原则的要点

1. 借鉴与吸收发达国家司法犯罪预防措施

司法是预防问题青少年违法犯罪的最后一道防线。他山之石，可以攻玉，可以把欧美发达国家发展得比较完善的矫正教育理念和方法拿过来为我所用。比如，英国社区矫正的成功经验在于实施分类矫正，即由不同年龄阶段的缓刑令（适用于21周岁以下）、出席中心令（适用于21周岁以下）、监督令（适用于18周岁以下）、行动规划令（适用于18周岁以下）等组成；充分利用了社区力量，提出了综合罪犯管理模式和社区安全合伙人等理念；同时，英国还有科学完善的罪犯评估系统、专业的矫正教育队伍和有针对性的个别化的教育项目。② 这启示我国社区矫正应不断完善矫正教育的内容和方法，充分利用社区力量进行矫正教育，开发有效的社区矫正评估工具，建立专业化的矫正队伍。加拿大矫正教育的成功经验在于强调机构矫正和社区矫正一体化、审前矫正和判后矫正一体化、违法矫正和犯罪矫正一体化。③ 加拿大的矫正理念启示我国不应过分强调监狱矫正，应该构建包括审前矫正、监狱矫正、社区矫正和亚犯罪人矫正等的一体化的犯罪矫正体系。

2. 理性分析与科学吸纳国外司法犯罪预防的经典案例

我国可以通过对发达国家针对问题青少年矫正教育的经典案例比较以借鉴有价值的东西，下面通过两个经典案例来进行分析。案例一，基

---

① 连春亮、张峰：《罪犯矫正模式论》，群众出版社2014年版，第49页。
② 苏春英、赵茜：《中国与英国社区矫正教育比较分析》，《比较教育研究》2016年第8期。
③ 姚建龙：《社区矫正学导论》，北京大学出版社2016年版，第3页。

奇纳实验（kitchener experiment）。西方国家恢复性少年司法的基奇纳实验是一种综合了福利型少年司法和报应型少年司法并超越了两者的司法理念，该实验关注的既不是惩罚也不是宽容。基奇纳实验对我们的启示是修复犯罪人对被害人造成的伤害，通过和平的方式修复与调和被害人、犯罪人和社区之间的关系，并通过这种和平解决矛盾的方式去实现社会的安全。① 案例二，监狱人生重启计划。在2001年，马克思·肯纳（Max Kenner）针对犯罪分子实施了一个"巴德学院监狱人生重启计划"，对违法犯罪分子进行"平等教育"。实施该计划的结果是在那些来自社会最危险的毒贩和杀人犯的囚徒当中，有的不但成为富裕的中产阶级，还成为社会各行各业的领袖人物。"巴德学院监狱人生重启计划"对我们的启示是应对犯罪分子进行数学、心理学、经济学等基础学科教育，以提升他们的认知与思考能力，使他们能悔过自新，这有利于降低重新犯罪的发生，开启问题青少年全新的人生发展轨迹。

3. 实施"走出去，请进来"的司法犯罪预防国际交流机制

"走出去"战略就是要求国内优秀的矫正官、政府职能部门要经常访问和考察欧美发达国家的矫正教育机构，为我国矫正教育做好宣传与促进工作。"请进来"的战略就是要善于邀请和接待欧美发达国家的矫正教育机构来我国进行考察交流，从深度和广度方面促进国内外合作，达到共赢局面。要建立好"走出去，请进来"的问题青少年矫正教育国际交流机制，需要注意如下事项：首先，要求国家职能部门、学术研究者等具有大局意识和开放意识，这是进行合作与交流的最基本条件；其次，要求国家职能部门从制度层面为加大合作与交流力度提供保障机制，提高"走出去，请进来"的质量和效益；最后，要求一切从我国实际情况出发，立足于我国在问题青少年矫正教育工作方面的优势与不足，这样才能真正做到"对症下药"，使"走出去，请进来"的战略起到预期的效果。

第四节　问题青少年违法犯罪预防的方法

目前，问题青少年的产生与我国从小学到中学公民教育的缺失有很

---

① 姚建龙：《青少年犯罪与司法论要》，中国政法大学出版社2014年版，第255页。

大的关联性。《教育大辞典》把公民教育界定为："国家或社会根据有关的法律和要求，培养其所属成员具有忠诚地履行公民权利和义务的品格与能力等的教育。"① "公民教育"是一个舶来词，在不同时期其内涵具有差异性。在当代中国，对公民实施的教育主要包括民主与法治、公民道德与文明、权利与义务、民族与爱国主义、行为规范等。为防止问题青少年违法犯罪，可以对其进行司法预防的社区矫正，《社区矫正实施办法》规定："社区矫正人员应当参加公共道德、法律常识、时事政策等教育学习活动，增强法制观念、道德素质和悔罪自新意识。"② 因此，本书主张以公民教育和社区矫正为理论基础，基于双预机制视角下问题青少年教育矫正的定位，对问题青少年进行违法犯罪预防教育，以免其实施违法犯罪行为。

一　政治思想道德教育是预防问题青少年违法犯罪的核心方法

（一）政治思想道德教育概述

政治思想道德教育是预防问题青少年犯罪的核心方法，其中，政治教育是方向、思想教育是基础、道德教育是关键，它指引着矫正教育的方向。违法犯罪与道德紧密相关，根据对2833名未成年犯人和2385名普通中小学生的调查显示：在道德认知方面，当被问及"你是否同意：现在社会中多数人不讲道德"时，62.8%的违法犯罪的未成年人认同这一观念；在道德情感方面，违法犯罪的未成年人选择朋友的首要标准是"讲义气"的占40.7%，普通中小学生，首选标准是"兴趣爱好"的占41.2%；在道德行为方面，当调研问及"当你在公交车上遇到老人上车没有座位时，你是否会让座"，仍有12.8%的违法犯罪未成年人选择不会，对比普通中小学生，仅有6.10%的人选择不会。③ 青少年接受政治思想道德教育有立法依据与保证，"未成年人保护法""预防未成年人犯罪法"等法律对加强未成年人思想政治道德教育做出了明确的规定；2003年颁布的《关于开展社区矫正试点工作的通知》也明确规定："通过多种

---

① 顾明远：《教育大辞典》（增订合编本），上海教育出版社1998年版，第448页。
② 最高人民法院、最高人民检察院、公安部、司法部：《关于印发社区矫正实施办法的通知》，《中华人民共和国公安部公报》2012年第1期。
③ 张良驯、刘胡权：《违法犯罪未成年人的思想道德和法律意识研究》，《中国教育学刊》2014年第12期。

形式,加强对社区服刑人员的思想教育、法制教育、社会公德教育,矫正其不良心理和行为,使他们悔过自新,弃恶从善,成为守法公民。"① 古今中外特别强调德育的重要作用,英国洛克主张对"绅士"进行体育、德育和智育,以便培养出资产阶级需要的人才;亚里士多德主张对奴隶主子弟进行身体、德行和智慧的全面发展的和谐教育;邓小平提出"要加强各级学校的政治教育、形势教育、思想教育,包括人生观教育、道德教育"。② 通过政治思想道德教育,使问题青少年区分真与假、善与恶、美与丑,对于个体与社会发展起着强大的催化剂作用,从而最大限度地预防问题青少年违法犯罪。

(二) 实施政治思想道德教育的要点

对问题青少年进行政治思想道德教育既要有坚实的可操作性平台,又要立意高远。

1. 通过不同学科教学,加强政治思想道德学习

当下,我国改革开放正处于进一步深入阶段,我国社会正处于转型期,中西方多元文化的交互撞击和价值观念的冲突,使青少年思想受到了很大的负面影响。例如,根据对398名未成年犯的"真诚""善良"等道德认知和"金钱"等价值观的调查,当被问及"在生活与学习中,你是否真诚"时,12—14岁、15—16岁、17—18岁三个年龄阶段回答"真诚"的比例分别是13.19%、7.84%和9.10%;当被问及"在生活与学习中,你是否善良"时,回答"善良"的比例分别是10.33%、7.81%和8.40%。当被问及"你认为什么东西最重要",回答"金钱"的所占比例最高,达到85.23%。因此,通过思想政治课与其他学科教学的知识学习,能掌握科学的认知方法并形成对复杂事物的辨别能力,增强对"一切向钱看"的拜金主义和享乐主义等腐朽事物的免疫能力。

2. 注重实践活动,完善政治思想道德行为

马克思说过,"全部社会生活在本质上是实践的",③ 那么针对作为主

---

① 最高人民法院、最高人民检察院、公安部、司法部:《关于开展社区矫正试点工作的通知》,《中华人民共和国最高人民法院公报》2003年第10期。
② 邓小平:《邓小平文选》(第3卷),人民出版社1993年版,第120页。
③ 中共中央马克思、恩格斯、列宁、斯大林著作编译局:《马克思恩格斯选集》(第1卷),人民出版社1995年版,第56页。

体的问题青少年来说，政治思想道德教育实现的最主要途径就是要让他们对课外活动与校外活动、劳动、共青团活动等客体进行实践，通过主客体的相互作用，把外在的政治思想道德内化为自身的规则。

3. 树立崇高的生活目标，自觉地反省政治思想道德行为

通过树立崇高的生活目标来引领思想道德发展方向，苏霍姆林斯基（Suchomlinsky）认为"道德教育的核心问题，是每个人确立崇高的生活目的"，[①] 个体展现出的对他人的爱才是道德的核心。同时，面对外界纷繁复杂事物的干扰和冲击，问题青少年需要树立正确的人生观、世界观和价值观去应对和解决，要不断通过"吾日三省吾身"的方法来监督并提升自身的政治思想道德水平。

二 优秀传统文化熏陶是预防问题青少年违法犯罪的特色方法

（一）优秀传统文化熏陶的概述

违法犯罪预防离不开优秀传统文化的熏陶，它是违法犯罪预防的一种特色方法。中华经典文化凝聚着"天行健，君子以自强不息"的民族进取精神；体现出"富贵不能淫，贫贱不能移，威武不能屈"的高尚民族气节；展现了"先天下之忧而忧，后天下之乐而乐"的爱国精神；形成了"上善若水，厚德载物"的崇高道德境界和要求人们具有"凡出言，信为先"的真诚守信品质。这些根植于中华民族内心深处的文化积淀，对于青少年的健康成长具有不可或缺的作用。邓小平曾指出："现在这么多青年人犯罪，无法无天，没有顾忌，一个原因就是文化素质太差。"[②] 因此，有效地预防问题青少年违法犯罪离不开中华优秀传统文化的支撑与感染。

（二）进行优秀传统文化熏陶的要点

优秀传统文化视角下的问题青少年违法犯罪预防既要坚守中国特色，又要与时俱进。

1. 汲取传统文化的"仁爱"精神

孔子提出"克己复礼为仁"，主张个体用"爱人"的理念去解决人与

[①] 阿迪力·穆罕默德：《关于教师的格言》，新疆电子音像出版社2010年版，第33页。
[②] 邓小平：《邓小平文选》（第3卷），人民出版社1993年版，第121页。

人、人与物之间的复杂矛盾。墨子主张"夫爱人者，人必从而爱之；利人者，人必从而利之"，要求同伴之间相互关爱。孟子则提出"君子之于物也，爱之而弗仁；于民也，仁之而弗亲。亲亲而仁民，仁民而爱物"的主张。如果青少年能够达到"仁"的三层境界，即"亲""民""物"，则容易达到"泛爱众，而亲仁""己所不欲，勿施于人""君子和而不同，小人同而不和""天下之人皆相爱，强不执弱，众不劫寡，富不侮贫，贵不傲贱，诈不欺愚"的和谐局面。"同情""怜悯"是一种"仁爱"的表现，但是通过对398名未成年犯的调查发现，12—14岁、15—16岁、17—18岁三个年龄阶段的"同情"比例分别是12.81%、8.45%和6.32%，"怜悯"比例分别是10.80%、8.33%和6.10%，这不仅说明了冷漠容易导致犯罪，也佐证了少年在13—14岁左右处于违法犯罪高峰期。

2. 营造家国情怀的熏陶与感染环境

中华优秀传统文化认为"国"是"家"存在与发展的条件，个体的利益获得和幸福保障是立足于国家强大的基础之上的。中华民族涌现出来的"以道自任""天下兴亡，匹夫有责"的仁人志士，他们胸怀强大的社会责任感和历史使命感，具有为国家奉献的高贵品质。2014年教育部印发的《完善中华优秀传统文化教育指导纲要》明确指出，要以家国情怀教育为内容，着力引导青少年学生以祖国的繁荣为最大的光荣，以国家的衰落为最大的耻辱，增强国家认同感，培养爱国情怀，树立民族自信。① 在实践中可以利用网络文化教育平台、校园教育活动、家庭教育活动等对青少年进行家国情怀教育。

3. 借鉴与吸收传统文化人格修养的内容与方法

孔子提出"君子道者三，我无能焉：仁者不忧，知者不惑，勇者不惧"，他把理想人格结构分为"仁""智""勇"三个方面，实践中表现为"穷则独善其身，达则兼善天下"的行为。孔子进一步指出实现理想人格的方式是"莫见乎隐，莫显乎微，故君子慎其独也"和"见贤思齐焉，见不贤而内自省也"，即通过"慎独"和"自省"的方法来提升个体的人格修养。

---

① 教育部：《完善中华优秀传统文化教育指导纲要》，《中国教育报》2014年4月2日。

三 良好文明习惯形成是预防问题青少年违法犯罪的根本方法

（一）良好文明习惯形成的概述

良好文明习惯的形成是问题青少年健全人格形成的基础，也是违法犯罪预防取得良好效果的根基。《礼记》的"人有礼则安，无礼则危"这一观点和赫伯特·斯宾塞（Herbert Spencer）的"人培养了自己的习惯，又逐渐被这种习惯所改变，这就是习惯的力量，好的和不好的都是同样如此"这一论点，指出了个体接受文明习惯洗礼的重要性，良好习惯对学习与生活具有强大的推动力量。2012 年中国青少年研究中心证实了习惯与犯罪紧密相关，通过对 148 名杰出青年与 115 名青年死刑犯的童年教育的对比分析，结果显示，148 名杰出青年在童年时代的习惯特点为：自主自立、意志坚强、友善合作、明辨是非、选择良友、做人道德为先；相反，115 名青年死刑犯在童年时代的习惯特点为：厌恶学习、不知礼节、好逸恶劳、亡命称霸、是非颠倒、荣辱不分。[①] 针对互联网＋背景下的问题青少年文明习惯的养成，需要特别督促其形成规范的言行举止、待人做事诚实守信的态度、善于尊重别人、懂得知恩与感恩、坚持勤劳节俭和反对铺张浪费等优良品德。

（二）良好文明习惯形成的要点

1. 父母要善于引导并以身作则，为青少年树立良好的榜样

由于青少年儿童的可塑性极强，父母作为孩子的第一任教师，应该引导孩子从小形成良好的行为习惯，避免其"从小偷针，长大偷金"。陶行知说："凡人生所需要重要习惯、倾向、态度，多半可以在 6 岁以前培养成功……倘使培养不好，那么习惯成了不易改，倾向定了不易移，态度决了不易变。"[②] 父母应避免当着孩子的面说脏话或动辄打骂自己的孩子以防其模仿。

2. 通过实践活动规范行为，养成良好的社交技能

如果在实践活动中能经常规范青少年的言谈举止，那么他们就会在

[①] 孙云晓、陈凤莉：《关注预防青少年违法犯罪：坏习惯让人麻烦终身》，《中国青年报》2012 年 9 月 17 日。

[②] 冯永刚、刘浩：《学前教育》，山东大学出版社 2009 年版，第 12 页。

大脑皮层形成"良性的动力定型",表现出良好的行为模式。此外,教育矫正工作者要有意识地尽早培养青少年形成良好的社交技能,这样可以避免许多问题青少年的产生。著名教育专家李烈曾深有感触地说过,凡是表现出行为问题的孩子,都首先表现出社交技能方面的不足。通过对398名未成年犯的调查发现,12—14岁、15—16岁、17—18岁三个年龄阶段由于缺乏"良好社交技能"导致犯罪的比例分别是46.21%、22.85%和10.94%,其中12—14岁的犯罪比例最高,原因在于他们年龄较小,认知水平较低,缺少成熟的人际交往技能。因此,在实践活动中,应教育青少年不要随身携带管制刀具,避免诱发暴力犯罪;要做到拾金不昧,避免小偷小摸行为;要形成宽容之心,避免因小事与他人发生冲突;不要经常出入游戏厅等不健康的娱乐场所,避免恶习同辈群体的形成;做到不随意旷课与按时回家,培养自身的毅力、自制力等良好的意志品质。

3. 善于进行教育惩罚,树立规矩意识

甲骨文中的"教"是"𣨊",意味着手持棍棒对着孩子,但这种体罚与批评教育完全不等于教育惩罚。实际上,许多国外教育家赞同教育惩罚,洛克(Locke)认为"奖励与惩罚是应该被采用的";卢梭(Rousseau)在《爱弥儿》中提出对于儿童的过失要用"自然后果法"去惩罚;马卡连柯(Makarenko)指出:"合理的惩罚制度不仅是合法的,也是必要的。这种合理的惩罚制度有助于形成学生坚强的性格。能培养学生的责任感,能锻炼学生的意志和人格尊严感,能培养学生抵制引诱和战胜引诱的能力。"[①] 西方国家对青少年学生进行教育惩罚的做法值得我们借鉴:首先,教育惩罚具有法律保障,如英国在2006年从法律上赋予教师惩罚不守规矩学生的权力;其次,教育惩罚具有明确的内容,如美国规定对违反学校制度的行为教师具有一定的处决权,如若学生把手机等违禁品带入教室,教师可以将其没收并不归还给学生本人;再次,教育惩罚具有操作步骤,如瑞士规定学习是学生的义务,如果学生无故旷课,法院可以起诉他。实施教育惩罚要注意以下几点:教育惩罚要以促进人的发展为根本目的、教育惩罚要把握适当的度、教育惩罚要培养个体勇

---

① 吴式颖、谢惠芳:《外国教育思想通史》,湖南教育出版社2002年版,第740页。

于承担责任的勇气、教育惩罚要处理好惩罚和赏识的关系。①

四 法律意识生成是预防问题青少年违法犯罪的关键方法

（一）法律意识生成概述

法律意识生成是预防问题青少年违法犯罪取得良好效果的关键方法，问题青少年违法犯罪行为产生与其法律意识淡薄、法律素质低下的特点密不可分。笔者对398名未成年人犯罪原因的调查显示，"不懂法律知识"是主要原因，其次是"哥们义气"，再次是"较低的自我控制力"，最后是"外界诱惑"，它们各自所占比例分别是34.29%、25.12%、21.81%、18.78%。在回答"当你犯罪时是否知道自己的行为属于犯罪"时，回答"不知道是犯罪"的占57.42%，"不知道自己触犯了法律法规"的达到72.80%；在回答"是否学习过法律知识"时，回答"完全没有学习过"的占61.85%，"学习过一点点"的占34.27%。该研究结论对预防问题青少年违法犯罪的启示在于，进行法律意识教育已经刻不容缓。法律意识又是法律素质的核心内容，法律意识是指公民主体对于法律及法律现象的认知、体验、评价和态度的总称。刘旺洪教授在其专著《法律意识论》中把法律意识划分为六个维度：法律知识、法律理想、法律情感、法律意志、法律评价和法律信仰，其中，法律知识就是让青少年知法、懂法；法律理想具体包括正义与公平、自由与民主、秩序与安全、幸福与法治等的最终实现；法律情感是个体形成的一种对法律关注、信赖、喜爱、寄托的主观体验和需求；法律意志是培育个体自觉守法与护法的品质；法律评价是培育青少年主体在法律知识、法律理想、法律情感和法律意志的基础上，形成用法律维护社会秩序、保护公民合法权益等的正向功能，积极法律评价能有效引导青少年对法律的认同、尊重并自觉用法律规范调节自身行为；法律信仰是个体对法律意义的终极信念，是法律精神的最高境界，具有知与行、体验与超验、理性与非理性以及稳定性与发展性相统一的特点。②

---

① 毛明月、苏春景：《试论教育惩罚的合理性》，《当代教育科学》2004年第23期。
② 刘旺洪：《法律意识论》，法律出版社2001年版，第72—81页。

(二) 法律意识生成的要点

1. 科学实施法律教育

通过对问题青少年普及"未成年人保护法""预防未成年犯罪法"和"义务教育法"等法律知识，使他们形成知法与守法意识。邓小平的许多观点对进行普法教育有重要的指导意义，他指出："法制观念与人们的文化素质相关……所以，加强法制重要的是要进行教育，根本问题是教育人。"邓小平更强调："我们国家缺少执法和守法的传统……法制教育要从娃娃开始，小学、中学都要进行这个教育，社会上也要进行这个教育。"① 该观点对普法教育有特别重要的指导意义。

2. 积极开展法律实践活动

研究指出，法律实践教育滞后于法律知识教育。随着年龄的增加，学生对法律实践教育的需求越来越大，但其实践教育课程越来越少。小学、初中和高中开展过法律教育实践活动的占比依次为93.37%、71.78%和39.53%。② 因此，应不断开展法律实践活动，在全社会营造法治环境。可以组织问题青少年进行与法律有关的"模拟法庭"、观看"青少年各种经典犯罪"视频等；也可以通过电视、书刊、网络等媒介宣传正能量的守法与执法的典型人物和事件，在全社会树立法律的威严与公平氛围，使问题青少年逐步形成敬畏法律和遵守法律的素养。

3. 努力提升法律信仰

马克思主义哲学认为，在事物的发展中，内因是事物发展变化的根据，外因是变化的条件，外因通过内因起作用。因此，问题青少年内心形成对法律的信仰是其提升法律意识的关键。对问题青少年进行法律信仰教育，能不断提高他们的法律素养和法律意识，抑制其犯罪心理的产生或进一步恶化。正如伯尔曼（Berman）所说："法必须被信仰，否则将形同虚设。当人们在对法产生认同并建立了法信仰之后，遵守法规则和条文会很自觉。"③ 培养问题青少年法律信仰的有效策略包括认知内化策

---

① 邓小平：《邓小平文选》（第3卷），人民出版社1993年版，第163页。
② 河北省青少年法制教育调研课题组：《法制教育：青少年全面发展的根本保障》，《预防青少年犯罪研究》2012年第8期。
③ ［美］伯尔曼：《法律与宗教》，梁治平译，生活·读书·新知三联书店1991年版，第15页。

略、法律情感教育策略、法律意志养成策略、实践练习策略和传统文化熏陶策略等。①

五 注重家庭教育是有效杜绝问题青少年违法犯罪的重要方法

（一）家庭教育的概述

问题青少年违法犯罪的产生与家庭教育中的父母教育方式、家庭结构、家庭氛围等紧密相关。校园欺凌是问题青少年严重不良行为的表现之一，校园欺凌中所涉及的欺凌者和被欺凌者不良的个性特征，终究可以从家庭中找到源头。研究表明，欺凌者的家庭表现为缺乏情感温暖、在儿童表现出攻击性时缺乏一致的教育方式、父母的教养方式多为粗暴惩罚为主，父母之间的交往也充斥着敌意与暴力。② 被欺凌者的家庭同样具有以上特点，家庭中缺乏民主的气氛、父母之间地位的不平等、亲子关系不良等。这些研究证实了校园欺凌双方主体的家庭环境对其成长的影响是负面的，欺凌者的攻击性、冲动性、缺乏同情心、对欺凌行为的合理化能力，以及被欺凌者的不安全感、焦虑、低自尊、不成熟的社会交往能力等[3]都可归结为对其家庭互动模式的模仿和复制，这是失败的家庭教育在儿童身上的烙印。校园欺凌的家庭因素可归结为家庭对儿童基本生存技能培养的无能，对儿童心理健康发展所需要的情感温暖、关爱的缺失，造成儿童个性方面发展受阻。

父母的教养方式是影响未成年犯罪的最重要因素之一。著名少年法庭法官尚秀云认为问题少年是问题父母的产物，她指出凡是遭受父母打骂的孩子都容易形成攻击行为，凡是斤斤计较的父母的孩子都容易形成小偷小摸的行为。研究显示，368名未成年犯的父母教养方式中的"母亲惩罚严厉""母亲情感温暖与理解关心""母亲过度干涉""父亲拒绝与

---

① 徐淑慧、苏春景:《法律信仰的特点、结构与培养策略》,《教育研究》2016年第6期。
② Stevens, V., De Bourdeaudhuij, I., Van Oost, P., "Relationship of the Family Environment to Children's Involvement in Bully Lvictim Pnoblems at School", *Journal of Youth and Adolescence*, 2002, 31 (6):419 – 428.
③ Rigby, K., "Why do Some Children Bully at School? The Contributions of Negative Attitudes Towards Victims and the Perceived Expections of Friend, Parents and Teachers", *School Psychology International*, 2005, 26(2):147 – 161.

否认"四个因子对犯罪个性特征具有预测作用。主要原因在于家庭是未成年人生活和成长的第一个场所，父母教养方式在子女的意识中会留下深刻的烙印，必然会对其行为产生深远的影响。当母亲对未成年子女的不良行为惩罚得过于严厉时可能会伤害子女尊严或引发子女产生激烈反抗行为，缺少对子女的情感投入会弱化对子女的情感感化作用或使其失去安全感；不能理解子女的心理感受会导致其心理负荷加大或出现逆反心理；不能以民主的方式处理母亲与子女之间的关系会导致子女疑心加强或自命不凡。当父亲常常拒绝子女的要求和否认子女的意见时，其未成年子女容易出现紊乱、非理性和无所适从的行为特征，以后有可能发展为犯罪个性心理。[①] 依据阿尔伯特·班杜拉（Albert Bandura）的社会学习原理，可以解释为未成年不良行为是通过子女的认知与模仿父母行为这一中介过程完成的，子女会从父母的动辄打骂、说谎等行为中获得种种不良行为。

（二）家庭教育是预防问题青少年违法犯罪的要点

校园欺凌是问题青少年严重不良行为之一，为了更深刻地探讨家庭教育是如何预防问题青少年违法犯罪的，本书以校园欺凌为例进行解读。在我国古代，人们已经开始注意到了家庭教育的重大意义。《礼记·大学》中指出："古之欲明明德于天下者，先治其国；欲治其国者，先齐其家；欲齐其家，先修其身。"深刻阐述了个人、家庭、治国和平天下之间的关系，明确指出齐家是治国、平天下的基石。2015 年，教育部印发了《教育部关于加强家庭教育工作的指导意见》，明确指出家长要在子女的家庭教育中承担主体责任。虽然通过法律手段从外在方面对校园欺凌现象的"肇事者"或潜在的"坏分子"能起到"震慑"与"遏制"作用，但是我们需要从家庭教育的源头上对校园欺凌现象进行预防。

1. 家长应对学生优良品质和个性进行引导，实现对校园欺凌现象的预防

通过培养学生的善良品质，塑造其良好的个性，从改变人的心理到改变人的行为以达到预防校园欺凌现象，或许能取得更好的效果。我国

---

① 苏春景、杨虎民：《未成年犯罪的个性特征及预防策略》，《教育研究》2017 年第 12 期。

从古代开始就重视人格教育,就是所谓的"教子成人"。2012 年,中共十八大正式提出了"友善"是社会主义核心价值观的重要内容之一,它是指导公民品质的最高标准的一种道德规范。应对校园欺凌,最为根本的是从文化层面进行引导,弘扬社会主义核心价值观,重塑中华民族传统美德。

首先,应使学生从传统文化里汲取"仁爱"精神。孟子曰:"君子之于物也,爱之而弗仁;于民也,仁之而弗亲。亲亲而仁民,仁民而爱物。"(《孟子·尽心上》)应该对学生传播这种"仁"的精神,将"仁爱"看作是人的本质,且这种爱是惠及万物的博爱,这是源于对生命的尊重。弘扬"仁爱"的精神,基于"孝悌",达到"己所不欲勿施于人"乃至"仁者爱人"的境界。这样就可以将亲情之爱延展到对他人、对全人类的博爱,使"仁爱"更具普遍性。这不仅能促使学生懂得"仁爱",而且能够使其做到"推己及人",从而避免形成欺凌他人而无忏悔的冷漠个性。将"仁爱"的思想作为培育个体道德情感的养料,并逐步发展为一种博爱,一种对人类的大爱。以预防校园欺凌为起点,提倡同伴之间的相互爱护,"夫爱人者,人必从而爱之;利人者,人必从而利之"(《墨子·兼爱》),最终达到"天下之人皆相爱,强不执弱,众不劫寡,富不侮贫,贵不傲贱,诈不欺愚"的美好品性。

其次,应重视学生友善品质的培养。友善是个体个性结构中稳定的一种优良品质,它支配着个体的行为方向。中小学生正处于其身心发展的巨大变化阶段,具有极强的可塑性。如果家长从小对孩子进行友善教育,这种友善的种子就会逐渐在孩子的心灵中开花结果,孩子就会形成正确的生命观和健全的个性。自然而然,这些孩子将来能在学校以友好的方式处理与同学的关系,愉快地学习与生活,避免攻击行为与暴力行为。这也就从思想源头上铲除了校园欺凌现象滋生的腐朽土壤,可以有效防止校园欺凌行为的出现。例如,德国在通过对子女进行"善良教育"来预防和减少校园欺凌方面做得很好,这样可以从小教育孩子对生命的珍爱与尊重。

2. 应转变家长的教育方式,要重视子女的认知及规则教育

首先,提升父母的家庭教育素养,转变其不良的家庭教育方式,对预防校园欺凌行为具有重要的价值。提升父母的家庭教育素养,可从以

下四个方面开展。一是提升亲子沟通素养。作为父母就要为子女提供互动的场所与机会，加强与子女的交流，让子女把"心理情结"表达出来，父母帮助其共同解决，使家庭成为能使子女心灵平静下来的港湾。二是提升观察被欺凌子女的能力。许多人只要提到校园欺凌首先想到的是欺凌者的相关事项，忽视了对被欺凌者的关注。由于青少年心理发展的闭锁性，他们在遭受欺凌后为了不让父母担心就企图隐藏被欺负的真相。因此，父母就要对子女日常生活中的言谈举止进行仔细观察以确定其是否受到了欺凌。三是父母切实起到带头示范作用。苏联教育家马卡连柯（Makarenko）特别强调父母的示范作用，他说："你们的穿戴，怎样同别人谈话，怎样谈论别人，怎样欢乐与忧愁，怎样对待朋友和敌人，怎样笑，怎样读报——这一切对儿童都有着重要意义。"长此以往，子女在父母良好教育方式的潜移默化下，会在其大脑里形成良性的"动力定型"，遇到事情以正确的方式去解决，而不是以冲动方式解决。四是父母对子女的教育要实行"爱"与"教"相结合。所谓的爱就是要求父母关心、疼爱子女；教就是要求父母严格要求子女。"颜氏家训"也特别注重爱教结合，认为"父母威严而有慈，则子女畏慎而生孝矣"。父母对孩子付出真正的爱越多，孩子就越容易形成依恋情感，而依恋又与问题行为有关联。特拉维斯·赫希的研究就证明了这一点，他研究发现青少年对父母的依恋程度越高，其做出越轨行为的概率越低。[①]

其次，校园欺凌现象的发生与学生错误的认识紧密相连，因此，父母应从以下三个方面对子女进行认知教育和规则教育，以尽到家长监护教育的责任。一是家长通过教育改变子女错误的认知与世界观，使子女掌握正确的法制纪律观念，当子女面对冲突时，就能沉着冷静应对，不至于盲目冲动。二是善于对孩子进行生命教育。父母要教育子女敬畏生命、呵护生命，而不是肆意地虐待生命，要让子女在冲突中避免伤害他人。对此，李玫瑾的解释更为精辟，她说："为什么会发生欺凌行为，是因为这些欺凌者不懂得生命。生命教育到底是什么？我认为，生命教育的第一要义就是让孩子们形成人所特有的情感，即对养育恩情的理解、

[①] 特拉维斯·赫希：《少年犯罪原因探讨》，吴宗宪等译，中国国际广播出版社1997年版，第5—6页。

对友善情谊的学习与应用。"三是对子女进行规则教育。孟子曰:"离娄之明,公输子之巧,不以规矩,不成方圆。"这说明了在社会中,所有人做任何事情,都必须遵循一定的规则,否则就会给他人带来危害。李玫瑾认为,家长要在六岁前对孩子进行说"不"的教育,最晚不要超过十岁,否则孩子很容易变成问题青少年。

3. 应对家庭教育立法,明确家长在子女教育上的责任

姚建龙教授指出,面对中小学"熊孩子",要完善家庭教育指导制度。目前,家庭地区差异、父母教育背景差异和家庭教育能力差异等,都是导致家庭教育发展极不平衡的因素,所以,有必要通过立法构建家庭教育制度以提升家长的家庭教育水平。同时,中小学校园"熊孩子"的产生与父母的失职也密切相关,对于失职的父母要有必要的约束与教育措施。

首先,应对家庭教育进行立法,通过对父母提供各种培训以提高其家庭教育的能力与水平。西方发达国家很重视家庭教育对立法的指导效果,这方面值得我们欣赏与借鉴。英国教育界对校园欺凌现象非常重视,并明确规定了家长的责任。针对本应为学生校园欺凌行为负责,但没有负好责任的家长,法庭会强制其接受养育课程,学习如何教育与引导儿童的健康发展。如果家长不服从这项法规,将被处以最高1000英镑的罚款。日本的《防止欺凌对策推进法》规定,家长必须指导儿童形成规范意识;在受到欺凌后,家长必须采取适当措施加以保护;家长要努力协助国家、地方政府以及学校的预防欺凌措施;如果子女遭遇到"欺凌事件",家长要进行亲子沟通,加强与子女心灵上的沟通,帮助子女度过困境。①

其次,通过强制亲职教育,明确父母在子女教育上的责任。校园欺凌既已成为一种社会问题,就需要调动家庭力量去协助解决。亲职教育可为家长提供专业方面的知识和技能,促进家庭、学校和社会共同致力于预防校园欺凌的发生。亲职教育被定义为一个涉及父母和子女及其关系良好发展的见解、认知和态度,以及为达到这种目标获得所应掌握的

---

① 李冬梅:《看日本如何防止校园欺凌》,《中国教育报》2016年5月20日。

知识和技能的过程。① 亲职教育的主体是父母，内容包括对父母的教育和父母对子女的教育两个方面，其目标是通过构建良好的亲子关系，促进子女的健康发展。国内亲职教育的发展还处于一个初级阶段，可以借鉴国外强制亲职教育制度，对放任未成年人违法犯罪的父母进行强制亲职教育，教他们怎么做父母，直至给予其必要的处罚。② 相关实证研究也表明，亲职教育可以有效改变儿童的问题行为。亲职教育的内容主要包括两个方面。一是促使儿童健康发展的相关知识技能，可称为发展性内容。例如，提供人际交往的技能教育。调查研究发现，62.6%的家长、64.8%的教师及59.3%的校长一致认为，"人际关系不良的学生"最容易成为被欺凌者，在几种选项中位居首位，在该选项中，有53.7%的学生选择"人际关系不良"，仅次于"身体瘦弱"的选项。二是解决儿童出现的各种问题所需要的各种专业技能，可称为缺失性内容。例如，提供心理咨询的技能。当然亲职教育亦可根据不同父母的不同需要有选择性地提供相关知识，比如，针对校园欺凌中欺凌者和被欺凌者不同的个性特点，父母的教育方式亦应有所不同。在亲职教育中，学校特有的资源可使其成为推行亲职教育的主体。当然，社会团体机构抑或是民间组织也可以成为担任亲职教育的主体。

4. 家庭与社会要形成合力，使教育保障更有力

从布朗芬布伦纳的社会生态学理论来看，环境包括微环境、中间环境、外层系统和宏观系统，其认为个人的行为与环境应结合在一起。鉴于此，中小学生欺凌行为的解决应该考虑到家庭、学校和社会三者间的沟通，应多管齐下，进行联动教育，这样，欺凌行为才能得到完满的解决。国外许多国家十分重视并倡导通过学校、家庭和社会三位一体的合力去预防和矫正校园欺凌现象。在美国，政府要求学校、家庭和媒体联合行动来应对校园欺凌现象。如果未成年人因欺凌行为被送到法院，父母就要承担所有可能面临的民事赔偿责任。美国法律规定，如果法院认定因为父

---

① Graaf, D. I., Onrust, S., Haverman, M., et al., Helping Families Improve: An Evaluation of Two Primary Care Approaches to Parenting Support in the Netherlands, *Infant and Child Development*, 2009, 18(6):481-501.

② 姚建龙：《应对校园欺凌，不宜只靠刑罚》，《人民日报》2016年6月14日。

母吸毒、酗酒等不法行为导致子女出现欺凌行为，父母会丧失对子女的监护权，子女会被转移到寄养家庭。如果父母在管教方法上出现问题，法院会要求父母上训导课程，学习如何合法、合理地管教子女。① 美国的一些社交网站还开始向受欺凌的青少年提供网上帮助。专家特别强调，家长在其中的作用至关重要。家长需要和子女保持顺畅的交流和沟通，既要教导子女如何在不舒服的环境下处理问题、珍爱生命，又需让子女明白，必须为自己欺凌别人的行为承担责任。② 在英国，针对校园欺凌现象主要采取以学校为主，家庭、社会、司法三者综合预防的模式。

5. 父母应加强对子女的监管和教育，避免纵容型教养

罗伯特·桑普森（Robert Sampson）认为，对少年犯罪最大的影响因素之一是家庭，而家庭因素中最关键的是父母监管的缺失、严厉的父母管教等。因此，依据切萨雷·贝卡利亚（Cesare Beccaria）的"预防犯罪比惩罚犯罪更高明……预防犯罪的最可靠但也是最艰难的措施是：完善教育"③的观点，父母必须采取民主型教养方式对未成年子女的朋友交往、学习状况等进行监督，善于从中观察和发现一些不良端倪，及时开展认知、帮扶等教育活动，创造出一种"阻力"去抵消未成年人犯罪的"引力"，以预防他们犯罪。

6. 父母应对未成年子女进行合理的教育惩罚，避免过度干涉与惩罚

不以规矩，不成方圆。这就要求父母让孩子自觉遵守规则，否则他们会偏离正确的人生发展轨道，父母必须通过合理惩罚"使他们日后不去再犯"，让孩子知道"犯了过错的人应当受到惩罚"是一个无可争辩的命题。④ 苏联教育家马卡连柯（Makarenko）也指出，合理的惩罚制度不仅是合法的，也是必要的。它有助于形成学生坚强的性格，能培养学生的责任感，能锻炼学生的意志和人格尊严感，能培养学生抵制引诱和战胜引诱的能力。⑤ 实践中，可以借鉴国外父母惩罚孩子的方法。例如，韩

---

① 陈偲、陆继锋：《美国如何应对校园欺凌》，《学习时报》2015年10月15日。
② 马小宁：《反校园欺凌要靠合力》，《人民日报》2011年3月24日。
③ 切萨雷·贝卡利亚：《论犯罪与刑罚》，黄风译，北京大学出版社2017年版，第102—109页。
④ 夸美纽斯：《大教学论》，教育科学出版社1999年版，第198页。
⑤ 吴式颖、谢惠芳：《外国教育思想通史》，湖南教育出版社2002年版，第740页。

国父母通过没收手机来惩罚任性的子女；美国家长通过"计时隔离"来惩罚不守规矩的子女；日本父母通过取消与子女约定的计划来惩罚不遵守纪律的子女。

7. 应加强父母与子女的沟通和情感培育

众所周知，现在大多数父母与未成年子女之间缺乏有效沟通，长此以往的结果就是父母与子女存在严重的情感隔阂，最终会引发未成年人产生违法行为。正如特拉维斯·赫希研究发现的，如果儿童与父母情感联系降低，犯罪可能性就会增加；反之，犯罪可能性就会下降。[①] 这就要求父母在平等、尊重、坦诚的基础上，采用家庭会议、微笑协商解决冲突等方法与子女共同探讨他们在学习和生活中遇到的问题，然后提出可行的解决对策，这既有利于培养未成年人以合作的、协商的方式处理人际交往中的矛盾，也有利于提升父母与子女之间的情感交流。

六 立体构建良好的同伴关系是科学阻断问题青少年犯罪感染源的重要方法

（一）同伴关系的概述

目前，未成年人由于生理成熟较早和心理发展较快，从少年期开始就力图摆脱父母的约束和控制，容易对成年人产生叛逆和抵触行为，于是年龄相仿的少年容易形成消极的朋辈群体。埃德温·萨瑟兰（Edwin Sutherland）的差异交往理论认为，个体之所以犯罪，是因为与犯罪人的交往和相互学习。该观点可以用来解释消极朋辈群体对未成年人的不良影响，群体压力容易使未成年人盲目随从组织的活动、遵守组织的规则和信奉组织的价值观，这导致他们容易学习群体中其他成员的越轨和犯罪行为。兰斯福德（Lansford）等研究发现，同伴关系糟糕的青少年容易出现学校适应困难、品行不良乃至犯罪等问题。[②] 研究显示，同伴群体中攻击性较高的未成年人更容易表现出敌对、过激行为等，以至于引发违

---

① Travis Hirschi, *Causes of Delinquency*, Berkeley, CA: University of California Press, 1969, pp. 88-94.
② Lansford, J. E., et al., "Friendship Quality, Peer Group Affiliation, and Peer Antisocial Behavior as Moderators of the Link Between Negative Parenting and Adolescent Externalizing Behavior", *Journal of Research on Adolescence*, 2003, 13(2): 161-184.

法犯罪。社会成熟性水平较低的未成年人，容易受朋辈群体中的欺骗、引诱、去个性化等负面因素影响，形成自负和自卑以及绝对化、概括化的自我认知。长此以往，就容易形成不健全的自我概念和人格及反社会意识与行为。特别是与不良同伴在一起形成的团伙对其中每一个成员都具有毁灭性的打击，正如斯帕格雷迪（Spagliardi）所说的，"造成大部分少年流浪和懒惰的原因不是因为缺乏教育……而是因为他们被团伙的漩涡夹卷到这个地步"。①

（二）构建良好同伴关系的策略

许多未成年犯罪祸起"哥们的一句话"，源自"哥们的一件事"，这就要求做到：

1. 积极促进网络同伴交往的健康发展

目前，未成年属于"网络原住民"，通过 E-mail、QQ、微信、网络游戏等方式交往深受他们喜爱。网络同伴交往的优点在于网络的虚拟性和匿名性使个体获得现实中不能得到的同伴关系，使其更容易表露自我心声，网络的超越时空性容易使处于不同时间、地点的个体聚集在一起进行交流。但是网络同伴交往也存在诸如网络欺凌、网络色情、网络诈骗、网络吸毒和网络团伙犯罪等问题。因此，一方面，公安、广电和教育等相关部门应联合对互联网进行监督与管理，切断"黄、赌、毒"的来源，坚决禁止未成年进入网吧以构建其成长的健康环境；另一方面，加强政治思想道德教育是预防未成年犯罪的核心要素，其中政治教育是方向，思想教育是基础，道德教育是关键。

2. 通过认知、共情、行为训练促进未成年同伴关系的良好发展

首先，对未成年同伴交往中的是与非、第一印象与刻板效应等问题进行认知教育，鼓励他们交流并为其创设良好的交往情景与机会，教授他们解决同伴关系中的竞争、冲突等策略。其次，利用幻灯片、录像等创设一个同伴交往的情境，让未成年人体验同伴交往的感受。然后在真实的同伴交往活动中，让他们继续体验同伴交往中的快乐与悲伤。同时，教育者与未成年人讨论他们在同伴交往中的感受并且容忍他们不太成熟

---

① ［意］切萨雷·龙勃罗梭：《犯罪人论》，黄风译，北京大学出版社 2011 年版，第 235 页。

的交往方式，鼓励他们不断克服同伴交往中存在的不足。最后，通过视频、动画等方式观察同伴在人际交往活动中如何表现友善与同情、如何处理冲突与矛盾等的技能。然后引导未成年人参与不同形式的集体活动让其进行动作复现，模仿情景中同伴交往的技能，以达到提升同伴交往技能的目的。

3. 及时发现未成年同伴关系中的问题并进行教育矫正

不良同伴在一起会交叉感染，容易形成"人云亦云，随波逐流"的状态，甚至在不良同伴影响下的未成年人与没有不良同伴影响的未成年人相比更可能产生反社会行为。因此，教育者要及时帮助未成年人识别、远离身边有不良行为的同伴，增强他们的免疫力以防止他们受到不良感染。对于同伴交往中具有撒谎、欺凌等表现的未成年人，采用贝克的认知疗法、团体箱庭疗法进行心理咨询与治疗，使他们逐步健康发展以阻断未成年人犯罪的感染源。

七 真正提升个体自尊水平，切实增强未成年人远离、抵制犯罪的内力

（一）自尊的概述

自尊是个体在实践过程中基于自我评价产生和形成的一种要求自己和他人对自身的自爱与自重的积极情感体验。研究显示，低自尊与犯罪之间存在密切的关系。达呢兰（Donnellan）等于2005年以自我报告、教师评分和家长评分的方式，以美国和新西兰的青少年和大学生为被试来研究自尊和外化行为关系，结果发现在跨领域和纵向上，低自尊与攻击性、反社会行为和违法行为间存在着紧密关系。[1] 具有自尊的人善于维护自己的尊严，不会做危害他人并且有损自身人格的事情。适度自尊有利于个体根据环境变化进行自我调节，但是自尊的丧失会导致未成年人不能根据客观实际调节自己的行为，很容易诱发未成年人表现出攻击、冲动等行为。低自尊未成年人犯罪的原因在于，当他们与别人比较时，往往获得一种自我价值感较低的体验。因此，他们更容易通过违法这一手

---

[1] Donnellan, M. B., et al., "Low Self-Esteem is Related to Aggression, Antisocial Behavior, and Delinquency", *American Psychological Society*, 2005, 16(4): 328–335.

段去弥补自身的自卑感，进而彰显自我的存在感与价值感；高自尊的未成年人犯罪的原因在于，他们自我感觉高人一等，对别人的话语和行为异常敏感多疑，当他人一不小心冒犯了他时，就会以粗暴甚至令人发指的方式去对待他人。因此，构筑人性自尊的长城，也许就是预防未成年人犯罪的根本。①

（二）提升自尊的要点

未成年人的自尊水平是预防犯罪的内因，因此可以尝试以下方法进行提升：

1. 满足成就需要以提升自尊水平以避免未成年人越轨行为的出现

满足未成年人的需要是他们获得自尊的一个必要条件，而且未成年人对成就极其渴望。依据威廉·詹姆斯（William James）的自尊＝成功/抱负公式，可以发现自尊与成功成正比，当个体获得成就大但抱负小时，自尊水平就高；反之，经常失败会导致个体形成习得性无助感，自尊水平也就较低。这就要求整个社会为未成年人提供获得成功的机会和环境，对他们进行多鼓励、多表扬的赏识教育，逐步增强他们的自信，进而让他们体验更多的自尊感，以避免由于自尊感的丧失而出现的不良行为。

2. 通过培养羞耻感提升未成年人的自尊水平

羞耻与自尊存在着交互作用，即羞耻感能降低自尊水平，低自尊又会引发羞耻感。因此，我们可以通过培养未成年人的羞耻感提升其自尊水平。羞耻感是植根于人的天性之中的道德本能，具有羞耻感的人善于发现自身错误，能自觉地停止不当行为并能激发其重新做人的潜能。正如荷兰哲学家斯宾诺莎（Spinoza）所说："害羞引起畏惧或害怕耻辱的情绪，这种情绪可以阻止人不去犯某些卑鄙的行为。"② 对未成年人羞耻感的培养从知、情、信、意、行来展开，"知"就是要进行对羞耻感内涵、价值等的认知教育，"情"就是要对羞耻感进行积极的情感体验，"信"就是要形成对羞耻感的信仰与追求，"意"就是要对羞耻感这一品质持之

---

① 刘延寿：《筑起人性自尊的长城——未成年人犯罪预防感言》，《江西公安专科学校学报》1999 年第 4 期。

② 斯宾诺莎：《斯宾诺莎文集》（第 4 卷），《伦理学》，商务印书馆 2014 年版，第 159 页。

以恒，"行"就是在行动中表现出羞耻感。

3. 实施前科封存制度，挽回未成年人的自尊

法律明确规定对未成年人建立犯罪记录消灭制度，例如，《联合国保护被剥夺自由少年规则》第19条规定，释放时，少年的记录应封存，并在适当的时候加以销毁；《刑事诉讼法》规定，被判处五年以下有期徒刑、拘役、管制、附加刑和免予刑事处罚的未成年犯的犯罪记录应予以封存。实施前科封存制度，符合人性化精神，有利于避免未成年犯因某一次过失行为获得一种"标签"而丧失了正常的社会身份，避免其因内心永远承受道德谴责和避免遭受社会排斥与歧视而丧失掉自尊，以防止其将来"破罐子破摔"继而重新犯罪。正如德国刑法学汉斯·海因里希·登赛克（Hans Heinrich Jescheck）指出的："国家不能仅满足对于违法者的处罚，而且还必须考虑到，在刑罚执行完毕后，他能够在社会上重新找到一个适当的位置。"[1]

八 借鉴国际成功经验，构建完善的社会支持系统

（一）社会支持的概述

社会支持由卡塞尔（Cassel）和科布（Cobb）于1976年首次提出，认为它是个体感受到来自他人和社会关怀的期望与评价。按照不同标准，社会支持有诸多分类。从社会支持的维度来划分，可以分为认知支持、情感支持和行为支持。[2] 从社会支持的性质来划分，可以分为客观支持和主观支持。[3] 从社会支持来源划分，可以分为家庭支持、朋友支持和其他支持。

如果未成年人能获得较多的认知、情感和行为等支持，那么就可以有效确保其产生安全感以预防不良行为的发生。例如，印度犯罪学会主席若玛谡布·提拉格如诗（Ramasubbu Thilagaraj）认为，少年犯出狱后更需要家庭的支持，家庭为他们提供食宿、供应他们上学、帮他们找工

---

[1] 汉斯·海因里希·登赛克、托马斯·魏根特：《德国刑法教科书》（总论），中国法制出版社2001年版，第1097页。

[2] 纪梦楠：《大学生社会支持研究现状》，《精神医学杂志》2008年第6期。

[3] 全宏燕：《社会支持研究综述》，《重庆科技学院学报》（社会科学版）2008年第3期。

作,这是重返社会、预防再犯的关键三项。良好的社会支持有利于未管所对未成年犯进行矫正教育,依据美国心理学家谢尔登·科恩(Sheldon Cohen)的"应激缓冲模型",① 面对应激事件,如果未成年犯感受到他人的社会支持,有助于其降低对应激事件的消极判断,即感受到的社会支持可以提高未成年犯直面应激事件时的自我评价。这种支持使未成年犯得以以冷静方式应对应激源,而不至于用粗暴的方式解决问题。当未成年犯在未管所情绪低落时,若能获得朋友、家庭和狱警等的帮助,可给其提供度过困境的支撑力量。良好的社会支持更能有效预防少年犯重新犯罪,因为对于大多数少年犯而言,出狱回家就意味着回到贫穷、失业和日常的困顿中。艾伦(Allen)和哈利(Harry)于1981年认为,融入正常社会的主要目标就是让少年犯成为有责任心、有劳动能力的公民,而不是令人畏惧的、有前科的、希望渺茫的坏人。卡利森(Callison)于1983年指出,社会需要给予少年犯合理的、合法的各种支持。当一个人没有家人,又得不到指引时,他就容易从事犯罪行为。

(二)社会支持的要点

大力强化社会支持的实施,充分发挥其预防犯罪的最大功能。预防未成年人犯罪需要构建全方位、立体型和一体化的社会支持体系,具体策略包括以下几个方面。

1. 积极为未成年人发展构建完善的社会支持系统

许多国家非常重视客观支持、主观支持等在预防未成年犯罪中的作用,例如,韩国司法部在全国共开设了17家预防中心,对于有犯罪风险的青少年进行教育干预、心理辅导、强制教化和法制教育;日本为了防止青少年受到伤害,会通过网络警察检查色情网站、援交信息板等,警察一旦发现不健康内容就会勒令开发商将之删除。为了预防未成年人犯罪,我们应该营造温馨的家庭、创建和谐的社区、发展平安的校园和构建传播正能量的网络媒介,为其人格发展提供发展所需的支持力量和积极的体验环境。

2. 加强未成年人与社会之间的联系以预防犯罪

特拉维斯·赫希的社会控制理论认为,个体与社会联系的减弱有可

---

① 李维:《社会心理学新进展》,上海教育出版社2006年版,第542页。

能导致犯罪，他用依恋、奉献、投入和信念来阐述社会与个体两者之间联系加强的具体方式。比如，香港在利用社会控制理论来预防青少年犯罪的成功经验就是值得借鉴的，他们对青少年问题的解决主要采取全人发展及系统化发展的策略，其理念重在强调青少年与社会环境之间的互动关系以及社会系统之间的相互关系，于是形成了家庭生活教育、青少年中心和外展社会工作服务等支持青少年的社会系统。这些社会系统加强了个体与社会之间的联系，从而可以有效预防青少年犯罪。

3. 优化青少年健康成长的社会环境，减少问题青少年和预防其产生

通过优化青少年健康成长的社会环境以达到减少问题青少年和预防其产生的目的，一是要加强领导，健全工作机制。要努力健全"党委统一领导、政府组织协调、有关部门各负其责、全社会积极参与"的领导体制和工作机制，公安、文化、教育、民政等职能部门要各司其职，责任到位，合力营造有利于青少年健康成长的社会环境。宣传部门和新闻媒体要发挥良好的舆论导向作用，加强正面宣传教育，营造全社会关注青少年健康成长的舆论氛围，齐抓共管，建立起预防问题青少年犯罪的工作体系。[①] 二是要树立良好的社会习俗与社会风气。社会习俗和社会风气深刻地影响着青少年的人生价值取向，而歪曲的人生价值会导致其错误的行为方式。因此，在实际工作中，教育、公安、检察、法院、广电等有关部门，对那些涉及"黄、赌、毒"的东西应实行全方位的围追堵截，切实加大"清扫精神垃圾，狠刹社会歪风"的工作力度，以彻底铲除不利于青少年学生健康成长的土壤。[②]

九 对问题青少年进行人格塑造与培育是预防违法犯罪的有效方法

（一）问题提出

问题青少年之所以违法犯罪是由他们的"犯罪心理结构"所决定的，所谓犯罪心理结构，是指行为人在犯罪行为实施前已经存在的、在犯罪行为实施时起支配作用的那些畸变心理因素有机而相对稳定的

---

① 周璐：《关于加强对问题青少年教育和管理的思考》，《学理论》2012 年第 3 期。
② 符乃斌：《"问题青少年"增多现象探析及对策思考》，《企业家天地》2012 年第 10 期。

组合……它是行为人发动犯罪行为的内部心理原因和根据。① 犯罪心理结构又是犯罪人畸形人格结构中的核心成分,显然,问题青少年违法犯罪与其人格存在紧密关系。因此,可以从改善和重塑问题青少年的人格入手来分析他们违法犯罪的原因并提出预防和矫正的有效对策。这也为从中华优秀传统文化角度矫正和重塑问题青少年人格奠定了坚实的理论基础。

(二) 中华优秀传统文化重塑问题青少年人格的可行性分析

弄清文化与人格两者之间的关系是研究基于中华优秀传统文化视角下问题青少年人格重塑的理论基石。那么文化与人格到底是什么关系呢? 要回答这个问题我们需要从文化与人格研究的三个阶段来分析:首先是文化与人格研究的产生期。泰勒(Tylo)在其《原始文化:对神话、哲学、宗教、艺术和习俗发展的研究》一书中,提出了文化人类学的观点,堪称文化与人格研究的现代开端。② 冯特(Wundt)在《民族心理学》一书中已经用社会习俗、神话、文化语言来研究群体心理,这为后来对文化与人格的探究奠定了基础。古典精神分析理论为文化与人格的研究提供了理论支持,它假设源于一定文化价值观的儿童教养模式对人格塑造起着重要作用,因此每种文化中都有相似或模式化的人格特征。③ 其次是文化与人格研究的发展期。以博厄斯(Boas)为代表的人类文化学派提出了文化决定人格论,他指出:"决定人类行为习惯的不是遗传因素,而是文化因素。"④ 以卡丁纳(Kardiner)为代表的文化与人格交互作用理论,不仅强调文化在人格类型、人格结构形成中的作用,也更加重视通过儿童早年经验的教养方式来说明人格类型、人格结构在文化创造和变迁中的具体作用。最后是文化与人格研究的创新期。研究者提出了众多关于文化与人格关系的观点,例如,在跨文化视角下通过证实方法证明了大五人格具有普遍性特质,人格受遗传和环境(包括文

---

① 罗大华、何为民:《犯罪心理学》,中国政法大学出版社2007年版,第71页。
② 蒋京川:《文化与人格研究:历史、现状与未来趋向》,《国外社会科学》2005年第5期。
③ [美]Pervin,L. A.:《人格手册:理论与研究》,黄希庭译,华东师范大学出版社2003年版,第25—174页。
④ Boas,F.,*The Mind of Primitive Man*,New York:Macmillan,1938.

化）的共同影响；在文化内视角下主要用人格测验法探究某些特定文化背景下的个体的独特人格特质而非追求人格的超文化的普遍性特质。综上所述，虽然文化与人格之间存在着复杂的关系，不同时期的学者也对此提出了不同观点，但是文化影响人格是一个已被证明了的正确观点，人格是个体在特定文化下的生存状态，其实质是一种文化人格，即个体在接受特定文化熏陶时，通过对特定文化的内化及个体社会化后所形成的稳定的心理结构和行为方式，具体表现为气质、性格、个性特征、价值观念、思维方式等。①

习近平总书记多次强调要传承和弘扬中华优秀传统文化，他认为优秀传统文化的地位和作用在于，它是"中华民族永远不能离别的精神家园、中华民族的精神命脉、我们在世界文化激荡中站稳脚跟的坚实根基"等。他也指出中华优秀传统文化的代表，即"老子""孔子""墨子""孟子""庄子"等诸子百家"上究天文、下穷地理，广泛探讨人与人、人与社会、人与自然关系的真谛，提出了博大精深的思想体系"。他们的思想"思考和表达了人类生存与发展的根本问题，其智慧光芒穿透历史，思想价值跨越时空，历久弥新，成为人类共有的精神财富"。事实上，我国传统文化尤其强调人格，许多思想家为此苦苦追寻和设计了不同的理想人格，道家的理想人格是"顺其自然，修性养生"的真人；佛家的理想人格是"万物皆空"的超人；儒家的理想人格是"内圣外王"的圣人。而且，儒家认为理想人格的要素包括道德至上，仁义为先；匡扶正义的才能和情怀；温润而坚韧的个性特质；责任与自由并举。② 显然，中华优秀传统文化饱含着丰富的人格教育精髓，这对问题青少年人格重塑具有重要的借鉴意义和现实的参考价值。可以说，用中华优秀传统文化对问题青少年进行人格教育以达到塑造和培育健全人格完全具有可行性。响应党的号召，教育部于2014年颁发了《完善中华优秀传统文化教育指导纲要》，明确指出要加强对青少年学生的中华优秀传统文化教育，开展以"正心笃志、崇德弘毅"为重点的人格修养教育。③ 中华优秀传统文化中

---

① 杨秀莲：《文化与人格关系研究的若干问题》，《教育研究》2006年第12期。
② 吴亚林、王学：《中国传统教育哲学的精神气象》，《教育研究与实验》2016年第1期。
③ 教育部：《完善中华优秀传统文化教育指导纲要》，《中国教育报》2014年4月2日。

的"正心""笃志""崇德""弘毅"是一个有机的整体,当前开展以"正心笃志、崇德弘毅"为重点的人格修养教育,旨在引导青少年明辨是非、遵纪守法、坚韧豁达、奋发向上,自觉地弘扬中华民族优秀道德思想,形成良好的道德品质和行为习惯,培养他们做知荣辱、守诚信、敢创新的中国人。① 鉴于此,从中华优秀传统文化的"正心、笃志、崇德、弘毅"四个方面来探究如何对问题青少年进行人格重塑以促进他们健康成长并使其早日顺利回归正常社会生活。

(三) 基于中华优秀传统文化视角的问题青少年人格的路径探索

1. 培育问题青少年形成公正与无私的人格品质——"正心"

"正心"出自于《礼记·大学》的"格物、致知、诚意、正心、修身、齐家、治国、平天下",这八项条目统领儒学三纲,即"明德,亲民,止于至善","明德"是儒家的"内圣"功夫,而"亲民"则是"外王"事业。从儒家的人生理想来看,"格物""致知""诚意"的目的是"正心",而"正心""修身"的目的是"齐家""治国""平天下"。在八项条目中,"格物""致知""诚意""正心"是一个人的"内修","齐家""治国""平天下"是一个人的"外治","修身"为本,"正心"则居于枢要地位,是介于"诚意"和"修身"的关键环节,是"修身""齐家""治国""平天下"的根基。②"修身养性"是本,如果一个人没有良好的"修养",则不可能达到天下统一和平,正如傅玄所说:"心正而后身正,身正而后左右正,左右正而后国家正,国家正而后天下正。"(《傅子·正心篇》)"诚意"在"正心"之前,"诚意"就是心意要真诚,无杂念,更不能"自欺欺人",真正具有"诚意"的人,一定能做到"慎独""心胸坦然"。没有"诚意"的人很难做到"正心"。那么什么是传统文化中的"正心"? 一是指治心,即要求个体身心和谐,精神安逸,心性自由;二是要求个体具有仁义道德,人心向正,公正无私。"正心"的最终目的是要求个体的知、情、意与外界融合为一体,做一个真正的君子。传统儒家文化主要通过被称为"礼""乐""射""御""书""数"的"六艺"来进行"正心",培养个体能"修身""齐家""治国""平天下"的基本素养。

---

① 曾长秋:《儒家"崇德"思想及其当代价值》,《中国德育》2014 年第 20 期。
② 于建福、于超:《"正心"乃立德之本》,《中国德育》2014 年第 20 期。

问题青少年中存在的打架斗殴、偷盗、抢劫等违法犯罪现象与其错误的认知、人生观、价值观密不可分，这是因为他们缺乏必需的积极向上的"正心"。那么如何对问题青少年进行"正心"教育呢？具体策略包括：(1)家庭、学校和社会通力合作，为问题青少年的"正心"建立一个良好的外部发展环境。个体健康成长的外部环境需要家庭、学校和社会的共同构筑，缺一不可，其中家庭是个体成长最自然的原始环境，父母的一言一行对青少年发展起着带头示范作用；学校在青少年发展中起主导作用，它能使青少年获取系统的科学文化知识，指引着青少年的人格发展方向；社会则是影响青少年发展的重要外部因素，良好的社会风气、习俗和行为模式等对青少年的发展起着潜移默化的作用。(2)问题青少年的"正心"需要通过"慎独""自省"来完成。孔子提出"君子道者三，我无能焉：仁者不忧，知者不惑，勇者不惧"，他把理想人格结构分为"仁""智""勇"三个方面，实践中表现为"穷则独善其身，达则兼善天下"的行为。在此基础上，孔子指出，实现理想人格的方式是"莫见乎隐，莫显乎微，故君子慎其独也"和"见贤思齐焉，见不贤而内自省也"，即通过"慎独"和"自省"的方法来提升个体的人格修养。(3)通过"善良"教育引导问题青少年改变"不正之心"。传统儒家文化主张"性善"：孔子提出了"人之生也直，罔之生也幸而免"(《论语·雍也》)；孟子主张人的善性包括"恻隐""羞恶""辞让""是非"。针对问题青少年，要秉持传统文化中的"向善""性善"等理念实施人格矫正教育，通过合理教育，他们完全可以改过自新。德国的父母特别注重从小对子女进行"善良教育"，其方法如下：送给子女诸如小狗、小兔等礼物，让子女照顾和饲养这些弱小的生命，去感受和体验善良的品质，同情弱者、宽容待人。①

2. 培育问题青少年形成有理想、有抱负的人格品质——"笃志"

"笃志"既是中华优秀传统文化的重要内容，也是人格修养教育的重要环节。"笃志"见于《论语·子张》中的"博学而笃志，切问而近思，仁在其中矣"，其中，"笃"意指思想品德方面诚而厚重，心意不

---

① 苏春景、徐淑慧、杨虎民：《家庭教育视角下中小学校园欺凌成因及对策分析》，《中国教育学刊》2016 年第 11 期。

改变。① "志"包括两种含义：一是相当于心理学意义上的"意志"概念；二是近似于现代意义上的"志向"，传统文化，尤其是儒家文化因其对道德或伦理的强调，还赋予了"志"以道德内涵。② 因此，"笃志"意指一个人在成长过程中，要有一个追求的志向、志趣，要具有坚定的理想。传统儒家文化极为重视人生发展的志向，而儒家文化的核心是"仁"，"仁"是由孔子提出的中国思想史上最早的人格概念。儒家设计的理想人格是志存高远的"圣人"，他们是具有仁爱的之德性品质的人，正如孔子所说："苟志于仁矣，无恶也。"（《论语·里仁》）但是儒家所强调的"仁"不仅专指个人的内在修养，更强调对家人、国家和社会要显示出仁爱之心。正是因为"圣人"或"君子"具有仁爱之心的崇高人格，他们才有可能完成"齐家、治国、平天下"的"外王"事业，显然，这才是儒家传统文化所强调和追求的人生志向。那么儒家是如何进行"笃志"教育的呢？可以通过诸葛亮在《诫子书》中的"非淡泊无以明志，非宁静无以致远"来进行解释，即一个人只有不追求功名方能确立自身志向，只有心境安静才能达到远大的人生目标。

问题青少年产生的主要原因之一就是其缺乏高尚、远大、坚定的志向，相反，他们被那些低级趣味的东西吸引，形成了危害他人与社会的意识与行为。那么应该如何对问题青少年进行"笃志"教育呢？具体策略包括：（1）通过家庭、学校、网络等不同形式的教育，使问题青少年认识到志向在人生发展中的价值与作用。从个性心理学来说，理想和志向是青少年的一种高级个性倾向性，它既是青少年人生发展的启明灯和其奋斗的目标，又是青少年人生前进的动力。历代圣贤都强调"志"，即理想的重要性，例如，"凡学，士先志。"（《礼记·学记》）孔子说："三军可夺帅也，匹夫不可夺志也。"（《论语·子罕》）孟子说："士何事？曰尚志。"（《孟子·尽心上》）朱熹说："问为学功夫，以何为先？曰：亦不过如前人所说，专在人自立志。"（《性理精义》卷七）可以说，志向确立与否、志向正确与否、志向远大与否，往往是决定人生价值大小的关键因素。（2）积极对问题青少年进行正确的人生观、价值观和世界

---

① 《王力古汉语字典》，中华书局2000年版，第887页。
② 潘小春：《"笃志"教育的两大命题》，《中国德育》2014年第20期。

观教育，使他们形成正确的家国精神。中华优秀传统文化认为，"国"是"家"存在与发展的条件，社会的个体利益获得和幸福保障是立足于国家强大"基础之上的"。儒家知识分子具有浓郁的国家情怀，强调民族和国家利益至上，涌现出了"精忠报国"的岳飞；"天下兴亡，匹夫有责"的顾炎武；"人生自古谁无死，留取丹心照汗青"的文天祥；"先天下之忧而忧，后天下之乐而乐"的范仲淹等仁人志士，他们胸怀强大的社会责任感和历史使命感，具有为国家奉献的高贵品质。教育者在实践中可以利用校园知识文化教育、家庭成员教育、网络及传媒文化教育等对问题青少年进行家国情怀教育，使他们从小就有一个远大的人生发展目标和方向并为之奋斗终生。（3）使问题青少年"自觉"树立起符合国家与社会发展的人生志向。习近平总书记在十九大上提出了"为实现中华民族伟大复兴的中国梦不懈奋斗"，这里的"中国梦"就是当下中华民族最重要的志向，问题青少年正确人生志向的选择离不开国家与社会发展的潮流。固然，外在的因素能影响问题青少年形成各自的志向，但他们的志向在本质上是自由选择的结果。因此，问题青少年的人生志向更应该在发自内心的"自觉性"的基础上形成，进而才能在社会主义核心价值观的指引下，助力"中国梦"实现。

3. 培育问题青少年形成立德与敬德的人格品质——"崇德"

"大学之道，在明明德，在亲民，在止于至善"（《礼记》），已经把"德"放在教育的首要位置了，这里的德就是要求个体对道德具有崇敬、尊重、敬畏之情。孟子在《公孙丑上》中阐述了"由是观之，无恻隐之心，非人也；无羞恶之心，非人也；无辞让之心，非人也；无是非之心，非人也"。他把人类的善性分为"恻隐""羞恶""辞让""是非"四端。然后，孟子又将人的这四种善性分别与"仁""义""礼""智"相对应，这四种善性是人所共有的基本特性，反之，人就不是人。显然，儒家把道德看作一种区别人与动物的标志性符号。作为连在一起的"崇德"二字出自《尚书·武成》的"惇信明义，崇德报功，垂拱而天下治"，这里的"崇德"意指尊崇有德行的人。那么，在儒家思想之中，到底推崇什么道德？一是强调三纲五常的伦理顺序不能随便更改；二是强调道德修养。在儒家"崇德"思想之中，从其道德目标"仁""义""礼""智""信"的顺序来看，"仁"是最高道德目标。孔子认为"仁"属于道德情操,并且是培养完善人格的核心,"人而不仁,如礼何?人而不仁,如乐何?"(《论语·八佾》)[①] 那么"仁"是什么呢?"颜渊问仁。子曰:'克己复礼为仁。一日克己复礼,天下归仁焉!为仁由己,而由人乎哉?'"(《论语·颜渊》)主张个体用"爱人"的理念去解决人与人、人与物之间的复杂矛盾。孟子继承了孔子仁爱的思想,进一步指出:"君子之于物也,爱之而弗仁;于民也,仁之而弗亲。亲亲而仁民,仁民而爱物。"(《孟子·尽心上》)如果个体能达到"仁"的三层境界,即"亲""民""物",则容易达到"泛爱众,而亲仁""己所不欲,勿施于人""君子和而不同,小人同而不和""天下之人皆相爱,强不执弱,众不劫寡,富不侮贫,贵不傲贱,诈不欺愚"的和谐局面。

问题青少年的产生与其不良的道德品质密不可分,对青少年进行道德教育及预防其违法犯罪具有重要作用。那么应该如何对问题青少年进行"崇德"教育呢?具体策略包括:(1)强化对问题青少年的政治思想道德教育。研究显示,作为问题青少年之一的未成年犯的道德状况不容乐观。因此,教育者要通过摆事实、讲道理的说服法、树立典型榜样法、环境陶冶法、角色扮演法等,对问题青少年进行认知、情感、意志、行为等方面的道德教育,提升他们的道德自律,增强远离不道德事物的免疫能力。通过政治思想道德教育,大力提升问题青少年区分真与假、善与恶、美与丑的水平,使其灵魂得到真正的教育,从而最大限度地预防他们违法犯罪。(2)家庭、学校、社会通力合作,建立问题青少年政治思想道德教育的长效机制。针对问题青少年政治思想道德教育,并非是家庭、学校和社会的单一责任,客观上需要这三者之间的有效结合。要明确界定家庭、学校和社会在问题青少年政治思想道德教育中的责任,形成一个互为补充的有机体,并把对问题青少年政治思想道德教育纳入年度工作考核之中。父母要高度重视对子女的德育教育。家庭是青少年的第一课堂,父母是青少年的第一任教师,家庭因素对青少年的健康成长至关重要。父母既要注重培养孩子的聪明才智,又要高度重视孩子的德育教育,切忌对子女的成长不闻不问或让其自生自灭。家庭是青少年成长与学习的第一场所,故家庭成员从小就要以身作则,给子女树立良

---

① 陈国庆、沈韬:《善的追求》,西北大学出版社2012年版,第48页。

好的学习榜样，让他们为自己的行为负责任。父母要强化监管意识，避免溺爱，避免子女与不良青少年纠缠在一起，培养他们形成健全的人格。学校是青少年形成良好人格与学习知识的主要场所，因此，学校应把德育工作放在首位，正如十八大指出的，应把立德树人作为教育的根本任务。学校要加强素质教育，不应为了知识教育而忽视德育教育。学校要善于通过课堂教学提升学生的德育水平。一些青少年学生之所以存在着不良品质和违法犯罪行为，从根本上来说是因为其认知水平低、分不清是非观念。因此，学校教育、教学要充分发挥教育主阵地的作用，教师不仅要教书，更要育人。中小学要健全德育工作机构，充分发挥教育的教育性作用，把德育教育贯穿在各个学科内容之中，对学生进行始终如一的德育教育。学校还要通过学习"社会主义核心价值观"提升学生的政治思想道德水平。社会主义核心价值观是中国特色社会主义的主流意识形态，是公民思想道德建设的核心，是学校德育工作的灵魂，更是当代青年正确的价值取向。[①] 学校要有目的、有计划地对青少年学生进行"社会主义核心价值观"教育，使学生了解国家现代化发展的目标、社会发展的目标以及公民的基本道德目标，特别是个人层面的"爱国、敬业、诚信、友善"的道德规范，这样能使青少年学生自觉改正个人不良行为，做到诚信做人，从而预防其违法犯罪。从社会层面来看，各级职能部门要整治KTV、酒吧、桑拿店、网吧，净化社会不良氛围，为青少年的成长构筑一个健康的发展环境。

4. 培育问题青少年形成坚韧、勇敢的人格品质——"弘毅"

"弘毅"最早见于《论语·泰伯》中的"士不可以不弘毅，任重而道远"，其中"弘"代表远大，具体体现为具有明确的奋斗目标，要确立以天下为己任的人生志向；"毅"代表坚韧，具体体现为完成人生志向要有毅力、坚忍不拔的拼搏精神。朱熹在《四书集注》中把"弘毅"诠释为："弘，宽广也，毅，强忍也，非弘不能胜其重，非毅无以至其远。"在《辞海》中，"弘"有三个含义：大；扩大，光明；姓。"毅"有两个含义：残忍，残酷；坚强，果决。《说文》指出："弘，弓声也。""毅，有决也。""弘"和"毅"两个字连在一起可以解释为远大的抱负，坚强

---

① 孔艳侠主编，张仁新、张艳霞副主编：《申论》，东南大学出版社2015年版，第162页。

的意志。综上所述,"弘毅"是对人入世和实现自我的一种理想化信念,一个人必须要具有坚忍的意志品质,才能担当社会责任,实现远大的理想和抱负。当然,"弘"也被释义为"强",《论语·子张》曰:"执德不弘,信道不笃。焉能为有?焉能为亡(无)?"其中,"弘"表示"强"的意思。《论语·子路》曰:"刚、毅、木、讷近仁。"这里的"刚"就是"弘",意指"刚强"。在《论语译注》中,"弘毅"就是"强毅"。其中,"强"意指"刚强,坚强";"毅"意指"有决心、有果断和不为外力所动摇的勇敢"。那么"弘毅"与人格的关系究竟是什么?一方面,"弘毅"是构成个体人格修养的重要内容,另一方面,"弘毅"是个体人格修养的重要心理条件。① 显然,"弘毅"在人格修养中具有重要价值,我们必须看到其存在的意义。正如孟子所说:"故天将降大任于斯人也,必先苦其心志,劳其筋骨,饿其体肤,空乏其身,行拂乱其所为,所以动心忍性,曾益其所不能。"(《孟子·告子下》)

问题青少年的产生与其缺失"弘毅"这一品质密不可分。那些没有远大目标的青少年,容易被周围不良刺激吸引,进而形成"有问题的知、情、意、行"的心理结构;那些缺少韧性的青少年,在面对挫折与困难时,容易半途而废,不能持之以恒。那么,应该如何对问题青少年进行"弘毅"修炼呢?具体策略包括:(1)帮助问题青少年树立远大的理想和信念。习近平总书记曾指出,理想指引人生方向,信念决定事业成败。没有理想信念,就会导致精神上"缺钙"。② 这就要求教育者依据问题青少年的实际生活与学习情况,帮助他们树立起远大的理想和坚定的信念,并把这些理想和信念转化成为若干可以完成的子目标,然后在高标准、严要求下克服重重困难,下定决心去完成既定的任务。(2)通过正常生活体验,树立起正确的人生理想和追求。研究显示,未成年犯具有扭曲的人生价值取向。通过对398名未成年犯的调查发现,其中触犯"故意伤害""寻衅滋事""抢劫""盗窃"等罪名的青少年所占比例较高,这四种犯罪主要源于暴力和物质贪婪。这种长期的犯罪生活体验,导致问

---

① 张传隧:《说"弘毅"与人格修养文》,《中国德育》2014年第20期。
② 《习近平同各界优秀青年代表座谈时的讲话》,2013年5月5日,http://cpc.people.com.cn/n/2013/0505/c64094-21367227-2.html,2018年7月20日。

题青少年产生"破罐子破摔"的心理，从而实施更多的犯罪行为。因此，教育者要善于引导包括未成年犯在内的问题青少年积极参与社会生活，帮助他们发现自我的正确价值与生活的积极意义，进而建构起健全的人生理想和信念，以防他们在违法犯罪的道路上越走越远。（3）通过行之有效的方法来培育问题青少年良好的坚韧品质。苏轼曾指出："古之立大事者，不唯有超世之才，亦必有坚忍不拔之志。"（《晁错论》）这意指缺乏坚韧品质的青少年难以成为国家和社会所需要的有用之人，这就要求教育者采用不同的方法来培育问题青少年的持之以恒的品质。教育者可以通过加强体育锻炼培育问题青少年顽强的拼搏精神和坚忍不拔的毅力；通过创设问题情境使问题青少年遭受适当的挫折以培育他们面对逆境的韧性品质；训练具有"拖延症"的问题青少年从小事做起，从现在开始，以防他们遇到困难就找借口并故意拖延；对顽固不化的青少年进行认知的重组与改变，避免他们继续坚持绝对化、概括化等不合理的信念；对动摇不定的问题青少年进行持之以恒、善始善终的教育，避免他们半途而废、一事无成。

十 司法预防是预防问题青少年重新违法犯罪的最后屏障

（一）犯罪司法预防的概念

虽然学界对司法预防的概念在具体论述上存在差异，但在本质内涵方面的理解基本一致，即司法预防是指司法机关通过刑法对已经违法犯罪的问题青少年进行法律惩罚、法律威慑和矫正改造，以预防他们将来重新实施违法犯罪的一种专门活动。从司法预防的概念来看，司法预防的对象是已经违法犯罪的问题青少年，司法预防的基本方式是对已经犯罪的问题青少年实施刑法和少年法，司法预防的目的在于惩罚犯罪问题青少年以及预防已经犯罪的问题青少年重新实施犯罪行为。

我国的司法机关包括公安、检察院、法院和监狱等，它们是战斗在预防和矫正问题青少年违法犯罪第一线的生力军。一方面，它们根据各自的职责所在能及时、准确地发现问题青少年违法犯罪的原因和特点，并进行矫正干预；另一方面，它们会通过提出有效的司法建议并以法律形式要求各个相关的职能部门采取实际措施预防问题青少年重新违法犯罪。

(二) 问题青少年违法犯罪司法预防的措施

1. 公安机关对问题青少年违法犯罪的预防

我国公安机关的相关法律法规明确规定了犯罪预防的权利和义务。例如,《中华人民共和国人民警察法》规定人民警察的任务是,维护国家安全,维护社会治安秩序,保护公民的人身安全、人身自由和合法财产,保护公共财产,预防、制止和惩治违法犯罪活动。《公安机关组织管理条例》规定,公安机关是人民民主专政的重要工具,人民警察是武装性质的国家治安行政力量和刑事司法力量,承担依法预防、制止和惩治违法犯罪活动,保护人民,服务经济社会发展,维护国家安全,维护社会治安秩序的职责。对未成年人来说,通过公安机关的法制、治安、禁毒、网监等部门最容易发现其违法犯罪行为,最能够了解其违法犯罪的基本原因,法律赋予了这些部门最广泛、最快捷的处理权限。①

公安机关对问题青少年进行违法犯罪预防的主要方法,具体包括:

(1) 公安机关一经发现问题青少年的违法犯罪行为就要对其及时进行打击,实行零容忍,否则会升级为进一步的危险行为。正如菲利所说,第一次违法犯罪未受到惩罚是其染上犯罪习惯的原因之一。②

(2) 如果公安机关在执法活动中,能做到有法可依、违法必究、执法要严,就会让问题青少年感觉到法律具有威严性和不可碰触性,这自然就起到了犯罪预防的积极效果。正如菲利所说,刑罚从其结果的不可避免性中产生全部威力。③ 反之,会使一些问题青少年产生"某某人犯罪,结果什么事也没有,我也不会有事"的侥幸心理,这会形成一种恶性模仿效果,导致更多的问题青少年实施违法犯罪行为。

(3) 公安机关通过报纸、杂志、广播、电视以及新媒体(数字化的传统媒体、手机、互联网等),加强对问题青少年进行的法制宣传和法制教育,使其知法并且守法。

(4) 公安机关要积极强化对虞犯青少年、街头青少年、留守儿童、

---

① 沈惠章:《论未成年人违法犯罪的司法预防》,《河北公安警察职业学院学报》2010年第2期。
② [意]菲利:《犯罪社会学》,中国人民公安大学出版社1990年版,第24页。
③ 同上书,第76—164页。

辍学青少年的管理，防止他们实施违法犯罪行为，把犯罪行为扼杀在萌芽状态。

（5）公安机关依据法律进行适当处罚。根据《治安管理处罚法》对问题青少年进行适当惩罚与帮教，在处罚时要注意年龄要求。《治安管理处罚法》第12条规定，已满十四周岁不满十八周岁者违反治安管理的，从轻或者减轻处罚；不满十四周岁者违反治安管理的，不予处罚，但是应当责令其监护人对其严加管教。

（6）公安机关应积极配合家庭、社区以及相关部门，做好对刑满释放青少年的帮扶与安置工作，防止他们重新违法犯罪。

（7）对于染有严重不良行为，经教育又不改正的未成年人，公安机关可以动员其家长或学校将其送往工读学校，以接受法制教育和行为矫治。公安机关应当向工读学校派送工作人员，协助学校维持秩序，共同管理好学生的学习和生活。对学生中发生的违法犯罪现象应当依法处理，构成犯罪的，应当追究其刑事责任。①

（8）公安机关与学校应联手为青少年营造一个良好的学习环境，对于校园周围的寻衅滋事、敲诈勒索、打架斗殴等现象，要及时进行处置。《预防未成年人犯罪法》第26条规定，禁止在中小学校附近开办营业性歌舞厅、营业性电子游戏场所以及其他未成年人不适宜进入的场所。《预防未成年人犯罪法》第27条规定，公安机关应当加强中小学校周围环境的治安管理，及时制止、处理中小学校周围发生的违法犯罪行为。城市居民委员会、农村村民委员会应当协助公安机关做好维护中小学校周围的治安工作。《未成年人保护法》第42条规定，公安机关应当采取有力措施，依法维护校园周边的治安和交通秩序，预防和制止侵害未成年人合法权益的违法犯罪行为。

2. 检察机关对问题青少年违法犯罪的预防

我国检察机关的相关法律法规明确规定了犯罪预防的具体内容。《中华人民共和国宪法》第129条规定，中华人民共和国人民检察院是国家的法律监督机关。在刑事诉讼法中具有侦查权、批准逮捕权、

---

① 沈惠章：《论未成年人违法犯罪的司法预防》，《河北公安警察职业学院学报》2010年第2期。

公诉权。人民检察院通过行使逮捕、起诉等职责，直接处理问题青少年的违法犯罪，这对预防问题青少年的违法犯罪具有巨大的职能优势。

检察院通过以下几个方面对问题青少年进行违法犯罪预防，具体包括：

（1）健全和完善青少年检察机构及其职能。由于青年犯罪是按照《刑法》来进行的，因此，健全和完善青少年检察机构及其职能主要是针对未成年人。我国通过一系列法律文件，逐步确立了未成年人犯罪案件处理的专门机构。《上海市青少年保护条例》（1987）首次提出特殊保护，第42条规定，公安机关、检察院和法院要分别组织专门的预审组、起诉组、合议庭，采取适合青少年特点的方式方法讯问、审查和审理青少年违法犯罪案件。在该条内容中要求检察院组织专门的起诉组处理青少年违法犯罪案件。《关于办理少年刑事案件建立互相配套工作体系的通知》（1991）对人民检察院的职责进行了规定，人民检察院应根据办理少年刑事案件的特点和需要，逐步建立专门机构。目前，设立专门机构条件不成熟的，应指定专人负责办理此类案件。《未成年人保护法》（1991）中提出了建立专门机构处理未成年人犯罪案件，第40条规定，公安机关、人民检察院、人民法院办理未成年人犯罪的案件，应当照顾未成年人的身心特点，并可以根据需要设立专门机构或者指定专人办理。《关于认真开展未成年人犯罪案件检察工作的通知》（1992）对人民检察院的职责要求是，有计划地逐步建立办理未成年人犯罪案件的专门机构。加强侦查和审判活动监督，保障未成年人的合法权利。《人民检察院办理未成年人刑事案件的规定》（2002）第6条规定，人民检察院应当指定专人办理未成年人刑事案件。《人民检察院办理未成年人刑事案件的规定》（2013年修订）第8条规定，省级、地市级人民检察院和未成年人刑事案件较多的基层人民检察院，应当设立独立的未成年人刑事检察机构。条件暂不具备的，应当成立专门办案组或者指定专人办理。各级人民检察院负责办理未成年人案件的人员，熟悉未成年人身心特点，具有犯罪学、社会学、心理学、教育学等方面知识。虽然未成年人犯罪案件的专门机构的确立为未成年人刑事检察工作走向规范化和专业化铺平了道路，但是，目前在少年检察机构建设中也还存在少年检察机构工作模式尚不成熟、部分地方尚未建立专门少年检察机构或者机构不稳定、工作条件差、少年检察人员的专业性不强等问题。因此，这应是今后少年检察制度建设中急需解决的问题。①

（2）正确履行人民检察院职责，依法保障问题青少年利益。批捕是人民检察机关的一项重要职能，按照法律规定，一切公民，非经人民检察院批准，或者人民法院决定，不受逮捕。人民检察院在审查批捕时可以发现违法犯罪的事实及违法犯罪的原因，可以依据法律做出批准或不批准逮捕的决定。起诉是人民检察院的又一项重要职能，在对犯罪事实审查的基础上，对构成犯罪、需要追究刑事责任的，依法向人民法院起诉；对不构成犯罪，或虽构成犯罪，情节略显轻微，不需要起诉的，也可以不起诉。②

《预防未成年人犯罪法》第 44 条规定，对犯罪的未成年人追究刑事责任，实行教育、感化、挽救方针，坚持教育为主、惩罚为辅的原则。司法机关办理未成年人犯罪案件，应当保障未成年人行使其诉讼权利，保障未成年人得到法律帮助，并根据未成年人的生理、心理特点和犯罪情况，有针对性地对其进行法制教育。《人民检察院办理未成年人刑事案件的规定》第 2 条规定，人民检察院办理未成年人刑事案件，实行教育、感化、挽救的方针，坚持教育为主、惩罚为辅和特殊保护的原则。从法律法规中可以发现，人民检察院在办理未成年犯罪嫌疑人审查逮捕案件时，应当根据未成年犯罪嫌疑人涉嫌犯罪的事实、主观恶性、有无监护与社会帮教条件等，综合衡量其社会危险性，严格限制适用逮捕措施，可捕可不捕的不捕。《人民检察院办理未成年人刑事案件的规定》第 26 条规定，对于犯罪情节轻微，具有下列情形之一的，依照刑法规定不需要判处刑罚或者免除刑罚的未成年犯罪嫌疑人，一般应当依法做出不起诉决定：①被胁迫参与犯罪的；②犯罪预备、中止、未遂的；③在共同犯罪中起次要或者辅助作用的；④系聋哑人或者盲人的；⑤因防卫过当或

---

① 莫洪宪：《中国青少年犯罪问题及对策研究》，湖南人民出版社 2005 年版，第 226—227 页。
② 沈惠章：《论未成年人违法犯罪的司法预防》，《河北公安警察职业学院学报》2010 年第 2 期。

者紧急避险过当构成犯罪的；⑥有自首或者立功表现的；⑦其他依照刑法规定不需要判处刑罚或者免除刑罚的情形。《人民检察院办理未成年人刑事案件的规定》第 27 条规定，对于未成年人实施的轻伤害案件、初次犯罪、过失犯罪、犯罪未遂的案件以及被诱骗或者被教唆实施的犯罪案件等，若情节轻微，犯罪嫌疑人确有悔罪表现，且当事人双方自愿就民事赔偿达成协议并切实履行或者经被害人同意并提供有效担保，符合刑法第 37 条规定的，人民检察院可以依照刑事诉讼法第 173 条第二款的规定做出不起诉决定。这就要求人民检察院在起诉未成年人刑事犯罪案件的过程中，做到对可诉可不诉的案件一律不诉。

（3）检察机关对未成年人进行特殊的犯罪预防。《检察机关未成年人刑事案件办案一本通》第 328 条指出，检察机关对未成年人的帮教工作，即特殊预防，采取的方式包括以下十条：①①视案件情况对未成年人予以训诫、责令具结悔过、赔礼道歉、赔偿损失等，并要求其法定代理人或者其他监护人加强监管。②对未成年人进行法治教育，培养其法治意识，提高其明辨是非的能力。③对未成年人进行道德教育，培养其社会责任感，帮助其树立正确的世界观、人生观、价值观。④根据需要对未成年人施行心理矫治，通过心理健康教育、心理疏导和心理干预，纠正认知偏差和心理问题；经未成年人及其法定代理人同意，可以对未成年人进行心理测评。对于需要多次矫治而未成年人已经被提起公诉或者被判处刑罚的，应当建议法院、监管机构、社区矫正等机构继续心理矫治。⑤对具有吸毒、酗酒、沉迷网络等行为的未成年人实施行为矫治，帮助其戒除或者缓解不良行为倾向。⑥对于被附条件不起诉的未成年人，可以禁止其进入特定场所、与特定的人员会见或者通信、从事特定的活动。⑦要求未成年人参加团体活动与公益劳动。⑧督促未成年人参加知识、技能培训。⑨针对未成年人常见犯罪原因，开展尊重生命教育、敬畏法律教育、矛盾纠纷应对教育、同龄群体辨识教育、择友价值矫正教育。⑩针对未成年人被羁押后存在的消极、冷漠心理，开展亲情感召、挫折应对、法律承担教育。

---

① 北京市人民检察院未成年人案件检察处：《检察机关未成年人刑事案件办案一本通》，中国检察出版社 2016 年版，第 269—270 页。

3. 人民法院对问题青少年违法犯罪的预防

我国人民法院的相关法律法规明确规定了犯罪预防的内容。《中华人民共和国宪法》第 123 条规定，中华人民共和国人民法院是国家的审判机关。我国人民法院的组织体系由最高人民法院、高级人民法院、中级人民法院、基层人民法院四个层级组成，不同的人民法院履行着各自的职责和义务。《中华人民共和国宪法》第 127 条规定，最高人民法院是最高审判机关，最高人民法院监督地方各级人民法院和专门人民法院的审判工作，上级人民法院监督下级人民法院的审判工作。人民法院在依照法律规定代表国家独立行使审判权时，不受任何行政机关、社会团体和个人的干涉。人民法院审理案件，除涉及国家机密、个人隐私和未成年人犯罪案件外，一律公开进行。人民法院实行两审终审制。地方各级人民法院第一审案件的判决和裁定，当事人可以按照法律规定的程序向上一级人民法院上诉，人民检察院可以按照法律规定的程序向上一级人民法院抗诉。中级人民法院、高级人民法院和最高人民法院审判的第二审案件的判决和裁定，最高人民法院审判的第一审案件的判决和裁定，都是终审的判决和裁定，也就是发生法律效力的判决和裁定。人民法院具有的最终裁判权职能决定了它在预防青少年犯罪工作中居于中心地位，发挥着重要作用。

人民法院通过以下几个方面对问题青少年进行违法犯罪预防，具体包括：

（1）加强少年法庭建设。目前，我国对青少年犯罪的审判准则是与成年人一样的，少年法尚未出台，因此，应大力加强少年法庭的建设。上海市长宁区人民法院于 1984 年建立了中国大陆第一个少年法庭——少年犯合议庭，这标志着我国少年司法制度的正式诞生。此后，我国少年司法制度逐步发展。《上海市青少年保护条例》（1987）首次提出少年法庭和特殊保护，第 42 条规定，公安机关、检察院和法院要分别组织专门的预审组、起诉组、合议庭，采取适合青少年特点的方式方法讯问、审查和审理青少年违法犯罪案件。在该条内容中要求人民法院组织专门的合议庭处理青少年违法犯罪案件。《中华人民共和国未成年人保护法》（2012）第 6 条规定，公安机关、人民检察院、人民法院办理未成年人犯罪案件和涉及未成年人权益保护案件，应当照顾未成年人身心发展特点，尊重他们的人格尊严，保障他们的合法权益，并根据需要设立专门机构或者指定专人办理。最高人民法院《关于办理少年刑事案件的若干规定（试行）》（1991）第3条规定，人民法院应当在刑事审判庭内设立少年法庭即少年刑事案件合议庭，有条件的也可以建立与其他审判庭同等建制的少年刑事审判庭。最高人民法院和高级人民法院应当设立少年法庭指导小组，指导少年法庭的工作，总结和推广少年刑事审判工作的经验。《中华人民共和国预防未成年人犯罪法》（2012）再次对少年法庭的组成和要求进行了指示。第45条规定，人民法院在审判未成年人犯罪的刑事案件时，应当由熟悉未成年人身心特点的审判员或者审判员和人民陪审员依法组成少年法庭进行。对于审判的时候被告人不满十八周岁的刑事案件，不进行公开审理。《关于审理未成年人刑事案件的若干规定》（2001）第6条规定，中级人民法院和基层人民法院可以建立未成年人刑事审判庭。条件尚不具备的地方，应当在刑事审判庭内设立未成年人刑事案件合议庭或者由专人负责办理未成年人刑事案件。高级人民法院可以在刑事审判庭内设立未成年人刑事案件合议庭。未成年人刑事审判庭和未成年人刑事案件合议庭统称"少年法庭"。最高人民法院和高级人民法院设立少年法庭指导小组，指导少年法庭的工作，总结和推广未成年人刑事审判工作的经验。少年法庭指导小组应当有专人或者设立办公室负责具体指导工作。

（2）采取特殊方式审理未成年人案件。在2018年中央综治委预防青少年违法犯罪专项组会议上，最高人民法院审判委员会专职委员胡云腾指出，人民法院一直在努力创新、健全未成年人案件审判机制，包括坚持寓教于审机制、实行庭前社会调查、推行圆桌审判方式、引入心理干预机制、注重运用刑事和解以及适用非监禁刑、落实未成年人犯罪记录封存等。这些制度机制对教育、挽救违法犯罪未成年人非常有效，使未成年人重新犯罪率远远低于成年人重新犯罪率。2018年，人民法院将在三个方面深化未成年人审判工作，一是整合法院内部资源，深入推进少年家事改革，构建更为科学、有效的未成年人工作机制；二是完善相关工作机制，严格惩治利用信息网络侵犯未成年人合法权益的行为；三是对拐卖、性侵未成年人等违法犯罪行为加大打击力度。[①]

4. 监狱和未管所对问题青少年违法犯罪的预防

除了上文所说的公安机关、检察院、人民法院属于司法机关外，我国的监狱和未成年管教所也属于司法机关。依据我国《刑法》规定，对青少年犯罪的改造与成年人犯罪改造一样，通过监狱实施监禁矫正，少年的违法犯罪主要在未成年管教所进行矫正。考虑到我国实际情况，女性少年犯也可以和成年女性关押在一起，对其进行矫正教育。通过对监狱和未管所的违法犯罪青少年进行政治、文化、技能、心理等方面的矫正，能预防其将来出狱或出未管所后重新违法犯罪。由于在本书中有专门的论述监狱和未管所的内容，因此，在这里不再深入阐述监狱和未管所对青少年违法犯罪的预防教育内容。

[①] 《中央综治委预防青少年违法犯罪专项组会议召开》，2018年2月13日，http://jiaoyu.haiwainet.cn/n/2018/0213/c3542411-31260903.html/，2018年7月20日。

第四章

犯罪青少年的监狱矫正

"矫正"一词的发展源泉历史悠久,最早可追溯到古希腊时期。古希腊哲学家亚里士多德在对"正义"是什么的辩论过程中提出了分配正义和矫正正义,并将守法作为矫正正义的道德基础,这也为监禁矫正提供了理论基础。意大利刑法学家贝卡利亚(Beccaria)在他的著作《论犯罪与刑法》中对监禁矫正也做了大量论述。德国刑法学家李斯特(Liszt)在其著作《德国刑法教科书》中强调被判刑人的教育矫正的再社会化问题,强调社会教育,尤其要加强犯人的意志力、社会责任感的培养。监狱矫正是罪犯矫正的重要也是主要矫正形式之一,本文主要从监禁矫正的概念、刑法学基础、法律依据、矫正内容、矫正方法等方面论述青少年监禁矫正。

第一节 监狱矫正概述

监狱是关押和矫正(改造)被判处监禁刑罪犯的机构,是人类社会发展到一定历史阶段的产物,是国家社会文明进步的一个标志,也是关押罪犯和执行刑罚的场所。历经几千年文化的洗礼,我国监狱刑法理念也已然发生了改变,由早期的血亲复仇、报应威慑逐渐转变为强调社会正义与个人的折中刑法观再到以矫正和教育为目的的刑法理念。梳理监狱矫正理念的产生、发展过程和应用是预防和矫正青少年犯罪的出发点和基石。

监禁矫正是世界范围内应用最广泛的重要刑罚执行方式,也是我国最基本的矫正罪犯方式,发挥着重要的防控犯罪功能。监禁矫正理念随着监狱制度的出现孕育而出,因此,首先把梳监狱制度的发展史,监狱制度最早可追溯到古希腊时期。

一 监禁矫正制度的产生与发展

(一) 国内监禁矫正制度的产生与发展

监禁矫正是以监狱为依托而发展的,因此,研究监禁矫正制度首先研究监狱的发展。关于监狱的起源,我国历史中普遍相传有皋陶造狱之说。自西汉至明清时期,各地监狱素有将皋陶供奉为狱神的习俗,更有"为其建庙造像,敬之为狱神"。皋陶造狱最早可追溯到西汉元帝时期,黄口县令史游在《急就篇》中提出:"皋陶造狱法律犹存。"另外,隋朝陆法言的《广韵三烛》有:"狱,皋陶所造。"《广韵》彭氏注:"皋陶造狱,其制为圜,象斗,墙曰圜墙,扉曰圜扉,名曰圜止。"意思是皋陶造的监狱形象如圜,像斗一样,故称圜土,此史料为监狱的雏形提供了佐证。① 因此,古时候也称监狱为"夏台""圜土""囹圄""狱""监""监狱"。监狱具有广义和狭义之分。广义的监狱是指以国家强制力为后盾,关押罪犯或强迫罪犯服役的机构和场所,关押对象包括已决犯和未决犯。狭义的监狱主要指经过法院依法判决应当剥削自由刑的场所。在我国刑法意义上,监狱是对判处死刑缓期两年执行、无期徒刑、有期徒刑的犯人实施惩罚与矫正的国家刑罚执行机关。② 由古至今我国对监狱监禁对象也发生了改变。依据古代监狱发展的历史,广义的监狱概念更符合古代监狱的本质。在中国古代,被囚禁在监狱的对象大多为未决犯,"既定罪,则笞、杖责释放,徒、流、军、遣即日发配,久禁者斩、绞监候而已"。③ 监狱是死刑自由刑罪犯的执行处罚的场所,是古代判处徒、流、军、钱等罪犯收押等候处决的场所,是刑事被告人、未决犯的看守场所,是民事诉讼当事人以及见证人的管收场所,也是社会危险分子(如不良少年、乞丐、流浪汉等)以及轻微犯罪分子的收容和感化场所;甚至还包括皇家宗室、世袭贵族、地主军阀、土豪匪霸所设立的私人牢

---

① 巧安中:《中国监狱发展的探索与思辨》,中国政法大学出版社2013年版,第7—8页。
② 姚建龙:《监狱学导论》,北京大学出版社2016年版,第118—119页。
③ 杨殿升:《监狱法学》,北京大学出版社2001年版,第37页。

房以及各类关押囚禁罪犯的场所等。①

　　监狱是社会发展到一定阶段的产物，是伴随着阶级和国家的产生而产生的。不同时期监狱的职能不同，在奴隶社会中，监狱代表着奴隶主的意志和利益，是镇压奴隶阶级反抗，维护统治阶级利益的暴力机构。在西周时期监狱职能也发生变化，矫正职能逐渐显现，并提出"明德慎罚，以刑弼教"理念。进入封建社会之后，深受儒家思想的影响，提倡"以礼治国"，"德""礼"成为治理国家的主要手段。在刑法思想上，孔子强调"礼乐不兴则刑罚不中，刑罚不中则民无所措手足"，"不教而杀谓之恶"，成为儒家法治、狱政思想的指导原则。封建社会监狱的设立仍然是维护封建专制统治的工具。但随着政治经济的变革，君主集权理念的深入，狱政思想、治狱理念、监狱设置和管理制度都发生了变化，但其阶级本质仍代表的是统治阶级的利益，仍是地主阶级实现和维护其自身阶级专政和镇压广大人民的暴力工具。

　　在半殖民地半封建社会阶段，以沈家本为代表的一派和张之洞、劳乃宣在清末修律的过程中展开了礼法之争，对后期矫正制度的发展影响深远，尤其是沈家本系统的感化教诲的矫正观思想，它推动了矫正制度的发展。沈家本在其著作《监狱访问持录》中，曾论述道："监狱感化人而非苦人、辱人者也。"沈家本认为监狱的功能主要是教育感化，使人改过自新，而不是惩罚。沈家本的"大部分犯人可以通过教育感化成为合格的社会人，并有利于社会安定"的思想得到了许多监狱改良家和司法官的赞赏。② 1840年鸦片战争爆发，帝国主义的侵略和一系列不公平条约的签订使中国司法主权和领土遭遇了前所未有的破坏，中国的社会性质发生了变化。"中学为体，西学为用"的思想掀起了监狱的改良浪潮，产生了中国第一部监狱"法典草案"，③筹建了近代新式监狱，构建了新的监狱管理模式并引进了西方管理制度，但由于这一时期政权的腐败和混乱造成了监狱充满黑暗、残暴和落后。新民主主义革命时期，中国监狱

---

① 杨殿升：《监狱法学》，北京大学出版社2001年版，第37页。
② 张婧：《监狱矫正机能之观察与省思》，中国人民公安大学出版社2010年版，第12—16页。
③ 1910年中国第一部监狱法规《大清监狱律草案》问世，这是中国近代史第一部效仿西方制度改良的监狱法草案，是中国近代监狱制度的一个重大成果。

管理制度和管理体制发生了转变，这表明中国监狱的质性和功能也发生了改变。社会主义时期是中国新型监狱的发展和完善时期，监狱的职责是：把罪犯当作人，并改造成新人。① 随着经济和政治的变革，监狱职能和刑法理念也在发生变化。实际从晚清时期，我国已经意识到监狱教育矫正的重要性，并开始了一系列监狱改良运动，清政府曾邀请日本司法专家小河滋次郎编撰监狱改革之章程，制订了监狱计划，并向中国介绍了监狱类型、监狱学基本原理、监狱实务工作中常遇见的问题、道德教化以及监狱管理和监狱规章等内容，尤其是其以犯罪者为中心的思想对监狱矫正制度的发展具有重大意义。1912年民国时期政府根据《中华民国临时约法》改法部为司法部，典狱司为监狱司，并实施教养感化之法。1924年在京师设立感化学校，主要接受各省年幼犯人，这也是近代感化教育的开始。②

中华人民共和国成立初期，我国主要借鉴苏联的法律模式，主要是采用劳动改造的教育模式。1949年毛泽东提出了具有中国特色的劳动改造思想。随着政治经济的快速发展，现阶段我国对犯罪青少年主要是教育、感化、挽救的方针，并对罪犯实行分管、分押，采用个别教育与集体教育、分类教育等形式对青少年进行以思想政治为主线，注重心理矫正等方面的教育。

(二) 国外监禁矫正制度的产生与发展

监禁矫正制度并非自古就有，而是伴随着监狱和刑法理念的发展孕育而出的。18世纪后期刑法犯罪古典学派崛起，并在1777年约翰·霍华德（John Howard）在其亲身体会到犯人糟糕的生存条件下，拉开了西方监狱制度改革的序幕，在此基础上美国首次建立了"独居制"，世界监禁制度开始向多元化方向发展，并经历了兴起、衰落和复兴的进程。

"报复刑罚"制度的发展。在古代社会以报复主义刑法理念为主导，统治者和公民都秉承着"以眼还眼，以牙还牙"的传统血亲复仇观，甚至受到宗教的影响，认为罪犯是恶魔的化身，主张推行重刑主义，严惩犯罪。世界监狱的职责仍然是以惩罚、报复、威吓为目的的报复主义。

---

① 金鉴：《监狱学》，法律出版社1997年版，第108页。
② 同上。

直到 17 世纪文艺复兴时期，宗教改革运动和资本主义经济发展浪潮的兴起，推动了法治的改革运动。以孟德斯鸠、霍布斯、伏尔泰等为首的新兴文学家和思想家主张"天赋人权"和"人人平等"的社会契约论，批判腐朽君主专制和宗教神学的黑暗统治，进一步推进监狱制度的改革和发展。另一重要矫正制度的推进者贝卡利亚（Beccaria, Marchese di, 1738—1794），这位著名的意大利法理学家是刑事古典学派的创始人和刑事法学的鼻祖。他的代表作以"罪刑法定、罪刑相适应、罪行人道主义"为基本原则，提倡刑罚人道主义理念，批判旧制度的残忍和冷酷，强调刑罚的确定性和迅速性。另外，贝卡利亚主张以危害程度制定刑法执行的标准，推行刑罚轻缓化，并主张废除死刑和报应刑，建立不定期刑。[1]边沁（Jeremy Bentham）（1748—1832）是英国著名的法理学家、伦理学家，是功利主义的创始人和奠基者，是法制改革和法学研究事业的思想家。边沁的功利主义思想从个体利益出发，最终达到为大多数人谋幸福。[2]以贝卡利亚和边沁为代表的古典犯罪学派的代表从人道主义出发，深刻批判了报应主义的刑法理念，主张改良监狱矫正制度，建立在"自然""理性"基础上的刑法体系，为后期监禁制度的改革奠定了基础，推进了监狱改良运动。

在 18 世纪的英国，约翰·霍华德（John Winston Howard）关注到在司法实践中存在着大量的弊端，即刑罚的残酷，执法过程的不公正，恶劣的环境以及犯人悲惨的命运。他提出了一系列监狱改良的措施，并积极推动该方案的执行。在其推动下，1779 年，通过监狱改良运动，加速了西方监狱矫正制度发展的进程。他的《英格兰及威尔士监狱状况》更是一部影响深远的著作，为英国监狱改革运动提供了蓝本。此外，这本著作不光对英国产生了重要的影响，还对世界上其他各国的监狱改革有重大的指导意义。在它的指导下，世界各国展开了轰轰烈烈的司法体系的改革，使得各国的司法体系逐步摆脱了原始的、落后的体系，渐渐进入到文明的、人道的轨道之中。

---

[1] ［意］贝卡利亚：《论犯罪与刑罚》，黄风译，中国法制出版社 2009 年版，第 139—141 页。

[2] ［英］边沁：《立法理论》，李贵方译，中国人民公安大学出版社 1993 年版，第 59 页。

"医疗康复"制度的发展。19世纪末,刑事实证主义犯罪学派兴起,龙勃罗梭(Lombroso)、菲力(Phili)和加罗法洛(Garofalo)作为刑事实证主义主要代表人推动了监狱矫正的发展。他们提倡以"犯罪人"为中心,采取科学、实证的研究方法矫正,并且以"隔离监禁""个别化处遇""社会防卫"等为主要矫正理念。此外,犯罪社会学派李斯特主张教育刑理论,也是实证代表之一,他主要提倡以教育改造代替惩罚,并采用教育矫正和个别预防两种主要矫正方式;在此基础上并提出矫正可矫正的罪犯,使不可矫正的罪犯不危害社会是矫正宗旨。可以看出,刑事实证主义以科学实证主义为向导,为促使教育刑孕育而生,也使西方长达多个世纪的"报复—惩罚"模式寿终正寝,意味着矫正刑的黄金时代到来。[①]

20世纪30年代,医疗康复矫正模式萌芽,人权运动思潮进一步推动了医疗康复矫正模式的发展,并于20世纪60年代达到了顶峰。此时,犯罪学家认为罪犯之所以犯罪是其生理因素和心理因素导致的,医学、心理学、精神学的方法是矫正罪犯的有效举措,并将监狱设置为主要矫正机构。监狱甚至可能被当作罪犯的"治疗医院",康复矫正模式已成为重要的矫正方式,此类矫正模式得到了广泛推广并占据了重要位置,美国甚至在1954年将"美国监狱协会(American Prison Association)"改为"美国矫正协会(American Correctiona Association)"。1955年,联合国制定了《囚犯待遇最低限度标准规则》,保障囚犯的法律地位,并明确表明应以"社会复归"为主要目的,对犯罪者的处遇进行了改善。[②] 20世纪后期,西方发达国家经济迅速发展,社会动荡不堪,社会矛盾凸显,犯罪人数直线上升,监狱人满为患已成为不争的事实,传统监狱矫正模式失效。正基于此,医疗康复矫正模式开始展露其不足,矫正效果甚微,甚至社会学家、政府官员以及社会公众也对康复模式是否真的能够矫正犯罪人的行为或减少重新犯罪产生了质疑,其中特别值得一提的是"马丁森炸弹"。1966年罗伯特·马丁森(Robert Madison)受美国纽约州防治犯罪特别委员会的邀请,着手调查评估犯罪预防和矫正计划的效果。1971年,他在纽约州法院作证时公布了调查报告和结果,除了个别的、

---

① 张婧:《监狱矫正机能之观察与省思》,中国人民公安大学出版社2010年版,第38页。
② 徐福生:《刑事政策学》,中国民主法制出版社2006年版,第345页。

孤立的以外，迄今为止所报告的矫正成果对减少重新犯罪没有明显效果，即效果无效论。这一惊人的研究报告和观点被称为著名的"马丁森炸弹"。① 在这一背景下，西方刑事司法理论界进一步审视了"康复理念"，开始用严格的科学方式和数据对原有的矫正模式进行修改，并在医疗康复矫正模式的基础上以"医学"和"心理学"为基础，注重实践形态，证据的收集，最终通过"最佳实践"（best practices）以研究、循证管理和可衡量的成果为基础——尽管这种学术改革听起来不甚令人满意，但它们对改善和加强刑事司法系统来说至关重要。②

循证矫正制度的发展。意大利政府宣布对罗马的瑞比比亚监狱（Rebibbia Prison）进行改革。③ 而美国自20世纪70年代中期在矫正领域就开始由"康复理念"转向"犯罪人理念"，在行刑中不再强调惩罚，更关注个人的矫治。个体的矫治与医学上的临床医疗有很多相似之处，随着循证实践在各个领域的开展，在矫正领域引进循证实践成为顺理成章的事情。循证矫正模式普遍在各国广泛传播并取得了不俗的成绩。循证矫正，是指在矫正领域内，实践者在所研究的证据中，遵循最佳证据原则，结合实践者个体的矫正经验，在矫正对象的配合下，针对矫正对象犯因性因素，开展高效矫正的一系列矫正活动。④ 由此可知，在矫正过程中针对罪犯的特点找到适合方法并获得有关证据或数据进行干预是关键，这一程序也对矫正者提出了更高的要求，对矫正者的专业素养、敏锐的观察力、矫正原则性等提出了更高的要求。矫正者应抓住矫正对象犯罪的实质，找出关键证据、制订科学周密的实施计划是循证矫正的基本要求，对预防和干预青少年犯罪具有重要的理论和现实意义。

"正义模式"的制度发展。随着社会的进步，文明的发展，人类思想的进步，公正模式逐渐走进人类的视野。1975年，戴维·福格尔（David Fogel）出版的《我们是活的证人：矫正的公平模式》提出，"公平惩罚

---

① 姚建龙：《矫正学导论》，北京大学出版社2016年版，第127页。
② "See Correcting Corrections Worldwide: Best Practices Reforming Prisons", http://www.washdiplomat.com/index.php?option=com_content&view=article&id=8192: correcting-corrections.
③ 同上。
④ 王平、安文霞：《西方国家循证矫正的历史发展及其启示》，《中国政法大学学报》2013年第3期。

模式，主张矫正的公平性"。美国缅因州废除了不定期刑和假释制度，将矫正制度转变为正义模式，1984年美国制定的《综合控制犯罪法》明确指出：刑法的目标不是复归社会，而是正当惩罚和控制犯罪。正义模式不仅可以带给民众安定，使罪犯受到控制，降低犯罪分子给民众带来的恐惧感和不安感，而且维护了政府和刑事司法部门的权利，更加有力地强化了国家控制。① 随着时间的推移，多元化矫正的时代到来，循证矫正进一步得到了推广，美国也先后出现了社区模式和犯罪控制模式。各国也正在向更加有效、多元的矫正模式方向前进着。

（三）监狱基本功能和监狱工作目的

1. 监狱基本功能

监狱基本功能实效性直接决定青少年改造的质量，因此，监狱功能的研究对犯罪矫正和管理具有重要意义。对于监狱机构的基本功能不同学者具有不同的观点，金鉴先生认为监狱的功能主要分为惩罚功能和改造功能。许章润教授认为监狱功能分为惩罚功能、矫正功能、整合功能、导向功能四类。吴宗宪教授将监狱功能分为控制功能、改造功能、惩罚功能和维护功能四种。② 综上所述，笔者认为监狱功能不仅包括对罪犯的惩罚也包括对监狱以外的人的威慑功能。监狱功能主要包括：（1）惩罚功能。监狱的惩罚是对罪犯行为后果否定的具体实施，以失去个人自由为主要代价，在监狱部门管理下，"现实地担受刑法从而感受到被剥削自由的痛苦和耻辱效应综合"。（2）矫正功能。监狱的矫正功能是通过对罪犯有组织、有计划地教育、感化和挽救，转化其思想，规范其行为，培养成遵纪守法合法公民的教育效应的综合。矫正内容不仅包括对思想、行为的矫正，也包括对罪犯心理健康的评估和关注。（3）再社会化。再社会化是罪犯再次走向社会的关键过程，监狱是罪犯实施再社会化的主要场所，是罪犯由犯罪行为—正常行为—回归社会蜕变的主要过程。罪犯的再社会化不仅包括个人思想、行为、知识等内容的学习，也包括职业技能培训，这也与我国"治本安全观"相契合。（4）威慑功能。监狱的威慑功能主要包括对违法犯罪和正常群体的威慑，促使犯罪者避免再

---

① 张婧：《监狱矫正机能之观察与省思》，中国人民公安大学出版社2010年版，第53—54页。
② 叶春弟：《论监狱功能的边界》，硕士学位论文，华东政法大学，2014年。

犯。在此基础上也有越来越多的学者认识到：矫正实践中要尽量采用那些经过实证研究证明有效的矫正项目和干预措施，同时要尽可能避免采用那些无效的矫正项目和干预措施，实现矫正资源效益最大化。

2. 监狱工作目的

监狱工作之目的，是以青少年为主体、矫正犯罪行为为主要目标，将违法犯罪青少年改造成守法青少年。要求青少年罪犯全面深刻地理解和解读与自身相关的法律规章制度和各项政策的精神实质，在新时代背景下紧随时代步伐明确监狱开展以思想教育内容为核心的"三课"教育的根本目的是最大限度地把他们改造成守法公民。[①]

二 监狱矫正的界定

监禁矫正是世界范围内应用最广泛的重要刑罚执行方式，也是我国最基本的矫正罪犯方式，发挥着重要的防控犯罪作用。我国对矫正制度的研究呈现多元化的态势，依据我国矫正制度的研究状况，一般可以将矫正制度分为违法矫正体系和犯罪矫正体系，在犯罪矫正体系下还包括审前矫正和判后矫正、监禁矫正和社区矫正等，本部分主要论述监禁矫正。若论述监禁矫正，首先应厘清"矫正"概念。

矫正（Correction），是西方行刑系统的基本用语，就其概念而言本身是指改正、改造（Reformation）与更生（Rehabilitate）。矫正一词最早起源于20世纪50年代，基本涵义在于改善，即对于确定处遇服刑人，借由矫正机构拟订的矫治处遇计划，根据社会需求来改造犯罪人的反社会人格。[②] 美国克莱门斯·巴特勒斯（Clemens Bartollas）在其著作《矫正导论》中认为矫正是指"法定有权对被判有罪者进行监禁或监控机构及其所实施的各种处遇措施"。这些措施主要包括监禁隔离、教育感化、心理治疗和行为规训等。不同时期矫正的内涵不同、内容不同，具有不同的价值，但其有共同的特征：矫正对象为犯罪人；矫正目的在于使犯罪人改变其反社会行为，回归社会。不同之处在于矫正内容和矫正手段。在汉语中矫正为"指正；纠正"，该词最早出现在《汉书·李寻传》中：

[①] 魏荣艳：《罪犯心理学》，法律出版社2015年版，第325页。
[②] 史景轩、张青：《外国矫正制度》，法律出版社2012年版，第13页。

"先帝大圣,深见天意昭然,使陛下奉承天统,欲矫正之也。"古汉语中的"矫正"和现如今我们使用的矫正内涵一致。① 随着时代的发展,"矫正"这一概念逐渐成为社会学、法学、医学等方面的专用术语,本书中所论述的矫正主要为"监禁"矫正或犯罪矫正。

对于监禁矫正的概念,众说纷纭。虽然我国"矫正"的历史源远流长,但真正被大众熟识是近几年的事。2003年,社区矫正试点工作的展开,加深了大家对矫正的认知,人们对于"矫正"具有更深更系统化的理解。我国学者认为,"矫正"是由专门的国家机关或在相关社会团体和民间组织以及社会志愿者的协助下,对罪犯的犯罪心理和行为恶习加以矫正(在监控的条件下矫治或改善),并促进或帮助其顺利回归社会的刑罚执行活动。② 另有学者认为,"监禁矫正"是指将罪犯监禁在监狱、未成年犯管教所、看守所等机构内进行矫正的刑罚执行活动。③ 本书所涉及的监禁矫正主要是指:犯罪青少年(12—25岁)在监狱、未成年犯管教所、看守所等部门内执行的有关改变犯罪青少年不良心理或不良行为的内容或手段,以及使其顺利回归社会的有关活动。

三 监禁矫正的刑法哲学基础

监狱是社会的产物,是国家重要的组成部分,是维护国家和社会安定的重要部门,监狱的出现促进了刑罚理念和刑罚制度的产生,刑罚制度和刑罚理念的变迁也促进和影响着矫正理念的产生和变迁,刑罚哲学是形罚理念和刑罚制度产生的来源,若研究监禁矫正首先应厘清监禁矫正的刑罚基础对理解和矫正青少年犯罪行为具有重要的意义。

(一)报应论

报应刑最早可追溯到原始社会的复仇思想。未开化的社会时期,尚未有国家概念,法律意识刚被唤醒,尚未形成系统,报应形式是其面对纠纷的主要方式,对于侵害性行为的惩罚职责归于被害人,即由被害人

---

① 姚建龙:《从监狱学到矫正学:一个初步的思考》,《河南司法警官职业学院学报》2015年第1期。
② 高莹:《矫正教育学》,教育科学出版社2007年版,第2页。
③ 同上。

向加害人复仇。这种复仇开始是没有节制的,随着人类文明的发展,复仇模式开始转向报应刑。报应刑在其发展过程中经历了三种不同的形态,即神意报应论、道义报应论和法律报应论。

1. 神意报应论

自远古以来,神意报应论已存在于人类的意识中。在古代人们时常把一切超出自身解释的东西归结于神灵,对刑法学也不例外。古希腊神传史家、哲学家索福克罗斯(Sophocles)就提出:"法是神意,最高法律是主神宙斯宣布给人类的",人间的命令不能改变天神制定的永恒的不成文法。[①] 我国古代也有"天罚"之说,如"天叙有典,敕我五典五用哉"(《尚书·皋陶谟》),认为刑罚的产生是神的意志的反映,不仅要代天刑罚,还要顺天刑罚。欧洲中世纪神意报应论发挥到极致,神法成为一切法的来源,只有神法是治内或治心之法,神法的权威是绝对的,是永恒的正义和真理。神意报应论的代表人物为托马斯·阿奎那(Thomas Aquinas),其在《神学大全》中宣称:"犯有异端罪行者,不仅应革除教籍,还应将其处死,从世上清除。"可见,当时,罪犯行为处罚之严厉,更论述到伪造钱币的罪犯是为了维持其肉体生命,而异端活动腐蚀信仰,毁灭灵魂,性质远比伪造钱币严重。世俗君主对伪造钱币犯判处应得的死刑,对异端分子就更有充足理由判处死刑。[②] 随着人类的进步,文化的洗礼,反神论、反封建的出现,神意论逐渐走向衰落,道义报应论逐渐兴起。

2. 道义报应论

道义报应论与神意论一样,发展历史源远流长,至少可追溯到古希腊亚里士多德时代。亚里士多德曾提及:"击者与被击者,杀人者与被杀人者,行者与受者,两者分际不均。"[③] 刑罚是对违背道义的人的刑罚,并以平均正义为刑法之根据,也是道义报应论的启蒙者,真正系统地提出道义报应主义思想理念的是康德。康德否定神权法观念,认为人是现实上创造的最终目的,犯罪是违反道义的行为,刑罚的出现是出于维护

---

① 甘雨沛:《比较刑法大全》,北京大学出版社1997年版,第221页。
② 董淑君:《刑罚的要义》,硕士学位论文,中国政法大学,2003年。
③ 邱兴隆、许章润:《刑法学》,中国政法大学出版社1999年版,第30页。

正义必须要对犯罪进行惩罚。同时,他也强调惩罚在任何情况下,必须是一个人已经犯了一种罪行之后才加刑于他的。康德认为一个人生来就有人格权,他保护自己反对这种对待,哪怕他可能被判决失去他的公民的人格。他们必须首先被发现是有罪的和可能受到惩罚的,然后才能考虑为他本人或者为他的公民伙伴们,从他的惩罚中取得什么教训。① 另外,康德也认为犯罪在道德上也是一种恶性,刑罚作为一种道德上的对犯罪之恶的谴责手段,是惩恶扬善,维护道德秩序的必然要求。由此可知,康德的道德报应论是将刑罚建立在犯罪人的道德否定评价之上的,也为刑罚的正义性提供了道德上的说明。

3. 法律报应论

法律报应刑的主要代表人物为宾丁(Bingding)和黑格尔(G. W. F. Hegel)。宾丁认为,刑法规范是刑罚法规的前提,由于有违反刑罚法规的行为,产生了刑罚权和刑罚使用权。黑格尔把国家规定为"地上神明",是至上的"统治权威",国家既有权利也有义务惩罚犯罪。他主张"法律至上",强调法律的普遍性、永恒性、正义性和绝对性。黑格尔认为,刑罚的根据是法律:"现实的惩罚……是法律的一种实现,通过这种实现,法律对罪行施加惩罚的活动就扬弃了它自身,于是那正在实施的法律就又成为静止的、有效的法律,而个人反对法律的活动和法律处罚个人的活动都随之消失了。"② 在黑格尔看来,报应的基础是法律,犯罪和刑罚的关系是一种基于法律而产生的否定之否定的逻辑关系,他认为,犯罪和刑罚的根据是对立面的消除或否定。刑罚之所以正当是可消除犯罪,它既在道德上也在法律上否定了犯罪,犯罪作为自在虚无的意志当然包含着自我的否定,而这种否定就表现为刑罚。③ 由此可见,法律报应论是将刑罚建立在对罪犯人的法律的否定之基础上的,因而为刑法的正当性提供了法律的说明。

(二) 功利论

功利论是对报应论的否定,功利论认为刑法存在的价值并不是能满

---

① [德] 康德:《法的形而上学原理》,沈淑萍译,商务印书馆1991年版,第164页。
② 臧冬斌:《报应主义刑罚目的论解释》,《公民与法》2009年第5期。
③ 董淑君:《刑罚的要义》,硕士学位论文,中国政法大学,2003年。

足抽象社会的报应观念，它的价值应该是给社会带来安定并带来一定的实际利益，即刑法的"功利性"，这种"功利性"的主要表现为预防犯罪。刑法的判罚取决于犯罪预防的实际需要，其预防论有"双面预防论""一般预防论"和"个别预防论"之争。

1. 双面预防论

比较系统地提出双面预防论的是享有"近代刑法之父"之称的意大利著名学者贝卡利亚。在其著作《论犯罪与刑罚》中对预防思想已有论述，在他看来刑罚的目的既不是要摧残折磨一个感知者，也不是要消除已犯下的罪行，而是要阻止罪犯重新侵害公民，并训诫其他人不要重蹈覆辙。[①] 在这种双预防论的指导下，贝卡利亚提出了罪刑均衡、刑罚及时等刑罚原则。[②] 他认为，惩罚应与犯罪的动机强度相适应才可预防犯罪的行为，因此，若要遏制犯罪的产生，量刑应与犯罪行为的严重度相匹配。

另一著名双面预防论的代表者为边沁，边沁将贝卡利亚的观点发扬光大，并在其基础上，提出了自己的观点。他首次将刑罚的目的划分为"一般预防"和"特殊预防"两个方面，并对实现两种预防的途径进行了详细的论述。例如，实现一般预防的途径主要为发挥刑罚的威慑功能。特殊预防也有其特殊性，在其实现的过程中主要取决于三个因素：（1）自由的控制：将犯罪人关押于一定的场所中，使其丧失人身自由；（2）道德的约束：利用道德弱化犯罪人的欲望；（3）法律威慑力：借助法律的威慑或恐怖而使犯罪人畏惧刑罚。[③] 与贝卡利亚不同，边沁主要认为犯罪的量刑应与犯罪的诱惑相适应。

2. 一般预防论

受贝卡利亚、边沁的双面预防论思想的影响，一般预防论逐渐从双面预防论中分离出来，并一时成为主流思想。一般预防理论产生并流行于 19 世纪的德国费尔巴哈（Luduig Andreas Feuerbach）、菲兰吉利（Filangieri）与巴也尔（Bauer）著作中。费尔巴哈认为，人之所以犯罪是因为其受深藏于违法行为中的快乐因素的诱导与不能得到快乐时所潜

---

① 切萨雷·贝卡利亚：《论犯罪与刑罚》，黄风译，中国法制出版社 2005 年版。
② 同上。
③ 邱兴隆、许章润：《刑法学》，中国政法大学出版社 1999 年版，第 30 页。

在的痛苦的压迫,刑罚的目的是使犯罪者在心理上对犯罪的利弊与得失进行仔细的权衡,并因恐惧受刑之苦而舍弃犯罪之乐,自觉地抑制"违法的精神动向",使之"不发展为犯罪行为"。菲兰吉利认为,刑罚的目的不在于追求刑罚本身以及在法律确定性下来的威慑,而在于活生生的场面可以让人望而生畏,使一般人类产生畏惧心理而不犯罪,进而预防一般人犯罪。[①] 最早提出刑罚的功能不是惩罚而是教育的是巴也尔,他对费尔巴哈和边沁的威慑思想提出了质疑,他认为刑罚不可能对所有的人都起到威慑的作用,将威慑作为刑罚的主要内容是不科学的。刑罚的作用只限于为满足个人愿望而犯罪的人,而对于一些不知行为后果或缺乏道德而可能犯罪的人,不应是威慑而应是教育,因此,教育此类人不犯法也应当成为预防的重要内容。

3. 个别预防论

个别预防论属于刑事实证主义学派的刑罚理论。此理论主要包括剥夺犯罪能力论、教育刑罚论和刑罚取消论三大派系,这里主要讨论教育刑罚论部分。教育论的主要代表人物为李斯特。他认为犯罪产生的根源并非犯罪人自由意识的结果,也非天生固有的恶,而是不良社会环境的产物[②],贫困、失业、亚文化等因素决定了犯罪行为。刑罚的本质是关注犯罪行为人,强调个别正义通过利用道德教化的同时,应力求在知识、技艺、身体健康等方面为罪犯提供帮助。从而改造具体行为人的思想来最终实现行为个人的自主和自律。[③] 而且针对不同程度、不同类型的罪犯应因材施教。

(三)折中论

折中论是报应论与功利论的综合产物,报应论与功利论各有利弊,对于已犯罪罪犯进行报复和预防其再犯是主要目的,对于尚未发生的犯罪进行威慑和预防是主要的目的,因此,折中论得到了重视。折中论者认为刑罚具有报应和功利两个目的,主要代表人物为美国学者赫希(Tra-

---

① 邱兴隆、许章润:《刑法学》,中国政法大学出版社1999年版,第30页。
② 张晶:《法制现代化进程中的中国现代监狱制度价值解读》,《金陵法律评论》2005年第1期。
③ 陈伟:《教育刑与刑罚的教育功能》,《法学研究》2011年第6期。

vis Hischi）和英国学者哈特（Herbert Hart）。赫希认为刑罚既蕴藏痛苦，也潜藏谴责。威慑是痛苦的主要表现，其根本目的是预防犯罪，以痛苦来震慑犯罪的减少。谴责是为自身做出的错误行为付出的代价，对于错误的行为必须进行谴责，因此，刑法的痛苦性是其功利的目的。① 哈特思想主要运用于刑事活动过程中，刑事活动分为立法、审判、行刑三个阶段。不同阶段其理论依据不同，报应与功利思想贯穿于整个过程中。在其立法阶段主要依据一般预防理论。在审判阶段，刑法的裁量主要以报应为依据，刑法的裁量应与犯罪的严重程度相匹配。在行刑阶段，占主导地位的为个别预防，对罪犯已判的刑罚，执行刑罚的方式，以及犯罪裁量，均以个别预防为依据，并与教育矫正密切相连。

四 监狱矫正的法律依据

矫正依据通常是指矫正所依据的法律法规，例如我国的《刑法》、《刑事诉讼法》、《禁毒法》、《治安管理处罚法》、《监狱法》、《看守所条例》，以及正在制定中的《社区矫正法》等相关法律对矫正原则、矫正内容、矫正目的和矫正形式等进行了规定。

（一）矫正原则

监狱矫正的基本原则为以人为本，重在改造；标本兼治，注重实效；因人施教，突出重点；循序渐进，以理服人。在实践和法律中都有所体现。例如，《监狱法》第 61 条规定，教育改造罪犯，实行因人施教、分类教育、以理服人的原则；《监狱教育改造工作规定》第 4 条规定，监狱教育改造工作，应当根据罪犯的犯罪类型、犯罪原因、恶性程度及其思想、行为、心理特征，坚持因人施教、以理服人、循序渐进、注重实效的原则。

（二）矫正内容

矫正内容主要包括思想道德、文化教育、职业技术等内容。从入监教育伊始进行详细的划分可分为入监教育，个别教育，思想、文化、技术教育，监区文化建设，社会帮教，心理矫治，评选罪犯改造积极分子，

---

① 谢冬慧：《从〈惩罚与责任〉看哈特的刑罚思想》，《广西政法管理干部学院学报》2007 年第 6 期。

出监教育等。我国相关法律也对其详细内容进行说明，并提供了相关法律依据。例如《监狱法》第 62 条规定，监狱应当对罪犯进行法制、道德、形势、政策、前途等方面内容的思想教育。第 64 条规定，监狱应当根据监狱生产和罪犯释放后就业的需要，对罪犯进行职业技术教育，经考核合格的，由劳动部门发给相应的技术等级证书。第 66 条规定，罪犯的文化和职业技术教育，应当列入所在地区教育规划。监狱应当设立教室、图书阅览室等必要的教育设施。第 67 条规定，监狱应当组织罪犯开展适当的体育活动和文化娱乐活动。《监狱教育改造工作规定》第 5 条规定，监狱教育改造工作主要包括：入监教育，个别教育，思想、文化、技术教育，监区文化建设，社会帮教，心理矫治，评选罪犯改造积极分子，出监教育等。因此，本书中监狱矫正主要包括思想知识和心理等方面的教育。

（三）矫正目的

《监狱教育改造工作规定》第 3 条规定，监狱教育改造工作的任务，是通过各种有效的途径和方法，教育罪犯认罪、悔罪，自觉接受改造，增强法律意识和道德素养，掌握一定的文化知识和劳动技能，将其改造成为守法公民。

（四）矫正形式

依据监狱教育矫正形式可分为集体教育和个体教育相结合以及狱内教育和社会教育相结合的两种主要形式。《监狱法》第 61 条规定，采取集体教育与个别教育相结合、狱内教育与社会教育相结合的方法。《监狱教育改造工作规定》第 6 条规定，监狱教育改造工作，应当坚持集体教育与个别教育相结合、课堂教育与辅助教育相结合、常规教育与专题教育相结合、狱内教育与社会教育相结合的方式，并对个别教育的适用原则进行了详尽的说明。第 63 条规定，监狱应当根据不同情况，对罪犯进行扫盲教育、初等教育和初级中等教育，经考试合格的，由教育部门授予其相应的学业证书。第三章《个别教育》中第十四条规定，监狱应当根据每一名罪犯的具体情况，安排监狱人民警察对其进行有针对性的个别教育。第十五条规定，个别教育应当坚持法制教育与道德教育相结合，以理服人与以情服人相结合，戒之以规与导之以行相结合，内容的针对性与形式的灵活性相结合，解决思想问题与解决实际问题相结合的原则。

另外还规定罪犯有下列情形之一的,监狱人民警察应当及时对其进行个别谈话教育:(1)新入监或者服刑监狱、监区变更时;(2)处遇变更或者劳动岗位调换时;(3)受到奖励或者惩处时;(4)罪犯之间产生矛盾或者发生冲突时;(5)离监探亲前后或者家庭出现变故时;(6)无人会见或者家人长时间不与其联络时;(7)行为反常、情绪异常时;(8)主动要求谈话时;(9)暂予监外执行、假释或者刑满释放出监前;(10)其他需要进行个别谈话教育的。第20条规定,监狱应当根据罪犯的犯罪类型,结合罪犯的危险程度、恶性程度、接受能力,对罪犯进行分类,开展分类教育。

知识窗口

《教育改造罪犯纲要》

为了进一步提高罪犯教育矫正质量和社会安定,国家依据罪犯特征和基本需求,根据《中华人民共和国监狱法》和《监狱教育改造工作规定》等法律、规章,结合教育改造罪犯工作实际,制定本纲要。

一、充分认识教育改造罪犯的重要意义

1. 教育改造罪犯是监狱工作的重要任务

惩罚与改造罪犯,把罪犯改造成为守法公民,是法律赋予监狱的重要职责。多年来,监狱系统在党中央、国务院的正确领导下,深入贯彻党的监狱工作方针,紧紧围绕提高罪犯改造质量,大力开展对罪犯的法制、道德、文化和职业技术等方面的教育,针对不同类型的罪犯,实施有针对性的教育改造工作,并不断改革创新,在罪犯心理矫治、改造评估、服刑指导、教育改造、工作社会化等方面进行了积极的探索,取得了显著成绩,对于罪犯在服刑期间提高法律意识和道德观念,掌握文化知识和劳动技能,从而顺利地回归社会,发挥了重要作用。

当前,监狱工作面临着前所未有的发展机遇,也面临着严峻的挑战。在人民内部矛盾凸显、刑事犯罪高发、对敌斗争复杂的新形势下,滋生和诱发犯罪的消极因素增多,监狱在押犯的构成日益复杂，重大刑事犯、暴力犯、涉黑涉毒犯等罪犯的数量不断增多，与危害国家安全罪犯的改造与反改造斗争日益尖锐，改造罪犯的难度加大。

从监狱工作情况看，监狱正处于体制转换的重要时期。一方面，监狱体制改革和布局调整工作稳步推进，财政保障力度不断加大，监狱设施明显得到改善，监狱人民警察队伍素质不断提高；另一方面，一些长期影响和制约监狱工作的深层次矛盾还没有从根本上得到解决，部分监狱执法环境方面的问题仍然比较突出。

从教育改造工作本身来看，教育改造罪犯的科学性有待进一步增强，方式、方法和手段有待进一步完善和创新，教育改造质量有待进一步提高。

2. 提高教育改造质量是构建社会主义和谐社会的客观要求

党的十六届六中全会确立了构建社会主义和谐社会的重大目标和任务，并提出要加强和谐社会的司法保障，完善刑罚执行制度。

构建社会主义和谐社会的目标任务对监狱工作提出了新的、更高的要求。把罪犯改造成为守法公民，使他们顺利回归社会，减少重新违法犯罪，是最大限度地减少不和谐因素、最大限度地增加和谐因素的重要工作，是维护社会稳定、构建社会主义和谐社会的客观要求。

要积极探索、切实把握新形势下罪犯改造工作的规律，创新改造理念，完善改造手段，充分发挥教育改造在矫治犯罪思想、传授知识等方面的作用，充分发挥劳动改造在矫正罪犯恶习、培养劳动习惯、培训劳动技能等方面的作用，充分发挥心理咨询、心理矫治在罪犯改造工作中的重要作用，切实提高罪犯教育改造质量，为减少重新违法犯罪、维护社会和谐稳定做出更大的贡献。

二、教育改造罪犯的指导思想、主要目标和基本原则

1. 教育改造罪犯的指导思想

以邓小平理论和"三个代表"重要思想为指导，全面贯彻落实科学发展观，牢固树立社会主义法治理念，按照构建社会主义和谐社会的总要求，贯彻"惩罚与改造相结合，以改造人为宗旨"的监狱工作方针，紧紧围绕提高罪犯改造质量，坚持以人为本，充分发挥管理、教育、劳动改造手段的作用，发挥心理矫治的重要作用，推进教育改造罪犯工作的法制化、科学化、社会化，把罪犯改造成为守法公民。

2. 教育改造罪犯的主要目标

在罪犯服刑期间，通过各种教育改造手段和方法，使其成为守法守规的服刑人员。并使青少年顺利回归社会，成为合格的守法公民。守法守规服刑人员的基本条件是：认罪悔罪、遵守规范、认真学习、积极劳动。

——认罪悔罪：承认犯罪事实，认清犯罪危害，对自己的犯罪行为表示悔恨，服从法院判决，不无理缠诉。

——遵守规范：遵守法律、法规，遵守服刑人员基本规范、生活规范、学习规范、劳动规范、文明礼貌规范。

——认真学习：积极接受思想、文化、职业技术等方面的教育，遵守学习纪律，学习成绩达到要求。

——积极劳动：积极参加劳动，遵守劳动纪律，服从生产管理和技术指导，掌握基本劳动技能，严格遵守操作规程，保证劳动质量，完成劳动任务。

罪犯刑满释放时，符合守法守规服刑人员条件的，要逐步达到当年释放人数的90%以上。

3. 教育改造罪犯的基本原则

——以人为本，重在改造。教育改造罪犯，要充分了解和掌握罪犯的思想动态，充分考虑罪犯的自身情况，着眼于罪犯顺利回归社会，采取有针对性的改造措施。

——标本兼治，注重实效。教育改造罪犯，要把规范罪犯行为与矫正罪犯犯罪意识有机地结合起来，增强各种改造手段和措施的实际效果。

——因人施教，突出重点。教育改造罪犯，要根据不同类型、不同罪犯的实际情况，实施分类教育和个别教育，尤其对重点类型、重点罪犯，要重点采取教育改造措施，实现教育改造效果的最大化。

——循序渐进，以理服人。教育改造罪犯，应当按照罪犯的思想转化规律，制定工作计划，分阶段、有步骤地实施；要坚持摆事实、讲道理，对罪犯开展耐心细致的说服教育工作。

三、教育改造罪犯的主要内容和要求

1. 教育改造罪犯的主要内容

对新入监罪犯的教育；对罪犯的法律常识和认罪悔罪教育；对罪犯的公民道德和时事政治教育；对罪犯的文化教育；对罪犯的劳动和职业技术教育；对罪犯的心理健康教育；对即将出监罪犯的教育。

2. 教育改造罪犯的教学时间

成年罪犯的教学时间，每年不少于500课时。

3. 对新入监罪犯的教育

对新入监的罪犯，应当建立服刑改造专档，集中进行两个月的入监教育。重点是开展法律常识教育和认罪悔罪教育，使罪犯了解在服刑期间享有的权利和应当履行的义务，了解和掌握服刑人员的行为规范。要教育、引导罪犯认罪、悔罪，明确改造目标，使其适应服刑生活。

要用科学的手段和方法，了解、掌握新入监罪犯的基本情况、认罪态度和思想动态，对其危险程度、恶性程度、改造难度进行评估，提出关押和改造建议。

入监教育结束后，监狱要进行考核。对考核不合格的，应当延长入监教育时间，时限为一个月。

4. 对罪犯的法律常识和认罪、悔罪教育

针对罪犯不懂法、不守法、法律意识淡薄等情况，开展法律常识教育，使罪犯了解基本的法律知识，树立尊重和遵守法律的意识和观念。要组织罪犯学习宪法、刑法、刑事诉讼法、监狱法等法律知识，使罪犯掌握基本法律常识，了解公民所享有的权利和应当履行的义务，理解违法犯罪的含义及其法律责任，认识自己的犯罪行为给社会带来的危害，增强他们的法律意识，引导他们自觉守法。要组织罪犯学习民法通则、物权法、继承法、婚姻法、合同法、劳动法等法律知识，使罪犯了解依法解决民事纠纷的途径，懂得利用法律维护国家、集体利益和个人的合法权益。罪犯刑满释放时，法律常识教育合格率应当达到95%以上。

要在法律常识教育的基础上，深入开展对罪犯的认罪、悔罪教育。要教育罪犯运用所学法律知识，联系自己的犯罪实际，明白什么是犯罪，认清罪与非罪的界限，承认犯罪事实；要指导罪犯正确对待法院判决，正确处理申诉与服刑改造的关系，使罪犯认罪服判。

5. 对罪犯的公民道德和时事政治教育

开展公民道德教育，使罪犯明确社会主义道德的基本原则和要求，认识正确处理个人、集体、他人的关系在社会生活中的重要意义，提高道德认识水平，培养遵守社会主义道德的自觉性。

要对罪犯进行中华传统美德教育，使罪犯了解中华民族优秀的民族品质、优良的民族精神、崇高的民族气节、高尚的民族情感和良好的民族礼仪。要对罪犯进行世界观、人生观、价值观的教育，使罪犯科学认识世界，明确人生目的，反思人生教训，端正人生态度，引导罪犯树立正确的世界观、人生观、价值观，正确对待人生道路上的失败与挫折。要对罪犯进行道德修养教育，教育罪犯掌握道德修养的正确方法，从小事做起，敢于自我解剖，严格要求自己，养成良好的道德品质。

要把社会主义荣辱观教育作为道德教育的重要内容，使罪犯牢记"八荣八耻"的主要内容，以正确的荣辱观规范自己的言行，养成良好的行为习惯。罪犯刑满释放时，道德常识教育合格率应当达到95%以上。

要对罪犯进行时事政治教育，深入开展以科学发展观、构建社会主义和谐社会等重大战略思想为重点的思想政治教育，深入开展以国家改革开放和现代化建设取得的巨大成就为重点的形势教育，深入开展以近期国际、国内发生的重大事件，特别是与罪犯关系密切的事件为主要内容的时事教育，教育引导罪犯充分认识国家经济社会发展、社会和谐稳定的大好形势，消除思想疑虑，增强改造的信心。

6. 对罪犯的文化教育

针对罪犯的不同文化程度，分别开展扫盲、小学、初中文化教育，有条件的可以开展高中阶段教育。尚未完成义务教育、不满45周岁、能够坚持正常学习的罪犯，应当接受义务教育。

对罪犯的文化教育，应以扫盲教育和小学教育为重点，文盲罪犯应当在入监两年内脱盲，使脱盲比例达到应脱盲人数的95%以上。罪犯刑满释放时，小学文化程度以上的应当逐步达到应入学人数的90%以上。应对已完成义务教育的罪犯，应鼓励其参加电大、函大、高等教育自学考试或者其他类型的学习。

7. 对罪犯的劳动和职业技术教育

要结合罪犯实际，教育罪犯认识劳动的重要意义，引导罪犯树立正确的劳动意识，要根据罪犯在狱内劳动的岗位技能要求和刑满释放后就业的需要，组织罪犯开展岗位技术培训和职业技能教育。年龄不满50周岁、没有一技之长、能够坚持正常学习的罪犯，都应当参加技术教育。有一技之长的，可以按照监狱的安排，选择学习其他技能。对罪犯的岗位技术培训，要按照岗位要求进行"应知""应会"培训和必需的安全教育培训；对罪犯的职业技能教育应当按照劳动和社会保障部门的标准进行。罪犯刑满释放前，取得职业技能证书的应当逐步达到应参加培训人数的90%以上。

8. 心理健康教育

针对罪犯心理调节能力和心理承受能力普遍较弱，容易发生心理问题的情况，要在罪犯中普遍开展心理健康教育，引导罪犯树立关于心理健康的科学观念，懂得心理健康的表现与判断标准，了解影响心理健康的因素及其关系，对自身出现的心理问题学会自我调适或主动寻求心理辅导和咨询，增强心理承受和自我调控情绪的能力，提高心理素质。要帮助罪犯找出导致违法犯罪的心理根源，使其学会矫正和克服的相应办法。引导罪犯加强与他人的交流与沟通，培养其建立和谐人际关系的能力。对罪犯开展心理健康教育的普及率，应当达到应参加人数的100%。

9. 对即将出监罪犯的教育

要根据罪犯回归社会的实际需要，对即将出监的罪犯集中进行三个月的出监教育，重点是进行形势、政策、前途教育和遵纪守法教育。可以邀请当地有关部门向罪犯介绍有关社会治安、就业形势等情况。要对每一名即将服刑期满的罪犯进行谈话教育，使其做好出监准备。

要大力加强对罪犯回归社会前的就业指导，开展多种类型、比较实用的职业技能培训，增强罪犯回归社会后适应社会、就业谋生的能力。

要对罪犯整个服刑期间的表现进行综合评估，并依照有关规定，向罪犯原户籍所在地的公安机关和司法行政机关提供评估意见和建议。

要做好监狱刑罚执行与社区矫正的衔接工作，把符合法定条件的在押罪犯逐步纳入社区矫正，使他们顺利融入社会，努力预防和减少重新违法犯罪。

四、教育改造罪犯工作的实施

1. 切实加强对教育改造罪犯工作的领导。各地司法厅（局）和监狱管理机关要充分认识教育改造罪犯的重要意义，真正把改造罪犯的工作放到构建社会主义和谐社会的大局中统筹考虑，统一部署，坚持由主要领导抓改造，主要资源用于改造，主要时间花在改造上。要建立工作责任制，把改造罪犯工作的各项任务分解落实到有关部门和人员上，纳入年终目标考核体系，把教育改造质量作为衡量监狱工作成效和考核领导干部任期目标责任制的主要内容。

2. 充分发挥公正、文明执法对罪犯的教育改造作用。要教育引导监狱人民警察进一步端正执法思想，忠诚履行法定职责。要建立规范的内部执法工作程序和执法责任制，细化执法程序，规范执法行为，提高监狱执法的规范化和公信力。要严格公正执法，进一步增强依法保障罪犯合法权利的意识。要严格文明执法，坚决杜绝打骂、体罚、虐待罪犯等违法违纪行为。要建立健全监督机制，将监狱执法活动置于全方位、全过程的监督之下，重点加强对容易发生违法、违规等关键岗位和环节的监督。要深化狱务公开，以公开促进执法公正，努力实现法律效果与社会效果的统一。

3. 充分发挥正规管理对罪犯的约束、引导、激励作用。要进一步强化管理意识，坚持依法管理、严格管理、科学管理、文明管理。

要进一步规范管理程序，明确管理要求，突出管理重点，提高管理质量。要着力健全完善对罪犯的日常管理制度，不断提高管理水平。要健全完善责任追究制度，加强对制度执行情况的督促、检查，加大查处违反制度行为的力度，坚决维护制度的权威性和严肃性。

4. 强化劳动对罪犯的教育矫治功能。要教育罪犯树立有劳动能力就必须参加劳动的观念，为罪犯提供劳动岗位；要强化劳动组织管理，提高罪犯技术水平，积极开展技术革新，不断提高劳动效率，使罪犯了解市场经济对劳动者的技术水平和团结协作精神的要求；要依法保障罪犯的合法权益，为罪犯提供必需的劳动保护，依法科学合理安排劳动工时，严禁超时、超体力劳动。要积极创造条件，依法落实罪犯的劳动报酬和劳动保险。要充分调动罪犯参加劳动的积极性，使罪犯通过劳动树立与社会主义市场经济相适应的新型劳动观念，掌握劳动技能，养成职业道德。

5. 突出个别教育和分类教育的改造作用。监狱要根据每一名罪犯的具体情况，实施有针对性的个别教育。要严格执行"十必谈"的规定，每月对每一名罪犯至少进行一次个别谈话教育，并根据不同罪犯的思想状况和动态，采取有针对性的管理教育措施。对顽固犯、危险犯，要指定专人负责管理教育工作，顽固犯的年转化率应当达到50%以上；对危险犯，要努力消除危险。要总结解决常见疑难问题的经验，积累改造资料，编写改造案例。要深入研究不同类型罪犯的教育改造方法，进一步提高教育改造罪犯的针对性。

6. 发挥心理矫治对罪犯心理的调适、干预作用。对罪犯要普遍开展心理测验，了解和掌握罪犯的心理特征和行为倾向，通过心理咨询实施有效干预，使罪犯消除心理障碍，学会自我调适，恢复健康心理。对有心理疾病的罪犯，应当予以治疗。要注意收集、积累心理矫治个案，注重发挥个案的指导作用。要认真研究罪犯心理的新变化，进一步规范心理矫治工作。

7. 发挥改造环境和监狱文化氛围对罪犯的熏陶作用。要为罪犯营造良好的改造环境，做到规划合理，设施齐全，环境美化，监区整洁。要广泛开展丰富多彩的文化、体育活动，定期举行文艺演出、体育比赛，组织罪犯学习音乐、美术、书法等，丰富罪犯文化生活，陶冶罪犯情操，使罪犯在文明、人道、有利于身心健康、有利于矫治恶习、有利于重返社会的氛围中得到改造。

8. 利用社会资源，加大对罪犯的教育改造力度。要进一步强化教育改造工作的社会性，注意发挥社会和家庭在罪犯改造中的作用，动员和利用社会力量，参与、支持罪犯改造工作。要与社会有关部门合作，签订帮教协议，开展联合办学、设立流动图书馆和狱内法律服务机构等，建立起多层次、全方位的社会帮教体系。要充分利用社会力量，建立一支相对稳定的帮教志愿者队伍，积极争取政府机关、社会团体、企事业组织和热心社会公益事业以及关心监狱工作的各类社会人士参与，为教育改造罪犯提供服务。

9. 发挥现代科学技术对教育改造罪犯的促进作用。要倡导科学的理念，用科学的理论、思维和方法，研究和把握工作规律，改革和完善监狱工作体制和机制，探索罪犯改造工作的有效途径和方法，增强教育改造的有效性。加大利用现代信息技术开展教育改造工作的力度，不断提高监狱计算机和网络的普及应用程度，利用网络教育、多媒体教育和远程教育，实现资源共享，科学合理配置监狱的人力、物力、财力等各种资源，提高教育改造工作的科技含量。

10. 探索建立改造罪犯评估工作机制。要积极创造条件，开展对罪犯的改造评估工作，按照认罪悔罪、遵守规范、认真学习、积极劳动的要求，分阶段对罪犯进行评估，并据此制定和调整改造方案，开展有针对性的改造工作。

11. 不断创新改造罪犯的方式、方法。要坚持和完善过去行之有效的经验和做法，同时，适应新世纪、新阶段对监狱工作的新的要求，积极探索改造罪犯的新的方式、方法和新的手段，增强改造的实际效果。

12. 重视对未成年犯的教育改造。要贯彻"惩罚和改造相结合，以改造人为宗旨"和"教育、感化、挽救"的方针，做好对未成年犯的教育改造工作。对未成年犯的改造，要根据未成年犯的生理、心理、行为特点来进行，应该以教育为主。要坚持因人施教、以理服人，采取形式多样的教育改造方式，实行依法、科学、文明、直接管理。对未成年犯进行思想、文化、技术教育的教学时间，每年不少于1000课时。未成年犯的劳动，以学习、掌握技能为主；劳动时间，每天不超过4小时，每周不超过20小时。16周岁以下的未成年犯不参加生产劳动。

五、教育改造罪犯工作的保障措施

1. 落实教育改造罪犯的各项保障措施。在人员配备、经费保障、设施、场所、调研、督导、表彰等方面切实采取措施，为教育改造罪犯工作的顺利开展提供有力保障。监狱应当依照规定设立教室、谈话室、文体活动室、图书室、阅览室、电化教育室、心理咨询室等教育改造场所，同时配备相应的设施。要按照财政部、司法部颁布的《关于调整监狱基本支出标准的通知》（财行〔2007〕28号）的要求，落实教育改造罪犯经费。要加强对教育改造经费使用的监督，统筹安排，确保专款专用。

2. 大力培养教育改造罪犯工作的专业化人才。要充实基层力量，每一个监区都要设置专人负责本监区罪犯的教育改造工作。要采取多种方式，定期对从事教育改造工作的监狱人民警察进行专业培训，提高他们的政治素质和业务素质，以适应新时期改造罪犯工作的需要。要注意引进教育改造罪犯的专业人才，提高其专业化工作水平。要建立教育改造专家库，发挥这部分专家对罪犯的改造作用。

3. 加强对改造罪犯工作的研究。认真分析研究新时期教育改造罪犯出现的新情况、新问题，寻找一般性的规律，寻求解决问题的方法和措施，不断丰富教育改造罪犯的理论与实践，推进改造罪犯工作的深入发展。

4. 加大督导检查和总结表彰力度。上级司法行政机关和监狱管理部门对监狱开展教育改造工作的情况要定期进行督导检查，切实保证国家有关监狱工作方针、政策、法律、法规的贯彻执行，以及教育改造罪犯的目标和各项工作措施的实现。督导检查结果要与考核奖惩挂钩。要加强对教育改造罪犯工作的总结表彰，对教育改造罪犯工作成绩突出的单位和个人，要大力宣传表彰，并给予必要的精神和物质奖励。

——资料源于司法部印发《教育改造罪犯纲要》（2007年7月4

日司发通〔2007〕46号）

五　监狱矫正的对象

不同的机构部门有其不同的针对对象，监狱部门也有其自身特有的矫正对象。本文主要指狭义的矫正对象，即在监狱内执行的青少年监禁矫正。根据我国《刑法》《刑事诉讼法》《监狱法》等规定，矫正对象主要包括被判管制、拘役、有期徒刑、无期徒刑、死刑缓期两年执行的（不包括单独使用剥夺政治权利、罚金、没收财产和免予刑法的）违法犯罪者。由此可知，监狱矫正对象是已经被判决的罪犯，未被判决的罪犯不能成为监狱矫正的对象。正在侦查或审理的未决犯，包括犯罪嫌疑人和刑事被告人，被拘留、逮捕而处于羁押中的罪犯，另外还包括尚未被定罪的罪犯，也不属于监狱矫正的对象。监狱矫正包括监禁矫正和社区矫正，社区矫正对象从社区矫正试点工作的对象来看，实际上包括三类服刑人员，第一类是罪行比较轻微的罪犯，包括被判处管制、缓刑的服刑人员；第二类是罪行虽然比较严重，但是经过改造证明确有悔改，不再危害社会的服刑人员，例如，被假释的服刑人员；第三类是有特殊情况，暂予监外执行的服刑人员。对前两类服刑人员实行社区矫正，体现了对犯罪分子的区别对待；对第三类服刑人员实行社区矫正，体现了刑罚执行中的人道主义精神。由于社区矫正的对象是罪行较轻或者确有悔改表现、不致再危害社会的罪犯，而不是对社会造成严重危害，并且仍然对社会有威胁的犯罪分子。因此，公众在心理上对社区矫正应当是能够理解的。

社区矫正的适用范围大致包括：（1）被判处管制的。（2）被宣告缓刑的。（3）被暂予监外执行的。具体包括：有严重疾病需要保外就医的；怀孕或者正在哺乳自己婴儿的妇女；生活不能自理，适用暂予监外执行不致危害社会的。（4）被裁定假释的。在符合上述条件的情况下，对于罪行轻微、主观恶性不大的未成年犯、老病残犯以及罪行较轻的初犯、过失犯等，应作为重点对象，适用上述非监禁措施，实施社区矫正。不符合以上规定的都在监狱内实施监禁矫正。

本书所指的主要是犯罪青少年，是指14—25周岁的青少年，主要包括未成年人和青年。依据青少年身心发展的特征，犯罪青少年矫正场所主要包括未成年管教所、监狱和社区矫正。未成年管教所主要矫正未满

18 周岁的犯罪青少年。依据未成年犯罪年龄、犯罪类型以及犯罪危害程度，我国将未成年人分 3 个阶段。主要内容包括：（1）完全负刑事责任的年龄。凡是年满 16 岁，触犯刑法的行为必须负刑事责任。（2）相对刑事责任年龄。即已满 14 岁不满 16 岁的人，凡触犯抢劫、强奸、故意杀人、故意伤害致人重伤或者死亡、放火、贩卖毒品、爆炸、投毒此八种类型者应当负刑事责任。（3）绝对无刑事责任年龄。凡不满 14 岁的人，对任何犯罪行为都不负刑事责任。

六　监狱矫正的主要任务

监狱作为国家的执行机关，依法对判处有期徒刑、无期徒刑、死刑缓期两年执行的罪犯执行刑罚，实施惩罚与改造，把他们改造成为守法公民。依据这项总任务，罪犯教育要着重完成以下具体任务：

（一）转变思想，矫正恶习

转变思想是通过教育活动转变罪犯错误的思想的根本任务，清除各种犯罪思想意识，即用马克思主义的世界观和方法论去冲击他们的思想阵地，从根本上促进罪犯世界观、人生观的转化，在改造中逐步树立科学的世界观和方法论。[1] 罪犯之所以走上犯罪道路，究其原因主要是其个体人生观的根本错误和扭曲的结果。[2] 青少年错误的世界观、人生观一经形成，就具有一定的稳定性，要把罪犯改造成守法公民必须通过强有力的法制教育、认罪教育、劳动教育及形势政策等方面的教育，转变罪犯错误的反动的立场、观点，从思想上消除其享乐腐化、损人不利己、无视公共秩序和法纪、违背社会公德的犯罪思想。罪犯思想转化在行为上的表现是服从判决，接受处罚，遵守法律法规，遵守监规纪律，接受改造。[3]

矫正恶习是通过严格的纪律要求及行为养成训练，帮助罪犯克服恶劣的不良行为习惯。[4] 一个人的思想与行为是互相联系和互相影响的。思想活动支配行为，行为实施的结果又强化思想观念。罪犯犯罪行为的发

---

[1] 魏荣艳：《罪犯教育学》，法律出版社 2015 年版，第 31 页。
[2] 同上。
[3] 同上书，第 31—33 页。
[4] 同上。

生是在犯罪意识的支配下，逐步形成发生的。一般是从不良行为习惯逐渐发展成违反道德规范、法律规范的错误行为。因此要彻底改造罪犯，必须同步解决世界观问题和恶劣习惯问题。恶习不仅是导致罪犯犯罪的重要因素，也是妨碍罪犯自觉改造、积极改造的严重障碍，必须进行有意识、有目的的系统矫治。[①] 恶习的矫正不是一朝一夕能够完成的，所谓"冰冻三尺，非一日之寒"。矫正恶习除了结合狱政管理等多种手段外，主要靠教育手段。教导社会规范是必不可少的内容，帮助其认识恶习的危害，下定其矫正恶习的决心。用社会主义法律、道德等社会规范去指导、制约和矫正罪犯的行为习惯。[②]

（二）传授知识，培养技能

文化是人类在社会历史发展过程中，所创造的物质财富和精神财富的总和，是人类在社会实践中积累起来的丰富经验，是文明、进步的象征。教育则是传授知识的主要途径，从犯罪青少年的构成状况看，罪犯的文化程度比较低，有相当一部分是文盲和半文盲，无知和愚昧不仅是他们走上犯罪道路的重要因素，而且也不利于开展教育改造。因为缺乏文化知识，他们往往认知狭窄、偏执、易冲动。对党的方针和政策不了解、不理解，思想保守、愚昧，目光短浅，粗暴野蛮，从而逐渐走上犯罪道路。[③] 在服刑期间，一些罪犯也表现为思想固执、不服管教，对监狱开展的教育活动表示厌烦，抵抗心理明显。让罪犯通过教育增长知识是彻底改造罪犯的必然要求。这样做一是可以促使罪犯的思想改造；二是可以促使罪犯成为有用之才；三是可以促使培养罪犯劳动技能，这是监狱教育改造工作的法定任务。《监狱法》第64条规定："监狱应当根据监狱生产和罪犯释放后就业的需要，对罪犯进行职业技术教育，经考核合格的，由劳动部门发给相应技术等级证书。"对罪犯进行技术教育首先是改造罪犯思想的需要，好逸恶劳，缺乏劳动意识、劳动技能和劳动习惯是多数罪犯的犯罪原因，只有组织罪犯学习劳动技能，才能让罪犯在学习过程中体验劳动的艰辛，懂得劳动成果的来之不易，才能逐渐转变其

[①] 魏荣艳：《罪犯教育学》，法律出版社2015年版，第31—33页。

[②] 同上。

[③] 同上。

好逸恶劳的思想，树立正确的人生观、价值观。培养罪犯的劳动技能，可以将罪犯的精力和聪明才智引导到钻研技术上来，挖掘罪犯潜能，把原来对社会的消极的、破坏性的因素转化为积极的、建设性的因素；对罪犯进行劳动技能的培养，只有组织罪犯劳动技能培训使罪犯掌握一技之能，才能使罪犯在刑满释放重返社会时，依靠自己的技能谋生，自立于社会，服务于社会，做一个守法公民和有用之人，不至于因生活无着落而重新犯罪。① 事实证明，监狱开展文化、技术教育，对罪犯适应社会，做自食其力的守法公民起着重要的作用。

（三）完善人格，促进身心发展

罪犯教育效果最终体现在罪犯的人格上。罪犯人格包括个性倾向性（需要、动机、兴趣、理想、信念和世界观）和个性心理特征的需要，是一个人的整个心理面貌的反映。② 罪犯犯罪行为的发生，与其意识缺乏良好的心理管理能力及良好的人格有关。所以要从根本上转变罪犯的犯罪思想，矫正其恶劣的行为习惯，除了进行思想教育、文化技能逐渐转变外，还要进行针对性的心理健康教育，从完善罪犯人格，提高其对其自身的管理能力入手，增强罪犯的社会适应能力，对罪犯进行心理教育，引导青少年学会调节自我。此外，逐渐完善罪犯人格还有利于监管改造，提高改造质量。③ 罪犯在改造中普遍存在抑郁、焦虑、人际关系敏感、恐怖、烦躁等心理状态，在监狱中表现出不愿参加集体活动、厌学、混日子等问题。这些不健康心理，严重影响着罪罚和改造的效果。④ 为此，罪犯教育活动的一个重要任务就是对罪犯进行心理教育，以各种手段提高罪犯的社会适应性，使其行为方式符合社会要求，具有更充分的社会性。

第二节　监狱矫正的管理体制与队伍

一　监狱矫正的管理体制

监狱管理体制，是指在监狱中实行的关于监狱的管理制度层级及其

---

① 魏荣艳：《罪犯教育学》，法律出版社2015年版，第33—35页。
② 同上。
③ 同上。
④ 同上。

管理权限划分和监狱机构设置的组织管理制度。① 结合我国国情和发展，我国监狱实行的是中央统一领导与分级管理相结合、中央和省两级的管理模式，并坚持党中央的绝对领导和监狱党委领导下的监狱长负责制。《监狱法》中也有规定：国务院司法行政部门主管全国监狱工作，司法部作为领导机关统领全国监狱工作，并在中央、省、自治区、直辖市设立监狱管理局，具体负责各省、市监狱工作的组织和管理，在基层设有监狱机构，并完成刑罚执行、教育改造罪犯的任务。

监狱管理主要包括行政管理、狱政和执法工作管理。行政管理主要包括目标管理、警察管理、安全管理、生产管理、财务管理、企业管理，这也是有效实施狱政、执法管理活动的基本保障。狱政和执法工作管理主要包括呈报刑减假释、办理保外就医、狱内犯情分析、狱内案情侦破、犯罪管理、狱内警戒管理等，这也是监狱系统有别于其他系统管理的特殊管理方式。这一系列的管理工作，确保了正常的监管改造秩序和规范的执法程序，形成了良好的矛盾调处机制与监狱持续的安全稳定，从而实现了监狱工作与社会的协调发展。② 为有效管理监狱，首先应厘清监狱的分类和主要类型。

监狱分类有利于罪犯改造和监狱发展，减少罪犯交叉感染，提高教育矫正的质量和水平以及节约大量的物力和人力。由于国情、社会制度、社会文化、目的、矫正手段的不同，各国对监狱的分类也不同。我国主要依据罪犯性别、年龄、犯罪类型、服刑流程、原判罪行轻重、监狱关押模式、警戒度、隶属性质、地理位置等将其划分为不同的类型。

1. 以性别为划分标准，可将其分为男子监狱、女子监狱

男子监狱是指关押18周岁以上成年男子的监狱。我国绝大多数省份都有男子监狱。女子监狱，是指主要关押女性罪犯的监狱，不仅关押成年女子还包括未成年女性犯人。我国在押女性犯人较少，占在押犯人总数的2%—4%，大多省份（包括自治区、直辖市）设置一所，如安徽省、广东省、宁夏回族自治区等。部分省份设置两所或两所以上，如内蒙古

---

① 司法部、政治部、监狱管理局编：《监狱专业基础知识》，法律出版社2004年版，第13页。

② 朱麒名：《我国监狱管理体制改革研究》，硕士学位论文，中国地质大学，2013年。

自治区、河南省、江苏省、浙江省、四川省、贵州省等设置两所，云南省设置三所，江苏省正在规划江苏省镇江女子监狱，建成后江苏省也将拥有三所女子监狱（不含江苏省常州监狱女子分监狱）。有的省份会在男子监狱中设置独立的女子分监狱或监区，如江苏省常州监狱女子分监狱、浙江省金华监狱女子分监狱、云南省小龙潭监狱女子监区（2008年6月成立）、内蒙古自治区通辽监狱女子监区、西藏自治区扎基监狱女子监区等。我国目前宁夏回族自治区女子监狱、青海省女子监狱设有未成年男犯监区，其中青海省女子监狱还设有成年男犯监区。①

2. 依据年龄标准，可将其分为未成年犯管教所和成年犯监狱

未成年犯管教所，是指关押18周岁以下未成年罪犯和未成年罪犯在服刑过程中，年满18周岁余刑不足两年的罪犯的监狱。绝大多数省份（包括自治区、直辖市）设置一所，如上海市、安徽省、江苏省等，个别省份设置两所或两所以上，如河南省和四川省设置两所，新疆维吾尔自治区设置三所。②

成年犯监狱，是指关押18周岁以上成年罪犯的监狱。我国监狱中的绝大多数属于此类监狱，如江苏省浦口监狱、陕西省延安监狱、安徽省蜀山监狱等。老年犯监狱是成年犯监狱中一个特殊类型，指关押大多数60周岁以上成年男犯的监狱。我国部分省份在21世纪初开始设置老年犯监狱，如北京市延庆监狱、上海市南汇监狱、云南省官渡监狱、海南省三亚监狱等。③

3. 按罪犯的原判刑罚轻重不同，可将其分为重刑犯监狱和轻刑犯监狱

重刑犯监狱，是指以关押被判处较重刑罚罪犯为主的监狱。较重刑罚一般是指被判处十年以上有期徒刑、无期徒刑和死刑缓期两年执行。这类监狱多为警戒程度较高的城市监狱，如上海市提篮桥监狱、江苏省苏州监狱、江苏省南京监狱、浙江省第一监狱等。④

---

① 王晓山：《我国监狱类型的分类及发展》，《犯罪研究》2016年第1期。
② 同上。
③ 同上。
④ 同上。

轻刑犯监狱，是指以关押被判处较轻刑罚罪犯为主的监狱。较轻刑罚一般是指被判处十年以下有期徒刑。这类监狱警戒程度相对较低，大多由原劳教所改建而成，如广东省花都监狱、山东省昌潍监狱、山东省日照监狱、浙江省杭州市北郊监狱等。①

4. 按监狱的戒备等级不同，可将其分为高度戒备监狱、中度戒备监狱和低度戒备监狱

高度戒备监狱，是指经过科学评估后，将有危险倾向、难以控制的罪犯进行相对集中关押的监狱。目前，我国大多数省份（包括自治区、直辖市）都在筹建或已建成高度戒备监狱，如北京市垦华监狱、河南省许昌监狱、四川省大英监狱、天津市河西监狱、江苏省龙潭监狱高度戒备监区、湖南省茶陵监狱、新疆维吾尔自治区库尔勒高度戒备监狱等。这些关押的罪犯大多数是被判处 15 年以上有期徒刑、无期徒刑或者死刑缓期 2 年执行的累惯犯或者其他有明显危险情节的罪犯。②

中度戒备监狱，是指安全警戒程度介于高度戒备监狱与低度戒备监狱之间的监狱。我国绝大多数监狱为此类监狱，如黑龙江省笔架山监狱、吉林省长春净月监狱、上海市宝山监狱、海南省美兰监狱等。③

低度戒备监狱，是指最低安全警戒程度的监狱设施，其建筑结构与安全防范措施与高度戒备监狱、中度戒备监狱存在显著不同，以低层建筑为主，允许罪犯在监区乃至监狱内有较大的活动自由。截至 2015 年 11 月底，我国尚没有一所低度戒备监狱，但随着社会的进步和监狱工作的改革发展，这类监狱应该会设置。④

二 监狱管理模式——三级至二级扁平化管理形式

三级管理的架构是我国大多数监狱采取的传统模式。我国监狱管理体系采取的"监狱—监区—分监区"是从"监狱—大队—中队"转化、沿袭形成的。这种传统的监狱管理模式是由于当时受到地理位置偏远、

---

① 王晓山：《我国监狱类型的分类及发展》，《犯罪研究》2016 年第 1 期。
② 同上。
③ 同上。
④ 同上。

关押点分散、交通不便利等影响,因此要求监狱工作的各个环节均需按照分散模式来推进,这种分散管理(特别是对农场型等大型关押点)对于稳定罪犯监管秩序和保证教育改造质量是起到积极的作用的。从某种程度上来说,当时实行三级管理组织架构是受监狱所处的地理位置、关押点分散、交通不便利所制约的,全国大多数监狱的三级管理架构的形成原因也不过如此。①

二级管理是指监狱以监区为最基本单位,实行"监狱—监区"二级管理的一种体制模式。从管理层次来看,它只有两个层次,没有中间层次,它有别于三级管理,监狱必须通过监区才能管到最基层的分监区。从设置来看,它指从原来"监狱—监区—分监区"的三级管理模式上,撤销或不设立"分监区"这一机构,实行"监狱—监区"两个层级的管理架构。

二级管理的主要特点有两方面:一是减少了管理层次,加大了管理幅度;二是使组织机构扁平化,使更多警力能下沉到基层一线。二级监区管理扁平化,一是有利于缓解监区一线警力不足的问题。实行二级管理模式,通过撤销分监区,减少领导数量,把分监区领导充实到一线,优化监区警力配备,缓解一线警力不足的矛盾。二是有利于促进监区管理效率的提高。二级管理模式下,由于少了分监区这一管理层级,监区领导与一般警察间的信息传递过程缩短,从而使监区工作的管理效率得到提高。三是有利于加强直接管理,促进监区工作质量的提高。在二级管理模式下,由于一线警力得到了加强,有更多的警力去从事具体的直接管理、教育改造工作,为工作的细化和质量的提升提供了更为充分的人力资源保障。

三 监狱矫正人员

监狱矫正人员,是指在监狱等监禁刑矫正机构内履行刑法执行以及监管、教育、矫正罪犯等职责的具体工作者。国际上的矫正人员一般是指从事监狱工作的领导、管理、教育、医务、生产技术等一切人员,有

---

① 宋剑:《两级管理模式下上海监狱警察专业化建设的研究》,硕士学位论文,华东政法大学,2014年。

的国家称其为监狱官员，有的国家称其为矫正人员或者狱政人员，有的国家称其为监狱工作者。

按照我国《监狱法》的规定，监狱人民警察是监狱的管理人员，属于国家公务员身份，属于人民警察系列。监狱一般设监狱长一人，政委一人，企业经理一人，均为正处级别，副监狱长及副经理若干人，下设押犯生产监区、职能监区。监狱机关内主干职能科室统一被称为"管教口"，共设有五个科室，分别为狱政科、刑罚执行科、侦查科、教育科和生活卫生科。狱政科负责全狱罪犯的狱内改造管理、计分考核与奖惩等；侦查科负责狱内案件的侦查，如今大部分监狱的侦查科已经并入狱政科；刑罚执行科负责罪犯收监、减刑及其他法务工作；教育科负责罪犯入监教育、心理矫治、出监教育及教育专项活动等；生活卫生科负责罪犯的大量物品采购、被服供应和内务管理等；除此之外，还有监狱党委办、监狱办公室、监狱工会、政治处、企管办、财务科等科室负责监狱日常运转工作。下设监区除了一般生产监区，还有非生产职能监区，如伙房监区、医院监区及禁闭室监区。以上为一般监狱行政体制，全国每个监狱编制不同，但大同小异。

第三节　监狱矫正的形式和主要内容

《监狱教育改造工作规定》《教育改造罪犯纲要》和《关于贯彻治本安全观、切实加强教育改造工作的指导意见》等相关文件中提及的青少年罪犯的教育矫正形式主要包括教育矫正、心理矫正等，本书主要论述教育矫正和心理矫正。

一　矫正形式

（一）教育矫正

教育矫正是我国监狱系统最主要和最重要的手段，在监狱矫正活动中扮演着极其重要的角色。教育矫正主要指监狱系统内对违法犯罪人员实施的以转变思想、消除犯罪意识、矫正犯罪恶习的有目的、有计划的矫正活动。监狱教育矫正是一项既具有普通教育的教育特征又具有其特殊性特征的教育活动。

1. 教育矫正的概述与发展

我国教育矫正思想萌芽于西周,当时的统治集团就提出"一圜土聚教罢民,凡害人者,置之圜土而施职事焉,以明刑耻之"。那时已提出用圜土(监狱)聚教(收容教养)罢民(罪犯)的思想。[①] 在唐代,统治者主要利用对宗教的信仰,使用佛教思想感化罪犯。据记载,在清代,地方官员会安排罪犯在监狱内学习出狱后的谋生技能。古代的监狱罪犯教育,在总体上不占主导地位,思想内容多含糟粕,具体做法也不够系统,较为零碎,但其毕竟是一个发展阶段,一些好的思想和做法也可为今人所用,如"长善救失"的思想等。

我国现代罪犯教育矫正,最早见于北洋政府时期,针对罪犯的教育矫正,政府在新式监狱内设立了专门的"教悔室"。[②] 1954年,政务院颁布了《中华人民共和国劳动改造条例》,对教育改造进行了专门而又系统的规定。这一时期,教育矫正成功地教育改造了800万名各种类型的罪犯,包括日本战争罪犯、封建末代皇帝、国民党战犯和大批反革命罪犯以及普通刑事犯,既巩固了人民民主专政政权,又促进了经济建设发展,由此,国家较注重教育对罪犯的作用并肯定了教育矫正的地位。

随着1994年《监狱法》的颁布、2012年《监狱法》的修订、2003年司法部《监狱教育改造工作规定》以及2007年《教育改造罪犯纲要》的颁布,特别是伴随1994年建设现代化文明监狱目标的提出,司法部关于实现监狱工作法制化、科学化、社会化的要求得到明确,并进一步确立了教育改造为监狱工作的中心任务,标志着罪犯教育工作进入一个新的历史发展时期。在这一时期,罪犯教育工作有了新的推进,全面体现了上述精神,特别是在依法治教、罪犯心理矫治、监区文化建设、分类改造、依靠社会力量教育改造罪犯、罪犯教育改造质量科学评估以及循证矫正等方面取得了可喜的进展。[③] 2008年6月,中央政法委负责人指出:"对于必须收监关押的罪犯,监管场所要把改造人放在第一位,通过创新教育改造方法,强化心理矫治,提高罪犯改造质量,真正使其痛改

---

① 贾洛川:《罪犯教育学》,北京大学出版社2016年版,第7—8页。
② 姚建龙:《矫正学导论》,北京大学出版社2016年版,第180—182页。
③ 贾洛川:《罪犯教育学》,北京大学出版社2016年版,第7—8页。

前非，重新做人。"在同年召开的全国监狱教育改造工作会议上，时任司法部副部长的陈训秋作了《坚持首要标准，努力把罪犯改造成为守法公民》的报告，标志着我国监狱矫正重心的转移，监狱工作进入一个新时代。监狱工作"首要标准"的提出，表明监狱工作由过去的多元化变为现在教育改造罪犯的一元化，监狱教育矫正工作由过去的软任务变为现在的硬任务。①

2. 教育矫正的方式

我国矫正制度设立了多种矫正方式，且各有特色，相互补充，主要有集体教育、个别教育、课堂教育、辅助教育、狱内教育与社会教育等。我国一般采用集体教育与个别教育、课堂教育与辅助教育、狱内教育与社会教育相结合的形式。

首先，集体教育与个别教育相结合。集体教育是解决犯罪青少年最普遍和最基本的方式，主要通过以语言传递、直接感官、实际训练为主的研究方法进行教授。个别教育是依据"分押、分管、分教"制度，针对每个人进行思想、行为、心理等方面的矫正教育。个别教育是集体教育与分类教育的补充，具有针对性、灵活性和科学性的特点，尤其面对顽危犯的改造具有重要的意义。其次，课堂教育与辅助教育结合。课堂教育是指采用课堂的形式进行有计划、系统的组织方式对犯罪青少年进行文化知识、思想道德、职业技能等内容的教育活动。课堂教育是集体教育中的基本教育方式，具有提高矫正效率、增强教育力量、提高学习效率、提高矫正质量等特征。辅助教育主要是利用媒体资源对罪犯进行思想、政治、文化等方面的教育，是对课堂教育的一种补充，增强教育的趣味性、生动性、丰富性等。最后，狱内教育与社会教育结合。狱内教育是指利用监狱内的资源对犯罪青少年展开教育活动。社会教育是指借助社会资源、引进社会力量对青少年展开教育活动的方式。相比狱内教育，社会教育的教育主体、教育资源、教育场所具有社会性、时代性、开放性。

(二) 心理矫治

心理矫治作为罪犯矫正较成熟的矫正技术，也是世界采用的比较成

---

① 贾洛川：《罪犯教育学》，北京大学出版社2016年版，第7—8页。

熟的矫正技术，是个案矫正技术在服刑人员心理健康上的具体应用，也是我国青少年犯罪普遍采用的矫正方式。

1. 心理矫治的概述和发展

心理矫治（psychological treatment）是指依据心理学理论，采用心理学方法和技术，针对人的犯罪心理结构实施的促使人的心理与行为符合社会需要和法律要求的心理咨询、心理治疗、行为矫正等活动的总称。

国外一般称这种活动为"治疗计划"（treatment program）、"心理学治疗计划"（psychological treatment program）、"临床治疗计划"（clinical treatment program）、"心理健康服务"（mental health service）、"心理学服务"（psychological services）、"心理学计划"（psychological program）等。① 心理矫治贯穿于青少年矫治的全过程，有利于促进青少年心理良性转化，尤其有利于预防和消除出入监青少年监禁效应的不良影响，帮助青少年适应监狱生活，心理矫正有利于促进犯罪青少年更快回归社会，降低犯罪率。

我国从20世纪80年代开始引进并适用该项矫正技术。司法部1999年发布的《未成年犯管教所管理规定》第39条第1款明确规定："未成年犯管教所应当建立心理矫治机构，对未成年犯进行生理、心理健康教育，进行心理测试、心理咨询和心理矫治。"司法部2003年颁布的《监狱教育改造工作规定》第43条规定："监狱应当开展对罪犯的心理矫治工作。心理矫治工作包括：心理健康教育、心理测验、心理咨询、心理疾病治疗。"② 2004年，司法部发布《监狱服刑人员行为规范》，再次重申了服刑人员接受心理健康教育的必要性。根据司法部监狱管理局的统计，2004年，参加心理健康教育的罪犯达1611589人，有575393名罪犯接受了心理测试，占全国押犯数的36.92%。2007年7月4日，司法部发布《教育罪犯改造纲要》，对心理矫治的制度、内容、方式、设施建设等方面做出了更为详细的规定。2009年2月3日，司法部监狱管理局印发《关于加强监狱心理矫治工作的指导意见（征求意见

---

① 姚建龙：《矫正学导论》，北京大学出版社2016年版，第198—200页。
② 同上。

稿)》，对监狱的心理矫治工作提出了新的要求。《关于加强监狱心理矫治工作的指导意见》中规定罪犯矫治工作包括心理健康教育、心理测量与评估、心理咨询与危机干预、严重精神疾患的处置、心理个案与心理档案管理等。[①]

2. 心理矫治程序

心理矫治一般分为前期准备、心理诊断与评估、心理治疗三个阶段。

（1）前期准备。前期准备。首先是为满足对专业矫治人员专业素养方面的要求。心理矫治是一项专业性极强的特殊专业，司法部《监狱教育改造工作规定》第49条对从业矫治心理咨询师进行了明确规定：心理矫治人员需具备心理咨询师、高级心理咨询师等国家职业资格证书，具有较强的事业心和高度的责任感以及良好的品行和职业道德。每个监狱都应配备罪犯人数1%以上的具备国家心理咨询师资格的专业警察，建立心理健康指导中心（心理咨询专职人员不少于押犯总数的1.5%，但不少于3名）。每个监区还应至少配备一名狱警担任专职心理辅导员。其次，设立专门的心理咨询室，配置专业矫治设备，为提高青少年心理矫正质量奠定基础，向罪犯普及心理矫治的功能、内容、重要性，提高犯罪青少年的积极性，使其能够主动寻求帮助。最后，相关人员积极和青少年沟通建立友好方式，使心理咨询工作顺利进行。

（2）心理诊断与评估。心理诊断是对青少年犯心理矫治的重要环节，心理诊断的科学性和正确性指引着矫治方向。心理诊断一般是指通过心理测量、个别访谈、案情分析、活动产品分析和日常行为分析等方法，对犯罪心理结构的成因、犯罪心理结构的特征、犯罪心理结构的稳定性和犯罪心理结构的组成要素的组合方式进行分析和判断，为犯罪心理矫治提供依据。首先，相关工作人员对入监犯罪青少年选择合理的量表工具，实施完成统一量表的心理测量，每个月进行一次测试，最后形成一份综合的心理评估报告。其次，依据测量结果分析犯罪青少年动力结构、调节结构、特征结构并制定个人矫正方案。最后，依据测量结果和掌握的信息对犯罪青少年做出正确的评估，包括确认犯罪青少年心理健康程度，并依据问题制定合适的治疗方案。

[①] 姚建龙：《矫正学导论》，北京大学出版社2016年版，第198—200页。

(3) 心理矫治的内容

矫治人员依据诊断评估结果指定个人矫正方案之后，进入矫治环节。依据犯罪青少年自身特征从认知方式、情绪情感、行为习惯等方面实施青少年的矫治计划。心理治疗主要包括心理健康教育、认知教育、情感教育和心理干预四个方面。应依据每个犯罪青少年的需求进行必要的心理治疗，最后对治疗结果进行评估，若矫治成功则告诉青少年如何调整心理状态，更好地适应生活，并不定时地对矫正对象进行随访活动，及时发现问题，巩固治疗效果。若矫治效果不满意，则调整治疗方案，增强个案矫正方案的实效性。

第一，心理健康教育。青少年罪犯心理调节能力和心理承受能力普遍较弱，容易发生心理问题的情况，要在罪犯中普遍开展心理健康教育。首先，引导青少年了解心理健康的标准和影响心理健康的因素以及对自身出现的心理问题学会自我调适或主动寻求心理辅导和咨询。其次，要帮助罪犯找出导致违法犯罪的心理根源，学会矫正和克服的相应办法。最后，矫正人员引导罪犯加强与他人的交流和沟通，培养其建立和谐人际关系的能力。

第二，认知教育。青少年罪犯普遍存在认知偏差，心理调节能力和心理承受能力较差。认知教育是针对罪犯认知偏差进行的教育活动，通过认知调节而转变罪犯思维，增强其心理健康。认知矫正主要包括以下内容的教育。首先，价值观的教育。主要包括罪犯对人生观、世界观、爱情观以及自我价值观与社会价值观冲突教育。其次，罪犯不良价值观或偏差价值观教育。主要包括不合理价值观或价值观偏差的危害和如何有效改变认知。最后，对犯罪青少年合理态度或价值观的培养。价值观偏差是造成青少年犯罪的重要因素，这也与著名社会犯罪学者萨瑟兰（Edwin Sutherland）的观点相符。他认为，一个人之所以犯罪是因为他所赞同的违法的价值观压倒了他所赞同的合法的价值观。因此，对罪犯合理态度和认知方式的培养具有必要性，可结合心理学技术（如合理情绪疗法）培养青少年建立合理的认知模式。

第三，情感教育。情感教育是认知教育的相对概念，是完善心理健康必不可少的一部分。情感教育主要指矫正工作人员在矫正教育过程中正确处理犯罪青少年情感与认知的关系，了解各种不良情绪和情感表现，通过感情体验和交流，培养健康情感性格促使青少年个性和人格的健康发展。消极、不良情绪易使青少年出于压抑、冲动、不满的自我体验之中，从而推动犯罪动机的形成，由此可知，观察青少年情绪状态，教授青少年控制情绪方法对干预和预防青少年犯罪心理形成和外化具有重要意义。

第四，心理危机干预。心理危机干预主要指狱内心理矫正人员运用心理科学的方法或原理对犯罪青少年出现的危机状态给予指导，帮助他们消除心理及其他心理问题，维护青少年心理健康，重塑健全人格，提高适应社会能力，以促进改造的目的。首先，构建多层次多类型干预模式。矫正人员根据不同对象进行分层分类干预。大致可以分为重点干预和一般干预。重点干预是对于性质恶劣、危害严重的暴力型和反复涉案的未成年人进行重点干预、个体干预，采取多形式、多方法、高频率的干预方式。一般干预是对危害较轻，有悔改动向的未成年人进行普通的团体干预，采用团体心理咨询、团体心理辅导的形式，以此提高干预效率。其次，准确把握心理干预的介入时机。矫正人员掌握犯罪青少年心理危机产生的机制，依据该机制推理出青少年心理危机产生的成因并在合适的时机采取有效的心理干预模式和方法。最后，采取多种心理矫治方法。根据犯罪青少年不同涉案状况采取合适的方法，心理干预的主要方法有心理咨询、心理辅导和心理训练。依据个案情况多角度、多方位地对青少年实施心理矫治。

二、监狱矫正的主要内容

（一）入监教育

1. 入监教育作用

入监教育，主要是对新入监的青少年罪犯进行的以法律常识、认罪悔罪教育、服刑指导为教育内容的教育，使罪犯尽快了解在服刑期间享有的权利和应当履行的义务并掌握服刑人员的行为规范，使新入监犯罪青少年逐步熟悉和适应服刑生活的教育活动。入监教育一般为期两个月。

入监教育是青少年入监后接受教育矫正的第一课，它为以后青少年矫正教育管理奠定了基调，了解新入监青少年的特点提供了可能，也为提高矫正实效性奠定了基础。

首先，对入监青少年建立服刑改造档案并用科学的方法和手段了解、掌握新入监罪犯的基本情况、认罪态度和思想动态，针对其个人情况设计课程。

其次，了解入监教育目的。入监教育目的主要是通过有组织、有计划地学习监狱的性质、任务、政策等有关的法律指令从而达到转变角色、适应环境、认罪服法、规范行为、积极改造的教育目的。

在其改造过程中也应关注青少年的安全，为帮助新入监犯罪青少年快速适应监狱改造环境，积极投入新的认罪改造之路，各个监狱以"治本安全观"为指导，积极谋划、探索具有特色的教育模式。例如湖南省赤山市监狱以建立"治本安全观"为目标创建了具有自身特征的入监教育。

赤山市监狱采用"三集中""三学习"的培训模式。"三集中"主要是指罪犯集中关押、集中授课、集中训练；"三学习"即每天进行四个课时的规章制度理论学习，四课时的列队和行为养成"情景模拟"教育，两课时的辅助教育。集中关押、集中授课和集中训练"三集中"的方法可节约资源，这在一定程度上弥补我国人力、物力的不足。由此可知，此方式将内化与外化结合，有效控制了犯罪青少年的行为。

最后，为了加强矫正的实效性，该监狱推出了五大举措，一是改变培训模式。将过去先分配后培训的模式，改为集中再分配到监区的模式，有效提高了教育培训质量，减少了监管安全隐患和人力物力。二是掌握心理状态。对新入监罪犯进行心理咨询、心理测评和入监谈话教育，掌握其心理状况，为分类管理和心理咨询提供依据。三是建立健康档案。对新入监罪犯进行全面健康体检，建立详细的健康资料档案，有效维护罪犯的健康权益，同时为监狱医院开展医疗保障提供客观依据。四是增加培训内容。除认罪悔罪、"三课"教育、监规纪律、行为养成、内务训练等"规定动作"外，还增加了时事政治、刑事政策、安全生产等"自选动作"，并开设了警示教育课程和培训成果汇报表演。五是首次举行宣誓。组织新入监罪犯集体宣誓。通过庄严的仪式，让罪犯将监规监纪、身份意识内化于心。

知识窗口

贵州监狱探索"2345"入监教育模式

为消除新收押犯思想疑虑，端正改造态度，熟悉改造规范，适应服刑改造生活，贵州监狱系统始终坚持教育改造的中心地位，不断探索入监教育新模式，扎实开展罪犯入监教育，取得了一定成效，有效地促进了监狱的安全稳定。

"两项措施"确保入监阶段罪犯思想稳定

认真开展入监甄别，细化个别教育，以两项措施确保入监阶段罪犯的思想稳定。适应性心理障碍是新入监罪犯常见的心理问题，一方面对监狱政策、环境等不熟悉极易使新入监罪犯产生畏惧心理，另一方面服刑期间不能履行家庭义务，一旦家庭、婚姻发生变故，极易发生自伤、自残、自杀等监管安全事故。针对这一情况，各监狱在新犯收押后，分别实施了以下两项措施，有序开展教育管控，稳定了罪犯服刑期间的思想。一是综合运用各种手段开展入监甄别，充分利用心理测评、绘画投射、沙盘疗法等新方法，与传统个别教育谈话、狱情分析研判有机结合，扎实开展新入监罪犯危险性评估。对有自杀史、自杀倾向、脱逃倾向、吸毒史、有专业技能等重点罪犯进行区别教育管控，并按危险性程度制定相应的管控措施。仅今年上半年，全省监狱系统通过入监甄别，就摸排出60名危险犯，王武监狱还甄别出一名原大方监狱脱逃罪犯。二是扎实开展罪犯个别教育和困难帮扶，坚持"普遍谈、重点帮、个别教"的工作思路，消除新入监罪犯心理对抗情绪。要求民警关心罪犯生活和改造。要求"说知心话、做实在事，打攻心战"，让罪犯吃饱、穿暖，住得卫生，有病及时治疗，在政策和法律法规范围内，力所能及地帮助他们解决其在改造和生活中遇到的各种具体困难，从而使他们建立信心，积极改造。

"三个步骤"逐步培植罪犯追求改造的信念

丰富教育改造内涵，开展悔罪教育，以三个步骤逐步培植罪犯追求改造的信念。针对当前罪犯身份意识不强，过分强调权利的实际情况，各监狱把认罪悔罪教育与服刑赎罪有机结合，扎实开展教育改造，奠定罪犯积极主动地追求改造的思想基础。一是开展认罪悔罪教育，在继承原有入监教育的教育内容基础上，对罪犯认罪悔罪教育内容进行深化，构建"知罪—认罪—悔罪—赎罪"的递进式阶段教育，按照"犯罪事实交代不清不放过，犯罪根源挖得不深不放过，罪行清算不彻底不放过，犯罪认识不到位不放过，服刑赎罪计划拟定不实不放过"的"五不放过"原则，由表及里，引导罪犯认清犯罪危害，促使改造思想，使其由"要我改造"向"我要改造"转变。二是丰富入监教育内涵，白云、毕节、都匀、安顺等多所监狱，以道德教育为主线，以传统思想教育罪犯行善积德，规范言行。针对文化层次较低的新入监罪犯，白云监狱把死记硬背的教学内容转化为通俗易懂的《三字经》，帮助罪犯熟悉监狱环境，遵守监规纪律。在加强法制教育的同时，六盘水监狱还挑选在押罪犯中的典型案例，采用"以案释法"的方式，讲解法律道德、礼义廉耻方面的知识，促使罪犯在真实的案例中感悟人生，启迪心灵。三是以情感人促进思想转化，对长期无家属会见或与亲人有仇恨心理的罪犯，通过邀请罪犯亲属进监帮教，开展困难家庭走访等形式，为罪犯建立亲情纽带，修复社会支持系统，提振改造信心。

"四种方法"促进罪犯践行改造计划

严格行为管控监督，注意养成教育，用四种方法促进罪犯践行改造计划。为引导罪犯把悔罪的心理认同转化为具体可实施的赎罪行为，第一女子监狱、六盘水监狱、瓮安监狱、王武监狱、遵义监狱等多所监狱以组织罪犯"写一份认罪服法书""规划一份改造计划""搞一次知识竞赛""写一封家书"等活动为载体，使枯燥乏味的长远而宽泛的刑期转化为逐步可以实施的改造计划，让新入监罪犯在参与活动的过程中受到教育。

针对新入监罪犯社会恶习深、反改造心强的情况，各监狱采取了四种方法以及时纠正罪犯的犯罪恶习，明确改造目标，践行改造计划。一是提高监狱民警执法公信力，在执法过程中公平、公正处理好罪犯考核、管理、矛盾化解等方面的工作，让罪犯从民警身上看得到公平正义。二是加强《服刑人员行为规范》教育，要求每名罪犯会背规范和遵守规范。在入监教育结束时，每名罪犯都应该能熟练背诵全部内容，强化规范意识，增强遵守规范的自觉性。三是严格队列集训、出操、训练，坚持军事化的训练方法，培养罪犯集体意识和规矩观念，克服自由散漫作风，增强行为规范性。四是严格行为养成，羊艾监狱、白云监狱、福泉监狱，抽调特警队、狱政管理科、教育改造科、生活卫生科民警成立罪犯改造现场督导检查组，对新入监罪犯互监联号执行和行为规范的遵守情况进行每周不少于三次的随机抽查，对违规违纪的罪犯进行现场扣分，责令整改，促使罪犯自觉规范其自身言行。

"五种类别"提高教育改造罪犯的针对性

扎实开展分类矫正，落实因人施教，分五种类别提高教育改造罪犯的针对性。不同的罪犯有着不同的犯罪根源，各监狱在入监甄别的基础上，对不同犯罪根源的罪犯采取不同类别的教育方法和模式。针对刑长悲观的罪犯，侧重从承担家庭责任和履行社会责任方面教育矫正；针对暴力倾向严重，易被激怒的罪犯着重开展耐受性锻炼，以磁环操作、绘画制作等方式为载体，对其实施行为矫正；针对家庭经济困难而又缺少就业技能的罪犯，着重开展糕点制作、花卉苗木、电焊培训等方面的职业技术培训，使其在服刑改造期间掌握一项至两项就业求生技能；针对认知不合理的罪犯应采取合理情绪疗法、认知疗法等心理矫治技术，分阶段帮助罪犯认清不合理认知；针对法律知识淡薄的罪犯，应着重从法治道德方面予以普及引导，提高其遵纪守法的意识。

（资料来源：贵州监狱"2345"入监模式）

2. 入监教育的主要内容

（1）法律常识和认罪悔罪教育。法律常识教育和认罪悔罪教育是入监教育的主要环节，也是监禁矫正的第一步。

①法律常识教育。法律是彰显公民权利和义务的行为规范的蓝本，它规范着公民的行为和思想。许多青少年犯罪因法律意识淡薄而导致其产生违法犯罪行为，法律对行为规范的明示和指引对犯罪青少年的行为和思想具有教育、预防和矫正作用。监狱工作者依据青少年的自身情况，应有针对性地对其展开法律常识教育。

②法律常识学习的必要性。针对罪犯青少年不懂法、不守法、法律意识淡薄等情况，开展法律常识教育，使罪犯了解基本的法律知识，树立尊重和遵守法律的意识和观念。法律知识是法治教育的基础和前提，

对犯罪青少年进行有关现行的法律制度及其知识的教育，使犯罪青少年了解、掌握个人成长和参与社会生活必需的法律常识和制度，明晰行为规则，力争成为知法、懂法、守法之人。利用案例教学法讲述不懂法对个人和社会的危害，让犯罪青少年意识到法治教育中法律知识的传授是必不可少的，这也是对犯罪青少年进行循序渐进的法治教育的第一步，是强化青少年法治观念，培养犯罪青少年法治精神、法治思维、法治理念，并最终建立法律信仰的基础性前提。对法律知识的学习和了解，是法治教育的基础，但法治教育的重点是培育未成年人的法治理念、法治思维，养成其自觉遵法、守法、用法的观念。

③宪法及常用法律、法规知识的学习。《监狱教育改造工作规定》中规定，要组织罪犯学习宪法、刑法、刑事诉讼法、监狱法等法律知识，使罪犯掌握基本法律常识，了解公民所享有的权利和应当履行的义务，理解违法犯罪的含义及其法律责任，认识自己的犯罪行为给社会带来的危害，增强他们的法律意识，引导他们自觉守法。要组织罪犯学习民法通则、物权法、继承法、婚姻法、合同法、劳动法等法律知识，使罪犯了解依法解决民事纠纷的途径，懂得利用法律维护国家、集体利益和个人的合法权益。我国现行法律三百多部，法律条文浩如烟海，对犯罪青少年的法治教育要注重针对性和实效性。在教育过程中，要坚持理论联系实际、与时俱进等原则，并将枯燥的法律条文融入鲜活的现实生活中，在教育、教学过程中更多地采用实践式、体验式、参与式等教学方式，与法治事件、现实案例、常见法律问题紧密结合，以提高教育的质量和效益。要实现由法律知识向意识的转变，并与实践、体验、参与结合，提高犯罪青少年的学习动机，使其感到学习法律知识切实有用，从而内化于心。

（2）认罪悔罪教育。认罪悔罪教育是法治教育的基础，也是犯罪青少年监狱矫正的出发点。犯罪青少年只有在意识到自身错误的基础上，才能够端正态度，接受矫正，才能够完成矫正任务，实现改造目的。因此，认罪悔罪教育也是对犯罪青少年进行思想教育的首要步骤，是对犯罪青少年对自我行为后果认知的进一步深化。认罪悔罪教育与法律知识相结合并结合自身情况可以让犯罪青少年认识到自己为什么犯罪、犯罪带来的后果以及罪与非罪之间的区别。依据《教育改造罪犯纲领》的精神，犯罪青少年认罪悔罪教育主要应该从以下几个方面入手：

①承认犯罪事实。犯罪青少年是否承认犯罪事实，是否服从法律的判决，直接关系到犯罪青少年对自身犯罪事实改造的态度。青少年对犯罪事实的态度直接决定教育矫正的效果，犯罪青少年一般存在认知偏差，法制观念薄弱，针对自身行为并未有清晰的认识，甚至并未意识到自己已经触犯了法律。当然，惯犯、重犯、知法犯法的青少年等往往思想顽固，不愿接受现实，会寻求各种理由推卸责任。因此，在实践过程中应该因材施教，依据犯罪青少年特点将其划分为不同种类，采用个别教育与集体教育结合的方式对其进行法治教育，并结合自身行为特征，使罪犯了解该行为触犯了何种法律，并从法律层面解读该行为对社会、他人和自身带来的后果，以及自身所承担的法律责任，以便进一步帮助犯罪青少年厘清其犯罪的法律依据，并接受法律制裁。

厘清犯罪事实的同时也包括帮助犯罪青少年分析犯罪成因。犯罪成因的分析不仅为后期矫正教育提供了对症下药的依据，也有助于降低青少年再社会化过程中重新犯罪的风险。在实践过程中，大部分在押犯罪青少年都能够承认自身罪行，在分析导致犯罪成因的过程中，大部分青少年将其归因于同伴、社会、父母等外界因素，很少从自身找原因。青少年并未意识到其主观因素的影响，因此，为降低重犯率，帮助犯罪青少年正确分析犯罪的原因，改变认知让犯罪青少年知道主观方面的因素是其产生违法犯罪行为的重要因素。

②认清犯罪危害。大部分青少年之所以走上违法犯罪的道路，是因为其对自身行为后果缺乏预见性，不能预测到该行为带来的危害和后果。犯罪是危害社会的行为，危害国民安定。因此，在这一过程中要求青少年意识到其行为后果对自身、他人以及社会造成的危害，通过对行为后果的剖析，犯罪青少年会对其行为产生悔恨，从而触发其产生赎罪心理，激发其改造动力。

③正确对待法律裁判，处理好申诉与服刑、改造的关系。认罪服法教育，不仅是要求做到"口服"，更重要的是要保证"心服"，要让罪犯从定罪和量刑两个方面都有正确认识，真正接受法律的裁决。同时，通过法律教育，使罪犯了解其依法享有的申诉权利，并且切实保障罪犯申诉权利的行使。同时，也应当通过认罪悔罪教育，使罪犯认识到，申诉权的行使与服刑改造之间并不是矛盾对立的关系，罪犯依法提起申诉，

并不能停止用罚的执行,也不是罪犯逃避教育与劳动的借口。①

在开展认罪悔罪教育时,监狱要本着实事求是的原则,不能将不认罪、不服从判决简单地视为抗拒改造。要正确对待罪犯的申诉,不能将罪犯行使申诉的权利当成是不认罪的表现。对于那些与事实确有出入,可能存在适用法律错误的案件,监狱应当主动与相关部门联系,依法帮助罪犯行使合法权利。这样,不仅能够维护法律的尊严和公正,还能够维护刑罚的权威性与严肃性。②

(二) 思想道德教育

思想道德教育是犯罪青少年矫正的重要组成部分,是转变青少年思想的主要教育途径,也是建立适应社会生活需要的基本理念、价值体系、行为规则等思想意识的社会实践活动。

马克思主义认识论指出,思想是客观事实的反映,来源于人的社会生活实践,又可以反过来指导行为,产生新的思想意识形态。思想的涌现依赖当下的生产力、社会组织根源、家庭条件等。不同的生长环境会的形成不同的思想意识形态、道德意识和价值观。思想意识的形态决定人的行为方式,但思想意识形态和道德观念的可能对客观事实的反应决定行为后果,有可能输出正确的指令也有可能输出错误的指令,在该指令的指挥下人的行为产生,不同的指令会形成不同的行为,错误的指令有可能导致违法犯罪行为的产生。

缺乏正确的道德观念是当今青少年走上违法犯罪道路的关键因素,青少年道德意识薄弱,易受他人蛊惑,当意识观念尚未形成时,大量错误的观念就会乘虚而入,占据青少年的头脑,错误的思想意识很可能将青少年推向犯罪的深渊。因此,思想道德教育是预防和改造青少年的首要教育,也是犯罪青少年矫正教育取得成效的主要方法之一。

帮助犯罪青少年疏导违法犯罪的事实,应使其认识到自身行为对社会的危害,还要使其明确违法犯罪的思想根源,更要使其服从判决,服从监督和管理,这是犯罪青少年必须解决的重要问题,也是最根本的问题,该问题的解决为后期青少年树立正确观念奠定了基础。

---

① 贾洛川:《罪犯教育学》,北京大学出版社2016年版,第138—140页。
② 同上书,第131—146页。

罪犯思想教育的概念有广义和狭义之分，广义的罪犯思想教育是指我国监狱对罪犯进行狱政管理和劳动改造以及教育改造活动，使罪犯转变犯罪思想，成为守法的社会公民。狭义的罪犯思想教育是指我国监狱对罪犯开展的以法制教育、道德教育、形势政策前途教育和心理教育为内容的，以转化犯罪思想和矫正犯罪行为为目的的教育改造活动。罪犯的思想教育是一种有计划、有组织、有目的的活动，对罪犯教育来说，它是一种定向的诱导。它有着缜密的计划性、严密的组织性、明确的目的性，推动罪犯朝着新人的目标努力改造。①

罪犯思想道德教育是犯罪青少年监狱改造的中心任务，也是提高犯罪青少年矫正质量的重要环节。提高思想教育工作的重要性不仅对犯罪青少年具有重要的现实意义，而且是构建具有我国特色的矫正体系的重要理论基础。思想教育渗透于犯罪青少年教育的每个环节，应当结合新时代、新发展、新思想，结合犯罪青少年的特点探讨如何高效实施思想道德教育，那么，就有必要论述一下思想道德教育对矫正教育的必要性和特殊性了。②

1. 思想道德教育的必要性

在"教育""感化""挽救""改造"的方针的指引下，建立以思想教育为主，其他教育内容为辅的改造体系。通过走访监狱和检察院可知，大部分犯罪青少年具有金钱至上、自私、偏见、自以为是、冷漠、辨别是非能力差等特点，易受到他人思想的指使从而造成认知偏差。因此，思想教育为解决思想问题提供了理论基础和方法。若在矫正过程中缺乏思想教育，犯罪青少年就很难意识到其自身的错误，这也阻碍了罪犯的再回归社会。

监狱工作法规确立了思想政治教育的中心地位。新中国成立以来，我国通过法律、法规、规章等方式，规定了在罪犯改造过程中的思想教育制度。1954年政务院公布的《中华人民共和国劳动改造条例》，是新中国第一部比较系统的监狱劳改工作法规，它在总则中明确规定，对罪犯"所施行的劳动改造，应当贯彻惩罚管制与思想改造相结合，劳动生产与

---

① 贾洛川：《罪犯教育学》，北京大学出版社2016年版，第131—133页。

② 同上。

政治教育相结合的方针"。强调罪犯的思想政治教育，同劳动改造相辅相成，处于不可或缺的中心地位。这一工作法规还规定，对犯罪人进行思想改造的方式是经常地、有计划地采用集体上课、个别谈话、指定学习文件、组织讨论等方式，对罪犯开展认罪守法教育、政治时事教育、劳动生产教育和文化教育，以揭发犯罪本质，消灭犯罪思想，树立新的道德观念。1994年，我国颁布了第一部《监狱法》，在总则中规定"监狱对罪犯实行惩罚和改造相结合、教育和劳动相结合的原则"，"监狱对罪犯应当依法监管，根据改造服刑人员的需要，组织罪犯从事生产劳动，对罪犯进行思想教育、文化教育、技术教育"。这表明，我国的监狱制度一直把服刑人员的思想教育置于中心的地位，始终把思想教育的要求贯穿于罪犯改造的全过程。

2. 思想教育的特殊性

思想教育是在一定社会或阶层中为其全体成员接受或遵循的社会规范，在一定社会规则下有组织、有计划实施的提高其成员道德意识的活动。思想教育是道德教育的重要组成部分，也是犯罪青少年教育矫正的第一步，对犯罪青少年道德建设具有重要意义。犯罪青少年作为青少年的组成部分，又具有其特殊意义，他们虽然接受了思想道德教育，但其中的大多数仍然道德意识薄弱。从教化的初衷出发，提高思想教育是犯罪青少年成为合法公民，再次回归社会的必经之路，对这部分群体最基本的要求是提高其道德观念，唤醒他们的良知，重塑其道德行为。新时代的青少年具有新的特点，监狱正是根据罪犯的思想转化规律和思想状况，结合社会发展和形势需要，有目的、有组织地对罪犯进行以特殊教育内容为主要教育计划的思想政治教育活动的。监狱还对犯罪青少年思想发展状况进行分类，主要针对他们错误的世界观、人生观、价值观，指向他们头脑中的各种不良思想，扣住他们所持的错误立场和观念，从思想本质上与深层意识上改造罪犯的思想。监狱始终坚持经常性开展特殊教育内容，对犯罪人进行思想政治教育，通过思想、道德、法制、时事、政策、劳动等方面的教育，培养罪犯的自律能力，提高罪犯的道德修养，使罪犯成为人格健全、适应社会的守法公民。

（三）道德教育

道德教育是规范人与人、人与社会关系的综合，是调节人与人、人与社会关系的主要方式。道德教育内容涉及广泛，依据犯罪初期，部分青少年思想固执，依据《教育改造犯罪纲要》《中长期青年发展规划（2016—2025年）》和《党的十九大报告》等有关文件精神，对犯罪青少年主要从以下几个方面展开道德教育：《监狱教育改造工作》对罪犯青少年思想教育内容做了详细规定，主要包括社会公德教育，世界观、人生观、价值观教育，传统美德教育，时事政治教育等。

1. 社会公德教育

社会公德是指社会全体公民为维护社会正常生活秩序和人际关系而必须共同遵守的最基本的社会公共生活准则。它是调节人们在社会公共生活中的相互关系的润滑剂，它维护了公共生活秩序和社会共同利益，是为社会所公认的最基本的行为。

社会公德是全体公民共同遵守的道德，属于社会主义道德教育和建设中的基础层次，是最基本的道德规范。社会公德作为调节社会公共生活中所发生的人与人、人与社会、人与企业、人与自然之间的关系的最基本的行为准则的总和，其出发点和归宿是维护社会公共利益。维护社会公共利益是全社会成员的需要，社会公德正是为了维护人类社会的共同生存和发展，维护人类社会的公共利益，调整社会和企业成员之间的关系，调整人们共同生活的内容而逐渐形成的。犯罪行为是反社会的行为，犯罪行为的实施者大多社会公德意识淡漠，为人自私狭隘，缺乏对他人的尊重，行事多从一己私利出发，很少顾及他人。① 社会公德观念的缺失，在很大程度上会使人的自我约束、自我控制能力下降，导致其漠视社会公德，无视社会秩序，久而久之，会形成不良的行为习惯从而引发犯罪。因此，必须大力加强对罪犯的社会公德教育，使罪犯形成公德意识，学会尊重他人，遵守社会生活所必须遵守的秩序，自觉维护社会共同生活的规范。应当教育罪犯掌握一些具体的行为规范，督促其按照社会公德的要求规范自己的行为。通过深入细致的道德教育，直到罪犯刑满释放时，道德常识教育合格率应当达到95%以上。②

2. 价值观教育

大部分犯罪青少年存在价值观扭曲的现象，因此，对价值观的教育

---

① 贾洛川：《罪犯教育学》，北京大学出版社2016年版，第131—133页。
② 同上。

具有重要的矫正意义。

首先，树立正确的价值评价，罪犯的价值评价主要表现为：以割裂主观与客观、相对与绝对、功利性与非功利性之间的关系为特征，以满足个人的需要、个人利益为核心，以金钱、权力、享受多少为尺度，以个人价值否定社会价值。所以，要把罪犯改造成新人，就要引导他们调整好价值评价体系，正确对待金钱、权力等，使他们的价值评价标准符合社会要求。

其次，完善罪犯的价值实现。价值的实现，需要具备一定的主客观条件。我国优越的社会主义制度为价值的实现提供了优越的客观条件。在这一大背景下，罪犯未来的人生价值能否实现，还要靠他们自身的努力。根据罪犯价值失范的具体情况，必须在清除错误的价值目标、价值手段、价值途径的基础上，树立正确的价值目标，掌握实现价值的正确手段，坚持正确地实现人生价值。

3. 传统文化

要对罪犯进行中华传统美德教育，使罪犯了解中华民族优秀的民族品质、优良的民族精神、崇高的民族气节、高尚的民族情感和良好的民族礼仪。各监狱通过定期邀请社会专家授课、播放视频、组织讲师团警察授课等形式，实现社会主义核心价值观、新形势政策和优秀传统文化教育常态化。比如，鲁南监狱设立了"美德大讲堂"，组织讲师团开展社会主义核心价值观巡回授课；济宁监狱为每名罪犯配发《党的十九大知识学习手册》；邹城监狱新编印了《学孟润新》系列思想教育教材。各监狱坚持以扫盲教育为重点，不断加强罪犯的文化教育。比如，北墅监狱新编罪犯扫盲教材，省监狱和齐州、济南、运河等监狱组织罪犯参加自学考试，微湖监狱选拔罪犯担任文化教员协助警察开展教学工作。德州监狱狠抓入监教育，规范新收犯人入监材料，实现对新收犯人的一册式管理。通过对传统文化的学习，可以使犯罪青少年了解我国文化的博大精深，通过对历史的回顾，并结合犯罪青少年自身情况，可以转化其思想，规范其行为。

（四）时事政治

《教育改造罪犯纲要》规定，要对罪犯进行时事政治教育，深入开展以科学发展观、构建社会主义和谐社会等重大战略思想为重点的思想政治教育;深入开展以国家改革开放和现代化建设取得的巨大成就为重点的形势教育;深入开展以近期国际、国内发生的重大事件,特别是与罪犯关系密切的事件为主要内容的时事教育。时事政治教育将引导罪犯充分认识国家的经济社会发展、社会和谐稳定的大好形势,消除罪犯的思想疑虑,增强其改造的信心。

对罪犯开展的形势教育是以国家改革开放和现代化建设取得的巨大成就为重点内容的。国民经济保持持续快速健康的发展,国家的综合国力和国际竞争力显著增强,人民群众的生活水平得到了极大的改善与提高,实现了从温饱到小康的跨越,部分地区的人民生活质量已经超过中等收入国家的平均水平,处于发展中国家的前列。我国工业、农业、国防与科学技术各领域的现代化建设均取得了令世人瞩目的伟大成就,在一些诸如载人航天、探月工程等"高、精、尖"领域,我国已跨入世界先进行列。[1] 通过形势教育,可以使罪犯了解国家发展日新月异的大好形势,培养民族自豪感,认清犯罪行为对国家发展、建设的破坏与危害,对罪犯开展的国内外时事教育应以国内时事教育为主,主要结合国内近期发生的重大事件并结合监内改造形势进行。[2] 在改革开放日益扩大、信息化程度加速提高的今天,每一件大事的发生,都会很快对社会生活产生多方面的、不同程度的影响。狱内在押的罪犯虽然处在一个相对隔离的环境之中,但他们对生活的追求与对时事的关心是紧密联系在一起的。那种对外部形势漠不关心、封闭改造的模式对当前罪犯的改造显然是不适宜的。相反,一旦他们产生了关心和了解时事的主观愿望,一旦他们获得了针对性和时效性较强的时事教育,他们在改造态度和对生活的追求等方面也往往表现出极大的主动性和积极性。监狱可以通过报纸、广播、电视以及网络等各种形式,让罪犯了解时事,掌握外面世界的发展动态,为罪犯的思想改造创造积极条件,为其被释放后顺利融入社会打下了坚实的基础。[3]

(五) 文化教育

文化教育主要是指在监狱内对犯罪青少年实施的义务教育,但其具

---

[1] 贾洛川:《罪犯教育学》,北京大学出版社2016年版,第149—150页。

[2] 同上。

[3] 同上。

有自身的特殊性，教学组织和教学内容应依据犯罪青少年自身特征有针对性地对犯罪青少年的薄弱环节进行教育。

依据犯罪青少年原有的文化基础进行分班，即了解和掌握犯罪青少年的文化程度和知识储备情况，依据不同的等级将其分为扫盲班、小学班和初中班三个等级进行小班制学习。

1. 扫盲班教育

资料表明，现阶段犯罪青少年文盲率低，这也与我国《义务教育法》的实施密切相关。扫盲的主要任务是识字和算数教育，要求受教育者在两年内实现脱盲，并至少掌握 2000 个常用汉字，能够熟读文字和报纸，能够做简单的账目计算，最好能较熟练地用文字书写成文。

2. 小学班教育

小学班可开设语文、算术等基本课程。要求罪犯通过小学班的学习，达到小学毕业所要求的文化水平。通过语文课的学习，要求罪犯能说普通话，认识 300 个左右常用字，其中 250 个会写；能够工整地书写汉字，拥有独立阅读的能力，学会运用多种阅读方法；能初步理解、鉴赏文学作品，并具有一定的写作能力。通过算术课的学习，要求罪犯能合理熟练地进行整数、小数、分数的四则混合运算，能熟练运用简单的几何公式计算周长、面积和体积；掌握百分比、比例的概念和比例运算的基本知识。罪犯刑满释放时，小学文化程度以上的应当逐步达到应入学人数的 90% 以上。

3. 初中班教育

初中班可开设语文、数学、历史、自然常识、物理化学基本原理等多种课程。要求通过学习，使罪犯达到初中毕业的文化水平。通过语文课的学习，要求罪犯能够掌握 350 个左右的常用汉字，其中 300 字左右要求会书写；能够准确、鲜明、生动、正确地运用语言文字，具有现代文的阅读、理解能力；能够简单阅读文言文；能够通顺、流畅地写作。通过数学课的学习，要求罪犯对数据的收集、整理、描述和分析过程有所体验，掌握一些简单的数据处理技能；熟悉探索物体与图形的形状、大小、运动和位置关系的过程；了解简单几何体和平面图形的基本特征，能对简单图形进行变换，能初步确定物体的位置，发展测量（包括估测）、识图、作图等技能；掌握三角形、四边形、圆形的基本性质以及平移；掌握基本的推理技能。对已完成义务教育的罪犯，鼓励其参加电大、函大、高等教育自学考试或者其他类型的学习。

（六）职业技术教育

"治安为本"这一理念是监狱工作的理论指导、行动指南，它加快了监狱的转型和优化，对罪犯管理具有重要意义。在这一思想的指示下厘清如何结合犯罪青少年特征和监狱管理的不足，进一步优化实施方法和内容，加速和优化犯罪青少年的再社会化。"治安为本"不仅是提高罪犯教育改造和监狱管理的有效措施，也为后期罪犯回归社会提供了保障。

1. 职业技术教育的意义

（1）职业技术教育有助于降低重犯率。惯犯、重犯仍是青少年犯罪中较严重的问题，资料显示，大部分犯罪青少年之所以再次走上犯罪的道路与他们没有特别技术这一特征密切相关。再次踏入社会时无一技之长，再加上污名化效应，导致他们很难找到一份工作，社会再次把他们推向了边缘，为了获得认同感和生计，大部分犯罪青少年再次踏入犯罪的道路。因此，职业技术的教育为青少年顺利回归社会提供了机会，技术的获得不仅使青少年获得一技之长，而且让他们获得了自信，也使他们对回归社会充满了期待和热情。另外，职业技术教育还有利于隔断不良亚文化。众所周知，亚文化群体交往是青少年犯罪产生的重要成因，技艺的习得有利于青少年回归正常团体，阻碍了他们与不良亚文化群体的交往，避免其行为的交叉感染，环境的更换也是降低重返率的重要途径。

（2）职业技术教育加速犯罪青少年回归社会。职业技术教育是犯罪青少年再社会化的前期工作，也是其提前踏入社会参加工作的模拟演练。它不仅培养了青少年技艺的习得，也注重培养其社会适应能力。在此过程中，应注重培养青少年有效学习的技能，使其有能力解决其自身的温饱。当然，也应该对青少年提出更高的要求，即作为祖国建设的核心力量如何通过自身力量，通过合法的途径为祖国的美好江山做贡献。职业技术教育是犯罪青少年通往社会的密钥，密钥的获得给犯罪青少年再次回归社会提供了一颗定心丸，为其通往未来的道路指明了方向，通过技术的教育，青少年形成了与社会相适应的相关职业技能，从而使其在回归社会后可以自食其力，可能成为社会所需的人才，实现其自我价值。

（3）职业技术教育有利于促进监狱生产力的发展。生产劳动教育是罪犯改造的基本手段之一，职业技术培训应该与实践结合，以提高监狱的经济效益。监狱的管理和罪犯的改造需要大量的物质基础，罪犯劳动技能和劳动素养的缺乏往往会造成监狱生产力低下，无论是从数量上还是从质量上，都远远不能适应监狱发展的需求。随着监狱企业产业结构、产品结构的优化发展和新技术、新时代的新要求，社会对犯罪青少年也提出了更高的要求。提高生产力的有效方式包括给青少年提供更高的技术培训，提高职业素养，培养新时代的劳动生产能力，这样不仅有利于推进监狱生产活动的顺利开展，提高经济效益，而且有利于促进青少年全面发展，更快回归社会。

2. 职业教育内容

我国工种复杂多样，应依据犯罪青少年自身特长和监狱企业部门的需求培养各类人才，对犯罪青少年职业技能的培训主要包括职业道德、劳动知识、专业知识、信息技术等方面的培训。

（1）职业道德。职业道德的培训是进入单位工作的首要环节，也是犯罪青少年工作的重要环节。思想认知偏差是许多青少年走入歧途的重要原因，此外，随着经济的快速发展，拜金主义、享乐主义、精致的利己主义纷纷出现，促使人们的经济观悄然发生了变化，越来越多的人缺乏对自己工作的热爱，甚至造成了人格的扭曲，以致其为了自身利益，不惜损坏公司和他人利益。在青少年犯罪群体中，许多人也是由于金钱至上的价值观走上了违法的道路。因此，加强职业道德教育对预防青少年再次误入歧途具有重要意义。

首先，从岗位基本素养需求方面来看，应通过对犯罪青少年爱岗敬业、诚实守信、办事公道、服务群众、奉献社会等方面精神的培训，力争使其成为监狱企业一名合格的劳动者。此外，还应教授犯罪青少年面对工作中突发情况的应急处理方式。培养团队合作意识，即考虑如何在团队合作中发挥自身的优势，如何与组内成员进行有效沟通，避免语言和肢体的冲突等。树立全心全意为人民服务的理念，提高犯罪青少年的创新、创业能力。明确职业道德所遵循的法律规则和行为规范。其次，从职业道德的实践化方面来看，犯罪青少年文化素养偏低，理解能力偏弱。职业道德的理论化已造成犯罪青少年理解断层，为更进一步加深职业道德的具深化,应该使理论与实践相结合。通过角色扮演或情景教学将职业道德表面化,让他们在实践中感知职业道德养成的过程,体会什么样的行为是应该得到赞同的,什么样的行为是应该被批判的。标准的建立在无形中促进了犯罪青少年的规则意识。

(2)职业技能教育。第一,安全教育培训。安全生产是企业生产的基本保障,监狱企业也同样不例外:安全因素不仅影响监狱企业的生产力,而且影响监狱秩序。为了减少安全隐患,每个人都应该学习安全管理知识,了解安全操作流程,以确保安全生产,做到不违章,预防安全事故发生,确保罪犯在内的劳动者和管理者的人身、生命、财产安全。这也反映了我国在一定程度上对罪犯基本权利的保障。

第二,专业技能的培训。劳动技能的培训是职业技能培训的重要环节,针对不同的专业需要不同的能力和素养的培训。为提高犯罪青少年职业技能的专业性和针对性,应积极利用社会资源,与社会各类技工、职业院校合作,开设联合办学,扎实推进职业技术教育。应根据市场需求量、专业特点及难易程度,结合罪犯青少年的文化程度,开设专业培训班。应对于学习结果进行考核,考核成绩优秀者,可发放相应的结业证书和社会认可的职业资格证,也可与就业单位联合签订就业意向协议,成功打通犯罪青少年的就业之路。大力推进罪犯的职业技术教育,让犯罪青少年掌握谋生技能,利于其顺利回归社会。

第三,信息技术的培训。大数据背景下,信息技术已成为人类生活中必不可少的一部分。第41次《中国互联网发展状况统计报告》中显示,截至2017年12月,我国网民规模达7.72亿,普及率达到55.8%,超过全球水平(51.7%)4.1个百分点。我国网民主要以10—39岁群体为主,占整体网民的73.0%。其中,20—29岁这一年龄阶段的网民所占比例最高,达到30%;10—19岁为19.6%。[①] 对犯罪青少年信息技术的培训已由基本电脑知识的培训转向如何利用电脑优势克服陷阱诱惑的培训。应结合网络诱发犯罪的个案和现状,了解沉迷网络对青少年带来的思想的腐蚀,并建立主题深入讨论,面对网络诱惑应如何分辨真伪。讨

---

① 中国互联网信息中心:《中国互联网络发展状况统计报告》,2018年1月,http://www.cnnic.net.cn。

论在网络这一虚拟社会中涉及的道德、法律、伦理问题，以及应如何在网络中学会自我保护，了解网络不良亚文化对青少年带来的伤害，并要求罪犯在刑满释放前，取得职业技能证书的应当逐步达到应参加培训人数的 90% 以上。

（七）出监教育

出监教育主要是针对即将出监的犯罪青少年进行集中教育，为其顺利回归社会提供生活和心理的需求。法律规定应对犯罪青少年进行两个方面的培训。

1. 出监教育意义

出监教育为青少年回归社会提供了信息，是其再次走向社会的重要桥梁，为社会的安定和犯罪青少年的光明未来奠定了基础。

（1）出监教育是犯罪青少年回归社会的桥梁。对即将出监的犯罪青少年，应根据罪犯的实际需求和社会需求进行技能的培训和自信心的建立。监禁与外界隔绝，犯罪青少年对外界了解甚少，专业技术缺乏一定的革新性，专业技术的革新加快了青少年的再社会化。相比技术的革新，犯罪青少年更惧怕的是，在踏出监狱的那一刻，周围人异样的眼光和现在高速发展的社会给他们带来的不安和紧迫感。出监教育为青少年回归社会提供了较为系统的学习体系，也为青少年进行了必要的心理建设，提高青少年的社会适应能力。恢复自由，重返社会是每个犯罪青少年的渴望，而这份渴望自由的兴奋感又与现实的畏惧感相互交织，这种复杂的感情充斥着即将出狱的青少年，出监教育培训帮助犯罪青少年端正心态并重拾回归社会的信心和勇气。

（2）出监教育有利于巩固教育改造效果。即将出狱的犯罪青少年情绪波动大，心理压力增强，思想趋于复杂的状态，甚至产生了焦虑、恐惧、疑惑等不良心理状况，这种情况不仅不利于青少年回归社会，甚至有可能致使前期矫正工作功亏一篑，因此，出监教育有利于巩固改造质量。因此，对犯罪青少年进行指导和教育有利于稳固其思想和情绪，使其放下心中的芥蒂，消除罪犯遗留或新产生的各种心理问题，激发犯罪青少年做守法公民的信心，使其愉快地重回社会的怀抱。出监教育通过巩固前期思想、文化知识、法律知识、职业技术等方面内容，以进一步提高青少年的素养；了解青少年改造的情况，以进一步加强薄弱部分的改造，提高其分辨是非和自我控制能力。这不单可以使罪犯珍惜自身改造成果，坚信正确的思想观念，而且能够优化思想形成正确的理念，与不良思想做斗争，最大限度地避免犯罪青少年重新犯罪，巩固其改造效果。

2. 出监教育内容

（1）社会生存技能。首先，应包括为迅速适应社会生活犯罪青少年所需了解的当前社会形势、政策。针对这一方面的教育，监狱主管部门可要求专门专家对犯罪青少年进行专题讲座。其次，应巩固法律教育和道德教育。结合当前形势对青少年进行当前与犯罪青少年密切相关的社会治安、社会规范方面的法律责任政策；另外，从实践出发，结合青少年再次回归社会时遇到的道德失范的现状进行案例讲解，教授其面对不道德行为的应对方式和如何避免出现失范行为。最后是就业指导部分。应加大对犯罪青少年的就业指导，开展各种类型、比较实用的职业技能培训，再次巩固青少年回归社会时的适应社会能力和就业谋生能力。

（2）避免再次犯罪的技能。回归社会是青少年走向社会的第一步，如何避免青少年再次踏入监狱是我们矫正的最终目的。掌握一门可以谋生的技能是踏入社会的敲门砖，如何避免再次陷入走向犯罪的旋涡是出监教育的重要部分。此类群体意志力普遍较弱，易受外界环境诱惑，抗挫能力差，遇到挫折一般选择逃避，甚至部分青少年会回归亚文化群体再次走上不归路，即使一身本领也不愿施展，面对这样的现象，监狱内教育部门理应创造家庭、社区、监狱、个人四位一体的预防模式，加强四位一体的沟通，厘清面对犯罪预警时各部门的职责和话语体系，以有效避免恶剧的发生。此项技能的教育对降低青少年重返率和优化社会环境具有重要意义。

（3）心理知识的教育。出监的惊喜感和畏惧感以及回归社会时周围人的异样眼光，给犯罪青少年的心理健康带来了挑战。面对此种现象青少年应加强心理知识能力的学习。首先，加强青少年与人沟通、交流能力，培养建立和谐人际关系能力。其次，教授青少年在面对情绪失控、压力大、心理障碍等问题时应如何调试自己的心理。最后，面对被人歧视、侮辱等现象时，应如何调整自己，避免再次踏入歧途。

第四节 未成年犯的监禁矫正

一 未成年犯管教所

未成年犯管教所是我国关押被判处长期监禁刑未成年犯的特别矫正机构，属于我国监狱监禁的特殊模式。《监狱法》中对未成年监禁刑法和矫正教育进行了阐述。第74条规定，对未成年犯应当在未成年犯管教所执行刑罚。第75条规定，对未成年犯执行刑罚应当以教育改造为主。未成年犯的劳动，应当符合未成年人的特点，以学习文化和生产技能为主。监狱应当配合国家、社会、学校等教育机构，为未成年犯接受义务教育提供必要的条件。第76条规定，未成年犯年满十八周岁时，剩余刑期不超过两年的，仍可以留在未成年犯管教所执行剩余刑期。因未成年人身心发展不平衡性，青少年时期也是人生的"断乳期"和"叛逆期"，是儿童向青年过渡的关键时期，处于这一阶段的未成年无论是从身体上还是从心理上都经历着巨变，这也对青少年成长提出了挑战。青少年抵抗外界能力较弱，一旦受到外界不良因素的刺激，易做出越轨行为，甚至走向违法犯罪的道路。未成年管教所的设立为改造青少年和避免其与成人犯罪者"交叉感染"具有必要性和重要意义。

二 未成年管教所制度概述

未成年人也被称为"少年"，关于未成年人的年龄，不同的国家具有不同的界定标准，例如，德国指年满21岁的公民，日本指年满20岁的公民，美国指年满16岁且不满21岁的公民，有些国家为14岁或16岁，平均年龄为18岁。联合国《儿童权利公约》规定，18岁以下为未成年人；联合国《保护被剥削自由少年规则》中规定，未成年人一般指未满28周岁的公民。我国的"未成年人"通常是指未满18岁的公民。① 未成年人即未满法定成年年龄的人，当中包括婴儿、儿童及部分青少年。不同的社会或地区对未成年人在心理状态、社会责任、法律责任等方面有不同

---

① 姚建龙：《青少年犯罪概念研究30年：一个根基性的分歧》，《甘肃政法学院学报》2009年第3期。

于对成年人的要求和社会规范，如在社会发达地区，孩童时期往往被视为重要的学习阶段，每名儿童必须上学但无须上班赚取酬劳。另一个例子是在世界上不同国家或地区，人必须达到当地的法定年龄限制才能进行饮酒、投票、结婚等只有成年人才能进行的活动。

对未成年法定年龄的界定也不尽相同，我国《刑法》对公民刑事责任年龄做出了明确规定，主要分为以下几种情况：首先，不满14周岁不能成为犯罪主体，不承担刑事责任，属于无刑事责任能力者；已满14周岁不满16周岁未成年，若犯故意杀人、故意伤害致人重伤或死亡、强奸、抢劫、贩卖毒品、防火、爆炸、投毒行为，需承担相应的刑事责任，属于相对刑事责任能力人，我国未成年犯承担刑事责任能力最低年龄为14周岁，14周岁以下无论触犯何种法律都不承担刑事责任；已满14周岁，不满18周岁的未成年人，应当从轻或者减轻处罚。那么本书所论述的未成年犯罪人主要为年龄已满14周岁不满18周岁且已触犯刑法并承担相应刑事责任的未成年人。未成年犯有广义和狭义之分，广义的未成年犯是犯罪学的"犯罪人"（delinquent）的概念，是指违反《刑法》《治安管理处罚法》《未成年人预防犯罪法》的不满18周岁的未成年人。本着未成年人利益最大化，以教育为主，惩罚为辅的理念对青少年进行"教育、挽救、感化"的教育矫正。本章以监狱矫正为主题，以监狱机构内监禁处遇为主要内容，因此采用狭义的未成年犯概念，即已满14周岁不满18周岁且实施了违反刑法的行为而应当按刑法受处罚的未成年人。①

未成年犯矫正制度是少年司法制度的重要组成部分，是指以监管、教育、感化、挽救为指导理念，采取生理和心理治疗等矫正措施，使未成年犯早日回归社会，成为合格社会人而进行的各种活动。② 根据矫正机关、组织的不同，未成年犯矫正可分为司法矫正和非司法矫正两种：前者为监狱或者社区对未成年犯罪人实施的矫正；后者为工读学校、专门学校等非司法机构对违法、不良未成年人实施的矫正，是一种社会化、非刑罚化处遇方式。根据矫正对象性质的不同，未成年矫正又可分为未成年犯罪人矫正

---

① 姚建龙：《矫正学导论》，北京大学出版社2016年版，第206页。
② 同上。

和未成年非犯罪人矫正。本章主要探讨未成年司法矫正模式，即触犯了刑法，并承担相应的刑事责任的年满 14 周岁的未成年人之一群体。

三　未成年犯监禁矫正制度的源起和发展

未成年犯与成人犯区别关押制度的雏形与 1703 年西方监狱体制的改革密切相关。它起源于 1703 年的西方监狱改革，诞生于 19 世纪中叶的分房制度，进一步推动了少年监狱的建立。在我国，未成年监禁制度的产生较晚，最早可追溯至清末狱制改良，鸦片战争结束后，英国在上海公共租界华德路建造了一所新监狱（"提篮桥西牢"），其中就出现了最早将幼年犯单独监禁的场所——幼年监。① 当时有 30 间监房用于专门囚禁少年犯，称为"感化院"，实质就是少年监狱，境外监狱内少年监的设立，对我国的监狱改良具有重大意义，少年感化教育和区别对待的观念也开始逐渐传播开。《大清监狱草案》第 2 条即有关少年监设立的规定。北洋政府颁布的《监狱规则》第 3 条也规定，未满 18 周岁者，应被监禁于幼年监，自《大清监狱律草案》以立法的形式提出少年监的设立后，鉴于当时社会政治经济的不稳定，直至 1933 年才在山东济南建立第一所真正的少年监狱，这标志着我国近代意义上的少年监的诞生。②

1989 联合国为维护儿童的福祉修订了《儿童权利公约》，并以"儿童利益最大化原则"（the best interest of child）和"特殊保护"（specific protection）为主要指导理念，并规定了"严禁酷刑""单独监禁""严格限制监禁""处遇多元化"以及"权力保护"五大基本原则。③ 此后，联合国又先后通过了《北京规则》《保护被剥夺自由少年规则》《刑事司法系统中儿童问题行动指南》《少年司法中的儿童权利》等相关文件，确定了"社会参与""未成年人优先保护""少年司法专门化""严格限制监禁""处遇多元化""分管分押"等原则，"教育为主，惩罚为辅"等该原则的重要意义，目前此理念已成为未成年犯矫正的主旋律。

---

① 姚建龙：《矫正学导论》，北京大学出版社 2016 年版，第 206 页。
② 王素芬：《明暗之间：近代中国狱制转型研究——理念更新与制度重构》，中国方正出版社 2009 年版，第 12 页。
③ 姚建龙：《矫正学导论》，北京大学出版社 2016 年版，第 205—207 页。

四 未成年犯矫正的基本原则

（一）教育为主，惩罚为辅的基本原则

我国《未成年人保护法》《未成年犯管教所管理规定》《少年教养工作管理办法（试行）》《预防青少年犯罪法》等有关未成年人的法律法规中强调"教育、感化、挽救"的方针，坚持"教育为主，惩罚为辅"的原则。为改造未成年犯的基本指导方针，2013 年修订的《刑事诉讼法》更是设定了"未成年人刑事案件诉讼程序"专章，进一步明确了此指导方针对未成年犯的指导意义。

鉴于未成年人的身心特点，我国对未成年犯矫正以"监管与感化、挽救相结合"为基本工作原则，依据监狱活动法规和未成年犯管教所特别法规，对未成年犯实施分别关押、分别管理、分别教育的原则。从未成年犯的个体特点和矫正需要出发，创建有助于未成年人身心健康、积极向上的改造环境，采取有助于未成年犯的各项特别处遇措施，组织、安排各项针对性教育、劳动（半天劳动，半天学习），为切实做好未成年犯执行刑罚和改造工作奠定基础。对未成年犯的具体矫正措施，以"教育改造为主，轻微劳动为辅"为原则。教育改造是矫正未成年犯最主要的手段，要求未成年犯管教所围绕提高教育改造质量这一目标，探索适合未成年犯的特有的教育方式，增强教育的有效性和矫正性。组织未成年犯劳动是未成年犯管教所教育矫正未成年犯的辅助方式，从未成年犯的身心成长特点出发，组织适宜未成年犯学习掌握技能的习艺性劳动活动，并在劳动时间、劳动内容、劳动方式上给予未成年犯特别保护。①

（二）我国未成年犯矫正机制

1. 执行主体

未成年人特别矫正机构始于 20 世纪 50 年代，政务院于 1954 年发布《劳动改造条例》，之后建立了少年管教所，收容管教 13 周岁以上未满 18 周岁的少年犯。根据国务院《关于劳动教养问题的决定》，我国于 1957 年建立了少年劳动教养制度，1960 年确立了少年收容教养制度。从 1996 年开始，劳动教养和收容教养的少年都统一被关押在少年教养所。我国

---

① 姚建龙：《矫正学导论》，北京大学出版社 2016 年版，第 207 页。

从一开始就区分了司法矫正和非司法矫正这两种类型,并配置了未成年犯管教所、少年教养所、工读学校等机构,对违法犯罪未成年人进行教育、矫正。①

《未成年人保护法》第 57 条第 1 款规定,对羁押、服刑的未成年人,应当与成年人分别关押。1994 年《监狱法》第 74 条规定,"对未成年犯应当在未成年犯管教所执行刑罚",并将"少年犯管教所"更改为"未成年犯管教所"。然而,《刑事诉讼法》第 253 条第 2 款规定,对判处有期徒刑的罪犯,在被交付执行刑罚前,剩余刑期在三个月以下的,由看守所代为执行。2013 年 11 月 23 日公安部颁布的《看守所留所执行刑罚罪犯管理办法》第 2 条明确规定:"被判处有期徒刑的成年和未成年罪犯,在被交付执行前,剩余刑期在三个月以下的,由看守所代为执行刑罚。被判处拘役的成年和未成年罪犯,由看守所执行刑罚。"由此可见,未成年犯剩余刑期在三个月以下的,与成年犯无异,由看守所统一执行监禁刑,成年犯与未成年犯分开关押;未成年犯剩余刑期为三个月以上有期徒刑或无期徒刑的,由未成年犯管教所执行监禁刑。需要注意的是,此处所说的"未成年犯"是指在判决生效以后、交付监狱执行刑罚时以及监狱服刑期间不满 18 周岁的罪犯,犯罪时不满 18 周岁但在侦查、起诉、审判过程中已满 18 周岁,或者在侦查、起诉审判时不满 18 周岁但在判决后、交付执行时满 18 周岁的罪犯不包含在内。② 罪犯在交付监狱执行刑罚时不满 18 周岁,在未成年犯管教所服刑期间满 18 周岁的,应当转送成人监狱继续服刑矫正。但是,当罪犯满 18 周岁时剩余刑期不满两年的,则继续在未成年犯管教所执行剩余刑期。

未成年犯管教所的设置由司法部批准,"一般是一个省(自治区、直辖市)设置一所,个别人口多的大省设置两所",内设管理、教育、劳动、生活卫生、政治工作等部门机构,依据对未成年犯的管理需要,实行所、管区两级管理,每个管区不得超过 150 名犯人。③ 基于未成年犯处于身心成长

---

① 姚建龙:《长大成人:少年司法制度的构建》,中国人民公安大学出版社 2003 年版,第 108—110 页。
② 同上。
③ 同上。

的特殊阶段,且其犯罪原因、犯罪动机、人身危险性以及可改造程度都有别于成年犯的特点,未成年犯管教所的警察配备一般高于普通监狱,且具备法学、教育学、社会学、心理学等相关学历者应达到40%。

2. 管理制度

根据《未成年犯管教所管理规定》,未成年管教所主要关押刑期或余刑为三个月以上的未成年犯,以及服刑一段时间后年满18周岁、余刑不满两年的罪犯。未成年犯管教所内部同样实行按照性别、犯罪类型、刑期分别关押、分别管理的制度,根据未成年犯的改造表现,在活动范围、通信、会见、收受物品、离所探亲、考核奖惩等方面给予不同的处遇。对未成年犯原则上不适用戒具,但仍应在未成年犯管教所采取必要的警戒措施,设立警卫机构,设置围墙、电网,安装监控、报警装置。未成年犯的会见、通信应较成年犯标准放宽,经批准后可与其亲属或其他监护人通话,在必要时应由人民警察监听,会见最长时间可延长至24小时。若亲属病重、死亡以及家庭发生重大变故时,经所长批准,可允许其探亲,但最长时间不可超过7天。尊重未成年人的隐私是保护未成年的重要体现,未经过省、自治区、直辖市监狱管理局等相关部门的批准,任何组织和个人不得披露与其相关的姓名、住所、照片及可能推断未成年人的资料。刑满释放的未成年人具备复学、就业条件的,未成年犯管教所应当积极向有关部门介绍情况,提出建议。

未成年犯在管教所内的生活卫生应以保证未成年人身体健康发育为最低标准,其生活标准由国家统一规定,按照实物量计算,合理、科学地安排膳食,保证吃得饱、吃得卫生。未成年犯每天的睡眠时间应保证不少于8小时,人均居住面积不少于3平方米,被服应统一发放,不得有歧视性标记。未成年犯管教所还设有医院和医务室,并配备相应的医疗设备和专业的医务人员,保障未成年犯的身心健康。在管教所内,未成年犯禁止吸烟、喝酒,但经检查批准可以收受学习、生活用品以及钱款,现金应由管教所代为登记保管。

未成年犯奖惩实施"日记载、周评议、月小结"的评估办法,由干警直接考核:《监狱法》第57条规定予以表扬、物质奖励或者记功奖励;被判处有期徒刑的未成年犯,服刑期满其总刑期的1/3以上且服刑期间一贯表现良好,离所后不至于再危害社会的,可以根据情况批准其离所探亲。未成年犯惩罚分为行政和刑事两种,前者可以给予警告、记过或者禁闭(3—7天)等惩罚,构成犯罪的应直接追究法律责任。

3. 教育方式

(1)集体教育。集体教育的主要目标是解决未成年犯普遍性、共同性的问题,教育内容主要包括思想教育、文化教育、技术教育以及心理健康教育等。利用犯罪集体的积极效应加快未成年犯的教育进度,消除犯罪群体内的消极思想,促进积极意识和良好行为的形成。群体之间相互监督、相互鼓励易形成正确的舆论导向,指引未成年犯走向积极改造的道路,对未成年犯来说,群体内的价值导向是隐形的教育财富。另外,集体教育活动可以培养未成年犯的组织纪律意识和集体荣誉感,促使犯罪群体朝着积极向上的方向发展,正如苏联教育家马卡连柯所言:"不管用什么劝说也做不到一个真正组织起来的自豪的集体所做到的一切。"集体的力量不可忽视,但每个未成年犯在思想、性格、气质、家庭状况、生活环境等方面各不相同。

(2)分类教育。由于未成年犯犯罪情况复杂,各地监狱实际情况也不尽相同,因此,对罪犯的划分也不尽相同。对于未成年犯的划分应坚持科学性、可操作性和讲求效益的原则。一般监狱会依据未成年犯的犯罪性质、恶习程度、改造表现、服役阶段、服刑期限等标准进行划分,并针对不同的未成年犯类别有针对性地对其进行教育。一般主要依据犯罪性质划分和实施分类教育,按犯罪性质可将其分为财产型、暴力型、淫欲型、涉毒型四种。依据犯罪的类型,深层次挖掘未成年犯罪的特征,制定有针对性的教育内容和教学方案,从思想、行为改造未成年犯,促使其顺利回归社会。

(3)个别教育。虽然每个未成年犯犯罪情况、身心特点各不相同,但罪犯之间又具有共同的特征。集体教育与个体教育相结合不但节约了教育资本也增强了未成年犯矫正的实效性,突出了个别教育和分类教育的改造作用。监狱要根据每一名罪犯的具体情况,实施有针对性的个别教育。要严格执行"十必谈"的规定,每个月对每一名罪犯至少进行一次个别谈话教育,并根据不同罪犯的思想状况和动态,采取有针对性的管理教育措施。对顽固犯、危险犯,要指定专人负责其管理教育工作,顽固犯的年转化率应当达到50%以上;对危险犯,要努力消除危险。要总结解决常见疑难问题的经验，积累改造资料，编写改造案例。要深入研究不同类型罪犯的教育改造方法，进一步提高教育改造的针对性。集体教育可以解决普遍性问题，个别教育具有针对性，可依据罪犯的情况、不同特点用不同的教育方式、教育内容解决问题。另外，个别教育有利于顽固犯的转化。罪犯的一对一教育，是短兵相接，是监狱民警对罪犯个体的精雕细刻，针对罪犯的顽固恶习、反复、难改造的行为制定个人方案，抓住未成年犯的结点，晓之以理，动之以情，进行全方位的改造。

（4）教育内容。未成年犯具有其独特的身心特征，对于未成年犯的教育理应保证教学时间，做到劳逸结合。根据《教育改造罪犯纲要》的要求，对未成年犯进行思想、文化、技术教育的教学时间，每年不应少于1000课时。未成年犯的劳动，以学习掌握技能为主；劳动时间每天不超过4小时，每周不超过20小时；16岁以下的未成年犯不应参加生产劳动。这样更有助于保障未成年犯的身心健康。

对未成年犯的教育主要包括以下几方面内容：①思想教育。主要包括认罪服法、法律常识、公民道德、爱国主义、青少年修养、时事政治和有关社会科学知识的教育。主要目的是培养未成年犯的上进心、求知欲和荣誉感，帮助其树立正确的是非观念，使其形成守法意识、集体主义意识，帮助他们懂得怎样做人。②文化教育。以普及小学、初中教育为重点，按未成年犯的实际文化程度分年级编班，按普通中小学的规定课程开课，经考试合格的，由当地教育部门颁发毕业或结业证书，具有与普通学校的同等效力。为一些学习成绩优异，有培养前途的未成年犯创造条件，让他们进修或参加自学考试，促其成才。③技艺教育。着重进行带有习艺性内容的初等技术教育。结合劳动生产和刑满释放后的就业去向，分别开设多种职业技术课程，如金工、钳工、烹饪、汽车维修、园艺、家电维修等。课程设置和教学要求参照社会同类型学校，通过教育，经考核合格的，由当地劳动部门发给相应的技术等级证书。④大力开展文体娱乐活动。如组织未成年犯看电影、看电视录像、听广播，组织文艺演出队、工艺美术习作展览会、一些体育项目的比赛等，为未成年犯转变创造良好的文化氛围。

第五章

犯罪青少年的社区矫正

第一节 社区矫正概述

一 社区矫正的概念

"社区（community）"一词源于拉丁语，原意是共同的东西或亲密伙伴间的关系。"社区是指聚集在一定地域范围内的社会群体或组织根据一套规范和制度结合而成的地域性社会生活共同体。"德国社会学家滕尼斯（Ferdinand Tönnies）首先使用 Gemeinschaft（一般译为"共同体""社区""公社"等）一词。20 世纪 30 年代，中国学者将英文 community 译为"社区"。其构成要素有：以一定生产关系与其他社会关系为纽带组织起来并达到一定数量规模、参加共同社会生活的人群；一定的地域；一整套相对完备、可以满足社区成员基本物质和精神需要的社会生活服务设施；一套管理机构；成员对所属社区在情感上和心理上的认同感与归属感。有经济生活、社会化、社会控制、社会参与、社会福利等基本功能。可以根据不同标准进行分类，最通常的是分为农村社区与城市社区。[①]

社区矫正中所说的"社区"其实是相对于封闭的监狱而言的，是一个开放的社会环境和区域。"从当前社区矫正管理的角度而言，它是指政府所管辖的地域，即城市的街道办事处和农村的乡镇人民政府所管辖的区域。"[②] 社区矫正又被称作"社区处遇""社区矫治""社会内处遇"

[①] 林崇德、杨治良、黄希庭：《心理学大辞典》，上海教育出版社 2003 年版，第 1080 页。

[②] 姚建龙：《矫正学导论：监狱学的发展与矫正制度的重构》，北京大学出版社 2016 年版，第 242 页。

等，诞生于19世纪30年代的英美法系国家，是一种对待犯罪和罪犯的新型方法，目前在世界各国被广泛使用。学者对其内涵和外延至今也没有达成共识。正如有些学者所言："欧美国家创制的社区矫正从一开始就是一个开放性的概念，不仅英美的社区矫正与大陆法系国家不一样，甚至英美之间也有区别，同属大陆法系的法、意与德、日等国均不同，更有甚者，美国各州之间的规定也不一样。"① 关于社区矫正的概念，学术界的主要学说有"行刑说""处遇说""救助监督说""教育说""混合说"等。由美国矫正协会组成的社区矫正委员会认为，"社区矫正是通过提供制裁和服务来促进公共安全并使被害人和被告人处在社区中的司法制度的组成部分"。②

自21世纪初社区矫正的概念引入我国后，相关部门和专家学者纷纷提出了自己的定义。根据两院两部在《关于在全国试行社区矫正工作的意见》（司发通〔2009〕169号）中的规定，"社区矫正是非监禁刑罚执行方式，是指将符合法定条件的罪犯置于社区内，由专门的国家机关在相关社会团体、民间组织和社会志愿者的协助下，在判决、裁定或决定确定的期限内，矫正其犯罪心理和行为恶习，促进其顺利回归社会的非监禁刑罚执行活动"。③ 司法部社区矫正管理局提出，"社区矫正是一种与监禁矫正相对应的非监禁刑罚执行制度，是指将管制、缓刑、暂予监外执行、假释的符合法定条件的罪犯置于社区内，由专门的国家机关在相关社会团体、民间组织和社会志愿者的协助下，在判决、裁定或决定确定的期限内，矫正其犯罪心理和行为恶习，促进其顺利回归社会的非监禁刑罚执行活动"。④ 国内学者吴宗宪认为，"社区矫正就是依法在社区中对犯罪人实施惩罚和提供帮助，以促进其过守法生活的刑罚执行活动"。⑤ 姚建龙认为："社区矫正是与监禁矫正相对的行刑方式，是指将符合社区

---

① 王顺安：《社区矫正研究》，山东人民出版社2008年版，第12页。
② 吴宗宪：《社区矫正比较研究》（上），中国人民大学出版社2011年版，第2页。
③ 司法部社区矫正管理局：《社区矫正法律法规与工作制度汇编》，法律出版社2014年版，第58页。
④ 司法部社区矫正管理局：《全国社区矫正发展情况与数据统计》，法律出版社2017年版，第3页。
⑤ 吴宗宪：《社区矫正比较研究》（上），中国人民大学出版社2011年版，第4页。

矫正条件的罪犯置于社区内，由专门的国家机关在社会团体和民间组织以及社会志愿者的协助下，在判决、裁定或决定确定的期限内，矫正其犯罪心理和恶习，并促进其顺利回归社会的非监禁刑罚执行活动。"[1] 还有学者提出，"社区矫正是依法在社区中监管、改造和帮扶罪犯的非监禁刑执行制度"。[2]

笔者认为，上述各种学说和定义从不同的角度阐述了社区矫正的内涵，均有其合理性，但是，也都存在着一定的局限性。通过对这几个概念的对比，并综合我国相关法律法规内容，笔者提出社区矫正的定义为：社区矫正是指将符合法定条件的罪犯置于社区内，由专门的国家机关在社区及其他组织、人员的协助下，在法定期限内，对其进行监管、改造和帮扶的非监禁刑罚执行活动。

二 社区矫正的特点

与其他刑罚执行方式相比，社区矫正具有以下特点。

（一）地点在社区

社区矫正是一种在社区中进行的活动，在我国主要是在犯罪人居住地所在的社区对社区服刑人员执行刑罚和进行其他相关活动的执法工作。这是社区矫正与监禁矫正或者监狱矫正的最大区别。在社区矫正执行过程中，社区服刑人员在家庭所在地或者常住地执行非监禁刑，不离开自己的住所，生活相对较舒适，对其人身自由的限制相对较小，与亲人、朋友的情感联系未曾中断，痛苦程度较小、惩罚性较轻。这不仅为社区服刑人员的日常生活、社会适应等提供了很大的方便，也为充分利用社会资源从事社区矫正及其相关活动提供了有利条件。

（二）社区矫正的主体是社区矫正机关

目前，我国专门负责社区矫正的主体是司法行政机关，从司法部到区县司法局都设立了专门的社区矫正内设机构。社区矫正的主体并非一开始就是司法行政机关，而是从公安机关经过一系列过渡程序之后才确

---

[1] 姚建龙：《矫正学导论：监狱学的发展与矫正制度的重构》，北京大学出版社2016年版，第241页。

[2] 赵秉志：《社区矫正法（专家建议稿）》，中国法制出版社2013年版，第8页。

立的。

在从事社区矫正的工作人员中,除了司法部门人员之外,还有当地社区的人员、政府其他部门人员以及相关社会团体、民间组织和社会志愿者等社会力量的参与。2014年,由司法部、中央综治办、教育部、民政部、财政部、人力资源社会保障部联合发布了《关于组织社会力量参与社区矫正工作的意见》,[①] 并提出,应进一步鼓励引导社会力量参与社区矫正工作,引导政府向社会力量购买社区矫正工作服务,鼓励引导社会组织参与社区矫正工作,发挥基层群众性自治组织的作用,鼓励企事业单位参与社区矫正工作,切实加强社区矫正志愿者队伍建设。应进一步加强矫正小组建设,社区矫正机构应按照规定为每一名社区服刑人员建立矫正小组,组织有关部门、村(居)民委员会、社会工作者、志愿者、社区服刑人员所在单位、就读学校、家庭成员或者监护人、保证人以及其他有关人员共同参与,落实社区矫正措施。矫正小组要因案制宜,因人制宜,融法律约束、道德引导、亲情感化为一体,促进社区服刑人员顺利融入社会。

(三) 社区服刑人员是被判处特性刑罚的犯罪人

社区服刑人员主要指被法院判处管制、缓刑、假释、暂于监外执行、剥夺政治权利五种刑罚的犯罪人。相对于服监禁刑的罪犯来说,社区服刑人员的罪行更轻、社会危害性更小,所受到的惩罚也更轻一些。

(四) 关注矫正与服务

社区矫正的首要内容就是矫正。[②] 与传统监禁刑将惩罚罪犯作为首要目的不同,社区矫正在惩罚罪犯的同时,更注重对服刑人员心理、思想的教育和矫正。因此,所谓矫正,即根据社区服刑人员的人格特征以及其他易诱发犯罪的因素,对社区服刑人员发布指示,要求其遵守一定的禁令,履行一定的义务,接受一定的治疗。社区服刑人员虽然曾经犯下罪行,但是作为一个人,只要其有悔悟之心,我们就应该给予其重生的希望。社区服刑人员在社区服刑期间,可能遇到各种各样的困难,这些

[①] 秦静:《关于组织社会力量参与社区矫正工作的意见》,司法部政府网,http://www.moj.gov.cn/index/content/2014-12/17/content_7089982_2.htm,2014年12月17日。

[②] 王平:《社区矫正制度研究》,中国政法大学出版社2012年版,第11页。

困难可能是物质匮乏、存在心理误区或者是社会交往困难等,因此,不管是出于人道主义精神,还是基于社会文明建设的需求,国家都应该为社区服刑人员重返社会提供一定的社区服务项目,如公益劳动、心理疏导教育等,以此重塑其适应社会的能力。①

(五) 具体内容、措施种类繁多

社区矫正虽然主要是一种执行刑罚的工作,但这项工作的内容绝不局限于刑罚执行本身,而是包含了丰富的、多方面的内容,执行中所采取的措施各不相同,具体体现在因人而异的社区矫正计划方案中。2009年在两院两部发布的《关于在全国试行社区矫正工作的意见》中,将社区矫正的内容概括为三个方面:"(1) 监督管理。这是指通过多种监督管理措施,依法对社区服刑人员进行法律规定的惩罚,从而实现社会正义,维护社会公正,预防重新犯罪的工作。(2) 教育矫正。这是指通过各式教育、公益劳动等措施转变社区服刑人员,促使其顺利回归和融入社会的工作。(3) 帮困扶助。这是指帮助社区服刑人员解决生产和生活问题与困难的工作。在社区矫正中增加帮扶性内容,是社区矫正制度的重大创新,是刑罚执行观念的巨大转变,是在刑罚执行中体现以人为本理念和增进社会和谐的重要内容,体现了刑罚执行的进步。"② 社区矫正的具体措施种类繁多,既包括判决之前的措施,也包括判决之后的措施,涵盖了刑罚和相关的限制犯罪人行为措施中的很大一部分,在刑罚执行体系中占有重要地位。

(六) 社区矫正的法律依据尚在完善之中

社区矫正首先是社区刑罚的执行,这是一项严肃的刑事执行活动,因而必须具备明确的法律依据。当前试点的社区矫正工作在我国并没有专门的法律规定,一些相关的法律条款和规范主要散见于宪法、刑法、刑事诉讼法、监狱法等法律之中。

此外,社区矫正的法律依据还有我国政府签署、加入和承认的国际条约以及有关社区矫正的法律文件,"两院两部"通知,司法部颁布的

---

① 姚建龙:《矫正学导论:监狱学的发展与矫正制度的重构》,北京大学出版社2016年版,第249页。

② 赵秉志:《社区矫正法(专家建议稿)》,中国法制出版社2013年版,第9页。

《司法行政机关社区矫正工作暂行办法》，以及各省、自治区、直辖市关于社区矫正的规范性文件。应该说，我国关于社区矫正的法律法规及文件还是相当完备的，只是未能形成系统的、专门的社区矫正法典。目前，《社区矫正法》的制定已经被提上了议事日程。国家立法机关应该尽快制定专门的《社区矫正法》，从国家法律层面对社区矫正工作作出全面、系统的规定。①

三 社区矫正的理论基础

从世界各国刑罚制度的发展规律来看，刑罚的强度不是一成不变的，而是呈现出一种随着社会文明程度的提高但刑罚的强度逐渐降低的趋势。社区矫正的出现符合刑罚制度的发展方向，是刑罚轻缓化的一个重要标志。社区矫正的出现和发展有着扎实的理论基础。

（一）人的"可教育性"思想

教育学认为，人具有"可教育性"，即人类具有通过教育来发挥天赋和潜能的可能性。并且，不论是整个人类还是人类中的个体，都具有受教育的需要。通过教育活动，个体获得了生存和发展的技能，完善了自身的不足，逐步成为成熟的、完整的、真正意义上的人。心理学认为个体的心理与行为是内在遗传与外界环境相互作用的结果。外界环境的改变，会直接或间接地影响个体的心理与行为。所以，我们可以通过有目的地控制、改变环境，进而消除个体的那些不利于社会发展的心理与行为，帮助其塑造符合社会发展要求的心理特征和行为倾向。教育学与心理学相关的理论为社区矫正提供了可行性论证的理论基础。

（二）社会化思想

人的生存与发展离不开社会。马克思主义认为，人是自然属性和社会属性的统一，其中社会属性是人的根本属性，人归根结底是一种社会性的动物。人从生物学意义上的人转变成社会学意义上的人，需要经过社会化的过程。

---

① 姚建龙：《矫正学导论：监狱学的发展与矫正制度的重构》，北京大学出版社 2016 年版，第 246—248 页。

社会化是指个体通过获得知识、语言、社会行为规则、价值观、交往技能等，使其与社会融为一体，并能以社会允许的方式自如地行动，从一个生物的个体转变为合格的社会成员的过程。个体与社会环境交互作用的过程，使文化代代相传。个体的社会化要完成两大任务：个体要掌握一定的社会行为规范；个体必须具备按规范行动的品质。① 对于个体而言，社会化是一个个体进行社会适应的过程；对社会而言，社会化是一个约束和控制个体心理与行为的过程。在此过程中，社会文化得以积累和延续，社会结构得以维持和发展，人的个性得以健全和完善。"社会化是一个贯穿人生始终的长期过程。"②

社会化的类型包括"基本社会化（或早期社会化）""继续社会化（或发展社会化）""逆向社会化""再社会化"等。个体若在社会化过程中存在严重缺陷，就会出现不完全社会化或错误社会化，进而形成不健全人格和社会适应困难，并极有可能实施犯罪行为。其中，不完全社会化指在一定年龄阶段和一定社会生活条件下，个体社会化过程未达到正常人水平，主要表现为：知识经验与技能的不完全社会化；社会规范的不完全社会化；家庭与人际关系方面的不完全社会化；特定年龄阶段的不完全社会化；文化冲突造成的不完全社会化。错误社会化指社会成员未按社会要求发展成为合格的社会成员，而在犯罪意识的影响下，完全接受了与社会规范相悖的反社会观念，形成恶劣的生活习惯和反社会人格，同正常的社会生活格格不入。③

再社会化是指在早期社会化与继续社会化中与社会要求不相适应的人的社会化过程。再社会化的主要特点是改变或调整社会化对象原有的世界观、价值观、行为准则和生活方式，使之符合社会的规定与要求。④ 再社会化的基本类型有两种：一是主动再社会化，即根据环境条件的变化，自动接受新的生活方式和参与新的社会生活，一般出现在社会急剧变动时期或移民生活中。二是强制再社会化，即对背离当时社会规范的

---

① 林崇德、杨治良、黄希庭：《心理学大辞典》，上海教育出版社2003年版，第1061页。
② 郑杭生：《社会学概论新修》（第3版），中国人民大学出版社2003年版，第83页。
③ 林崇德、杨治良、黄希庭：《心理学大辞典》，上海教育出版社2003年版，第1061页。
④ 同上书，第1643—1644页。

人，通过特别机构在强制的条件下进行社会化，这是一种社会性的强迫教化。① 对罪犯的教育矫正即属于强制再社会化的过程。再社会化理念在刑法学中的重要体现就是刑罚适用中的再社会化，即通过适用刑罚对犯罪人进行教育矫正，使其顺利回归社会。由于社区矫正中服刑人员不是被关在封闭的监狱中，而是在其生活的社区中进行矫正，不影响其正常生活，因而服刑人员不会受到监狱亚文化的污染，其人格不会发生变异，避免了犯罪人之间的"交叉感染"，因而"健全的家庭生活，稳定的就业机会，正常的休闲活动，加上适度的社会监督，可以较好地矫正罪犯的反社会人格，从而使罪犯顺利地融入社会，实现再社会化的目标"。②

（三）行刑社会化思想

行刑社会化是指在行刑过程中，增强监狱与社会的互动的现象。行刑社会化思想认为，为了避免和克服监禁刑存在的某些弊端，使刑事执行服务于罪犯再社会化的目标，而应慎用监禁刑，尽可能对犯罪人适用非监禁刑，使其在社会上得到教育改造；同时，对于罪行较重、有必要监禁的罪犯，应使其尽可能多地接触社会，并使社会最大限度地参与罪犯矫正事业，从而使刑事执行与社会发展保持同步，为罪犯顺利回归社会创造条件。③

行刑社会化思想至少包括两个方面：一是监禁刑罚执行的开放性处遇，二是非监禁刑方式的扩大化。社区矫正是非监禁刑的一种，社区服刑人员不是被关押在封闭的监狱中，而是在其生活的社区中得到教育矫正，具有开放性特点。更为重要的是，社区矫正具有社会参与性，在执行过程中广泛吸收社会团体、社会志愿者、社区群众的参与，通过这些社会力量的参与保证了教育矫正的效果，可以说，社会力量的广泛参与是社区矫正的本质特征。由此可见，社区矫正的开放性和社会参与性使其完全符合行刑社会化思想的内涵，因而行刑社会化思想推动、促进了社区矫正的产生和发展，而社区矫正又贯彻、体现了行刑社会化思想，

---

① 邓志伟：《社会学词典》，上海辞书出版社2009年版，第10—11页。
② 姜祖桢：《社区矫正理论与实务》，法律出版社2010年版，第82页。
③ 姚建龙：《矫正学导论：监狱学的发展与矫正制度的重构》，北京大学出版社2016年版，第262页。

成为行刑社会化思想的重要实现方式。①

（四）刑罚人道精神

"人道主义"一词最初源于拉丁文，其本意是指一种能够促使个人的才能得到最大限度发展的、具有人道精神的教育制度。"人道"是现代刑法的价值目标之一，以人为本，尊重人的存在价值、主体地位及其人格尊严。这反映在刑事法律中就是刑罚人道精神。一般而言，刑罚人道精神包括以下三重含义：第一，尊重和保护犯罪人的人格，即犯罪人首先应该是人，然后才是犯罪的人，所以犯罪人作为一个公民所享有的基本权利理应得到保护。第二，禁止把人当作实现刑罚目的的工具，即犯罪人在刑事司法中是作为伦理道德上独立自主的人格主体而存在的，并非作为手段，如作为惩戒社会公众的先例等。第三，禁止使用残酷而不人道的，即藐视人权的刑罚，不能在对犯罪人处以刑罚时只将其作为刑罚的客体，而应该以积极的态度对其予以教育矫正，使其顺利复归。②

社区矫正的非监禁性、开放性、社会参与性等特征使服刑人员能够不脱离其本来的生活，其基本的生活需求和正常的社会交往不会受到影响。这样，服刑人员的行动自由就得到了保障，自然需求和社会需求都得到了满足，也就能够正常地生活，不会丧失安全感，因而充满了人文关怀，极大地保护了犯罪人的人权，贯彻了刑罚人道精神。可以说，刑罚人道精神呼唤并促使了社区矫正的产生，而社区矫正则体现并贯彻了刑罚人道精神。③

（五）行刑经济化观念

行刑经济化讲求以最小的投入获得有效的预防和控制犯罪的最大社会效益。这一观念与社区矫正有着密切的联系。尤其是在经济学分析方法引入法学、社会科学领域后，经济分析法学成为当今法学理论的一个重要流派，行刑经济化观念正是这一法学理论在行刑过程中的充分体现。

---

① 吴宗宪：《社区矫正导论》，中国人民大学出版社2011年版，第47页。
② 姚建龙：《矫正学导论：监狱学的发展与矫正制度的重构》，北京大学出版社2016年版，第261—262页。
③ 吴宗宪：《社区矫正导论》，中国人民大学出版社2011年版，第44—45页。

行刑经济化成为当今社区矫正理论与实践不得不考虑的因素。当然，行刑经济化不得背离罪刑法定和罪刑相一致的原则，社区矫正既保持了定罪量刑的严格标准，又在客观上减少了入狱人数，降低了监禁刑的负面作用，有利于罪犯早日改造成功，顺利重返社会，这样既合法又"经济"，充分体现了行刑效益。①

四 社区矫正的意义

（一）有利于维护社会和谐稳定

当前，我国正处于改革发展的关键时期，维护社会和谐稳定的任务十分繁重。在全国试行社区矫正工作，把那些不需要、不适宜监禁或者继续监禁的罪犯放到社区里，充分利用社会力量有针对性地对其实施矫正，促进其顺利回归和融入社会，对于贯彻落实宽严相济的刑事政策，探索完善中国特色刑罚执行制度，降低刑罚执行成本、提高刑罚执行效率，最大限度地增加和谐因素，最大限度地减少不和谐因素，维护社会和谐稳定，具有重要意义。②

（二）深化司法体制和工作机制改革、探索完善中国特色刑罚执行制度

开展社区矫正工作是我国司法体制和工作机制改革的重要内容。经过多年的试点探索，可以肯定，社区矫正符合现阶段我国社会经济发展要求，符合人民群众对社会和谐稳定的现实需要，是一项符合我国国情的非监禁刑罚执行制度。③

（三）有利于犯罪预防

社区矫正可以将犯罪情节较轻的社区矫正服刑人员与监狱中的犯罪情节较重的服刑人员隔离开来，有效地防止罪犯在监狱中"交叉感染"。此外，社区矫正服刑人员在社区服刑矫正，社区居民会亲眼看到他们的改造和转变，在感情上容易接受和宽容他们，有利于减少罪犯的对立情

---

① 姚建龙：《矫正学导论：监狱学的发展与矫正制度的重构》，北京大学出版社2016年版，第263页。
② 司法部社区矫正管理局：《社区矫正法律法规与工作制度汇编》，法律出版社2014年版，第58页。
③ 同上。

绪，使其尽快融入社会，减少重新犯罪。这也有利于争取社会公众对国家刑罚活动的理解和支持，修复社会裂痕，解决社会问题，最大限度地化消极因素为积极因素，保持社会的和谐稳定。

（四）有利于犯罪人回归社会

刑罚的功能是使罪犯得到教育、改造，在刑罚执行的过程中不犯新罪，在刑罚执行完毕不重新犯罪，回归社会后与社会正常相处。在监禁矫正的情形下，服刑人员处于封闭的环境中，与社会隔绝。而我国各行各业均处于快速发展的阶段，社会环境的变化日新月异，许多犯罪人在服刑完毕后无法适应新的社会环境，更缺乏合法的谋生手段，最终选择了"重操旧业"，这是我国重新犯罪率居高不下的一个重要原因。社区矫正制度的设立使犯罪人在不与社会脱节的情况下，进行监管、改造，并可在矫正期间得到谋生技能的培训，这从根本上解决了社区服刑人员"到哪里去"的问题，有利于其顺利回归社会，成为自食其力、遵纪守法的合格公民。

（五）有利于降低刑罚执行成本

社区矫正是将部分符合条件的罪犯放置在社区中，通过整合社会资源对其进行思想教育和行为约束，将监管费用分散到整个社会，由社会正常周转补给。这一制度有效减少了刑罚的执行成本，缓解了监狱压力，使监狱能够集中财力、警力、物力去矫正那些恶习较深，主观恶性较大，社会危害性较大，特别是矫正少数极端不配合改造的罪犯。

节省社会资源既是社区矫正的重要特色，也是社区矫正的重要目标。实际上，西方国家的很多地区大力推行社区矫正的重要原因，就是想提供社区矫正节省社会资源，特别是节省刑事司法资源。多个国家和地区的情况表明，与监禁矫正相比，社区矫正可以节省刑事司法资源，可以花费较少的资金管理较多的犯罪人；社区矫正中的每个犯人的平均花费要大大低于监狱中每个犯人的平均花费。一些国家和地区的情况证实，一名社区矫正对象的年矫正经费约为监狱服刑罪犯监管经费的1/10。[①]

---

① 姚建龙：《矫正学导论：监狱学的发展与矫正制度的重构》，北京大学出版社2016年版，第261页。

五 社区矫正的对象

根据我国《刑法修正案（八）》和新修订的刑事诉讼法中的规定，对被判处管制、宣告缓刑、裁定假释和决定暂予监外执行人员，应实行社区矫正。在我国法律体系中，刑法和刑事诉讼法属于基本法律。因此，这四类人员无疑应当成为我国社区矫正的对象。关于被判处剥夺政治权利并在社会上服刑的人员是否应纳入社区矫正的范围，在理论界和实务界都存在较大争论。[1] 有学者从立法与实践两个方面论证，提出将判处剥夺政治权利并在社会上服刑的人员纳入社区矫正的范围。[2] 根据两院两部《关于在全国试行社区矫正工作的意见》规定，"社区矫正的适用范围是：社区矫正是非监禁刑罚执行活动，适用范围主要包括被判处管制、被宣告缓刑、被暂予监外执行、被裁定假释，以及被剥夺政治权利并在社会上服刑的五种罪犯。在全面试行社区矫正工作中，要准确把握社区矫正的刑罚执行性质，不得随意扩大或缩小社区矫正的适用范围。在符合法定条件的情况下，对于罪行轻微、主观恶性不大的未成年犯、老病残犯，以及罪行较轻的初犯、过失犯等，应当作为重点对象，适用非监禁措施，实施社区矫正"。[3] 其中，被暂予监外执行的，具体包括：（1）有严重疾病需要保外就医的；（2）怀孕或者处于哺乳期的妇女；（3）生活不能自理，适用暂予监外执行不致危害社会的。[4] 目前的社区矫正服刑人员即由这些人员组成。

社区矫正是适用于以上特定对象的一类刑罚措施。从有关立法和相关规定来看，这类措施适用于被人民法院定罪判刑的犯罪人；社区矫正工作的对象，是罪犯。根据这一特点，那些虽然具有一定的违法行为或者轻微犯罪行为，但是没有被人民法院定罪判刑的人员，例如，被劳动教养的人员，被治安管理处罚的人员，虽然实施了犯罪行为但是情节轻微、危害不大而不被认为是犯罪的人员等，都不是社区矫正的对象，不

---

[1] 赵秉志：《社区矫正法（专家建议稿）》，中国法制出版社2013年版，第37页。
[2] 同上书，第37—38页。
[3] 司法部社区矫正管理局：《社区矫正法律法规与工作制度汇编》，法律出版社2014年版，第58页。
[4] 同上书，第49页。

属于社区服刑人员。①

六 社区矫正的性质

社区矫正的性质，即社区矫正的法律属性。② 对社区矫正如何定性，是研究社区矫正的一个基本理论问题。我国目前较为流行的观点认为，社区矫正是刑罚执行活动。另有观点认为，矫正具有刑罚执行和社会工作的双重性质。刑罚执行是社区矫正制度的基本属性。社会工作的属性是社区矫正作为一种区别于传统监禁矫正，作为一种具有开放性和会性的刑罚执行所必须具备的一种属性。③ 也有学者指出，社区矫正具有福利、社会保障的性质。我国目前的社区矫正是由社区矫正组织针对适用非监禁刑或其他非监禁措施罪犯的行刑与矫正的活动，是与监狱矫正相对应的、更倾向于矫正与福利性质的矫正制度与方法。④ 还有学者认为，社区矫正的性质并不等同于刑罚执行活动。⑤

笔者认为，社区矫正的法律性质是非监禁刑执行制度。从外延上看，社区矫正主要指虽然不需要监禁但是仍然要执行一段时间的那部分非监禁刑。⑥ 这种刑罚依据判决、裁定或决定确定的期限来执行，需要持续一定时间。社区矫正机关根据有关机关作出的发生法律效力的判决、裁定和决定中确定的具体期限，开展社区矫正工作。这类期限的变更，要根据立法规定进行。当这类期限结束时，社区矫正机关要根据规定进行相关工作，例如，宣告解除社区矫正等。社区矫正具有明确期限的特点，应将它与其他相关措施区分开来，例如，安置帮教等。安置帮教是对刑释解教人员采取的帮助性工作，从理论上讲，应当是没有严格的期限限制的，应当在这些人员需要帮助的任何时候提供相应的帮助。⑦

---

① 赵秉志：《社区矫正法（专家建议稿）》，中国法制出版社2013年版，第37页。
② 姚建龙：《矫正学导论：监狱学的发展与矫正制度的重构》，北京大学出版社2016年版，第250页。
③ 石晓芳：《社区矫正的实质正当性和基本属性》，《中国司法》2005年第6期。
④ 王顺安：《社区矫正的法律问题》，《政法论坛》2004年第3期。
⑤ 贾宇：《社区矫正导论》，知识产权出版社2010年版，第78页。
⑥ 吴宗宪：《社区矫正比较研究》（上），中国人民大学出版社2011年版，第5页。
⑦ 赵秉志：《社区矫正法（专家建议稿）》，中国法制出版社2013年版，第9页。

七 社区矫正的任务

（一）监督管理

根据国家相关规定，社区矫正机构开展社区矫正工作的首要任务，就是监督管理，即依照规定对社区服刑人员进行有效的监督和管理工作，确保对他们准确地施行刑罚，从而实现社会正义。[1] 相关规定包括有关法律、法规、规章以及其他规范性文件等。如2003年，在两院两部联合发布的《关于开展社区矫正试点工作的通知》中规定的社区矫正的任务中，第一条就是"按照我国刑法、刑事诉讼法等有关法律、法规和规章的规定，加强对社区服刑人员的管理和监督，确保刑罚的顺利实施"。[2] 2004年，司法部《关于印发〈司法行政机关社区矫正工作暂行办法〉的通知》关于社区矫正的任务描述中，首先是："依照有关法律、法规和规章的有关规定，加强对社区服刑人员的管理和监督，确保刑罚的顺利实施"。[3] 2009年，两院两部联合发布的《关于在全国试行社区矫正工作的意见》中规定，"进一步加强对社区服刑人员的监督管理。根据社区服刑人员的不同犯罪类型和风险等级，探索分类矫正方法，依法执行社区服刑人员报到、会客、请销假、迁居、政治权利行使限制等管控措施，避免发生脱管、漏管，防止重新违法犯罪。健全完善社区服刑人员考核奖惩制度，探索建立日常考核与司法奖惩的衔接机制。探索运用信息通信等技术手段，创新对社区服刑人员的监督管理方法，提高矫正工作的科技含量"。[4] 2014年最高人民法院、最高人民检察院、公安部、司法部在《关于全面推进社区矫正工作的意见》中提出，"全面落实社区矫正工作基本任务。严格执行刑罚，加强监督管理、教育矫正和社会适应性帮扶，是社区矫正的基本任务，也是全面推进社区矫正工作的前提和条件。要切实加强

---

[1] 赵秉志：《社区矫正法（专家建议稿）》，中国法制出版社2013年版，第10页。
[2] 司法部社区矫正管理局：《社区矫正法律法规与工作制度汇编》，法律出版社2014年版，第50页。
[3] 同上书，第51页。
[4] 同上书，第59页。

监督管理"。①

（二）教育矫正

根据国家相关规定，社区矫正机构开展社区矫正工作的重要任务之一是"矫正教育"，即对社区服刑人员开展有针对性的教育工作，转变他们的错误思想观念，矫正他们的不良行为模式，促使他们成为守法公民。如：2003 年，两院两部联合发布的《关于开展社区矫正试点工作的通知》中规定的社区矫正的任务中包括"通过多种形式，加强对社区服刑人员的思想教育、法制教育、社会公德教育，矫正其不良心理和行为，使他们悔过自新，弃恶从善，成为守法公民"。② 2004 年，司法部《关于印发〈司法行政机关社区矫正工作暂行办法〉的通知》（司发通〔2004〕88 号）中规定社区矫正的任务是"采取多种形式，对社区服刑人员进行思想教育、法制教育和道德教育，矫正其不良心理和行为，促使其成为守法公民"。③ 2009 年，两院两部联合发布的《关于在全国试行社区矫正工作的意见》中规定，"全面试行社区矫正工作的主要任务和要求是：（一）进一步加强对社区服刑人员的教育矫正。完善教育矫正措施和方法，加强对社区服刑人员的思想教育、法制教育、社会公德教育，组织有劳动能力的社区服刑人员参加公益劳动，增强其认罪悔罪意识，提高其社会责任感。加强心理矫正工作，采取多种形式对社区服刑人员进行心理健康教育，提供心理咨询和心理矫正，促使其顺利回归和融入社会。探索建立社区矫正评估体系，增强教育矫正的针对性和实效性"。④ 2014 年，最高人民法院、最高人民检察院、公安部、司法部在《关于全面推进社区矫正工作的意见》中提出，"要切实加强教育矫正。认真组织开展思想道德、法制、时事政治等教育，帮助社区服刑人员提高道德修养，增强法制观念，自觉遵纪守法。要组织开展社区服务，培养社区服刑人员正确的劳动观念，增强社会责任感，帮助他们修复社会关系，更好地融入社会。大力创新教育方式方法，实行分类教育和个别教育，普遍开

---

① 司法部社区矫正管理局：《社区矫正法律法规与工作制度汇编》，法律出版社 2014 年版，第 93 页。
② 同上书，第 50 页。
③ 同上书，第 51 页。
④ 同上书，第 59 页。

展心理健康教育,做好心理咨询和心理危机干预,不断增强教育矫治效果。建立健全教育矫正质量评估体系,分阶段对社区服刑人员进行评估,并及时调整完善矫正对策措施,增强教育矫正的针对性和实效性"。①

(三) 帮困扶助

根据国家相关规定,社区矫正机构开展社区矫正工作的重要任务是"帮困扶助",即社区矫正机构整合各种资源帮助社区服刑人员解决就业、生活、法律及心理等方面的困难和问题,以便促进其顺利回归社会。如2003年,两院两部联合发布的《关于开展社区矫正试点工作的通知》中规定的社区矫正的任务中包括"帮助社区服刑人员解决在法律、心理等方面遇到的困难和问题,以利于他们顺利适应社会生活"。② 2004年,司法部颁发的《司法行政机关社区矫正工作暂行办法》中规定,"帮助社区服刑人员解决在就业、生活和心理等方面遇到的困难和问题,以利于其顺利适应社会生活"。③ 2009年,两院两部联合发布的《关于在全国试行社区矫正工作的意见》规定,"进一步加强对社区服刑人员的帮困扶助。积极协调民政、人力资源和社会保障等有关部门,将符合最低生活保障条件的社区服刑人员纳入最低生活保障范围,为符合条件的农村籍社区服刑人员落实责任田。整合社会资源和力量,为社区服刑人员提供免费技能培训和就业指导,提高就业谋生能力,帮助其解决基本生活保障等方面的困难和问题"。④ 2014年最高人民法院、最高人民检察院、公安部、司法部在《关于全面推进社区矫正工作的意见》中提出,"要切实加强社会适应性帮扶工作。制定、完善并认真落实帮扶政策,协调解决社区服刑人员就业、就学、最低生活保障、临时救助、社会保险等问题,为社区服刑人员安心改造并融入社会创造条件。广泛动员企事业单位、社会团体、志愿者等各方面力量,发挥社会帮扶的综合优势,努力形成社会合力,提高帮扶效果"。⑤

---

① 司法部社区矫正管理局:《社区矫正法律法规与工作制度汇编》,法律出版社2014年版,第93页。
② 同上书,第50页。
③ 同上书,第51页。
④ 同上书,第59页。
⑤ 同上书,第93页。

对社区服刑人员的帮困扶助具有特别重要的意义。首先，对社区服刑人员的帮困扶助是社区矫正工作的重大创新。在我国以往的立法中，没有帮助正在执行刑罚的罪犯的规定；在以往的刑罚执行工作中，也缺乏明确的帮助罪犯的工作理念和相关制度。对社区服刑人员进行帮困扶助，是社区矫正工作的显著特色，是社区矫正工作在刑罚执行理念和制度方面的重大创新，必将进一步推动我国刑罚执行理念的发展，促进刑罚执行工作的完善。

其次，对社区服刑人员的帮困扶助是减少重新犯罪的重要措施。对社区服刑人员开展帮困扶助工作，有利于帮助社区服刑人员适应社会生活，实现罪犯再社会化的目标；有利于预防社区服刑人员重新违法犯罪，实现维护社会稳定的目标。

最后，对社区服刑人员的帮困扶助是改善刑罚执行的重要改革。在刑罚执行工作中，一方面，对于罪犯要严格准确地执行刑罚，根据法律规定和裁判内容，限制、剥夺他们的有关权利，从而实现社会正义，预防罪犯的再次侵害。另一方面，对于罪犯在执行刑罚期间遇到的严重困难和问题，要给予理解和关注，并且采取有效措施帮助他们解决这些困难和问题，这不仅有利于在刑罚执行工作中体现人道主义精神，实现构建和谐社会的目标，而且也有利于预防重新犯罪，因为这些困难和问题如果得不到解决，就有可能成为重新犯罪的重要因素。[①]

八 社区矫正的指导思想

2009年，两院两部在《关于在全国试行社区矫正工作的意见》中提出，"全面试行社区矫正工作的指导思想是：坚持以邓小平理论和'三个代表'重要思想为指导，深入贯彻落实科学发展观，贯彻落实宽严相济的刑事政策，按照'首要标准'的要求，进一步加强对社区服刑人员的教育矫正、监督管理和帮困扶助，努力减少重新违法犯罪；进一步加强社区矫正工作机构和队伍建设，不断完善社区矫正管理体制和工作机制；

---

① 赵秉志：《社区矫正法（专家建议稿）》，中国法制出版社2013年版，第10—11页。

进一步加强社区矫正工作的制度化、规范化建设，积极推进社区矫正立法进程，探索建立中国特色非监禁刑罚执行制度，为维护社会和谐稳定做出积极贡献"。① 2014 年两院两部在《关于全面推进社区矫正工作的意见》中提出，"全面推进社区矫正工作的指导思想是：以邓小平理论、'三个代表'重要思想、科学发展观为指导，认真贯彻落实党的十八大、十八届三中全会精神，认真学习贯彻习近平总书记系列重要讲话精神，学习贯彻习近平总书记对司法行政工作重要指示精神，贯彻落实中央深化司法体制和社会体制改革的决策部署，全面推进社区矫正，切实抓好对社区服刑人员的监督管理、教育矫正和社会适应性帮扶工作，加强中国特色社区矫正法律制度建设、机构队伍建设和保障能力建设，健全完善社区矫正制度，更好地预防和减少重新违法犯罪，为维护社会和谐稳定，建设平安中国、法治中国作出积极贡献"。②

九　社区矫正的原则

（一）坚持党的领导与党中央决策部署

面对纷繁复杂的社会形势和风云突变的国际形势，我国的社区矫正必须坚持党的领导与党中央决策部署，要确保正确的政治立场和政治方向，建设成有中国特色的社区矫正事业。2009 年，两院两部在《关于在全国试行社区矫正工作的意见》中提出的全面试行社区矫正工作的基本原则中，第一条就是"坚持党对社区矫正工作的领导，认真贯彻中央关于司法体制和工作机制改革的决策部署，确保社区矫正工作的正确方向"。③ 2014 年，两院两部出台了《关于全面推进社区矫正工作的意见》，进一步指出了全面推进社区矫正工作的基本原则，第一条是："必须坚持党的领导，立足我国基本国情，探索建立完善中国特色社区矫正制度，不照抄照搬国外的制度模式和做法，坚持社区矫正工作正确方向。"④

---

① 司法部社区矫正管理局：《社区矫正法律法规与工作制度汇编》，法律出版社 2014 年版，第 58 页。
② 同上书，第 92 页。
③ 同上书，第 58—59 页。
④ 同上书，第 92—93 页。

(二) 坚持从实际出发

中国有着自己的国情,一切工作均要从中国的实际情况出发。这个实际情况既包括中国的文化传统,也包括当地的经济社会发展水平与地域特色;既包括当地社会成员对于社区矫正的态度与社区的实际发展状况,也包括每位社区矫正服刑人员的实际情况。2009 年,两院两部在《关于在全国试行社区矫正工作的意见》中提出的全面试行社区矫正工作的基本原则中,指出,"坚持从我国国情出发,坚持社区矫正工作的非监禁刑罚执行性质,不断完善中国特色刑罚执行制度;坚持从实际出发,分类指导,确保社区矫正工作各项措施符合实际、取得实效"。[①] 2014 年,两院两部出台的《关于全面推进社区矫正工作的意见》进一步指出了全面推进社区矫正工作的基本原则,规定,"必须坚持从实际出发,与本地的经济社会发展水平相适应,充分考虑社会对社区矫正工作的认同感,充分考虑本地社区建设、社会资源、工作力量的承受力"。[②]

(三) 坚持依法进行

社区矫正工作要在法律的框架内展开工作,做到"有法可依、有法必依、执法必严、违法必究"。2014 年,两院两部在《关于全面推进社区矫正工作的意见》中指出,"必须坚持依法推进,严格按照刑法、刑事诉讼法的规定开展工作,严格遵守和执行法定条件和程序,充分体现刑罚执行的严肃性、统一性和权威性"。[③]

(四) 坚持分工负责与密切协作相结合

社区矫正需要多个部门共同合作才能完成,这就需要各部门之间分工负责并密切协作。2009 年,两院两部在《关于在全国试行社区矫正工作的意见》中指出,"坚持各有关部门分工负责、相互支持、协调配合,确保社区矫正工作有序开展,坚持专群结合,充分调动社会资源和有关方面的积极性,不断增强社区矫正工作的社会效果"。[④] 2014 年,两院两部出台的《关于全面推进社区矫正工作的意见》进一步指出,"必须坚持

[①] 司法部社区矫正管理局:《社区矫正法律法规与工作制度汇编》,法律出版社 2014 年版,第 58—59 页。
[②] 同上书,第 92—93 页。
[③] 同上。
[④] 同上书,第 58—59 页。

统筹协调，充分发挥各部门的职能作用，广泛动员社会力量参与社区矫正工作，为社区服刑人员顺利回归社会创造条件"。①

"根据我国开展社区矫正工作的实践、两院两部的多项文件和有关法律的规定，在社区矫正工作中，不同的机关和部门有不同的职能分工。其中，司法行政机关负责指导管理、组织实施社区矫正工作；人民法院对符合社区矫正适用条件的被告人、罪犯依法作出判决、裁定或者决定；人民检察院对社区矫正各执法环节依法实行法律监督；公安机关对违反治安管理规定和重新犯罪的社区矫正人员及时依法处理（两院两部《实施办法》第2条）。此外，其他相关机关（例如民政部门等）也有各自的职责。社区矫正法首先应当明确规定这些机构和部门在社区矫正工作中的职责，确保它们依法履行职能，从而保证社区矫正工作的顺利进行。同时，还要看到，社区矫正工作并不仅仅是某一个机关或者部门的职责，社区矫正工作的顺利进行，必须依靠相关机关和部门的大力支持和配合，过去进行社区矫正试点工作的经验表明，相关机关和部门的支持与配合，是社区矫正工作能够顺利进行的重要保障，也是社区矫正工作取得重大成绩的宝贵经验。因此，为了保证社区矫正工作在未来能够顺利进行，还要在社区矫正法中强调各个机关和部门之间的相互支持与配合。为此，在明确各机关和部门职能分工的同时，还要规定它们之间必须密切地相互配合，在某项事务涉及不同机关和部门时，相关机关和部门要切实依法履行各自的职能，相互配合，使相关的工作能够顺畅地衔接起来，依法共同完成社区矫正工作。这样的规定，有利于在社区矫正工作中避免一些机关和部门在涉及相关机关和部门的事务时相互推诿、扯皮的现象。"②

（五）坚持教育改造

2014年，两院两部在《关于全面推进社区矫正工作的意见》中指出，"必须坚持把教育改造社区服刑人员作为社区矫正工作的中心任务，切实做好社区服刑人员监管教育和帮困扶助，把社区服刑人员改造成守法公

---

① 司法部社区矫正管理局：《社区矫正法律法规与工作制度汇编》，法律出版社2014年版，第92—93页。
② 赵秉志：《社区矫正法（专家建议稿）》，中国法制出版社2013年版，第11—12页。

民，预防和减少重新犯罪"。① 这种标本兼治的大教育、大预防的思路必将在实践中发挥其独特的作用。

（六）坚持改革创新

社区矫正是新生事物，而在实际工作中遇到的情况又是千变万化的，这就要求在社区矫正的实际工作中要坚持与时俱进、紧跟时代潮流，不因循守旧，坚持改革创新，不断提高社区矫正的效果与水平。2009 年，两院两部在《关于在全国试行社区矫正工作的意见》中指出，"坚持与时俱进、改革创新，努力探索社区矫正工作方法，不断提高社区矫正工作水平"。② 2014 年，两院两部颁发的《关于全面推进社区矫正工作的意见》进一步指出，"必须坚持改革创新，用创新的思维和改革的办法解决工作中的困难和问题，不断实现新发展、取得新成绩"。③

第二节　社区矫正的管理体制与队伍

一　社区矫正的管理体制

社区矫正作为一项重要的刑罚执行工作，必须由专门的国家刑罚执行机关执行。社区矫正机关是社区矫正的主体。目前，我国根据《社区矫正实施办法》规定，社区矫正工作由司法行政机关负责指导管理、组织实施，由县级司法行政机关社区矫正机构对社区服刑人员进行监督管理和教育帮助，司法所承担社区矫正日常工作。我国在开展社区矫正工作的过程中，形成了不同层次的社区矫正机构。④

（一）社区矫正管理机关

在我国，县级及其以上层次的社区矫正机构属于社区矫正管理机关。目前我国最高级的社区矫正管理机关设在司法部。2012 年 1 月前，社区矫正管理机构是司法部的社区矫正工作办公室。2012 年 1 月，经批准，

---

① 司法部社区矫正管理局：《社区矫正法律法规与工作制度汇编》，法律出版社2014年版，第92—93页。
② 同上书，第58—59页。
③ 同上书，第92—93页。
④ 赵秉志：《社区矫正法（专家建议稿）》，中国法制出版社2013年版，第6页。

司法部单独设立社区矫正管理局。各地积极推动设立社区矫正专门机构。①在省级司法行政机关设立了社区矫正处（局、办）等机构；在地级司法行政机关和县级司法行政机关内，也设立了类似的社区矫正部门，负责本辖区内的社区矫正工作事务。

2004年，司法部颁布的《司法行政机关社区矫正工作暂行办法》规定，"社区矫正工作的机构、人员及其职责"中规定，"省（自治区、直辖市）、市（地、州）和县（市、区）司法行政机关应当设立社区矫正工作领导小组办公室，作为同级社区矫正工作领导小组的办事机构，负责指导、监督有关法律、法规和规章的实施，协调相关部门解决社区矫正工作中的重大问题，检查、考核本地区社区矫正实施情况"。②其中，县级社区矫正管理机关具有十分重要的地位，是大量社区矫正工作事务的主要承担者和组织者。截至2015年年底，全国共有31个省（自治区、直辖市）和新疆生产建设兵团的司法厅（局）经所在省（自治区、直辖市）、兵团编办批准设立了社区矫正局（处）。全国共有339个地（市、州）司法局单独设立社区矫正局（处、室）、2780个县（市、区）司法局单独设立社区矫正局（科、股），分别占全国地（市、州）和县（市、区）建制数（以上建制数均包含新疆生产建设兵团的师、垦区）的98%和97%左右。③

（二）社区矫正实施机构

县级社区矫正管理机关在乡（镇、街道）设立了派出机构，实际负责当地的社区矫正工作。2004年，司法部发布的《司法行政机关社区矫正工作暂行办法》中规定，"乡镇、街道司法所具体负责实施社区矫正，履行下列职责：（1）贯彻落实国家有关非监禁刑罚执行的法律、法规、规章和政策；（2）依照有关规定，对社区服刑人员实施管理，会同公安机关对社区服刑人员进行监督、考察；（3）对社区服刑人员进行考核，

---

① 司法部社区矫正管理局：《全国社区矫正发展情况与数据统计》，法律出版社2017年版，第18页。
② 司法部社区矫正管理局：《社区矫正法律法规与工作制度汇编》，法律出版社2014年版，第52页。
③ 司法部社区矫正管理局：《全国社区矫正发展情况与数据统计》，法律出版社2017年版，第19页。

根据考核结果实施奖惩；（4）组织相关社会团体、民间组织和社区矫正工作志愿者，对社区服刑人员开展多种形式的教育，帮助社区服刑人员解决遇到的困难和问题；（5）组织有劳动能力的社区服刑人员参加公益劳动；（6）完成上级司法行政机关交办的其他有关工作"。[1]

（三）社区矫正相关机构

1. 相关刑事司法机关

与社区矫正相关的刑事司法机关主要包括公、检、法、司等各部门。作为我国刑事司法系统组成部分的公、检、法、司等各部门，在长期的工作实践中已经形成了各自的职权分工；学术界在长期的研究中，也对公、检、法、司各部门的合理职权分工达成共识——公安机关负责查明犯罪、人民检察院负责起诉犯罪、人民法院负责审判案件、司法行政机关负责执行刑罚。[2]

2004年，司法部颁发的《司法行政机关社区矫正工作暂行办法》在对"社区矫正工作的机构、人员及其职责"的规定中指出，"司法行政机关应当在人民法院就管制、缓刑、暂予监外执行、假释、剥夺政治权利的判决、裁定或者决定听取司法行政机关的意见时，积极配合。司法行政机关应当与公安机关密切配合，对拒不服从管理教育、情节严重，或者有重新犯罪嫌疑的社区服刑人员，及时提请公安机关依法处理……监狱对符合暂予监外执行条件的在押服刑人员，应当依照法律和有关规定准予暂予监外执行；对符合假释条件的在押服刑人员，应当依照法定程序，及时报请人民法院裁定；对司法所开展社区矫正工作，应当积极给予协助"。[3]

在现今大力推广社区矫正的趋势下，公、检、法、司各部门在社区矫正工作中的工作职权和工作重点在将来可能会增加新的内容，这也涉及对于各部门职权的一些调整。

2. 相关的其他国家机关

民政、劳动和社会保障、财政、卫生、教育、工商行政管理、税

---

[1] 司法部社区矫正管理局：《社区矫正法律法规与工作制度汇编》，法律出版社2014年版，第52页。
[2] 赵秉志：《社区矫正法（专家建议稿）》，中国法制出版社2013年版，第6—7页。
[3] 司法部社区矫正管理局：《社区矫正法律法规与工作制度汇编》，法律出版社2014年版，第52页。

务等部门，都按照各自的职责分工，不同程度地参与到社区矫正工作中来。① 如在帮贫助困工作中，司法机关需要与民政、劳动和社会保障、教育、财政等部门合作，提供职业技能培训、文化教育、法律知识、培训等。

目前，我国的司法行政机关积极协调人力资源和社会保障、财政、民政、工商、税务等部门，落实法律规定，完善政策措施，为社区矫正工作提供了必要的经费支持，向社区服刑人员提供最低生活保障、就业指导、创业扶持等帮助，解决其工作和生活上遇到的困难和问题。经过多方努力，各地普遍将符合最低生活保障条件的社区服刑人员纳入城市最低生活保障范围，并为符合条件的农村籍社区服刑人员落实承包田。②

（四）社区矫正辅助机构

在开展社区矫正的过程中，可能会根据需要设立一些新的辅助机构，开展相关工作。我国目前常见的做法是建立社区矫正基地，成立"中途之家""管理服务中心""阳光驿站"等社区矫正设施，这为有困难的社区服刑人员提供了过渡性食宿、技能培训和就业指导等服务，有力地促进了社区服刑人员顺利融入正常的社会生活。③ 例如，上海市的新航社区服务品站、北京市的阳光中途之家、江苏省的社区矫正管理教育服务中心等。④

目前，我国各地按照《社区矫正实施办法》的有关规定，通过聘请专家授课、编发辅导材料，采用集中教育、个人自学等方式，加强了对社区服刑人员思想教育、法制教育、社会公德教育，帮助社区服刑人员了解社会，增强他们的法制观念和社会认知能力；组织有劳动能力的社区服刑人员参加打扫公共卫生、照顾孤寡老人、绿地维护、植树造林等社区服务，修复社会关系，培养其社会公德意识和良好的行为习惯；根据社区服刑人员的犯罪类型、性格特点、家庭环境等情况，有针对性地

---

① 赵秉志：《社区矫正法（专家建议稿）》，中国法制出版社2013年版，第6—7页。
② 司法部社区矫正管理局：《全国社区矫正发展情况与数据统计》，法律出版社2017年版，第16—17页。
③ 同上书，第17页。
④ 赵秉志：《社区矫正法（专家建议稿）》，中国法制出版社2013年版，第6—7页。

开展个案矫正，各地先后建立了心理咨询室，通过聘请或自己培养专业的心理咨询师，为社区服刑人员提供心理辅导服务，探索心理健康教育、心理咨询和心理危机干预等心理矫正方法，增强教育改造效果。①

二 社区矫正的工作者

"社区矫正工作者"是指依法参加社区矫正工作的人员。② 在英语社区矫正文献中，常见"缓刑官""假释官"等名词及其工作内容，但是，很少会使用一个泛指所有社区矫正工作人员的集合名词或者专门术语。而在我国的社区矫正实践中目前还没有使用"缓刑官""假释官"等名词。本章用"社区矫正工作者"这个名词泛指所有从事社区矫正工作的人员，不仅包括专业人员，也包括准专业人员和志愿人员。不过，在专门指称缓刑官和假释官时，使用"专业社区矫正工作者"一词来称呼。③

在我国，参照司法部颁发的《司法行政机关社区矫正工作暂行办法》中第十二条规定，"社区矫正工作者应当由司法所工作人员、有关社会团体成员和社会志愿者组成"。④ 应当注意的是，"社区矫正工作者"主要是指社区矫正官、矫正社会工作者、社区矫正志愿者三类人员，但是，并不限于这三类人员。自 2003 年开展社区矫正试点工作以来，在中国社区矫正工作者队伍的建设与发展方面，各地进行了多方面的有益尝试。目前，在开展社区矫正试点工作的地区，已经普遍建立了由不同类型工作人员组成的社区矫正工作队伍，他们对于社区矫正试点工作的顺利进行，做出了巨大的贡献。⑤ 在我国的社区矫正工作中，各地已经普遍建立了以司法所工作人员为主、社会工作者和社会志愿者积极协助的专群结合的社区矫正工作者队伍。社区矫正工作者已经成为所有开展社区矫正工作的人员的总的名称或者集合名词，其中包括社区矫正官（司法所工

---

① 司法部社区矫正管理局：《全国社区矫正发展情况与数据统计》，法律出版社 2017 年版，第 10—11 页。
② 赵秉志：《社区矫正法（专家建议稿）》，中国法制出版社 2013 年版，第 15 页。
③ 吴宗宪：《社区矫正比较研究》（上），中国人民大学出版社 2011 年版，第 266 页。
④ 司法部社区矫正管理局：《社区矫正法律法规与工作制度汇编》，法律出版社 2014 年版，第 52 页。
⑤ 吴宗宪：《社区矫正比较研究》（上），中国人民大学出版社 2011 年版，第 315 页。

作人员)、社会工作者(或者"矫正社会工作者、司法社会工作者")、社区矫正志愿者等类型。① 除此之外,社区服刑人员的家属等相关人员、相关民间组织的成员以及刑释人员等,都可以采用不同的方式参与社区矫正工作。②

我们可以根据社区矫正工作者从事社区矫正工作的不同情况,将社区矫正工作者划分为两类:(1)专职社区矫正工作者,即把社区矫正工作作为其职业的专职人员;(2)兼职社区矫正工作者,即利用部分时间从事社区矫正工作的兼职人员。③

(一)专职社区矫正工作者

目前在我国,专职社区矫正工作者主要是指司法所工作人员与社会工作者。

1. 司法所工作人员

司法所工作人员是指司法所的国家工作人员,在社区矫正中承担执法职能并且具有公务员身份。这类人员担负具体的刑罚执法职能,负责办理社区矫正服刑人员的法律手续,负责监督和控制社区矫正服刑人员的行为,落实法律规定的对社区矫正服刑人员的惩罚。④

目前,司法部和各地积极采取措施,大力加强司法所队伍建设,其取得的积极成效之一是加强了专职队伍建设。司法所承担着社区矫正日常工作。目前,全国司法所工作人员已达到11万余人,所均2.7人,他们在司法所从事人民调解、安置帮教、法律服务等工作的同时,认真履行着社区矫正的执法职责。⑤

在实践中,我国各地注重提高社区矫正工作人员素质。各级司法行政机关坚持把思想政治建设放在首位,大力加强业务能力建设,加大教育培训力度,开展社区矫正工作队伍专业知识培训,不断提高社区矫正队伍的专业知识和工作能力水平,司法部先后举办全国社区矫正执法培

---

① 赵秉志:《社区矫正法(专家建议稿)》,中国法制出版社2013年版,第7—8页。
② 同上书,第20页。
③ 吴宗宪:《社区矫正比较研究》(上),中国人民大学出版社2011年版,第317—318页。
④ 同上书,第315页。
⑤ 司法部社区矫正管理局:《全国社区矫正发展情况与数据统计》,法律出版社2017年版,第20页。

训班和全国社区矫正工作培训班,培养了社区矫正骨干工作人员,为各地社区矫正工作培训起到了示范作用。切实加强社区矫正人才培养,建立健全社会工作者和社会志愿者的聘用、管理、考核、激励机制,确保公正廉洁执法。①

2. 社会工作者

这里所说的"社会工作者",是指根据一定条件选择并经培训后对社区矫正服刑人员开展相关社会工作的全日制专业人员。从我国目前的情况来看,他们应当是一些地方成立的、从事社区矫正工作的民办非企业社团中的专门工作人员。他们也是在一些国家和地区中所谓的"准专业人员"的主要部分。随着我国社区矫正工作的开展,这类社区矫正工作者的人数会不断增加,他们开展社区矫正工作的组织形式如社团等,也会逐步建立起来。②

(二)兼职社区矫正工作者

兼职社区矫正工作者包括外聘社区矫正工作者与社区矫正志愿者。

1. 外聘社区矫正工作者

外聘社区矫正工作者主要包括合同制矫正工作者以及政府购买服务的专业人员。他们通常是通过订立合同开展社区矫正工作的专业技术人员。

外聘社区矫正工作者与上文所说的社会工作者有很多相似的地方:第一,他们往往是一些专业技术人员,有自己的专业技能,能够胜任一定的社区矫正工作;第二,他们一般通过与社区矫正机构签订合同的形式,为社区矫正机构和社区服刑人员提供有关服务;第三,他们都从社区矫正机构中获得相应的劳动报酬。不过,这类矫正工作者也与专职的社会工作者有很多的差别。第一,他们不一定是社会工作者,有可能是其他专业技术人员,如研究人员、教师、医生、心理学家等。第二,他们不是全日制的社区矫正工作者。他们可以在一定时间中为社区矫正机构提供服务,但是,他们同时是其他有关机构,如研究机构、学校、医

---

① 司法部社区矫正管理局:《全国社区矫正发展情况与数据统计》,法律出版社2017年版,第20页。

② 吴宗宪:《社区矫正比较研究》(上),中国人民大学出版社2011年版,第316页。

院、心理诊所等的职员。第三，尽管熟悉社区矫正工作是他们有效开展社区矫正工作的重要条件，但是，他们不一定要在接受过正规的岗前培训之后才能开展社区矫正工作。这是因为，很多社区矫正服刑人员存在的问题与社会上的普通人具有相似性，如职业技能的学习问题、人际关系的处理问题等。对于这些问题的解决，不一定需要经过专门的学习，外聘社区矫正工作者利用其在日常业务活动中积累的经验就可以解决这类问题。①

2. 社区矫正志愿者

矫正志愿者就是在矫正领域无偿进行辅助工作或者提供有关服务的人员。② 以此类推，社区矫正志愿者是指在社区矫正领域无偿进行辅助工作或者提供有关服务的人员。

在社区矫正领域中，志愿者的参与历史久远。实际上，社区矫正的兴起本身与志愿者的贡献密不可分。③ 目前，在美国、日本、瑞典等国均活跃着大量志愿者。从一些国家的情况来看，矫正志愿者为执法部门（主要是公安机关、法庭和矫正机构）无偿提供的大量的辅助性工作或者有关服务，发挥着积极的作用。监狱和看守所领域的志愿服务有着十分久远的历史。在社区矫正领域中从事志愿工作的人员，往往被称为"志愿缓刑官""社区矫正志愿者""缓刑志愿者"等。不过，需要注意的是，这里所讲的"无偿"，仅仅是指不发薪水或者工资，而不是指不提供任何物质方面或者精神方面的帮助、支持等。实际上，在大多数司法管辖区中，往往在极其重视对志愿者的精神鼓励的同时，也会提供一定的物质津贴，包括提供交通补贴、误餐补助等。

司法部颁发的《司法行政机关社区矫正工作暂行办法》第十三条规定，"社区矫正工作志愿者应当具备下列条件：（1）拥护宪法，遵守法律，品行端正；（2）热心社区矫正工作；（3）有一定的法律政策水平、文化素质和专业知识。自愿参与和从事社区矫正的社会志愿者，向居住地的街道、乡镇司法所报名，符合前款规定条件的，由司法所报请县级

---

① 吴宗宪：《社区矫正比较研究》（上），中国人民大学出版社2011年版，第317—318页。
② 同上书，第298—299页。
③ 同上。

司法行政机关颁发聘书"。①

目前,我国各地均在壮大社会工作者和社会志愿者队伍。各地采取政府购买公益岗位、聘用社区矫正社会工作者、招募社会志愿者等方式,积极争取包括专家、学者、离退休人员、高等院校师生在内的社会力量参与到社区矫正工作中来。目前,全国共招聘、招募的从事社区矫正工作的社会工作者有8.3万余人,社会志愿者69万余人。② 利用志愿者开展社区矫正工作,是社区矫正工作发展的必然趋势。随着我国社区矫正工作的不断发展,各地应当就如何利用志愿人员开展社区矫正工作问题进行多方面的积极探索,努力创造出符合中国经济社会特点的、切实可行的招募与使用社区矫正志愿者的途径和方法。③

【信息栏】5—1

加强三级教育管理工作力量④

杭州市司法局社区矫正处

加强三级教育管理工作力量具体做法如下:一是加强司法行政机关社区矫正工作人员队伍建设。加强社区矫正专职工作队伍建设,配齐配强直属司法所社区矫正工作力量,近三年将连续下拨的230名中央政法专编全部配备到基层司法所,各区(县、市)通过统一招录、选调等方式将政治素质高、业务能力强的人员充实到基层一线,杭州县乡两级现有社区矫正专编人员340人。2014年中共中央办公厅、国务院办公厅《关于进一步加强社区矫正工作的意见》中指出,通过"政府购买服务"的方式,按照1:20的比例建立社区矫正社会工作者队伍,矫正社会工作者队伍享受社工待遇,协助司法行政机关开展教育矫正、社会适应性帮

---

① 司法部社区矫正管理局:《社区矫正法律法规与工作制度汇编》,法律出版社2014年版,第52页。
② 司法部社区矫正管理局:《全国社区矫正发展情况与数据统计》,法律出版社2017年版,第20页。
③ 吴宗宪:《社区矫正比较研究》(上),中国人民大学出版社2011年版,第317页。
④ 司法部社区矫正管理局:《全国社区矫正教育管理工作实践》,法律出版社2016年版,第191—192页。

扶等工作。2015年市局制定《杭州市社区矫正社会工作者管理办法（试行）》，对社区矫正社会工作者的工作职责、招聘录用、纪律要求、考核奖励做出了明确要求。全市现有社工266人，社工与社区服刑人员比为1∶16。

二是多重引入社会力量。按照社会志愿者与社区矫正人员不低于1∶1的比例，进一步充实社会志愿者队伍。2015年8月6日市司法局与团市委联合发文《关于成立杭州市社区矫正志愿服务总队的决定》，将社区矫正社会志愿者纳入杭州市志愿者队伍统筹管理。2012年起，建立了全市社区矫正人才库，陆续组建社区矫正心理矫治专家团、社区矫正行知团、教育矫治师资团等"三支队伍"，为全市社区矫正工作提供智力支持。通过"三支队伍"的建设，购买专业的服务，为社区服刑人员提供集中教育、心理矫治等服务，提升教育效果。

三是积极发动社区服刑人员朋友圈帮教。广泛发动社区服刑人员所在单位、学校、家庭参与社区矫正工作，吸收社区服刑人员所在村（社区）的片区民警、基层干部、党员等成为社区服刑人员帮教小组成员，建立了"五位一体"的帮教框架，通过"老师管学生""父母管子女""妻子管丈夫"等方式，融法律约束、道德引导、亲情感化为一体，增强教育矫正效果。

第三节　社区矫正的工作流程

一　矫正前的调查评估

社区矫正之前，相关部门需要开展社区矫正适用前的调查评估。根据刑法、刑事诉讼法和两院两部《社区矫正实施办法》的有关规定，人民法院在作出管制、缓刑、假释、暂予监外执行的判决、裁定和决定前，人民检察院在提出对被告人适用社区矫正的量刑建议前，公安机关、监狱在决定对罪犯暂予监外执行前，需要调查其对所居住社区影响的，委托县级司法行政机关进行调查评估，司法行政机关根据委托机关的要求，对被告人或者罪犯的居所情况、家庭和社会关系、一贯表现、犯罪行为的后果和影响、所居住社区居民和被害人意见、拟禁止的事项等进行调查了解，形成评估意见，及时提交委托机关，作为能否适用社区矫正的参考依据。

自《社区矫正实施办法》施行以来,各地认真开展社区矫正适用前的调查评估工作,通过开展适用前调查评估,促使决定机关从有利于教育矫正罪犯的角度,依法准确适用社区矫正,强化了决定机关和执行机关的衔接配合,避免出现罪犯脱管、漏管现象,也便于执行机关提前掌握情况,制订有针对性的矫正方案。①

2016年,两院两部颁布了《关于进一步加强社区矫正工作衔接配合管理的意见》,指出要加强社区矫正适用前的衔接配合管理,② 并对各个环节进行了详细规定。如"人民法院、人民检察院、公安机关、监狱对拟适用或者提请适用社区矫正的被告人、犯罪嫌疑人或者罪犯,需要调查其对所居住社区影响的,可以委托其居住地县级司法行政机关调查评估。对罪犯提请假释的,应当委托其居住地县级司法行政机关调查评估。对拟适用社区矫正的被告人或者罪犯,裁定或者决定机关应当核实其居住地"。"居住地县级司法行政机关应当自收到调查评估委托函及所附材料之日起10个工作日内完成调查评估,提交评估意见。对于适用刑事案件速裁程序的,居住地县级司法行政机关应当在5个工作日内完成调查评估,提交评估意见。评估意见同时抄送居住地县级人民检察院。"

二 社区矫正的接收

2012年,两院两部联合发布的《社区矫正实施办法》中第5条规定:"对于适用社区矫正的罪犯,人民法院、公安机关、监狱应当核实其居住地,在向其宣判时或者在其离开监所之前,书面告知其到居住地县级司法行政机关报到的时间期限以及逾期报到的后果,并通知居住地县级司法行政机关;在判决、裁定生效起3个工作日内,送达判决书、裁定书、决定书、执行通知书、假释证明书副本等法律文书,同时抄送其居住地县级人民检察院和公安机关。县级司法行政机关收到法律文书后,应当

---

① 司法部社区矫正管理局:《全国社区矫正发展情况与数据统计》,法律出版社2017年版,第9—10页。

② 中华人民共和国司法部网站,http://www.moj.gov.cn/index/content/2016-09/21/content_7084541.htm? node=86542。

在3个工作日内送达回执"。第6条规定："社区矫正人员应当自人民法院判决、裁定生效之日或者离开监所之日起10日内到居住地县级司法行政机关报到。县级司法行政机关应当及时为其办理登记接收手续，并告知其3日内到指定的司法所接受社区矫正。发现社区矫正人员未按规定时间报到的，县级司法行政机关应当及时组织查找，并通报决定机关。暂予监外执行的社区矫正人员，由交付执行的监狱、看守所将其押送至居住地，与县级司法行政机关办理交接手续。罪犯服刑地与居住地不在同一省、自治区、直辖市，需要回居住地暂予监外执行的，服刑地的省级监狱管理机关、公安机关监所管理部门应当书面通知罪犯居住地的同级监狱管理机关、公安机关监所管理部门，指定一所监狱、看守所接收罪犯档案，负责办理罪犯收监、释放等手续。人民法院决定暂予监外执行的，应当通知其居住地县级司法行政机关派员到庭办理交接手续。"第7条规定："司法所接收社区矫正人员后，应当及时向社区矫正人员宣告判决书、裁定书、决定书、执行通知书等有关法律文书的主要内容；社区矫正期限；社区矫正人员应当遵守的规定、被禁止的事项以及违反规定的法律后果；社区矫正人员依法享有的权利和被限制行使的权利；矫正小组人员组成及职责等有关事项。宣告由司法所工作人员主持，矫正小组成员及其他相关人员到场，按照规定程序进行。"[1]

2016年，两院两部颁布了《关于进一步加强社区矫正工作衔接配合管理的意见》，进一步指出，要加强社区矫正适用前的衔接配合管理，[2]并对各个环节进行了详细规定，如前文提到的矫正前的调查评估流程。

如果在接收过程中出现了漏洞，有关部门应及时采取措施进行处理。如《关于进一步加强社区矫正工作衔接配合管理的意见》中规定，"人民法院、公安机关、司法行政机关在社区服刑人员交付接收工作中衔接脱节，或者社区服刑人员逃避监管、未按规定时间期限报到，造成没有及时执行社区矫正的，属于漏管。居住地社区矫正机构发现社区服刑人员

---

[1] 司法部社区矫正管理局：《社区矫正法律法规与工作制度汇编》，法律出版社2014年版，第61—62页。
[2] 中华人民共和国司法部网站，http://www.moj.gov.cn/index/content/2016-09/21/content_7084541.htm?node=86542。

漏管,应当及时组织查找,并由居住地县级司法行政机关通知有关人民法院、公安机关、监狱、居住地县级人民检察院。社区服刑人员逃避监管、不按规定时间期限报到导致漏管的,居住地县级司法行政机关应当给予警告;符合收监执行条件的,依法提出撤销缓刑、撤销假释或者对暂予监外执行收监执行的建议"。①

三 社区矫正的执行

(一) 建立专门的矫正小组

《社区矫正实施办法》中规定,"司法所应当为社区矫正人员确定专门的矫正小组。矫正小组由司法所工作人员担任组长,由本办法第3条第二、第三款所列相关人员组成。社区矫正人员为女性的,矫正小组应当有女性成员。司法所应当与矫正小组签订矫正责任书,根据小组成员所在单位和身份,明确各自的责任和义务,确保各项矫正措施落实"。"司法所应当为社区矫正人员制定矫正方案,在对社区矫正人员被判处的刑罚种类、犯罪情况、悔罪表现、个性特征和生活环境等情况进行综合评估的基础上,制定有针对性的监管、教育和帮助措施。根据矫正方案的实施效果,适时予以调整"。②

(二) 建立社区矫正执行档案

《社区矫正实施办法》中规定,"县级司法行政机关应当为社区矫正人员建立社区矫正执行档案,包括适用社区矫正的法律文书,以及接收、监管审批、处罚、收监执行、解除矫正等有关社区矫正执行活动的法律文书。司法所应当建立社区矫正工作档案,包括司法所和矫正小组进行社区矫正的工作记录,社区矫正人员接受社区矫正的相关材料等。同时留存社区矫正执行档案副本"。③

(三) 社区矫正人员的日常管理

《社区矫正实施办法》中,对社区矫正人员日常管理做出了明确规

---

① 中华人民共和国司法部网站, http://www.moj.gov.cn/index/content/2016 - 09/21/content_7084541.htm? node = 86542。

② 司法部社区矫正管理局:《社区矫正法律法规与工作制度汇编》,法律出版社2014年版,第62页。

③ 同上。

定,如"社区矫正人员应当定期向司法所报告遵纪守法、接受监督管理、参加教育学习、社区服务和社会活动的情况。发生居所变化、工作变动、家庭重大变故以及接触对其矫正产生不利影响人员的,社区矫正人员应当及时报告。保外就医的社区矫正人员还应当每个月向司法所报告本人身体情况,每3个月向司法所提交病情复查情况"。"对于人民法院禁止令确定需经批准才能进入的特定区域或者场所,社区矫正人员确需进入的,应当经县级司法行政机关批准,并告知人民检察院。""社区矫正人员未经批准不得变更居住的县(市、区、旗)。"[①]

(四)社区矫正人员的教育矫正管理

《社区矫正实施办法》中,对社区矫正人员应当参加的教育矫正、心理矫正、技能培训等做出了详细规定,如"社区矫正人员应当参加公共道德、法律常识、时事政策等教育学习活动,增强法制观念、道德素质和悔罪自新意识。社区矫正人员每月参加教育学习时间不少于8小时"。"有劳动能力的社区矫正人员应当参加社区服务,修复社会关系,培养社会责任感、集体观念和纪律意识。社区矫正人员每月参加社区服务时间不少于8小时。""根据社区矫正人员的心理状态、行为特点等具体情况,应当采取有针对性的措施进行个别教育和心理辅导,矫正其违法犯罪心理,提高其适应社会能力。""司法行政机关应当根据社区矫正人员的需要,协调有关部门和单位开展职业培训和就业指导,帮助落实社会保障措施。"[②]

(五)社区矫正人员的监督管理与考核

《社区矫正实施办法》中,对社区矫正人员的监督管理及考核办法做出了明确规定,如"司法所应当根据社区矫正人员个人生活、工作及所处社区的实际情况,有针对性地采取实地检查、通信联络、信息化核查等措施及时掌握社区矫正人员的活动情况。重点时段、重大活动期间或者遇有特殊情况,司法所应当及时了解掌握社区矫正人员的有关情况,可以根据需要要求社区矫正人员到办公场所报告、说明情况。社区矫正人员脱离监管的,司法所应当及时报告县级司法行政机关组织追查"。

---

① 司法部社区矫正管理局:《社区矫正法律法规与工作制度汇编》,法律出版社2014年版,第62页。

② 同上书,第62—63页。

"司法所应当定期到社区矫正人员的家庭、所在单位、就读学校和居住的社区了解、核实社区矫正人员的思想动态和现实表现等情况。""司法所应当及时记录社区矫正人员接受监督管理、参加教育学习和社区服务等情况，定期对其接受矫正的表现进行考核，并根据考核结果，对社区矫正人员实施分类管理。""发现社区矫正人员有违反监督管理规定或者人民法院禁止令情形的，司法行政机关应当及时派员调查核实情况，收集有关证明材料，提出处理意见。""社区矫正人员违反监督管理规定或者人民法院禁止令，依法应予治安管理处罚的，县级司法行政机关应当及时提请同级公安机关依法给予处罚。公安机关应当将处理结果通知县级司法行政机关。""暂予监外执行的社区矫正人员有下列情形之一的，由居住地县级司法行政机关向批准、决定机关提出收监执行的建议书并附相关证明材料，批准、决定机关应当自收到之日起 15 日内依法作出决定：(1) 发现不符合暂予监外执行条件的；(2) 未经司法行政机关批准擅自离开居住的市、县（旗），经警告拒不改正，或者拒不报告行踪，脱离监管的；(3) 因违反监督管理规定受到治安管理处罚，仍不改正的；(4) 受到司法行政机关两次警告，仍不改正的；(5) 保外就医期间不按规定提交病情复查情况，经警告拒不改正的；(6) 暂予监外执行的情形消失后，刑期未满的；(7) 保证人丧失保证条件或者因不履行义务被取消保证人资格，又不能在规定期限内提出新的保证人的；(8) 其他违反有关法律、行政法规和监督管理规定，情节严重的。司法行政机关的收监执行建议书和决定机关的决定书，应当同时抄送社区矫正人员居住地同级人民检察院和公安机关。""社区矫正人员符合法定减刑条件的，由居住地县级司法行政机关提出减刑建议书并附相关证明材料，经地（市）级司法行政机关审核同意后提请社区矫正人员居住地的中级人民法院裁定。人民法院应当自收到之日起 1 个月内依法裁定；暂予监外执行罪犯的减刑，案情复杂或者情况特殊的，可以延长 1 个月。司法行政机关减刑建议书和人民法院减刑裁定书副本，应当同时抄送社区矫正人员居住地同级人民检察院和公安机关。""社区矫正期满前，社区矫正人员应当作出个人总结，司法所应当根据其在接受社区矫正期间的表现、考核结果、社区意见等情况作出书面鉴定，并对其安置帮教提出建议。"①

目前，围绕贯彻执行《社区矫正实施办法》，各地因地制宜地制定了相应的实施细则，规定了社区服刑人员报到、居住地变更、外出请销假、教育学习等监管制度，成立了由基层司法所、村（居）民委员会、社区服刑人所在单位、就读学校、家庭成员或监护人、社会志愿者等组成的矫正小组，通过谈话、走访、定期汇报等方法，加强对社区服刑人员的监管。各地积极探索运用手机定位等现代科技手段加强对社区服刑人员的实时监管，不断提高社区矫正工作的科技含量。②

四 社区矫正的解除

（一）期满解矫

《社区矫正实施办法》中规定："社区矫正人员矫正期满，司法所应当组织解除社区矫正宣告。宣告由司法所工作人员主持，按照规定程序公开进行。司法所应当针对社区矫正人员不同情况，通知有关部门、村（居）民委员会、群众代表、社区矫正人员所在单位、社区矫正人员的家庭成员或者监护人、保证人参加宣告。宣告事项应当包括：宣读对社区矫正人员的鉴定意见；宣布社区矫正期限届满，依法解除社区矫正；对判处管制的，宣布执行期满，解除管制；对宣告缓刑的，宣布缓刑考验期满，原判刑罚不再执行；对裁定假释的，宣布考验期满，原判刑罚执行完毕。县级司法行政机关应当向社区矫正人员发放解除社区矫正证明书，并书面通知决定机关，同时抄送县级人民检察院和公安机关。暂予监外执行的社区矫正人员刑期届满的，由监狱、看守所依法为其办理刑满释放手续。"③

社区服刑人员矫正期限届满，社区矫正机构应当依法解除矫正。期

---

① 司法部社区矫正管理局：《社区矫正法律法规与工作制度汇编》，法律出版社2014年版，第62—64页。
② 司法部社区矫正管理局：《全国社区矫正发展情况与数据统计》，法律出版社2017年版，第9—10页。
③ 司法部社区矫正管理局：《社区矫正法律法规与工作制度汇编》，法律出版社2014年版，第64页。

满解矫是最常见的解除矫正的原因。在这种解矫程序中,应特别注意两点:第一,从形式上来讲,解除社区矫正应公开进行,而且必须通知相关的人员到场。第二,从实质上来讲,在解矫宣告时,应告知矫正对象已经解除矫正,并对其进行教育和鼓励,希望其解矫后认真吸取经验教训,遵纪守法,并且,县级社区矫正管理机关派出机构应与有关部门、基层组织以及相关人员协商做好对被解矫人员的安置帮教工作。①

(二)其他情况解矫

除期满解矫之外,解矫的其他原因包括:社区服刑人员死亡;社区服刑人员被收监执行;社区服刑人员因重新犯罪或者发现漏罪被判处监禁刑罚。《社区矫正实施办法》中规定:"第31条,社区矫正人员死亡、被决定收监执行或者被判处监禁刑罚的,社区矫正终止。社区矫正人员在社区矫正期间死亡的,县级司法行政机关应当及时书面通知批准、决定机关,并通报县级人民检察院。"②

第四节 社区矫正的方法

一 教育矫正法

(一)入矫教育

社区矫正机构接收社区服刑人员之后,应当进行入矫教育,帮助他们了解社区矫正的法律法规和相关规定,服从社区矫正工作者的管理。

入矫教育是教育矫正的起始阶段,主要目的是帮助社区服刑人员认识什么是社区矫正、为什么要接受社区矫正、如何接受社区矫正。开展入矫教育也有利于社区服刑人员消除各方面顾虑,适应社区矫正这种执行方式。对于社区服刑人员而言,入矫教育的核心目标有以下两个。

1. 了解法律法规和相关规定教育

一般而言,知法是守法的前提。相比监狱内的刑法、监规等学习而言,社区服刑人员在开放式的社区服刑,需要更有针对性的、多元性的

---

① 赵秉志:《社区矫正法(专家建议稿)》,中国法制出版社2013年版,第51页。
② 司法部社区矫正管理局:《社区矫正法律法规与工作制度汇编》,法律出版社2014年版,第64页。

法律法规教育。与社区矫正有关的法律法规，包括《刑法》《刑事诉讼法》等基本法律以及行政规章、司法解释、地方性法规等规范性文件。除此之外，社区服刑人员还要了解一系列与社区矫正相关的规定。它们与社区服刑人员的管理等往往具有密切关系。

2. 服从社区矫正工作者的管理

社区矫正机构应当通过专门的宣布程序，告知社区服刑人员在社区矫正期间享有的权利和应履行的义务，促进社区服刑人员了解并顺利接受社区矫正各项规定和措施，服从社区矫正工作者的管理。在遵循上述目标的基础上，社区矫正机构可裁量决定矫正教育的期限、程序等内容。需要注意的是，在入矫教育中，一些社区服刑人员可能表现出不服从此前的定罪量刑的观点或者意见。对此，社区矫正机构应当以法律法规为基础，通过说理、疏导、解释、告知、依法申诉等方式进行教育，不能通过"政策攻心""各安天命"等方式强制其认罪服刑。①

在具体操作方面，我国各地有不同的特点，当前比较成熟的经验成果有"北京经验""江苏经验""吉林经验""上海经验"等。在"北京经验"中，初始教育阶段为接受矫正后的两个月，但对于矫正期限不足六个月的社区服刑人员，因其矫正期短、阶段性特点不明显，不采取分阶段教育的工作方法。就初始教育而言，其目标是为促进社区矫正对象适应社会，在认罪服法的基础上服从矫正组织的管理教育。在"江苏经验"中，入矫教育在矫正对象办理登记手续后进行，既可以采用集体教育方式，也可以采用单独教育方式，主要的教育内容为社区矫正的权利和义务。在"吉林经验"中，司法所应当对新接收的社区服刑人员进行三个月的入矫教育。通过入矫教育，使其认罪服法，增强服刑意识，了解并遵守各项管理、教育规定，接受社区矫正，对剩余矫正期不足六个月的可适当缩短入矫教育时间。入矫教育结束前，应针对社区服刑人员的危险程度、矫正难度进行评估并提出矫正意见，制订有针对性的矫正方案。入矫教育应视情况采用集中教育或个别教育的方式进行，通过发放学习资料、个别谈话与辅导、电话交流、家庭走访等方法实施。在"上海经验"中，矫正开始阶段是矫正宣告后的 3 个月，主要是认罪服法

---

① 赵秉志：《社区矫正法（专家建议稿）》，中国法制出版社 2013 年版，第 70 页。

教育、社区矫正告知教育、心理健康教育，目的在于全面掌握社区服刑人员的基本情况，明确社区矫正的相关规定。①

【信息栏】5—2

余杭落实入矫教育，强化服刑意识
杭州市司法局社区矫正处

余杭落实入矫教育，强化服刑意识，具体做法有：建设统一标识的社区服刑人员入矫宣告室，悬挂"认罪伏法接受矫正"的宣告标语，其中54%的区（县、市）设有专门的宣告室；邀请社区民警、检察官和矫正教育小组成员共同参加社区服刑人员的入矫仪式，严肃对其宣告相关法律文书，当场签订《自律承诺书》，训诫其树立身份意识，自觉接受教育改造，严格遵守管理规定；余杭区在全市率先推广规范化的入矫仪式和流程，充分体现了法律的权威性和严肃性。②

（二）日常教育

日常教育是矫正社区服刑人员的不良心理和反社会行为模式，培养其健康人格、增强其守法意识，建立其羞耻感和亲社会的行为模式，促进其再社会化的系统性影响活动。社区矫正机构应当依据因人施教、因地制宜、以理服人、循序渐进等原则对社区服刑人员开展教育矫正工作。社区矫正机构应当采取集体或者个别的方式，对社区服刑人员开展法制、道德、文化、职业技术、生活等方面的教育活动，鼓励社区服刑人员的亲友、所在学校、单位或者基层组织的代表等适宜人员参加对社区服刑人员的教育活动。③

我国许多地方制定了社区矫正的日常教育工作的相关规定，积累了

---

① 赵秉志：《社区矫正法（专家建议稿）》，中国法制出版社2013年版，第69—70页。
② 司法部社区矫正管理局：《全国社区矫正教育管理工作实践》，法律出版社2016年版，第193页。
③ 赵秉志：《社区矫正法（专家建议稿）》，中国法制出版社2013年版，第70页。

一定经验。其中。具有代表性的地方经验有"北京经验""江苏经验"等。① 在"北京经验"中，常规教育的目标是矫正社区服刑人员的犯罪心理和行为习惯，培养其健康心理，增强其法律意识，提高其道德、文化水平和生存能力。教育内容主要包括思想教育、法制教育、文化教育、职业技能培训、劳动养成教育、心理健康教育等，主要教育方法包括个别教育、集体教育和社会帮教等多种教育形式。在"江苏经验"中，常规教育被称为"思想文化及职业技术教育"。思想教育每月至少一次，包括认罪悔罪教育、法律常识教育、公民道德教育和时事政治教育，可以进行集中教育，也可以进行分类教育。司法行政机关应当协调有关部门对矫正对象进行职业技能培训。司法行政机关应当积极利用社会资源建立爱国主义教育、法律教育、技术教育等教育基地，开展形式多样的教育活动。在"吉林经验"中，常规教育主要包括政治思想教育、法制教育、公民道德教育、文化素质教育、心理健康教育、形势政策教育和社会保障教育等。针对不同类型社区服刑人员，应当侧重点不同。针对有危害国家安全，危害国防利益类罪行的社区服刑人员，应重点对其进行爱国主义教育；针对盗窃、抢劫、诈骗、贪污等贪利型罪行的社区服刑人员，应重点对其进行热爱劳动、靠劳动致富方面的思想道德教育；针对过失犯，应重点引导其正视现实，树立重新开始生活的信心和勇气。在"上海经验"中，常规矫正阶段是矫正的第4个月至矫正期满前1个月，包括法制教育、思想文化教育、行为矫正教育、心理辅导，目的在于教育、矫正社区服刑人员的思想、行为，增强其公民道德意识，提高其心理健康水平，提高其社会适应能力。②

在具体实施过程中，应坚持因人施教、因地制宜、以理服人、循序渐进等原则，这是实现日常教育矫正效果的重要保障。

（三）解矫教育

解矫教育是指在司法所在社区矫正对象矫正期满、解除矫正前对其进行的相关教育活动。解矫教育的相关工作要求有：

1. 解矫教育一般应当在社区矫正对象矫正期满前一个月内进行，并

---

① 赵秉志：《社区矫正法（专家建议稿）》，中国法制出版社2013年版，第70—71页。

② 同上。

可以结合办理社区矫正对象期满解矫相关手续或履行相关工作程序同步实施。

2. 解矫教育的方式有：司法所工作人员和公安派出所民警联合对社区矫正对象进行个别谈话教育；集中在一个月内对即将矫正期满的社区矫正对象进行集体解矫教育。

3. 解矫教育在内容上应当包括形势、政策、前途、遵纪守法等方面的教育。对暂予监外执行期满，即将收监执行的社区矫正对象，要重点进行以认罪服法为主要内容的思想教育。①

【信息栏】5—3

打造四种教育管理方式②

杭州市司法局社区矫正处

打造四种教育管理方式的具体做法如下：

一是线上教育与线下教育相结合。2013年全省率先试点社区服刑人员网上学习教育，上城区依托区内社区在"e学网"上学习，拱墅区、滨江区与华数传媒合作，开设了专门的社区矫正教育频道，以政策法规、以案说法等内容为主要学习模块，将常规教育融入社会生活，这一做法在全市得到推广应用。同时结合线下教育，组织社区服刑人员在社区、广场等地开展普法宣传、社会服务等活动，将他们通过网络和点播电视学到的知识运用到现实生活中，提升教育的实效性，增强其法制观念和守法意识。

二是集中教育与个别教育相结合。通过指挥中心定期开展集中点验教育，组织社区服刑人员在司法所、各类教育基地集中进行思想、道德、法制等教育，帮助他们树立正确的世界观、人生观、价值观，增强法制观念、道德素质和悔罪自新意识。上城区编写了省内第一本《社区服刑人员集中教育教材》。同时坚持个性化教育，坚持"一把钥匙开一把锁"，

---

① 胡虎林：《社区矫正实务》，浙江大学出版社2007年版，第98—99页。
② 司法部社区矫正管理局：《全国社区矫正教育管理工作实践》，法律出版社2016年版，第192—193页。

根据社区服刑人员的犯罪类型、性格特点、日常表现、家庭环境等具体情况，有针对性地进行个别教育，一人一策地做好个案矫正工作，提高教育矫正质量。下城区通过"交心日记"的形式，与社区服刑人员建立"一对一"的深度交流通道，提升个别教育实效。

三是分段教育与分类教育相结合。分段教育即根据社区服刑人员所处阶段，有针对性地开展初期警示教育、身份教育，中期常规教育、守纪教育、奖惩教育，后期解矫教育等工作。分类教育即根据本地、本省、外省等不同户籍地人员，女性、老年、青少年等不同服刑群体，缓刑、管制、假释、暂予监外执行等不同刑罚种类和执行方式，开展分类分层教育，对症施策，突出教育管理的侧重点，增强教育矫正的实效性。上城区、江干区等8个区（县、市）设立了专项救助金，根据社区服刑人员生活困难情况及时进行困难帮扶，开展感恩向善教育。

四是心理矫正与行为教育相结合。率先在全省推广社区服刑人员重新犯罪风险评估系统，对社区服刑人员分三阶段进行风险预测，该系统在2013年5月召开的中芬社区矫正国际研讨会上获得中外专家一致肯定。2010年邀请18名心理学专家成立杭州市社区矫正心理矫治专家库，对区服刑人员有针对性地开展心理咨询，对有心理危机的人员，及时进行心理疏导、心理干预。在行为教育方面，西湖区2008年率先在全省开创"菜单式"社区服务，通过6大类24各小项的社区服务项目一览表，由社区服刑人员自主选择具体形式完成每月8小时的社区服务。上城区设立了专业的心理咨询室，下城区开展"心田花匠"心理矫治服务项目，富阳区购买专业心理咨询服务，定期开展心理矫治，成效显著。

二 心理学方法

多年来，我国十分重视心理学方法在社区矫正中的应用。在社区矫正任务中，矫正社区服刑人员的不良心理与行为、进行心理帮扶是重要的组成部分。如2003年两院两部在《关于开展社区矫正试点工作的通知》中指出，社区矫正的任务包括："通过多种形式，加强对社区服刑人员的思想教育、法制教育、社会公德教育，矫正其不良心理和行为，使他们悔过自新，弃恶从善，成为守法公民。帮助社区服刑人员解决在就业、生活、法律、心理等方面遇到的困难和问题，以利于他们顺利适应社会生活。"① 2009 年发布的《关于在全国试行社区矫正工作的意见》规定，"加强心理矫正工作，采取多种形式对社区服刑人员进行心理健康教育，提供心理咨询和心理矫正，促使其顺利回归和融入社会"。② 2012 年两院两部发布《社区矫正实施办法》，第十七条规定："根据社区矫正人员的心理状态、行为特点等具体情况，应当采取有针对性的措施进行个别教育和心理辅导，矫正其违法犯罪心理，提高其适应社会的能力。"第 32 条规定："被剥夺政治权利的罪犯可以自愿参加司法行政机关组织的心理辅导、职业培训和就业指导活动。"③ 2014 年发布的《关于全面推进社区矫正工作的意见》提出，"大力创新教育方式方法，实行分类教育和个别教育，普遍开展心理健康教育，做好心理咨询和心理危机干预，不断增强教育矫治效果"。④ 2014 年司法部、中央综治办、教育部、民政部、财政部、人力资源社会保障部联合发布的《关于组织社会力量参与社区矫正工作的意见》指出，社区矫正"在工作方法上，需要充分发挥专业组织、专业人员的作用，综合运用社会学、心理学、教育学、法学、社会工作等专业知识，实现科学矫正"；"鼓励社区矫正机构将疏导心理情绪、纠正行为偏差、修复与家庭和社区关系、恢复和发展社会功能、引导就学就业等项目，通过多种方式向具有社区矫正服务能力的社会组织购买服务"。⑤

根据目前已有的法律规定，在社区矫正过程中需要对社区服刑人员进行心理与行为矫正，并开展心理方面的帮助。笔者认为，在社区矫正过程中，心理学方法的应用领域有心理评估、心理帮助、心理咨询与治疗、心理危机干预等。

（一）心理评估

评估，从字面理解就是评价、估计。心理评估是指应用多种方法获

---

① 司法部社区矫正管理局：《社区矫正法律法规与工作制度汇编》，法律出版社 2014 年版，第 50 页。
② 同上书，第 59 页。
③ 同上书，第 64 页。
④ 同上书，第 93 页。
⑤ 秦静：《关于组织社会力量参与社区矫正工作的意见》，司法部政府网，http://www.moj.gov.cn/index/content/2014-12/17/content_7089982_2.htm，2014 年 12 月 17 日。

得的信息，对个体的某一心理现象进行全面、系统和深入的客观描述。

社区矫正心理学工作者通过对社区矫正人员进行心理信息的收集与评定，以了解其智力、人格、社会适应能力、心理健康程度、危险性等，帮助社区矫正官更加准确地了解社区矫正人员的心理状况，为后期的分类与安置、识别其需要和危险性、制订有针对性的矫正方案、解矫等做准备。心理评估的具体内容有心理健康状况、自杀倾向、危险性评估、需要评估、监禁适应评估、释放后结果预测等。

在实践中，常用的评估方法有心理测验法、访谈法、观察法等。心理测验法是最常用的方法。心理测验根据功能目的不同可分为心理健康状况、特殊能力测验、人格测验、症状评定量表等；按测验材料的性质不同可分为文字测验和操作测验；按照测验的结构以及刺激的明确程度不同可分为客观测验和投射测验；按照测验的组织方式不同可分为个别测验和团体测验。

目前国内外常用的心理测验工具有《犯罪心理学服务问卷》《威斯康星危险性评估工具》[1]《明尼苏达多项人格测验（MMPI）》《加州人格测验（CPI）》《90项症状自评量表（SCL-90）》《艾森克人格问卷（EPQ）》[2]等。

实施心理测验需要注意以下事项：

1. 必须由专业人员进行操作以保证测验结果客观、准确。

2. 必须慎重地选择测验。每一种心理测验都有其特定的目的和应用范围，在选用测验量表时，应根据需要慎重考虑取舍。

3. 必须客观地看待测验结果。心理测验在理论和方法上都还存在许多有待完善的地方，绝不能将测验结果绝对化，还要结合具体实际分析，否则就会产生严重的消极影响。

4. 保密性。当被测者是普通人时，测验者必须遵守职业道德，保护被测者的隐私。要对所使用的测验工具和内容保密，不能随意泄露心理测验材料，否则会影响测验的客观性、有效性。此外，还要对测验结果保密，不可对无关人员随意提及测验结果。不过，在矫正领域中，犯罪

---

[1] 吴宗宪：《国外犯罪心理矫治》，中国轻工业出版社2004年版，第101页。
[2] 同上书，第107—109页。

人往往不是真正的"患者"或"病人"。如果犯罪人不是患者,心理学家就没有义务为这样的犯罪人保守秘密,但是,应当让犯罪人知道:心理学家对于从他们那里获得的信息并不是绝对保密的,而会让监狱管理部门和其他有关部门,如假释委员会、法庭等了解这些信息的内容。① 在某些情况下(如社区服刑人员有可能打算伤害自己或他人、危害社会、获知某儿童可能遭受侵害等),属于保密例外,心理测评人员应及时向相关人员和部门进行汇报。

(二) 心理帮助

心理帮助,也称"心理帮扶",是为了帮助社区服刑人员解决其心理问题而进行的帮助活动。② 社区服刑人员由于其面临的角色转换及其在社会中可能遇到的生活、就业等方面的困难,更容易引发心理问题,因此社区矫正机构应当对其给予必要的心理帮助。

对社区服刑人员的心理帮助主要体现为日常的心理辅导。心理辅导是针对精神正常的犯罪人的心理服务,目的是教给犯罪人更好生活的心理学技能与方法,从而帮助他们更好地预防心理疾病和增进心理健康。③ 这种辅导采取的是自愿原则,可由社区服刑人员自己提出,然后由社区矫正机构安排专业人员为其提供心理辅导。针对精神正常犯罪人的心理服务,这类心理服务的目的是教给犯罪人实用的心理学技能与方法,从而帮助他们更好地预防心理疾病和增进心理健康。

在国外的日常心理辅导的内容中,最常见的是生活技能训练。生活技能训练就是指导犯罪人学习和练习生活技能的系统性活动。生活技能是健康的、有意义的生活所必需的个人技能。因此,具备一定的生活技能,是适应社会生活所必需的条件。但是,很多犯罪人缺乏良好的生活技能,导致他们不能过健康的、有意义的生活。为此,国外的社区矫正机构重视对社区服刑人员进行生活技能训练。实际上,生活技能教育和训练,是向社区服刑人员提供帮助和服务的重要内容。生活技能包括很多方面的技能,凡是日常生活中所需要的技能,都可以纳入生活技能的

---

① 吴宗宪:《国外犯罪心理矫治》,中国轻工业出版社2004年版,第43页。
② 吴宗宪:《社区矫正比较研究》(上),中国人民大学出版社2011年版,第407—413页。
③ 同上书,第407页。

范围。例如，在美国特拉华州矫正局实施的为期 4 个月的生活技能计划，涉及很多方面的内容，不仅有读写能力的提高，还包括寻找工作、控制愤怒、建立和维持良好的人际关系、确立现实的目标等方面。缺乏这些生活技能的犯罪人，根据技能缺乏的具体情况，参加有关的培训课程。将犯罪人分为 12—15 人的小组，每天进行 3 小时的集体课程，课程内容包括文化学习、减少暴力行为和实用生活技能。其中的实用生活技能包括很多方面的内容，如信用卡和银行事务、寻找工作、汽车注册、法律和家庭责任、健康、文化差异、政府与法律等。①

但是，生活技能的主要内容，则是通常说的"社会技能"，也就是人际交往技能，它包括表达自己的情绪和意愿、理解别人的情绪和意愿以及与别人恰当互动等内容。因此，将生活技能训练列入心理服务的范围的同时，还应该看到，有严重心理问题的人固然缺乏良好的生活技能，即使是很多没有严重心理问题的人，往往也存在生活技能方面的问题。所以，在社区矫正中，几乎所有的社区服刑人员都可以成为生活技能训练的适合人选，都有参加生活技能训练的需要。②

（三）心理咨询与治疗

咨询含有商讨、会谈、征求意见、寻求帮助的意思。心理咨询是指由受过专门训练的咨询者，运用心理学的理论与技术，通过语言及非语言的交流，给来访者以帮助、启发和教育，使来访者改变其认识、情感和态度，解决其在生活、学习、工作等方面出现的问题，促进来访者人格的发展和社会适应能力的改善。③ 从发展沿革来看，心理咨询源于 20 世纪初的职业指导运动、精神卫生运动和心理测验运动。发展初期，其对象是特定的个人，其过程强调治疗及提供问题解决方法，其方式是咨询者与来访者直接面谈。发展至今，心理咨询的对象已扩展到家庭、团体、社区，其过程更强调预防及教育的作用。从理论、方法与技术来看，心理治疗中的多种学派，如行为治疗、人本主义治疗、认知治疗等理论

---

① Howard Abadinsky, *Probation and Parole: Theory and Practice*, 8th Ed, Upper Saddle River, NJ: Prentice Hall, 2003, p. 377.
② 吴宗宪：《社区矫正比较研究》（上），中国人民大学出版社 2011 年版，第 408—409 页。
③ 林崇德、杨治良、黄希庭：《心理学大辞典》，上海教育出版社 2003 年版，第 1418 页。

和方法在心理咨询实践过程中得到了广泛应用。

心理治疗也称为"精神治疗",是指受过专业训练的治疗者运用心理学的理论与技术,通过言语及非言语沟通方式(如行为训练、音乐、戏剧表演、游戏、手工劳动等),对患者的认知、情感、行为等方面给予影响,以消除、矫正或缓解其症状,调整患者异常的心态与行为模式,促进其人格向健康、协调方向发展的过程。[①] 心理治疗的具体过程可大致分为开始阶段、修通阶段和结束阶段,各阶段由一系列会晤(交谈)组成,每次的时间长短由治疗者和患者双方协商决定,主要的治疗阶段可细分为若干小阶段;疗程可长可短,但目前各国趋向于采用短程治疗。

心理咨询与心理治疗两者之间既有密切联系,又有一定区别。心理咨询与心理治疗两者之间的联系表现为:首先,两者之间的工作对象、工作方法等有一定的重合。经常可能产生这样的情况:同样的活动,在心理学家看来是心理咨询活动,而在精神病学家或医生看来是心理治疗活动。由于存在这种重合现象,因此,对心理咨询与心理治疗两者往往很难加以明确的区分。其次,在实践中两者往往结合或者交互使用,难以截然分开。简单地说,可以把心理咨询看成是初级的心理治疗。

心理咨询与心理治疗两者之间的区别主要表现为:第一,从起源来看,心理咨询主要是由心理学家发展起来的;而心理治疗主要是由精神病学家或精神病医生发展起来的。第二,从工作对象来看,心理咨询的主要对象是心理正常的人;而心理治疗的主要对象是有心理或精神障碍的病人。第三,从工作内容来看,心理咨询主要是支持性的、教育指导性的,所接触的问题是双方明确认识到的问题,一般不涉及无意识现象;而心理治疗要重建病人的人格,在治疗过程中要触及病人的无意识的心理现象。第四,从需要的时间来看,心理咨询的时间较短,大多数进行一次或几次就能解决问题;而心理治疗所需时间一般较长,进行治疗的次数也较多。第五,从使用的方法来看,心理咨询中使用的方法比较简单,通常包括讨论、分析、安慰、指导等;而在心理治疗中使用的方法可能会比较复杂,有时候要使用专门的心理学技术。第六,从所能解决的问题来看,心理咨询所能解决的问题有限,大多数是常见的心理问题

---

① 林崇德、杨治良、黄希庭:《心理学大辞典》,上海教育出版社2003年版,第1417页。

和情绪问题;而心理治疗有可能解决比较复杂的问题。① 心理治疗的目标是改变病态的人格及行为,而咨询的目标是帮助来访者自强自立,充分发挥个人潜能。社会工作是提供具体的、现实的帮助,而咨询是指导来访者自助。②

心理咨询与治疗的原则是心理咨询、治疗人员在工作中必须遵循的基本要求。比较重要的原则有:信赖性原则、整体性原则、针对性原则、综合性原则、发展性原则、保密性原则(与前文中的心理测验相似,也有保密例外)。

社区矫正人员心理咨询是指在社区环境中向社区矫正服刑人员提供的心理咨询。社区内咨询中最常遇到的问题是:精神活性物质使用问题;心理健康教育和职业发展问题;就业问题;家庭和婚姻问题等。根据每次参加咨询活动的咨询对象人数的不同,可以将罪犯心理咨询分为个别心理咨询和团体心理咨询。

犯罪人可能具有的心理问题往往有很大的程度和性质方面的差异,有些是轻微的心理问题,有些可能是比较严重的心理问题,还有些可能是心理问题与其他瘾癖交织在一起的综合性问题。由心理学和精神病学专业人士提供的心理服务,能够解决一些轻微的心理问题,也能够在一定程度上缓解比较严重的心理问题以及综合性问题。在解决比较严重的心理问题或者综合性问题时,需要开展心理治疗。在一些国家和地区,对于存在较多或者较为严重的心理问题的社区服刑人员往往要进行心理治疗,在心理治疗的实践中,使用多种多样的心理治疗方法,可以说,适用于社区中的一般人士的心理治疗方法,都可以被用来治疗社区服刑人员。

国外犯罪心理矫治工作的常见步骤是:第一,建立良好的矫治关系;第二,进行准确的评估诊断;第三,选择恰当的治疗方法;第四,制订科学的矫治计划;第五,实施确定的矫治活动;第六,追踪调查治疗效果。③

---

① 吴宗宪:《国外犯罪心理矫治》,中国轻工业出版社2004年版,第141—142页。
② 林崇德、杨治良、黄希庭:《心理学大辞典》,上海教育出版社2003年版,第1418页。
③ 吴宗宪:《国外犯罪心理矫治》,中国轻工业出版社2004年版,第80—84页。

从现有文献来看,适用于社区服刑人员的心理治疗方法很多,例如,有的文献提到的治疗方法,包括精神分析治疗、社会个案工作、多种行为矫正技术、现实疗法、小组工作方法、认知技能训练等。同时,大多数心理治疗方法在对社区服刑人员使用时,也与在对监狱内的犯人使用时,有很多的相似之处。① 例如,美国马里兰州的居住式戒毒治疗,确定了治疗吸毒成瘾罪犯的认知—行为框架,这实际上就是将心理疗法融合进了解决罪犯瘾癖问题的过程中。这个认知—行为框架包括六个重要领域:(1)进行心理教育(认识吸毒行为问题和这类行为的消极后果);(2)识别复发的高危险情境和复发的警告征兆;(3)发展适当的应对技能;(4)发展新的亲社会的生活方式行为;(5)增加自我效能处理发生的复发问题;(6)密切监督吸毒或者饮酒行为。②

(四)心理危机干预

一般而言,危机有两个含义,一是指出乎人们意料发生的突发事件,如地震、水灾、空难、疾病暴发、恐怖袭击、战争等;二是指人所处的紧急状态。当个体遭遇重大问题或变化,使个体感到难以解决、难以把握时,平衡就会被打破,正常生活会受到干扰,内心的紧张会不断积蓄,继而出现无所适从甚至思维和行为的紊乱,进入一种失衡状态,这就是危机状态,我们也往往称之为"心理危机"。

在罪犯服刑期间,可能会突然地发生许多罪犯预想不到的严重的意外事件、挫折。例如,得知亲人患重病或者亡故、罪犯的配偶与其离婚、罪犯被加刑、罪犯受到他人的严重伤害、遭到同性强奸等,这些情况会引起罪犯剧烈的心理和情绪失调,造成心理危机,甚至会使罪犯对他人实施严重的暴力行为或者自残、自杀等行为。在这些情况下,需要对罪犯进行心理咨询帮助罪犯摆脱困境。这些导致罪犯产生心理危机的事件,被称为"危机事件"。③ "危机"意味着平衡和稳定的破坏,会引起混乱、不安。危机的出现是因为个体意识到某一事件和情景超过了自己的应付

---

① 吴宗宪:《社区矫正比较研究》(上),中国人民大学出版社2011年版,第414页。
② Barbara Sims(ed.), *Substance Abuse Treatment with Correctional Clients: Practical Implications for Institutional and Community Settings*, New York: The Haworth Press, 2005, p.23.
③ 吴宗宪:《国外犯罪心理矫治》,中国轻工业出版社2004年版,第162页。

能力，而不是个体经历的事件本身。

一般来说，确定心理危机需符合下列三项标准：第一，存在具有重大心理影响的事件；第二，引起急性情绪扰乱或认知、躯体和行为等方面的改变，但又均不符合任何精神病的诊断；第三，当事人或患者用平常解决问题的手段暂时不能应对或应对无效。对于处在危机中的人来说，危机中既蕴含着危险，也蕴藏着机会。危机提供了成长的机会和转变的动力，也为人们提供了多种选择。如果处理得当、有效应对，个体可以经由危机而获得心灵的成长。

对社区服刑人员而言，心理危机意味着他们认为遇到了自己的应对机制无法解决的困难时的心理状态。心理危机实际上是社区服刑人员的一种认识，而心理危机干预就是一种针对其心理危机而进行的特别的、深入的咨询帮助活动，通过调动他们自己的潜能来重新建立和恢复危机前的心理平衡状态。它运用个人、社会及环境资源来解决目前的问题，通过电话、书信、面谈等方式进行干预。心理危机干预可以在专门的危机干预机构内实施，也可以在社区或发生危机的现场进行，由心理学专业人员主动开展干预活动。这是一种特殊的心理咨询服务，其目的是评价罪犯心理危机的程度，了解引起罪犯心理危机的因素，解决罪犯的心理危机，帮助罪犯恰当应付所发生的意外事件。①

需要注意的是，心理危机不等同于心理障碍。心理危机是一种正常的生活经历，并非疾病或病理过程。对于处于危机状态中的人来说，其心理功能在发生危机之前和度过危机之后都是正常的。此外，危机的持续时间可能很短，在危机结束之后个人的混乱状态往往会逐步消失。不过，有些人的危机状态可能会持续数月甚至数年时间，甚至陷入"创伤后应激障碍"，也可能导致抑郁、焦虑或其他心理障碍的发生。

心理学研究发现，人们对危机的心理反应通常会经历以下四个不同的阶段。

1. 冲击期

发生在危机事件发生后不久或当时，感到震惊、恐慌、不知所措。如2003年初在突然听到亲人得了"非典"的消息之后，大多数人会表现

---

① 吴宗宪：《国外犯罪心理矫治》，中国轻工业出版社2004年版，第162页。

出恐惧和焦虑。

2. 防御期

表现为当事人想恢复心理上的平衡,控制焦虑和情绪紊乱,恢复受到损害的认识功能。但不知如何做,会出现否认、合理化等防御表现。如2008年四川"5·12"特大地震后一段时期,部分灾民仍不愿相信所发生的一切,认为自己好像在梦境中。

3. 解决期

当事人采取各种方法接受现实,寻求各种资源,努力设法解决问题,使焦虑减轻,自信增加,社会功能恢复。

4. 成长期

经历了危机变得更成熟,当事人获得应对危机的技巧,在"经历风雨后终见彩虹"。但也有少数人消极应对,进而出现种种心理或行为问题。

个体处于心理危机中时,常见的表现有:直接表露自己处于痛苦、抑郁、无望或无价值感中;易激惹,过分依赖,持续不断地悲伤或焦虑;注意力不集中、成绩下降、经常缺勤;孤僻、沉静、人际交往明显减少;无缘无故地生气或与人敌对;酒精或毒品的使用量增加或产生网络依赖;行为紊乱或古怪;睡眠、饮食或体重发生明显变化,过度疲劳,体质或个人卫生状况下降;作文或其他发挥想象力的作品所透露出的主题为无望、脱离社会、愤怒、绝望、自杀或者死亡;任何书面或口头表达出的内容像是在诀别或透露出自杀的倾向,如"我会离开很长一段时间……";出现自残或自杀行为等。

危机干预的目标是化解具体的危机,而不是处理一般的态度、行为和价值观转变。一般认为,危机干预是一种简短的心理治疗形式,其最低限度的目标是解决个人的心理苦恼,使个人恢复到危机发生前的状态;其最高目标是增强个人的功能,使其超过危机发生之前的水平。[①] 所以,在进行心理危机干预时,应当遵守以下四条基本原则。

首先,要迅速确定要干预的问题,强调以目前的问题为主,并立即采取相应的措施。在实践中,常用的心理危机干预技术主要包括两类。

---

① 吴宗宪:《国外犯罪心理矫治》,中国轻工业出版社2004年版,第162页。

一是一般性支持技术。一般性支持技术旨在尽可能快地解决危机，使病人的情绪状态恢复到危机前水平。包括暗示、疏泄、运动、饮食与营养、休息和时间的管理控制，必要时需考虑镇静药物的应用。伯尔·吉利兰（B. E. Gilliland）等提出了"危机干预六步法"，① 根据他们的论述，危机干预包括6个步骤：确定问题；保证求助者安全；给予支持；提出并验证可变通的应对方式；制订计划；得到承诺。二是干预技术。干预技术又称"解决问题技术"，即通过具体的方法，紧急处理危机者当前的问题，重点在于给予危机者及时的心理支持，尽快让危机者接受当前应激性困境的现实，尽可能地帮助危机者建立起建设性应对机制。具体措施有：保持与危机者的密切接触；及时地给予危机者心理支持；利用放松技术为危机者提供安全感；帮助危机者调动和利用社会支持系统，建立新的社交天地；帮助危机者了解和建立积极的应对方式；提供医疗帮助及时处理危机时出现的紧急情况，如晕厥、休克等。②

其次，必须有其家人或朋友参加危机干预。我们要认识到当事人没有应对能力，需要社会支持系统的帮助。危机是在当事人自己不能应对的情况下产生的。当当事人不能依靠自己的能力应对危机事件时，就会产生危机，引发强烈的情绪反应。处在危机中的当事人通常失去了正常的行动能力，甚至连一些简单的事情也做不好。而且，他们还感到绝望。因此，咨询员不能让危机中的当事人独处，应当注意评估他们自杀和杀人的危险性。③ 与此同时，要注意鼓励当事人自立、自信，不要让其产生依赖心理。

再次，要合理确定危机事件。危机是由当事人确定的，而不是由咨询员确定。有时候，在当事人发生某种危机时，咨询员可能并不把它看成是一种危机，当事人在任何时候、由于任何理由都会发生危机，咨询员不应当小瞧或者轻视当事人所认识到的危机，是否发生危机应当以当事人的认识为标准。在当事人认为发生了危机时，如果咨询员不认为那

---

① ［美］B. E. 吉利兰、R. K. 詹姆斯：《危机干预策略》（上册），肖水源等译，中国轻工业出版社2000年版，第35—40页。
② 吴宗宪：《国外犯罪心理矫治》，中国轻工业出版社2004年版，第166—167页。
③ 同上。

是危机，那么，当事人就会感到咨询员不理解他，就会产生更严重的隔离感；另外，咨询员应当避免形成一种危机心态，把当事人的很多问题都看成危机。如果形成这样的心态，就会不恰当地把许多问题看作危机。①

对于大部分的人来说，危机反应无论是在程度上还是在时间上，都不会带来生活上永久的或者是极端的影响。他们需要的是时间以及亲友给予的体谅和支持，多数能逐步恢复对现状和生活的信心。但是，如果心理危机过强，持续时间过长，就会降低人体的免疫力，出现非常时期的非理性行为。对个人而言，轻则危害个人健康，增加患病的可能，重则出现攻击性行为和精神损害；对社会而言，会引发更大范围的秩序混乱、冲击，妨碍正常的社会生活，甚至导致犯罪行为的增加，其结果不仅增加了有效防御和控制灾害的困难，还在无形之中给自己和别人制造新的恐慌。

最后，咨询员需时刻谨记，要把心理危机作为正常人遇到紧急事件来处理，而不要作为心理疾病进行处理。

【信息栏】5—4

强化心理矫治，促进专业队伍建设②
青海省司法厅社区矫正管理局

2015年以来，省司法厅将社区矫正心理矫治工作作为强化社区服刑人员教育矫正工作的突破口，着力在培养专业心理咨询师队伍、加强硬件设施建设、有效利用社会资源开展心理矫治工作上下功夫，取得显著成效。具体成效如下：一是初步建立起一支专业化队伍。近两年，我省共举办五期社区矫正国家心理咨询师资格考试培训班，培训近200人，已取得心理咨询师资格证书有78人，初步建立了一支专业化队伍。二是充分利用社会资源开展心理矫治工作。依托专业社

---

① 吴宗宪：《国外犯罪心理矫治》，中国轻工业出版社2004年版，第166—167页。
② 司法部社区矫正管理局：《全国社区矫正教育管理工作实践》，法律出版社2016年版，第152页。

组织指导各地组织开展风险评估、心理咨询、个案心理疏导、团体心理治疗等心理矫治工作。对全省2232名社区服刑人员开展重新犯罪风险评估,评估结果被作为分类定级管理的重要依据。三是培养打造一批示范点。省司法厅充分利用省委政法委、省财政厅核拨的社区矫正工作示范点项目建设经费,集中打造了一批社区矫正工作示范点,分别建立省级社区矫正心理咨询师培训基地,设置团体心理辅导室、心理宣泄室、心理沙盘治疗室、身心放松室等;在8个社区服刑人员数量多的地区建立社区矫正心理咨询室,配置音乐治疗椅、心理沙盘等设备。培训取得国家心理咨询师资格的社区矫正工作人员进行实践操作,有力促进了心理矫治在社区矫正领域的运用,为提高教育矫正质量做了有益且有效的尝试。

三 社会工作方法

（一）相关概念

社会工作目前在中国还处于新生期,对其的定义也为数不少,目前尚没有发现一个具有代表性的定义。美国学者法利（Farley）认为,社会工作是指在社会福利的制度安排下,秉承专业价值与规范,运用科学的知识和方法帮助社会上有需要的个人、家庭和群体,以增进个人、群体乃至社会福祉为目标的职业活动。他认为社会工作人员配合监狱、司法所等机构的工作,运用专业理念与知识,对罪犯的认知和行为进行矫治,协助其重返社会的助人活动,称为"矫正社会工作"。它作为社会工作的传统实务领域,迄今已有100多年的历史了。[①]

"社区矫正社会工作"是将社会工作的原理、方法等运用到社区矫正领域的过程。矫正社会工作是矫正的"教育、感化、挽救"的方针与社会工作的专业助人性相契合的成果。国内学者赵玉峰等人认为,"社区矫正社会工作"指在社区矫正这一刑罚执行和社会福利过程中开展的,运用专业的知识和方法,帮助矫正对象恢复社会功能,促进矫正对象社会融入的职业活动。进行此类工作的社会工作者可称之为"社区矫正社会

[①] [美]O. 威廉·法利等著:《社会工作概论》,隋玉杰等译,中国人民大学出版社2005年版,第380—383页。

工作者"，简称"社矫社工"。① 具体而言，社区矫正中的社会工作主要是将社会工作实施到社区矫正过程中，由专业人员或志愿人士运用社会工作专业理论和技术，在法定期限内为社区矫正对象提供思想教育、心理辅导、行为纠正、生活照顾、职业技能培训、就业安置等社会工作服务等，使之消除犯罪心理结构，修正行为模式，提升其自我机能、恢复和发展社会功能，适应社会生活，最终达到预防犯罪、稳定社会秩序的专业福利服务过程。王思斌认为："矫正社会工作是指将社会工作实施于矫正体系中，是专业人员或志愿人士在社会工作专业价值理念的指引下，运用专业理论知识和方法技术，为犯罪人或具有犯罪危险性的人员及其家人，在审判、服刑、缓刑、刑释或其他社区处遇期间，提供思想教育、心理辅导、行为纠正、就业培训、信息咨询、生活照顾等，使之消除犯罪心理结构，修正行为模式，适应社会生活的一种福利服务活动。"②

社区矫正的实施过程既是刑罚执行的过程，也是社会工作开展的过程。社区矫正对象需要社区矫正社会工作者与他们一起，通过恢复社会功能转变为社会的正常人员，融入正常的社会生活。从工作的对象来看，社会工作者的主要工作是对矫正对象个人的治疗、辅导和福利供给，同时也包括对矫正对象家庭成员的辅导；从工作的层次来看，既有针对个人和家庭的微观介入，也有改善社区居民关系、消除社会排斥、营建良好的社区人文环境等方面的宏观工作内容。在个人层面，社会工作者为矫正对象提供认知、情感和行为方面的直接咨询与治疗；在个人与环境互动层面，社会工作者改善、修复和重建矫正对象的社会生态系统，积极地为矫正对象整合资源；在社区层面，社会工作者宣传、招募、组建和培训志愿者队伍，鼓励社区居民参与社区矫正工作。总之，在社区矫正领域，社会工作者和执法人员同为社区矫正的工作主体。但社会工作者主要为社区矫正对象提供非刑罚的矫正服务和其他

---

① 赵玉峰、范燕宁：《"社区矫正社会工作"研究述评》，《长春理工大学学报》（社会科学版）2012年第3期。
② 王锡豪：《社区矫正社会工作现状、问题与对策研究——以山东省J市为例》，硕士学位论文，山东大学，2016年。

帮助、保护服务，不具备执法权，其与执法人员在工作性质、工作角色、工作方式等方面都有所不同，不可相互替代。社区矫正中，刑罚执行和社会工作不存在根本的矛盾，它们相互嵌入，相互补充，构成了一个统一的过程。①

值得我们注意的是，社区矫正与社会工作有着紧密的联系，却也有着根本的区别。社会工作的性质是利用社会力量开展的社会福利事业，是一项以助人活动为内容的工作。如果将社区矫正的性质归结为社会工作，并不利于矫正对象改过自新，正如学者储槐植所指出的，"过于优厚的待遇起不到刑罚的作用"。美国的社区矫正过于注重矫正对象的权利，强调给他们享受优厚待遇，由此造成矫正效果低下，这一教训值得我们深思和反省。人道主义在罪犯改造中的意义重大，给予罪犯更多的人文关怀是社区矫正与监狱矫正的重要区别。但是，我们也应该看到，那种过于强调帮助、教育的做法，只会使社区矫正工作丧失其应有的刑法学意义。因此，社区矫正不是社会工作。② 社区矫正工作包括社会工作的内容，也包括社区矫正过程中的其他工作，比如矫正对象的档案管理工作、社区矫正的宣传工作等。社区矫正工作是一个外延更广的词汇。

（二）将社会工作引入社区矫正的意义

在对社区矫正对象执行刑罚时，引入社会工作相关理念、采用社会工作方法开展矫正工作，有着重要意义。③

1. 体现了人道主义精神

社会工作以人为本的工作理念、主动性的工作方法，能够体现出对矫正对象人性的关怀与道义的帮助，启发其感悟人生价值、珍爱生命、珍惜生活，从而弥补了社区矫正中刑罚执行刚性化和欠缺社会关怀的不足。

2. 促使矫正工作更加深入、细致

社区矫正社会工作者对矫正对象无条件地接纳，尊重其人格，提高其

---

① 张昱、费梅苹：《社区矫正实务过程分析》，华东理工大学出版社2005年版，第33页。
② 姚建龙：《矫正学导论：监狱学的发展与矫正制度的重构》，北京大学出版社2016年版，第251—252页。
③ 高巍：《社会工作与社区矫正》，《中国司法》2012年第12期。

自信力,针对矫正对象的特殊性,确立其自决原则,尊重其隐私权,并对其信息保密。因此,社区矫正社会工作者能够深入地了解矫正对象的心理。一方面,他们深谙矫正工作的要义,能更好地贯彻落实矫正机构的方针政策;另一方面,他们以平等视角开展工作,更能得到矫正对象的信任,获得强烈的认同感,从而积极配合,实现矫正工作的工作目标。

3. 提高了矫正效果

社会工作遵守个别化处置的原则,强调服务对象的差异性,主张根据服务对象的特点和问题的性质制订有针对性的实施方案,丰富了社区矫正工作的内容,提高了矫正效果。研究表明,形成矫正对象问题的原因根本在于矫正对象社会正常功能的缺损,这种功能缺损主要表现在他们与社会关系支持网络的联结和自身(个人的生理和心理)的联结受损。而社会工作以其康复功能、发展功能和预防功能恰恰满足了这些条件,可以称为是连接受损社会功能的"黏合剂"。在整个的矫正过程中,社会工作者常用的尊重、接纳、关怀和同理心等价值理念有助于同矫正对象建立良好的信任关系,社会工作者能运用多层面的介入形式,如心理层面、情绪层面、性格层面、认知层面、人际交往层面和矫正对象与社区其他工作系统形成互动层面的直接介入等,并以此增进人们的人际适应能力。因此,在社区矫正过程中,刑罚执行只是手段,而真正的目的是要促进矫正对象恢复其社会功能,社区矫正的根本目的就是促使矫正对象回归主流社会。①

总之,社会工作者对社区矫正工作及时参与与介入,通过运用其专业技能与方法,发挥其职业特色,从而推动了社区矫正工作的健康开展,有助于社会的和谐稳定。

(三) 社会工作在我国社区矫正中的发展状况

2005年出台的《关于扩大社区矫正试点范围的通知》中首次提出社区矫正工作要运用社会工作方法,整合社会资源和力量对罪犯进行教育、改造;② 2009年出台的《关于在全国试行社区矫正工作的意见》中规定,

---

① 付立华:《社区矫正中的社会工作伦理运用探析》,《山东社会科学》2009年第8期。
② 司法部社区矫正管理局:《社区矫正法律法规与工作制度汇编》,法律出版社2014年版,第56页。

"建立健全社会工作者和社会志愿者的聘用、管理、考核、激励机制，切实加强社区矫正工作队伍的培训，提高队伍综合素质，提高做好社区矫正工作的能力和水平"，[1] 首次在正式的文件中指出社区矫正要发挥社会工作者的作用；2012 年出台的《社区矫正实施办法》明确指出，"社会工作者和志愿者在社区矫正机构的组织指导下参与社区矫正工作"，[2] 首次明确了社会工作者在社区矫正中的地位。2014 年颁布的《关于组织社会力量参与社区矫正工作的意见》指出，"社区矫正工作开展以来，各地始终坚持紧紧依靠基层组织，广泛发动人民群众参与社区矫正工作，从实际出发，积极研究探索，采取政府购买服务的方式，充实社区矫正机构工作人员，发展壮大社会工作者、志愿者队伍，专群结合开展社区矫正工作，取得了良好效果。目前全国从事社区矫正工作的社会工作者 79 万人，社会志愿者 642 万人。我国社会力量参与社区矫正工作取得了明显成效，但还存在着制度不健全、政策不完善、规模范围小、人员力量不足等问题，与社区矫正工作全面推进的要求相比尚不适应。新形势下，进一步鼓励引导社会力量参与社区矫正，是完善我国非监禁刑罚执行制度，健全社区矫正制度的客观需要；是提高教育矫正质量，促进社区服刑人员更好地融入社会的客观需要；是创新特殊人群管理服务，充分发挥社会主义制度优越性，预防和减少重新犯罪，维护社会和谐稳定的客观需要。我们要切实增强责任感和紧迫感，从政策制度上研究采取措施，充分发挥社会力量参与社区矫正工作的积极作用"。"在工作力量上，既要有专职执法队伍，也要广泛动员社会工作者、志愿者以及社会组织、所在单位学校、家庭成员等各种社会力量，共同做好社区矫正工作；在工作方法上，需要充分发挥专业组织、专业人员的作用，综合运用社会学、心理学、教育学、法学、社会工作等专业知识，实现科学矫正。"该意见指出，要"进一步鼓励引导社会力量参与社区矫正工作"，途径有：首先，"引导政府向社会力量购买社区矫正社会工作服务。司法行政部门、民政部门可根据职责分工，按照有利于转变政府职能、有利于降低

---

[1] 司法部社区矫正管理局：《社区矫正法律法规与工作制度汇编》，法律出版社 2014 年版，第 59 页。

[2] 同上书，第 61 页。

服务成本、有利于提升服务质量和资金效益的原则，公开择优向社会力量购买社区矫正社会工作服务。要明确购买服务的数量、质量要求以及服务期限、资金支付方式、违约责任等，加强购买服务资金管理，指导督促服务承接机构履行合同义务，保证服务数量、质量和效果"。其次，"要引导其完善内部治理结构，加强服务队伍建设，提升在社区矫正领域提供社会工作专业服务的水平。鼓励热心于社区矫正事业的社会组织参与社区矫正工作，为社区服刑人员提供社会工作专业服务。司法行政部门通过建立完善社会组织参与社区矫正工作的机制和渠道，及时提供需求信息，为社会组织参与社区矫正创造条件、提供便利"。再次，"切实加强社区矫正志愿者队伍建设。社区矫正志愿者是热心社区矫正工作，自愿无偿协助对社区服刑人员开展法制教育、心理辅导、社会认知教育、技能培训等工作的人员。要广泛宣传、普及社区矫正志愿服务理念，切实发挥志愿者在社区矫正工作中的作用，建立社会工作者引领志愿者开展服务机制，扎实推进社区矫正志愿者注册和志愿服务记录工作，有计划、分层次、多形式地开展知识与技能培训，提升社区矫正志愿者服务的专业化水平，着力培育有一定专业特长、参与面广、服务功能强、作用发挥好的社区矫正志愿者队伍。对工作成绩显著的社区矫正志愿者，依国家规定给予表彰，形成有利于志愿者开展工作的良好氛围。鼓励企事业单位、公益慈善组织和公民个人对社区矫正志愿服务活动进行资助，形成多渠道、多元化的筹资机制"。并且，该意见还强调要"做好政府已公开招聘的社区矫正社会工作者的保障工作。对于开展社区矫正工作试点以来已由政府有关部门公开招聘的社区矫正社会工作者，可依据国家有关规定享受相应的工作待遇，按照社会保险制度规定，按时足额缴纳社会保险费，实现应保尽保，保障其合法权益，并通过政府购买服务方式实行规范管理。鼓励其参加人力资源和社会保障部、民政部组织的全国社会工作者职业水平评价，用人单位可以根据需要对已取得全国社会工作者职业水平证书的人员通过竞聘上岗聘任相应级别专业技术职务。人力资源和社会保障部门支持民政部门、司法行政部门为其提供公益性和示范性业务培训平台，以实施专业技术人才知识更新工程为契机，进一步加大教育培训力度，完善教育培训政策。工作表现突出的，由主办单位按程序报批进行表彰，人力资源和社会保障部门积极配合做好表彰工作"。①

目前，越来越多的专业社会工作者成为社区矫正专职社工并积极投身于社区矫正中。据司法部社区矫正管理局的数据显示，截至2015年年底，全国共有从事社区矫正工作的社会工作者82634人，社会志愿者689712人。社区矫正社会工作队伍建设初见成效。②

（四）社会工作的基本方法

社会工作的三种基本方法，即个案工作、小组工作和社区工作，同样也是司法社会工作的基本方法。下面以个案工作方法为例进行介绍。

"个案工作"是个案社会工作的简称。关于"个案工作"最早的定义是在20世纪初由美国社会工作创始人之一玛丽·埃伦·里士满（Mary Ellen Richmond）提出的，"社会个案工作包含着一连串的工作过程，它以个人为着手点，通过对个人及其所处环境进行有效调试，以促进其人格的成长"。③还有多位学者提出了自己的定义。在我国，2017年12月29日民政部发布了《社会工作方法·个案工作》的民政行业标准，对个案工作进行了界定：个案工作是指以有需要的个人或家庭为服务对象，运用个别化的工作方式，增强其解决困难和适应社会的能力，促进其与环境和谐发展的一种专业社会工作方法。④

该标准中提出，个案工作应当遵循以下原则：⑤

1. 维护服务对象利益优先原则

应以服务对象为中心，从服务对象的特点和利益出发提供服务，最大限度地保障服务对象利益。

2. 个别化原则

应尊重服务对象的差异性，重视服务对象的独特性，了解服务对象

---

① 司法部中央综治办教育部等：《关于组织社会力量参与社区矫正工作的意见》，司法部政府网，http://www.moj.gov.cn/index/content/2014-12/17/content_7089982.htm，2014年12月17日。
② 司法部社区矫正管理局：《全国社区矫正发展情况与数据统计》，法律出版社2017年版，第264页。
③ 许莉娅：《个案工作》，高等教育出版社2009年版，第2页。
④ 民政部发布《社会工作方法个案工作》、《社会工作方法小组工作》两项行业标准，民政部网站，http://www.gov.cn/xinwen/2018-01/16/content_5257155.htm，2018年1月16日。
⑤ 同上。

个性化的需要，差别化、针对性地开展服务。

3. 接纳原则

应了解和理解服务对象的想法、感受与行为，不应因服务对象的年龄、性别、民族、宗教、态度、行为、生理及心理状况等歧视或拒绝服务。

4. 非评判原则

应与服务对象讨论其想法、感受与行为，而不应随意评价、指责和批判服务对象。

5. 服务对象自决原则

应相信服务对象有成长和改变的能力，应鼓励和支持服务对象在具备自决条件并充分知情的情况下作出选择和决定。

6. 保密原则

应对服务对象信息保守秘密，未经允许，不应透露服务对象信息；需要提供信息时，应告知服务对象，并与相关组织共同采取相应措施。

个案工作相关理论基础主要包括精神分析理论、认知行为理论、生态系统理论、人本主义理论、社会建构理论、女性主义理论等。社会工作者应掌握上述相关理论并在理论的指导下开展服务。相关模式主要包括心理社会治疗模式、认知行为治疗模式、任务中心模式、危机干预模式、家庭治疗模式、叙事治疗模式等。社会工作者应掌握上述相关模式并选择合适的模式开展服务。

个案工作中常用的技巧有会谈技巧、访视技巧。[①]

1. 会谈技巧

会谈技巧又可以细分为支持性技巧、引领性技巧、影响性技巧。

（1）支持性技巧。主要指：积极倾听——用心聆听服务对象传达的信息，细致观察服务对象的表情动作，及时思考、整合信息，理解服务对象的感受并作出积极的回应。专注——借助友好的视线接触，用开放的姿势以及专心的态度关注服务对象的表达。鼓励——通过口头语言和身体语言的方式肯定服务对象的积极表现，使服务对象继续表达自身的

---

① 民政部发布《社会工作方法个案工作》、《社会工作方法小组工作》两项行业标准，民政部网站，http://www.gov.cn/xinwen/2018-01/16/content_5257155.htm，2018年1月16日。

感受和看法，保持已有的良好行为。同感——设身处地体验服务对象的内心感受，理解准确并将其传达给服务对象，引导服务对象对自己的感受、想法作进一步思考。

（2）引领性技巧。主要指：提问——运用封闭式或开放式问题，引导服务对象作答，以收集信息、探索问题。澄清——引导服务对象对模糊不清的陈述和信息做更详细、更清楚、更准确的表达和解说。对焦——将话题、讨论范围、内容或者问题集中，指出重心和目标所在，再继续讨论。摘要——把服务对象的长段谈话内容或不同部分的话题进行整理、概括和归纳，并作简要摘述。

（3）影响性技巧。主要指：信息提供——向服务对象提供相关的新知识、新观念等，或纠正服务对象已知的错误信息。自我披露——类似于心理咨询中的自我暴露，指有选择地向服务对象披露自己的亲身经验、处事方法和态度等，为服务对象提供参考。建议——对服务对象的情况、需要或问题了解和评估后，提出建设性意见。忠告——向服务对象指出其行为的危害性或必须采取的行动。对质——类似于心理咨询中的面质，指当发现服务对象出现言行不一致的情况时，直接发问或提出质疑。

2. 访视技巧

访视时，应注意以下5个方面。第一，在访视前应熟记受访者的相关资料，事先约定探访的时间、时长及会面地点。第二，应采用具体的约定方式，包括电话预约、信件预约、委托受访者较信任的亲友代约定或由受访者确定访视时间。第三，访视时应着装整洁、得体，主动进行自我介绍，告知姓名、工作单位以及此行的目的。第四，在访视中应多观察、多倾听，拍照、录音、录像要征得被探访者同意。第五，在访视结束前应总结访视的内容，向受访者反馈其在访视中的良好表现，并倾听受访者对这次访视的感受、意见及对下次访视的期待。

在关于个案工作过程的内容方面，本标准中个案工作的过程遵循社会工作实务通用过程模式的接案、预估、计划、介入、评估、结案六个阶段。[①]

[①] 全国社会工作标准化技术委员会秘书处等：《〈社会工作方法·个案工作〉解读》，《中国社会工作》2018年第7期。

与社会工作的其他工作方法相比，个案工作起源最早，发展也最充分和完备。个案工作体现了社会工作精细化、专业化的服务，是持证社会工作者应当掌握的基本方法之一。面对社区矫正对象，采用个案社会工作的方法比较合适。我国近年来在该领域进行了诸多尝试，取得了一定的经验。如刘念、卢玮在《浅析个案社会工作方法介入社区矫正》一文中从个案工作方法、个案工作过程、个案工作与矫正体系建立，以及个案工作对于专业社区矫正工作者的培养四个层面具体分析个案社会工作介入社区矫正的功能。他们认为，社区矫正个案社会工作开展应首先解决的事情主要有以下两点：第一，找出解决社区矫正服务对象多重问题所需要的社会服务网络；第二，建立这个社会服务网络中各项服务提供者之间的互动关系即资源整合。[1] 田国秀在《社会工作个案方法在社区矫正中的意义与运用》中讲到，个案工作的职业伦理为社区矫正提供理念支持，其中有：（1）接纳尊重，唤醒自尊；（2）真诚信任，良性互动；（3）维护自决，灌注希望。个案工作的关系建立、会谈技术、记录方法以及心理咨询的工作模式都可以在个案矫正中适当运用。[2] 费梅苹用案例证明社区矫正中的个案工作方法的运用，主要在于矫正工作者帮助矫正对象通过修正其心理、认知、社会关系等，达到矫正对象的社会功能的康复。并指出个案社会工作方法运用面临的一些限制：（1）社区矫正工作制度的限制；（2）社区矫正工作者自身素质的限制；（3）组织制度安排和行政设施条件的限制；（4）社会支持性资源系统的缺乏。[3]

第五节 未成年犯的社区矫正

一 未成年犯社区矫正的概述

未成年人是社会中的特殊群体，其心理与生理发展均未完全成

---

[1] 刘念、卢玮：《浅析个案社会工作方法介入社区矫正》，《社会工作》2007年第7期。
[2] 田国秀：《社会工作个案方法在社区矫正中的意义与运用》，《首都师范大学学报》（社会科学版）2004年第5期。
[3] 费梅苹：《社区矫正中个案社会工作方法运用的经验实证研究》，《华东理工大学学报》（社会科学版）2004年第2期。

熟，具体表现了他们对行为后果与性质的认识以及控制能力要弱于成年人，因此在法律中处于被保护的角色。我国将18周岁规定为成年年龄，18周岁以下的人为未成年人。其中，14周岁以上的未成年人对一些最基本的犯罪行为的危害性有一定认识，并能有意识地控制。因而我国法律以14周岁为底线，根据犯罪行为的严重程度对未成年人的刑事责任进行了划分：14周岁以下的未成年人不承担任何刑事责任；已满14周岁不满16周岁的未成年人只对法律所规定的重罪（故意杀人、故意伤害致人重伤、死亡、强奸、抢劫、贩毒、放火、爆炸、投毒等严重刑事犯罪）承担刑事责任；16周岁以上的未成年人虽然承担刑事责任，但不满18周岁，应从轻或减轻处罚。因而，未成年犯是指已满14周岁不满18周岁实施了危害社会的行为，触犯刑律并应当受到刑罚处罚的人。① 所谓未成年犯的社区矫正，是指已满14周岁未满18周岁的未成年人，触犯刑事法律规定，符合社区矫正的条件，由专门的国家机关将其置于社区内，在相关社会团体和志愿者的参与下，矫正其犯罪心理和行为恶习，完成刑事法律判决的非监禁刑罚执行活动。②

未成年人由于特殊的生理和心理特点，很难抵制纷繁复杂的社会中存在的种种诱惑，一旦触犯刑法而受到监禁刑罚，必将使其产生影响其终身的阴影。监狱里的"交叉感染"、监狱亚文化等不但不利于未成年犯罪人的矫正、回归社会，反而有可能让其变本加厉、越陷越深。因此，有必要探寻一种合适的刑罚执行方式，以争取最大限度地减少对误入歧途的未成年人因执行刑罚所带来的负面影响。社区矫正由于刑罚执行地点相对自由、开放，社会生态环境更加友善、宽容，可以发动更多的社会力量参与到矫正活动中，更有利于未成年犯的身心健康发展，所以我国越来越重视对未成年犯进行社区矫正。

未成年犯社区矫正的对象主要包括：被判处缓刑、假释和暂予监外执行和附加剥夺政治权利的未成年犯。除此之外，根据我国《刑法》《预

---

① 吕新建：《论我国未成年犯社区矫正的必要性及可行性》，《河北法学》2008年第3期。
② 姚建龙：《矫正学导论：监狱学的发展与矫正制度的重构》，北京大学出版社2016年版，第292页。

防未成年人犯罪法》及相关法律规定，未成年犯社区矫正的对象还应包括下列情况；有轻微偷盗、抢劫、赌博行为的；经常打架斗殴、寻衅滋事、扰乱社会治安的；多次进入网吧，夜不归宿的；多次观看黄色、暴力影像制品并传播的；因违法犯罪行为已受到罚款、留校察看等处分的；被不起诉或被判处管制、缓刑、免除刑事处罚的；有其他违法或轻微犯罪行为的未成年人等。①

2005 年，全国社区矫正首批试点省市共接管社区矫正人员 30738 人，其中 18 周岁以下未成年社区服刑人员 1395 人②，占 4.5%。截至 2015 年，各地累计接收社区服刑人员 2701891 人，累计解除矫正 2003945 人，在册社区服刑人员 697946 人。③ 其中，18 周岁以下未成年犯共 13767 人，占 2%。④ 总体上来看，社区服刑人员在矫正区间重新犯罪率为 0.19%。⑤ 从以上数据可以看出，在社区矫正的适用人群中，总体重新犯罪率低，且未成年犯的比重呈增加趋势。2012 年，两院两部在其印发的《社区矫正实施办法》中规定，犯罪时不满 18 周岁、被判处 5 年以下有期徒刑刑罚的社区矫正人员，也适用未成年犯的社区矫正。这在一定程度上扩大了未成年犯社区矫正的适用范围。

二　未成年犯社区矫正的必要性与可行性

（一）*必要性*

1. 未成年犯罪形式严峻

在我国，未成年犯占罪犯总数的比例曾迅速攀升，从 1979 年的 3.3% 上升到 2005 年的 9.81%。在国家、政府和社会的共同努力下，2008 年以来明显回落：2011 年法院审理的未成年犯占罪犯总数的 6.4%。⑥ 未成年罪犯占当年刑事罪犯总数的比例逐年下降。2009—2013

---

① 武志坚、邹学忠：《建立我国未成年犯罪人社区矫正制度的设想》，《吉林公安高等专科学校学报》2006 年第 6 期。

② 司法部社区矫正管理局：《全国社区矫正发展情况与数据统计》，法律出版社 2017 年版，第 27 页。

③ 同上书，第 260 页。

④ 同上书，第 258 页。

⑤ 同上书，第 262 页。

⑥ 戴相英：《未成年人犯罪与矫正研究》，浙江大学出版社 2012 年版，第 2 页。

年，全国法院判处的未成年罪犯人数占刑事罪犯总人数的 6.18%，历年的比例分别为 7.79%、6.78%、6.40%、5.44% 和 4.82%，呈现逐年下降的趋势。① 这主要得益于近年来我国实行的宽严相济的刑事政策和"预防为主、惩罚为辅"的教育矫正原则，预防犯罪的工作取得了实效。

随着社会、政治、经济形势的变化，近年来未成年人违法犯罪领域出现了一些新的现象和特点，低龄化、暴力化趋于严重，团伙犯罪层出不穷。网络成瘾和网络犯罪问题、女性犯罪问题、毒品犯罪问题、暴恐犯罪问题、未成年被害人问题和富二代、官二代、星二代违法犯罪问题等需要引起重视并有针对性地做好预防工作。在未成年人犯罪年龄情况方面，未成年人犯罪以 14 周岁至 16 周岁为主。已满 14 周岁、未满 16 周岁的未成年犯 2010 年统计为 42.01%，2013 年统计为 54.15%，增长12.14%。此外，未成年人犯罪有低龄化的趋势，在某些罪名上尤其显著。以故意杀人罪为例，14 周岁的未成年犯所占比例接近 50%。② 这说明：未成年人犯罪在总体数量上处于下降趋势，但实际"质量"在上升——以前未成年人不涉及的犯罪现在开始涉及了，且恶意或者伤害程度更大了。中国社会科学院法学研究所发布的 2016 年《法治蓝皮书》研究报告也指出，2015 年的未成年人犯罪总体呈下降趋势，保持在"5 万件罪行""7—8 万名罪犯"的水平上，但是不少未成年人犯罪手段暴力凶残，共同犯罪居多且犯罪后果严重。未成年人保护的形势依然非常严峻。③

更令人担忧的是，未成年犯刑释人员重新犯罪率居高不下，且呈逐年上升趋势。例如，河北省未成年犯管教所每年对刑满释放 3 年人员的情况进行跟踪调查，调查结果显示，这些特定人员近 3 年的重新犯罪率统计数字分别为 5.2%、8.0%、10.4%。未成年人犯罪率和重新犯罪率是衡量国家刑罚体系的威慑力和改造功能强弱的重要标准。居高不下的犯罪率及重新犯罪率反映出我国治安形势的严峻性，也表明我国现行行

---

① 路琦、牛凯、刘慧娟、王志超：《2014 年我国未成年人犯罪研究报告——基于行为规范量表的分析》，《中国青年社会科学》2015 年第 3 期。
② 同上。
③ 《法治蓝皮书：中国法治发展报告》，No. 14（2016），中国皮书，http://www.cssn.cn/zk/zk_zkbg/201603/t20160325_2938196_3.shtml。

刑制度存在严重缺陷。探索适合我国国情的未成年人违法犯罪矫正体系，改善治安环境，稳定社会秩序势在必行。①

2. 传统矫正模式效果堪忧

针对未成年人的违法犯罪，我国法律采取了刑事处罚和非刑事处罚措施。对于犯罪情节严重、需要给予刑事处罚的，采取监禁刑的刑事处罚措施，执行机构为少年犯管教所。非刑事处罚措施主要包括工读学校（专门学校）学习、政府收容教养、社会帮教等形式。这些传统的预防和矫正未成年人违法犯罪的措施，在实践中发挥了重要作用，但并没有从根本上遏制未成年人犯罪的势头，甚至未成年人犯罪呈愈演愈烈之势。我国对未成年人违法犯罪采取单纯社会控制的司法理念和手段是不符合社会发展趋势的，也是一种非人性的方式，它既不能减少和控制未成年人违法犯罪，也不能实现让未成年犯顺利回归社会的目的。传统的矫正模式的缺陷越来越明显，主要体现在：

第一，在矫正理念上，社会各界普遍存在善恶报应的思想，社会和国民异常重视监禁的惩罚效应，崇尚惩罚和控制，忽视未成年犯作为独立个体的健全发展，没有体现"以人为本"的矫正理念，司法机关的传统矫正活动无法从根本上有效地降低未成年人的犯罪率及重新犯罪率。

第二，在矫正过程中，无论是刑事处罚还是非刑事措施，实质上是将未成年人与社会隔离，限制了未成年人的生活自由。传统矫正模式迫使未成年人与亲朋隔离，与人类情感需求相悖，未成年犯痛苦的感受更使其身心健康受到伤害，不利于矫正工作的顺利进行；监禁所带来的"标签效应""污名化"，使未成年人的一生背上沉重的负担，严重影响了未成年犯以后的生活、成长和发展；监禁机构内的交叉感染使未成年犯更容易变得更"坏"；监禁使未成年犯与社会隔离，导致未成年犯正常社会化中断或畸变，对其健康发展造成恶劣影响，隔离控制带来的后果只能导致越轨青少年的行为更加偏差，回归社会更加困难，社会危害性更加严重。② 监禁后未成年犯被切断与外界社会的联系，使其心理与社会功

---

① 吕新建：《论我国未成年犯社区矫正的必要性及可行性》，《河北法学》2008 年第 3 期。
② 姚建龙：《未成年人犯罪非监禁化理念与实现》，《政法学刊》2004 年第 5 期。

能遭到损害，因而更加难以复归社会。

第三，缺乏专业的矫正人员及矫正方法。传统矫正模式主要以司法人员为主，缺乏心理辅导者和社会工作者等专业人员介入，矫正方法单一，矫正成效表面化。特别是针对未成年人的专业矫正人员更为缺乏，没有专业的培训矫正人员的机构，导致对未成年犯的矫正流于形式。

3. 国际社会对未成年犯矫正的共识与趋势

应尽可能让未成年犯不在监禁环境中服刑，对必须在监禁环境中服刑的未成年犯也应尽可能让其转移到非监禁环境中服刑，这是国际上对未成年犯行刑发展的趋势。《儿童权利公约》第 37 条 B 款规定："不得非法或任意剥夺任何儿童的自由。对儿童的逮捕、拘留或监禁应符合法律规定并仅应作为最后手段，期限应为最短的适当时间"，对于确实犯罪的少年，《儿童权利公约》第 40 条第 4 款规定："应采用多种处遇办法，诸如照管、指导和监督令、辅导、察看、寄养、教育和职业培训方案及不交由机构照管的其他办法，以确保处理儿童的方式符合其福祉并与其情况和违法行为相称。"《联合国少年司法最低限度标准规则》总则部分的基本观点第三款中明确规定：对于犯罪少年"应充分注意采取积极措施，这些措施涉及充分调动所有可能的资源，包括家庭、志愿人员及其他社区团体以及学校和其他社区机构，以便促进少年的幸福，减少根据法律进行干预的必要，并在他们触犯法律时对他们加以有效、公平及合乎人道的处理"。第 18 条还规定，应使主管当局可以采取各种各样的处理措施，使其具有灵活性，从而最大限度地避免监禁，可以结合起来使用的措施应包括社区服务等。《联合国预防少年犯罪准则》第四部分 C 款中共用 8 条内容规定了社区在预防青少年犯罪中应采取的措施和方法。① 一系列国际公约和规则，对如何预防和减少未成年人犯罪、未成年人犯罪后如何进行处置以及对被实行监禁的未成年犯的权利保护等方面都作了规定，形成了比较完善的未成年人司法制度体系，并为各国的未成年人刑事司法确立了基本的指导思想。中国作为联合国的成员国和一系列国际公约的签字国，在对违法犯罪未成年人的处遇上也理应顺应司法改革，保障人权的国际要求，对违法犯罪未成年人在行刑上应更多地适用社区

---

① 刘晓梅：《关于未成年犯的社区矫正的几点思考》，《矫正研究》2006 年第 6 期。

矫正，以维护未成年人的合法权益。所以，未成年人犯罪适用社区矫正制度是与国际行刑制度接轨的必然选择。①

对未成年人违法犯罪的社区矫正成为世界多国的共同经验。世界上许多国家进行了较长时间的探索和实践，各个国家根据本国国情，制定了各具特色的社区矫正模式，并取得了一些较为成功的经验。例如，在法律体系方面，都建立了比较完善的社区矫正法律法规；在组织方面，设有专门的社区矫正工作机构；在人员方面，社区矫正必须由专业矫正工作者组织，同时在社会志愿者和多方社会力量的协助下开展。同世界上一些有丰富社区矫正理论和实践经验的国家相比，我国的社区矫正刚刚起步，在实践过程中还需要不断地学习和总结他们的经验与教训，这样才能更好地完善有中国特色的社区矫正工作。

(二) 可行性

1. 未成年人社区矫正的理论依据

(1) 社会化理论。个体从出生到死亡的终生过程是一个不断社会化的过程。个体社会化经历他律和自律两个阶段。他律阶段是个体社会化的早期阶段，主要通过学习和模仿获得对社会道德与社会规范的初步认识，获得社会对现存社会角色与社会行为评价的认知，最终逐渐获得选择、判断社会行为的能力。自律阶段是个体将对社会道德与社会规范的认知内化为自身的价值标准，并自觉以此来约束自我的行为。未成年犯的行为偏差正是由于未成年犯在社会化过程中停留于他律阶段，没有完成从他律向自律的成功转化。在社会化过程中，当个人或社会某一方面条件不具备时，就可能出现社会化失败。为了纠正和克服社会化失败问题，就需要对罪犯进行再社会化教育。再社会化是在社会化基础上进行的社会化，是一种带有弥补、补救、矫正性质的社会化。社区矫正尽可能地塑造一种与正常社会相仿的矫正环境，通过在社区中动员社区力量对罪犯进行教育改造，实现了未成年犯与社会的良好互动，可以让罪犯最大限度地从社会交往中获得正面的社会化模式，从而达到再社会化的目的。

此外，我们还应当认识到，未成年人之所以走上犯罪道路，是一种

---

① 吕新建：《论我国未成年犯社区矫正的必要性及可行性》，《河北法学》2008年第3期。

"社会问题综合征"的表现。当前我国处于发展的重要战略机遇期，又处于社会矛盾凸显期。由于经济发展模式转换、体制深层次改革和全方位对外开放正在加速转型，我国社会管理的风险在急剧转型时期，各种新旧矛盾交织，多种价值观相互碰撞。在这样的社会背景下，未成年人面临诸多的困惑、诱惑，要做出理性的选择并不容易，这有赖于家庭、学校、社会的正确引导与帮助。未成年人的心智发展还不适应如此多变、急剧的挑战，需要多次尝试，甚至包括试错。因此，社会各界要对未成年人的犯罪行为给予更多的宽容。从某种意义讲，未成年犯罪人既是加害者又是受害者。因此，犯罪的结果由未成年人自己承担也不公平。通过社区矫正可使家庭、学校、社会都承担相应的责任，共同消除未成年人犯罪的根源。

（2）教育刑理论。该理论认为，刑罚的目的既不是要摧残折磨一个感知者，也不是消除业已犯下的罪行，而是通过刑罚阻止罪犯再重新侵害公民，并规诫他人不再重蹈覆辙。其核心在于改造和教育犯罪人，通过刑罚的适用消除其人身危险性，使犯罪人重返一般市民生活之中。人和社会环境是相互影响的，未成年人之所以违法犯罪往往是因为受到了多方面因素的影响。未成年人心智发育不成熟，缺乏成年人所具有的分析、辨别和判断能力，在对他人、自己以及行为后果等方面的认识上都存在一些缺陷。而犯罪是具备辨认控制自己行为的能力者在其主观意志和意识支配下实施的危害社会的行为，没有该能力就不可能有故意犯罪和过失犯罪之分，当然就不对犯罪行为承担刑事责任。人的辨认、控制能力不是与生俱来的，而是随着身心的发育、接受教育和参加社会实践逐渐增长，到了一定年龄才成熟、完善的。未成年人辨认、控制能力低，其主观罪过性就较小，社会危害性也轻。在情感上，未成年人主要表现为敏感、冲动和情绪化，常常意气用事，情感多于理智、易于激动、情绪相对不稳定。与成年人相比，未成年人在犯罪动机上也相对简单，具有偶发性和易变性的特征，很少像成年人那样进行周密思考和精心策划。未成年人的这种不成熟状态使其容易沾染不良习惯、实施犯罪行为，但相应地，其主观恶性也不深。如果加以正确的教育、帮助和引导其戒除恶习，重归正途的机会大，重新犯罪的可能性小。① 人同时具有很大的可塑性，绝大多数罪犯都可以通过教育感化从根本上消除犯罪动因，进而维护社会的稳定。未成年人的人生道路很长，只有从根本上认识到犯罪的错误性而摒弃犯罪思想、改变不健康的生活方式，才能彻底地改过自新、弃恶扬善，自觉自愿地成为一个守法公民。因此，对于未成年人的矫正工作应当坚持贯彻教育刑理论，强化矫正工作的教育性，加强未成年人在法治、道德、文化等方面的教育，晓以利害，提高其辨别是非及抵御不良因素影响的能力。这也是预防其重新犯罪的治本之法。

（3）行刑经济化与谦抑理论。行刑经济化追求的是以最小的投入而获得最大的预防和控制犯罪的社会效益。社区矫正充分利用各种社会力量和社会资源开展矫正工作，符合经济学上的成本效益原则，有利于合理配置行刑资本，减轻国家在监禁刑罚上的投入，缓解了监狱改造的人、物、财等方面的压力，减轻了国家在刑罚运作上的投入和负担，节约了矫正资源，提高了司法效益，实现了法律效果与社会效果的统一。刑罚的谦抑原则是立法者应力求少用甚至不用刑罚就有效预防和控制犯罪。② 具体而言，如果某种危害社会的行为用非刑罚方法处理即可达到矫正目的，就不要规定为犯罪；如果规定较轻的刑罚即可，就没有必要规定较重的刑罚。对于未成年人犯罪，应在谦抑性原则的指导下，充分考虑刑事责任的承担方式，尽可能使用非刑罚处理方式或较为轻缓的刑罚。社区矫正是适应社会发展需要提出的一种新型刑罚执行制度，是司法体制和政法工作机制改革的重要内容。社区矫正是对刑罚制度的有益探索和实践，对于全面贯彻落实宽严相济的刑事政策，完善具有中国特色的刑罚执行制度，合理配置基层政法资源，充实和完善社会治安综合防控体系，维护社会稳定，构建和谐社会，有着重大的现实意义和深远的历史意义。

2. 未成年人社区矫正的现实依据

未成年人社区矫正的现实依据主要表现为未成年犯与社区矫正的适切性。对未成年刑罚执行的基本要求，不仅是要做到惩罚与改造相结合，

---

① 彭梦吟：《未成年犯区别矫正的必要性和可行性分析》，《法制与社会》2008 年第 14 期。
② 陈兴良：《本体刑法学》，商务印书馆 2001 年版，第 75—86 页。

而且要紧紧围绕"改造"这个基本目标开展工作。在改造方法上，对未成年犯的改造要以教育、感化为主，劳动为辅，以实现挽救的目的。对于犯罪的未成年人，应当将教育、矫正工作放在第一位，惩罚只是辅助性手段。因此，单纯地对未成年犯实行剥夺人身自由的强制监禁，以期实现对其犯罪行为进行惩罚的做法，有悖于我国的法规和政策，也无法达到挽救未成年犯的最终目的。

反观社区矫正，它集合广泛的社会力量，为未成年犯提供了良好的生活环境、心理氛围，并提供了良好的榜样和情感上的支持，有利于不良行为和习惯的矫正，必将对挽救未成年犯起到良好的作用。同时，由于未成年犯最终仍需回归社会，采用社区矫正的方式会使未成年犯的矫正过程实际上不脱离主流社会和现实社会，这样就可以大大消除他们因监禁所造成的与社会发展完全脱节的不良影响，为他们顺利回归社会并为社会所接纳奠定良好的基础，最终有效地防范未成年犯重新犯罪。[1]

首先，未成年犯社区矫正彰显了对未成年人的人道主义和人文关怀精神，与现代国际刑罚理念接轨。行刑制度的人道主义和人文关怀精神体现为行刑的谦抑与宽和。社区矫正对象除了参加相应的改造活动、接受相关的思想教育与法制教育外，更多时候是作为一个正常的人出现在社会中的，这充分体现了其作为人的生存价值。社区矫正中，罪犯的人格尊严得到了充分的尊重，依法享有的各项权利得到了维护。

其次，未成年犯社区矫正符合未成年人的生理和心理特点。在生理和心理发育上，未成年人明显处于未成熟阶段，其社会经验和认知能力远低于成年人，更容易受到周围环境的影响，倘若用高墙电网将那些罪行并不严重的罪犯长期与社会隔离，由于狭小的生存和活动空间、单调乏味的日常教育以及朝夕相伴的不良群体等特定因素的影响，势必会使未成年犯产生消极、颓废甚至抵制帮教的心理，也会给挽救工作带来重重困难。反之，对未成年犯进行社区矫正，让他们从事特定的社区服务，由于社区相对于监禁场所有平等、有序、互助的氛围，对他们心理的影响必然是积极的，也更有利于促成他们产生积极向上的行为动机，减少

---

[1] 姚建龙：《矫正学导论：监狱学的发展与矫正制度的重构》，北京大学出版社2016年版，第292—293页。

和防止其自暴自弃的倾向。

最后，未成年犯社区矫正适应了未成年犯的行刑发展趋势。应尽可能让未成年犯不在监禁环境中服刑，对必须在监禁环境中服刑的未成犯也应尽可能将其转移到非监禁环境中，这是世界上未成年犯行刑发展的基本趋势。国际社会对未成年犯处置的主流早已趋向非刑事化、非监禁化和轻刑化，而社区矫正正是这一趋势的集中体现。我国在未成年犯行刑上如果适用社区矫正措施，显然是符合未成年犯行刑发展趋势的。[①]

三 未成年犯社区矫正的基本方针

2012年颁布的《社区矫正实施办法》中第33条规定，"对未成年人实施社区矫正，应当遵循教育、感化、挽救的方针"。我国《未成年人保护法》（1991年颁布，2012年修订）和《预防未成年人犯罪法》（1999年颁布，2012年修订）也都规定了"教育、感化、挽救"的未成年人教育惩处方针。

（一）教育

教育在未成年犯社区矫正中处于核心地位。对未成年犯的社区矫正，是一种特殊的矫正教育，是有目的、有计划、有组织实施的以转变矫正人员思想、矫正恶习、灌输知识、培养德行、增强技能为内容的活动。在教育目的、教育内容、教育方式等方面都有自身的特殊性。它所承担的使命和宗旨是不但要矫正违法犯罪行为，还要传递给矫正人员正确的价值观、世界观以及必要的生存技能和知识，使其不再重新犯罪，并促进其重新回归主流社会，成为主流社会所能接受的自尊、自立，信守法律道德的具有社会责任感的公民。未成年犯社区矫正在教育目的上，既要矫正人，又要造就人；在矫正内容上，重点在于矫正未成年犯的犯罪心理和行为恶习；在教育方式上，是在强制的条件下，以教育为主，以惩罚为辅，同时，要遵循未成年犯矫正教育的规律、原则和方法。

（二）感化

从字义上分析，"感"是指接受外在的信息，"化"是指内在的转化，

[①] 姚建龙：《矫正学导论：监狱学的发展与矫正制度的重构》，北京大学出版社2016年版，第292—293页。

将外在的内容变为内在的成分。"感"与"化"互相作用，相互影响。在一般意义上，"感化"是指用言语和行动去感动和改变一个人，使其人性变善。在此过程中，感化者对被感化者的心灵施加影响，扫除迷惑，安抚创伤，引导其内心的积极力量，塑造恰当的行为模式，维护尊严，让生命存在价值和意义。在社区矫正过程中，"感化"是指社区矫正工作者有意识地用善意的劝导和有益的行动去影响、感染未成年矫正对象，促使其思想和行为按照期望的目标化的矫正教育活动。感化注重的是以情感人，以情动人，赢得对方的信任，产生共情效果，进而接受社区矫正工作者的观点、信念，将其内化为自己内在的信念、价值观，并用来指导自己的行为，从而实现心理与行为矫正的目的。

（三）挽救

"挽救"的字面意思是从危险或不利中救回来。在未成年犯社区矫正中，"挽救"是指通过充分的教育、感化工作，使未成年矫正对象得到帮助，从危险的境地或者不利的处境中转危为安，进入安全、正常、健康发展的轨道。这是未成年犯社区矫正工作的着眼点和根本目的，也充分体现了国家对未成年人"保护"的定位。在这一方针中，"教育""感化""挽救"构成了一个有机的整体，三者相互联系、相互依存、相互渗透，不可分割。其中，"教育"是基础，处于社区矫正的首要地位，起主导作用，贯穿于未成年犯社区矫正工作的始终；"感化"是态度和方法，是社区矫正工作的重要方针和政策的体现；"挽救"是教育和感化的目的，是社区矫正工作的出发点和归宿，是这一方针总的精神实质。[①]

四　未成年犯社区矫正的基本原则

（一）尊重和保障基本权利的原则

对于人权，我国《宪法》和《刑事诉讼法》都作出了较为明确的规定，即"尊重和保障人权"。关于人权的概念，可以理解为"一个人仅因

[①] 姚建龙：《矫正学导论：监狱学的发展与矫正制度的重构》，北京大学出版社2016年版，第293—294页。

他是人，而不因其社会身份和实际能力，就应该享有某些不可转让的权利"，① 未成年犯作为特殊的社会群体，其人权更应该得到保障。在未成年人社区矫正的整个过程中，必须强调尊重和保障他们应有的权利。这些权利主要包括生命健康权、人身自由权、人格权、住宅权、通信权、婚姻家庭权、财产和继承权、知识产权、政治权利、宗教信仰自由权、受教育权、劳动权、文化活动权、批评和建议的权利、申诉权、控告和检举的权利、获得国家赔偿的权利、获得物质帮助的权利等方面的基本权利。此外，未成年犯还享有其他法律规定的不同于成年犯的权利，如在《社区矫正实施办法》中规定，对未成年人的社区矫正应当与成年人分开进行；对未成年社区矫正人员给予身份保护，其矫正宣告不公开进行，其矫正档案应当保密。

(二) 教育为主、惩罚为辅的原则

《未成年人保护法》第38条规定："对违法犯罪的未成年人，实行教育、感化、挽救的方针，坚持教育为主，惩罚为辅的原则。"《预防未成年人犯罪法》第44条规定："对犯罪的未成年人追究刑事责任，实行教育、感化、挽救方针，坚持教育为主，惩罚为辅的原则。"应该指出的是，这一原则是我国对未成年犯实施矫正工作所遵循的基本准则。前文提过，处于14—18周岁这一阶段的未成年人，其生理和心理都没有发育成熟，很容易受到不良影响而误入歧途。他们的主观恶性不大，社会危害性也较小。如果对其及时加以合理的教育矫正的话，因其可塑性较强，所以矫正效果较好。在实践中人们也发现，单纯的惩罚并不能带来未成年犯的真心悔过、改过自新，反而可能令其产生逆反心理，导致其"破罐子破摔"。另外，导致未成年人走上违法犯罪道路的原因是多方面的，家庭、学校、社会都应该承担一部分相应的责任。所以，社会应该给予未成年人改过自新的机会，宽容地对他们实施矫正教育。

(三) 区别对待的原则

《社区矫正实施办法》第33条规定："(一) 对未成年人的社区矫正应当与成年人分开进行；(二) 对未成年社区矫正人员给予身份保护，其矫正宣告不公开进行，其矫正档案应当保密；(三) 未成年社区矫正人员

---

① 王立峰：《论社区矫正中未成年罪犯的人权保障》，《科教文汇》2007年第1期。

的矫正小组应当有熟悉青少年成长特点的人员参加；（四）针对未成年人的年龄、心理特点和身心发育需要等特殊情况，采取有益于其身心健康发展的监督管理措施；（五）采用易为未成年人接受的方式，开展思想、法制、道德教育和心理辅导；（六）协调有关部门为未成年社区矫正人员就学、就业等提供帮助；（七）督促未成年社区矫正人员的监护人履行监护职责，承担抚养、管教等义务；（八）采取其他有利于未成年社区矫正人员改过自新、融入正常社会生活的必要措施。犯罪的时候不满18周岁被判处5年有期徒以下刑罚的社区矫正人员，适用前款规定。"[1] 以上诸规定，都体现了对未成年犯罪人区别对待的原则。

五 未成年犯社区矫正的基本方法

（一）教育学方法

在未成年犯社区矫正过程中，可以通过积极开展教学活动进行矫正。教学活动中，课堂教学是重要的一环。课堂教学是针对社区矫正人员特点、有固定教室和时间、由教师集中授课的一种教学形式，在实践中是一种有效的、主导的形式。矫正机构根据社区矫正人员特点和接受能力，不断改进教育方法，丰富教学形式，采取教材讲解法、实验演示法、案例教学法、分组教学、讨论教学法等形式多样的教学方法，增强教育工作的针对性和有效性，调动矫正人员学习的积极性与热情，启发矫正人员积极思考，切实提高教育矫正质量。

在社区矫正中，教学的内容包括文化、技能、法治、道德、心理健康等。如在法治教学方面，未成年犯学习内容不局限于犯罪所触犯的法律法规，同时也会讲解与他们日常工作生活联系紧密的法律常识，使其更加全面深入地认识到法律除具有惩戒的功能外，还可以为大家的日常生活提供便利与帮助。使其意识到当自身合法权利受到侵害时，也可以及时根据自己所积累的法律常识，采用更加理性合法的方式维护自身的合法权利。例如，围绕其"衣、食、住、行"等需求，矫正工作人员会讲解房屋买卖相关法律常识与注意事项；以关心其日常生活为出发点，

---

[1] 司法部社区矫正管理局：《社区矫正法律法规与工作制度汇编》，法律出版社2014年版，第64—65页。

开展公德道德教育；围绕其工作中权利的维护，讲解劳动法；针对家庭关系的处理，宣传婚姻法等。

在教学中，社区矫正工作人员还要向未成年犯讲解最新的社会政策。这有利于矫正人员及时跟进与了解国家的制度安排及社会问题的解决思路，以促进其自身及时关注与了解与其自身权利义务相关的信息，提高其积极挖掘自身潜能与社会政策资源，并为己所用的能力。为有效地传达与矫正人员相关的社会政策，矫正机构工作人员可以开展社保政策的讲解，弥补矫正人员社会保障知识的欠缺，解答他们的疑惑，使他们更加清晰地认识到个人在缴纳社会保险方面的权利与义务，为他们更加便利地行使权利与更加自觉地履行义务奠定良好的思想理论基础。

在教学形式与教学手段方面，社区矫正人员要根据未成年犯的兴趣爱好、文化水平与实际条件进行形式多样的教学。如在课堂教学中，社区矫正人员可以灵活运用多媒体工具教学，播放思想政治、法律道德、社会公德等不同主题、不同节目形式的视频短片，加强对社区矫正人员潜移默化的思想行为的渗透式教育，使文化基础、心理特征和接受能力各异的社区服刑人员普遍接受和理解，提高教学生动性，促进矫正人员更深入理解的同时，切实加强教学的延伸性，从而强化教育效果，提高矫正教育质量。在"互联网+"的时代背景下，社区矫正人员还要充分利用网络等信息化新型手段创新社区矫正教育形式，如官方微信平台、APP、网站、微博、QQ群等开展矫正教育。

(二) 心理学方法

对所有社区矫正未成年犯进行心理评估，针对未成年犯的不同心理需要开展心理咨询与心理治疗，并积极开展心理健康教育工作。

不同于监狱服刑改造人员，大多数社区矫正未成年犯犯罪时主观恶性不大，其中有相当一部分矫正人员仅因缺乏法律常识而在无意中触犯了法律，因此他们内心一时难以接受由一个"正常公民"角色到"罪犯"角色的突然转变，很多人容易因此产生自卑心理，加之对家人的内疚、他人的歧视也容易使他们一再地陷入低迷，一蹶不振。因此，社区矫正工作人员会根据矫正人员以上心理有针对性地开展以心理健康教育方面的讲座、团体训练、知识图片展、广播等活动，促进其正视过往所犯错误，让他们重新建立新的价值观，塑造更加积极健康的自我形象，重新建立其面对未来生活的信心与勇气。

在实践中，适合未成年犯的常用心理学矫正技术包括：房树人心理测验技术、意象对话心理治疗技术、沙盘游戏心理治疗技术和叙事矫正技术四项矫正技术，统称"四项矫正技术"。[①] 这些技术具有操作性强、收效快、适用面广、易于未成年犯接受等优点，适合在社区矫正中使用。

（三）社会工作方法

上文提过社区矫正中的社会工作方法包括个案工作、小组工作和社区工作。社区矫正未成年犯适合采用社会工作方法中的个案工作与小组工作方法。由于未成年犯所处的年龄阶段在人际关系方面处于亲子关系逐渐疏远、同伴关系日益看重的时期，因此他们往往非常看重同辈群体的交往，所以小组工作方法尤其有效。

小组工作是一种在一个时间段内针对某一主题对一群人同时开展工作的方法，该群体往往属于同质团体，在年龄、心理特点、面临的问题与困惑等诸多方面存在相似性。通过个人在社区矫正机构中的各类小组，借助小组工作领导者的协助，引导小组成员在小组活动中互动，促使组员彼此理解、建立相互信任与合作的关系，并以个人能力与需求为基础，获得成长的经验，旨在达成个人、小组、社区协同发展的目标。青少年可塑性强，喜欢模仿，易受感化，乐于接触同龄群体，将他们组成小组，挖掘善性，激发彼此的成长动力，正面影响会在潜移默化中悄然发生。青年人自己教育自己，在他们彼此接触、健康交往中，相互鼓励、彼此感染，使正义的力量得以张扬。未成年犯涉世不深，恶性较小，本性不坏，引导得法可以借助小组工作产生强大的成长力量。

未成年犯矫正小组可以分为以下几类：

1. 教化小组

该类小组以角色引导和行为规范为重点，通过营造小组气氛，在道德品质、行为规范、纪律要求等方面给予引导，加强指导，提升组员的自觉意识和自律能力。

2. 治疗小组

该类小组由存在共同问题的未成年犯组成，以核心或者主要问题

[①] 戴相英：《未成年人犯罪与矫正研究》，浙江大学出版社2012年版，第184页。

（如吸毒、酗酒、暴力倾向、性欲控制困难等）为靶子，动员和鼓励小组成员分享个人经验，彼此鼓励，相互支持，坚持不放弃，关注问题的改正效果，在此过程中进行自我反省，直到问题解决。

3. 社会化小组

该类小组的目的在于帮助小组成员学习社会适应技巧，提高社会适应能力，改正不良习气，顺利融入社会。组成学习小组，学习专门的文化知识、专业技能，帮助组员提高文化修养，掌握专业技能，为他们升学、就业、自食其力、恢复自信创造条件。

4. 成长小组

该类小组的目的在于促进组员的深入互动，使他们在思想、感情、精神等方面有所感悟、有所觉醒，达到个人成长的目的。该类小组鼓励组员展示潜能，彼此欣赏，增强自信，大胆表达，挖掘生命的力量，达到个人的良性整合，实现人生意义。[①]

未成年犯社区矫正还可以采用其他方法，比如社会实践法、参观法等，在未来的矫正实践中都可以大胆运用，以获得更好的矫正效果。

【信息栏】5—5

重庆市司法局着力做好未成年社区服刑人员教育
重庆市司法局社区矫正工作管理局

重庆市司法局社区矫正工作管理局高度重视未成年社区服刑人员教育。《重庆市社区矫正实施细则》，对未成年人的社区矫正工作进行了专章规定，明确了未成年人的社区矫正应当与成年人分开、采取有益于未成年人身心健康发展的教育矫治措施等。各区县司法局通过心理访谈、心理量表测试、心理画等措施了解未成年社区服刑人员的心理特点和潜在的心理困扰，找出矫正个案的犯罪症结，确定监管的重点和方向，从而制订针对性强、实施效果好的矫正方案，帮助其树立改过自新、复归

---

① 沈玉忠：《未成年人犯罪特别处遇研究》，中国长安出版社2010年版，第399页。

社会的信心。渝北区邀请未成年犯社区服刑人员的父母共同参与由渝北区人民法院未成年人综合审判庭庭长刘奇柱开展的未成年人专题法治教育讲座，安排亲子交流和拥抱的互动环节，部分社区服刑人员及家长心灵受到较大的触动。黔区司法局针对接收的 21 名未成年社区服刑人员采取"开小灶"的方式，进行不公开宣告、多形式报到、单独上法制课、分阶段个别谈话等方式，督促其学习知识，增强其法律意识。①

第六节 我国社区矫正存在的问题与完善

一 我国社区矫正发展现状及存在的问题

在我国，社区矫正最早是从 2002 年开始的。为了完善我国刑罚执行制度改革、更好地贯彻宽严相济的刑事政策，我国开展了一系列的司法制度改革，其中重要的一项内容就是实行社区矫正。从程序上来说，我国的社区矫正法是按照"先试点探索、后立法确认"的思路进行的，在实践中探索建立融监督管理、教育矫正与社会适应性帮扶为一体的社区矫正制度。据司法部要求，2002 年 8 月，我国开始在上海市有系统地开展了社区矫正试点工作。"经中央批准，2003 年以来，先后分两批在全国 18 个省（区、市）开展了社区矫正试点工作，另有 9 个省（区）在党委、政府领导下先后进行了试点。社区矫正试点工作取得了明显成效，达到了预期目标。为推动社区矫正工作深入发展，经中央政法委批准，最高人民法院、最高人民检察院、公安部、司法部决定，从 2009 年起在全国试行社区矫正工作。"② "2011 年通过的《中华人民共和国刑法修正案（八）》和 2012 年新修订的刑事诉讼法对社区矫正制度作出明确规定，标志着我国社区矫正法律制度的基本确立。2012 年 1 月，两院两部制定《社区矫正实施办法》，自 2012 年 3 月 1 日起施行。2014 年，全国社区矫正工作进入全面推进的新阶段。截至 2015 年 12 月，全国省、市、县、乡四级已全面开展社区矫正工

---

① 司法部社区矫正管理局：《全国社区矫正教育管理工作实践》，法律出版社 2016 年版，第 113 页。

② 司法部社区矫正管理局编：《社区矫正法律法规与工作制度汇编》，法律出版社 2014 年版，第 58 页。

作，各地累计接收社区服刑人员282万人，累计解除矫正212万人，正在接受矫正的有70万人，社区服刑人员在矫正期间重新犯罪率一直处在0.2%的较低水平，取得了良好的法律效果和社会效果。"①

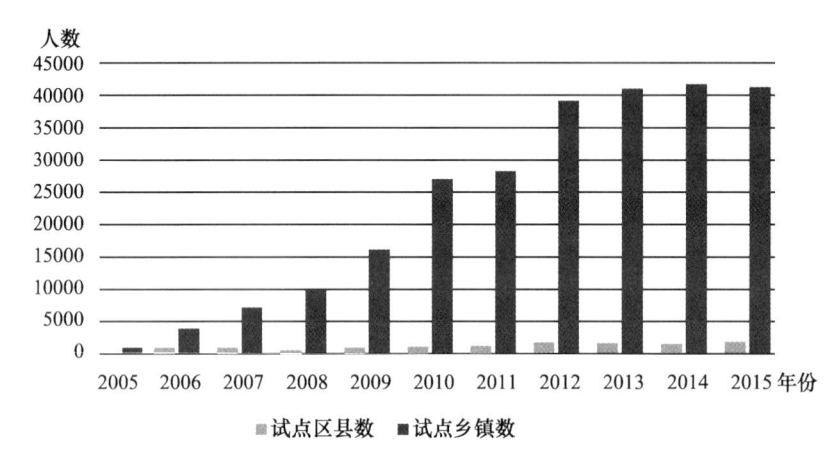

图5—1 社区矫正覆盖范围不断扩大

资料来源：司法部社区矫正管理局编：《全国社区矫正发展情况与数据统计》，法律出版社2017年版，第4页。

社区矫正是人类对犯罪原因加深认识和对传统刑罚执行方式进行反思后所作出的理性选择，是人类文明进步的标志。② 在我国法治化进程中，对罪犯行刑工作日益法制化、文明化、人性化、科学化，这既符合国际趋势，也有利于社会和谐发展与罪犯再社会化，社会矫正是其中重要的一环。不过截至今日，我国尚无系统、全面、规范化的社区矫正专门立法，目前社区矫正的具体依据主要是2012年1月10日由两院两部联合发布的《社区矫正实施办法》。据悉，有关《社区矫正法》的专门立法研究、研拟工作正在进行中。深入研究、完善我国现阶段的社会矫正工作、建立中国特色的社区矫正制度，具有重要的现实意义和理论意义。

但是，不可否认的是，当前我国社区矫正有诸多方面尚待完善。如

---

① 司法部社区矫正管理局编：《全国社区矫正发展情况与数据统计》，法律出版社2017年版，第3页。

② 沈玉忠：《未成年人犯罪特别处遇研究》，中国长安出版社2010年版，第393页。

	2006年	2007年	2008年	2009年	2010年	2011年	2012年	2013年	2014年	2015年
在矫人数	5.9	10.5	15	20.5	27.8	40	46.7	68.1	73.2	71.3
解矫人数	3.4	6.7	12.5	20.9	32.1	48.2	58.7	104.6	150.5	190.1
累计人数	9	17.1	27.4	41.4	59.9	88.2	105.4	175.7	223.8	261.4

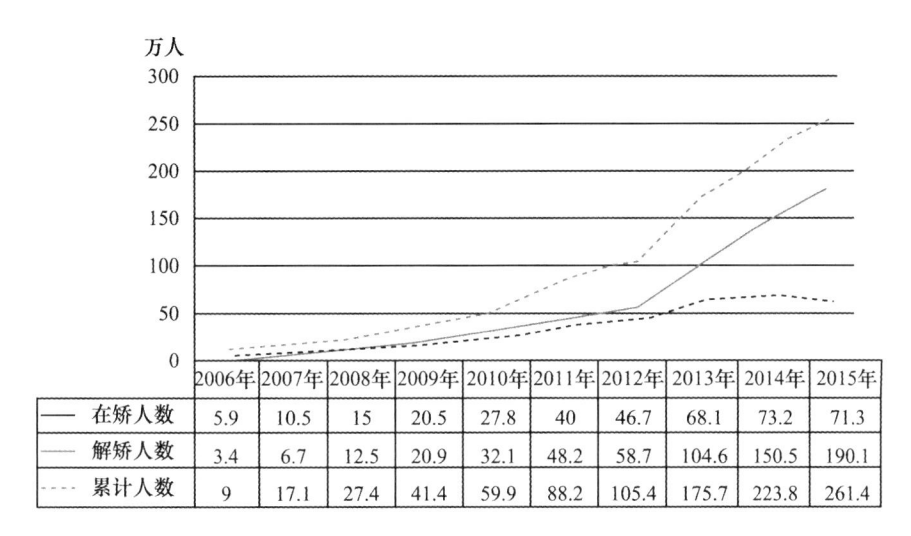

图 5—2　社区服刑人员数量不断增长

资料来源：司法部社区矫正管理局：《全国社区矫正发展情况与数据统计》，法律出版社 2017 年版，第 4 页。

在法律层面上缺乏对社区矫正的特别关注，这在一定程度上造成了社区矫正的虚置状态，难以实现对其社会化矫正的初衷。具体体现为：专门的社区矫正法至今尚未出台；矫正对象范围偏窄；矫正经费不足，场地与设备缺乏；矫正人员数量不足、专业化程度不够等。结果造成了除有个别的未成年犯参加了职业技能培训，多数未成年犯处于无所事事的状态的情况，他们没有机会参加更多的适合其特点、满足其需求的矫正项目。[①] 再就是矫正方法过于单一，目前未成年犯社区矫正方法仅有集中教育、公益劳动和个别化谈话几种，难以发挥社区矫正的功能。这些问题的存在严重地制约了未成年犯社区矫正工作的开展以及功能的发挥。

二　我国未成年人社区矫正的完善路径

（一）完善未成年人社区矫正法制建设

我国《立法法》第 8 条规定，"犯罪和刑罚"及"对公民政治权利的

[①] 刘强、戴海琼、林宇虹：《我国应建立适合未成年人特点的社区矫正管理制度》，《青少年犯罪问题》2004 年第 6 期。

剥夺、限制人身自由的强制措施和处罚"只能由全国人民代表大会及常委会制定的法律才可进行规定,并根据第 9 条规定,上述内容未能制定法律,也不能授权国务院对其中部分先制定行政法规。2003 年两院两部《关于开展社区矫正试点工作的通知》明确规定,社区矫正是与监禁矫正相对的行刑方式,但是,以司法解释的方式来规定刑罚的执行制度,显然是与《立法法》相背的。因此,应加强未成年犯的社区矫正立法工作,制定《社区矫正法》,对于未成年犯的社区矫正作出明确的规定,同时,制定《未成年犯社区矫正条例》,对适用对象、矫正项目、矫正机构与人员、矫正方法、矫正对象权利保障、经费保障等内容作出具体的规定。①此外,还可以向社区矫正发展较成熟的国家学习,增设社区服务刑、引入恢复性司法、完善假释制度等。

(二) 科学、合理运用社区矫正方法

前文已经提到,未成年犯社区矫正的方法主要包括教育学方法、心理学方法、社会学方法等。社区矫正部门应当培训或者引进相关专业人才,以专业化的标准切实开展社区矫正工作,此处不再赘述。

(三) 充分发动社会力量

未成年人社区矫正工作离不开社会公众的认同与支持。联合国《少年司法最低限度标准规则》指出:"应充分注意采取积极措施,这些措施涉及充分调动所有可能的资源,包括家庭、志愿人员及其他社区团体以及学校和其他社区机构,以便促进少年的幸福、减少根据法律进行干预的必要,并在他们触犯法律时对他们加以有效、公平及合乎人道的处理。"②

1. 学校

教育的重要性是不言而喻的。"人们倾向于把学校看作是伟大的平衡器,通向成功的道路,它传递和维持着敬业精神、民主和自由竞争的信仰、对家庭和社会的责任感,是个人成功和国家强盛的出发点。"③ 在未成年人中在校学生占相当比重。在社区矫正的情况下,简单地将其开除

---

① 沈玉忠:《未成年人犯罪特别处遇研究》,中国长安出版社 2010 年版,第 394 页。
② 同上书,第 400 页。
③ [美] 文森特·帕里罗等著:《当代社会问题》,周兵等译,华夏出版社 2002 年版,第 319—320 页。

出学校是不明智的。让未成年犯在学校继续接受教育，首先，有助于其健全人格的塑造；其次，有助于其改过迁善；另外，学校严格的教育有助于未成年犯与犯罪之源隔绝，避免再次犯罪。学校参与社区矫正的途径有：一是为未成年犯营造宽松的学习生活环境，以宽松的心态对待之；二是进行及时沟通，以便采取有针对性的措施；三是开展相应的法制教育，提高其守法的意识。

2. 家庭

对于每个孩子来说，家庭是其社会化的重要场所，家庭对未成年人人格形成、行为模式的养成有着重要的影响。家庭是社会的细胞，社会文明的延续，在很大程度上取决于家庭文明的承继。家长的言传身教具有重要的作用。人们常说：孩子是看着父母的背影长大的。如果父母的教育方式不当或者言行举止不道德甚至违法犯罪，孩子通过模仿，很容易走上违法犯罪道路。英国犯罪学家大卫·法林顿（David P. Farrington）指出："青少年如果受到有效的父母养育，包括一致的管教和密切的监督，就会在社会化过程中建立起对犯罪行为的内在机制。反之，同样的社会化学习过程也会使生长在反社会家庭中的青少年形成不恰当的信念和行为。"[1] 社区矫正过程中，应争取家庭的支持与参与，加强亲职教育，矫正不良的亲子沟通方式与家庭交往模式，改善家庭氛围，为矫正活动的开展提供情感保障和人际支持。

3. 社区

社区的基层政府机构（如街道办事处）、当地的企事业单位、民间组织等，均可作为社区资源投入社区矫正工作中。其中，动员社区民间组织参与社区矫正也是充实社区矫正工作的重要途径。社区民间组织，是指在社区范围内介于社区自治组织与社区居民之间，以本社区居民为主体，本社区区域为主要活动场所，遵守国家法律、法规和社会公德，以自我管理、自我教育、自我服务、自我娱乐为主要目的的社区居民自发形成的群众团体队伍或组织。[2] 维护社区的治安稳定不仅是政府管理部门

---

[1] 吴宗宪：《西方犯罪学》，法律出版社1999年版，第654页。
[2] 马兵：《关于社区民间组织参与社区治安综合治理的思考》，《青少年犯罪问题》2004年第6期。

与社区自治组织的任务与责任，同时也是社区居民的迫切要求，社区民间组织介于这两者之间，其对于整合社区资源，发挥横向调节作用与纵向疏导作用，维护社区稳定，起到重要的作用。

除了社区民间组织之外，一切与社区矫正的顺利进行有关的社会机构，包括大量的非政府组织（NGO）、志愿组织等，都要通过合理的机制与社区矫正工作建立联系，以科学、合理的方式为社区矫正工作的发展提供支持和帮助。

（四）加强社区矫正专业人员队伍建设

社区矫正属于专业性工作，需要具有犯罪学、社会学、心理学、教育学等方面的基础知识与技能的专业人才来实施，才能提升矫正的实际效果。当前，由于人员、经费、编制等方面的限制，我国还做不到社区矫正人才的专业化。将来要加强社区矫正专业人员队伍建设，加强不同专业和部门之间的交流，丰富矫正人员的知识结构，促进其成为"一专多能"的社区矫正专业人才，提高社区矫正工作人员执法能力和教育能力，提高社区矫正的效果。

第七节 工读学校

一 工读教育的历史与发展

18世纪中叶瑞士教育家裴斯泰洛齐的创办孤儿院被视为近代工读教育之前驱。一个半世纪后，苏联教育家马卡连柯于20世纪20年代起先后创办了高尔基工学团和捷尔仁斯基儿童劳动公社，主要收容"二战"时期的苏联孤儿，起到了一定的预防和矫正此类少年违法犯罪的作用。

中华人民共和国成立之初，教育事业百废待兴，战争与时局又造就了大批孤儿及流浪少年，他们不仅得不到应有的教育，而且闲散于社会之中给治安带来了巨大的压力。1955年，时任公安部部长的罗瑞卿与北京市公安局局长冯基平同时向北京市委、市政府建议，能否在普通中小学与少管所、劳教所之间创建一种新的防控形式，用教育手段来容纳和矫治那些处于"犯罪边缘"的未成年人。时年，我国正值与苏联交好，受启于其"高尔基工学团"的理念，我国在北京率先开启了"半工半读"教学模式的探索——1955年7月1日，在周恩来、朱德、彭真和罗瑞卿等老一代领导人的关心支持下,北京市海淀区建立的新中国第一所工读学校——北京温泉工读学校（即北京市海淀工读学校的前身）成立,开启了中国工读教育的历史。自此,上海、重庆、辽宁、江苏等地相继办起了工读学校。截至1966年,全国共有工读学校220余所,[①] 工读教育步入其发展的黄金时期。但是,由于正处于探索与尝试时期,此时的工读学校的定位与任务尚未明确,规模也较小,在招生对象上主要由流浪儿童、孤儿及部分违法犯罪的未成年人构成,并由公安部门统一负责招生,在教育与改造的效果上各地差异也较大。然而,伴随着"文化大革命",我国教育事业受到巨大冲击,各中小学校甚至大学相继停课,我国的工读教育进入了十年空白期。

改革开放以后,我国犯罪率飙升,其中青少年犯罪率占比严重,达到全部刑事犯罪的60%—70%,控制青少年犯罪已刻不容缓。[②] 在饱受青少年犯罪的荼毒之后,工读学校又重新进入了人们的视野。随着1979年北京市海淀工读学校的重新办学,我国的工读教育正式恢复。

在1981年国务院发布的《国务院转批教育部、公安部、共青团中央关于办好工读学校的试行方案的通知》,1987年教育部、公安部、团中央发布的《关于办好工读学校的几点意见》以及1986年出台的《义务教育法》等法律法规、政策文件的保障下,工读教育焕发出第二春:不仅全国各地的工读学校得以复学,一批新的工读学校又相继建成,为全国的教育普及、犯罪预防工作起到了重要的推进作用。不过需要注意的是,这一阶段的工读学校招生年龄较20世纪五六十年代予以降低,学生罪错行为的严重程度也逐渐增加,违法犯罪学生的比例相对较高。同时,工读学校的招生由公安部门单独决定改为公安、教育部门双渠道进行,并在教育的内容上加大了文化教育与职业教育的比重。但《义务教育法》的出台为工读教育的推进提供了重要的法律依据,却也成为其发展的掣肘——工读教育被视为普通教育的补充,并将工读教育放在普通教育体系中予以评价,其带来的是对工读教育发展空间的挤压。1999年《预防未成年人犯罪法》第35条规定,"对有本法规定严重不良行为的未成年

---

① 石军:《中国工读教育研究三十年:回顾与反思》,《当代教育与文化》2015年第2期。
② 江晨清、杨安定:《中国工读教育》,上海教育出版社1992年版,第18页。

人，其父母或者其他监护人和学校应当相互配合，采取措施严加管教，也可以送工读学校进行矫治和接受教育。对未成年人送工读学校进行矫治和接受教育，应当由其父母或者其他监护人，或者原所在学校提出申请，经教育行政部门批准"。至此，工读学校大多开始实行"三自愿"的招生办法，即工读生入学要经过学生本人、学生家长和学生原先所在学校三方的自愿，只要三方中的任何一方不同意入学，招生就不能进行。其实，从立法的初衷来看，这无疑是对未成年人合法权益的切实保护，在公权与私权博弈之后，孩子就读的权利正式交还给家长。然而，在标签效应下已产生污名的工读学校，早已不是家长的优先选择，甚至从没有进入过他们的选择，这样无疑造成了工读学校生源的锐减，甚至导致个别省市的工读学校无生可招。2000年12月，中共中央办公厅、国务院办公厅转发的《中央社会治安综合治理委员会关于进一步加强预防青少年违法犯罪工作的意见》以及2016年5月中共中央办公厅、国务院办公厅印发的《关于进一步深化预防青少年违法犯罪工作的意见》等，均对工读教育的开展提出了相应要求。

二 工读教育的现状

据中国教育学会工读教育分会副秘书长、北京市海淀区工读学校心理中心主任刘燕介绍：整体上来说，工读学校承担的校外学生的教育转化率达85%，校内学生的教育转化率已达97%。但目前全国工读学校大多数处于勉强维持办学的状态，具有良好办学条件、学校管理规范并享有良好社会声誉的工读学校仅为少数。据调查，我国工读学校现状如下。

（一）工读学校生存和发展受到制约

缺乏有力的法律法规政策保障是工读教育生存和发展的根本性问题。1987年，国务院办公厅曾出台《关于办好工读学校的几点意见》（国办发〔1987〕38号文件），对工读学校的教学科研、职业技术教育、招生、学生的出路、教师队伍、管理、机构设置和人员编制及经费等做了规定，但它已不能完全适应现实情况，亟待修改和完善。目前，工读教育的法律依据主要来自《预防未成年人犯罪法》《未成年人保护法》和《义务教育法》对工读学校（专门学校）的相关规定，但规定得较笼统，缺乏可操作性。

目前尚未出台任何关于工读教育的统一操作细则，更谈不上应对新情况、新问题的操作指引。工读学校一直在缺乏制度性支持和规范下，艰难探索自己的生存和经营之路。学校虽然拥有较大的自主权，但制度的不健全无疑为其办学造成很大障碍，也导致全国工读教育陷入分散无序的困局。更严重的是，由于各方的权责不明晰，工读教育普遍出现各部门相互推诿或地方政府漠视的现象，这更加导致工读学校长期发育不良，也无力改革，有的甚至濒临停办。

（二）招生困难，工读教育的功能得不到充分发挥

过去我国实行的是强制工读教育，1999年《预防未成年人犯罪法》颁布后，"有严重不良行为未成年人"的矫治问题需要建立在"自愿"的前提下，实质上等于取消了强制工读的规定，学生日减，工读教育萎缩，有严重不良行为的未成年人处于"闲散状态"，工读教育的作用不能得到应有的发挥，严重不良行为不能得到及时矫治，有严重不良行为的未成年人健康成长的机会得不到保障。

（三）工读学校刑事监狱化

在刑法的规制下，我们国家的刑事责任年龄被设定为14周岁。同时，即便是14周岁以上的未成年人，在"教育为主、惩罚为辅"原则及"教育、感化、挽救"方针的指导下，非刑罚处遇也应当是未成年人犯罪的主要应对手段。但是，在各地实践中，仍有较多的工读学校实质上是一个"另类的少管所"：

（1）外观的监狱化。工读学校学生由于纪律性比较差，存在逃学或夜不归宿的现象，所以工读学校一般不开正门，学校周边的围墙上都设有很高的铁丝网或玻璃刺，教室和宿舍与外界相隔处，也装有铁丝网或防盗网，卫生间有的也有铁丝网。

（2）入学的强制化。虽然《预防法》将"三自愿"作为工读学校招生的必要前提，但各地仍有公安、教育行政部门强迫家长提交申请书的情况出现。

（3）管理的监狱化。工读学校视学生的具体情况，大多采用的是每周五天寄宿制或相对封闭的教育管理模式。有的工读学校严格限制学生自由，长达1个月甚至1个月以上的时间不允许学生回家，更有甚者，直接在学生寝室门口张贴"罪行卡"，用不同的颜色区别学生。

（四）法律赋予的职能与实际作用的发挥不匹配

按照《义务教育法》《预防未成年人犯罪法》和《未成年人保护法》的规定，工读学校是教育转化有严重不良行为未成年人的特殊学校。而现实情况是：应实际需要，除招收有严重不良行为的未成年人外，一些具备一定条件的工读学校还招收了"双困生"（学习困难、教育困难）、网瘾学生、只有不良行为的未成年人，甚至有些有违法行为但因不满刑事责任年龄不予刑事处罚的未成年人，有轻微犯罪行为被判处非监禁刑的未成年人，以及无法找到监护人的有严重不良行为的流浪未成年人，对其进行教育保护和矫正工作。据中国青少年研究中心"违法犯罪未成年人群体研究"课题组2014年的调查，对于就读工读学校的原因，71.4%的工读学校学生选择"在原校学习成绩差"，43.6%选择"在原校与老师关系不好"，42.1%选择"有不良行为"，而选择"有违法犯罪行为"的只有11.3%。此外，也有部分地区对生源的要求格外严格，以致对流动人口中具有严重不良行为的未成年人放任不管，而当其出现违法甚至犯罪行为时才会考虑到专门学校的存在。

（五）多数工读生家庭存在严重的问题

工读学生家庭中不良因素比例最高的是家庭教育问题。其中，排在首位的是"父母教育方法有问题"，该选项所占的比例高达45.5%。其次是"父母忙于工作和没有时间管孩子"，占24.3%，这两项加起来接近70%。再次是"父母离异"和"家庭贫困"，两项均达到两成以上。[①] 工读生多数家庭对孩子的管教方法有所欠缺，以责罚打骂或放任自流为主，这进一步加剧了工读生不良行为的发生与发展。[②]

（六）教师待遇低，队伍不稳定

全国约60%的工读学校的教师待遇很低，教师队伍不稳定。这些从事特殊教育的老师，除了承担正常的教学任务外，还要承担24小时陪伴式教育的压力。然而，却没有政策保障其获得特教津贴。因为教学压力大，教师的职业技能培训被忽视。受中考指挥棒的指挥，很多工读学校

[①] 徐琼：《我国工读教育研究》，硕士学位论文，华东政法大学，2013年。
[②] 刘新学、张福娟：《上海市工读学校心理健康教育现状调查研究》，《中国特殊教育》2007年第1期。

把主要的精力放在应试上，教师压力大，学生很痛苦，而较适合于大多数工读学生的初等、中等职业技能教育却被忽视了。

（七）社会的普遍标签和刻板偏见对工读教育造成很大障碍

根据社会标签理论，当工读学生被贴上"黑标签"后，将严重阻碍其身心正常发展，更让他们难以正常地回归家庭和社会。而标签的"张贴"有两种形式：一是社会对工读学生的负面标签。长期以来，工读教育沿用"违法和轻微犯罪"的提法和主要依靠公安强制入学的做法，容易引起社会误解，即把工读教育等同于少年管教或青少年犯罪。二是在多种因素影响下，工读学生易形成负性自我标签。他们的自我认同感普遍较低，甚至自暴自弃。工读教育"隔离"的教育理念也加剧了这一"标签效应"。

三 工读教育存在的问题

从我国工读学校开办的初衷来看，其目的和任务较为单一，即专门接收违法及轻微犯罪的未成年人进行教育改造，为社会治安的稳定服务。但随着犯罪形势的变化及未成年人保护理念的引入，加之各地对政策法规理解的不同，目前，工读学校主要存在以下问题：

（一）工读教育领域的法律法规不完善，缺乏可操作指引

工读教育法律保障的欠缺正是我国少年法律体系的缩影——现有的《中华人民共和国未成年人保护法》《中华人民共和国预防未成年人犯罪法》与《中华人民共和国刑事诉讼法》中的"未成年人刑事案件诉讼程序"专章，更多地散见于其他部门法中的规定缺乏系统性和可操作性，《少年法》与《儿童福利法》两部核心法律遥不见影。①

就法律渊源而言，工读教育的主要依据来源于《未成年人保护法》第25条："对于在学校接受教育的有严重不良行为的未成年学生，学校和父母或者其他监护人应当互相配合加以管教；无力管教或者管教无效的，可以按照有关规定将其送往专门学校继续接受教育……"和《预防未成年人犯罪法》如《预防未成年人犯罪法》第35条："……对有本法规定严重不良行为的未成年人，其父母或者其他监护人和学校应当相互配合，采取措施严加管教，也可以送工读学校进行矫治和接受教育……"

---

① 孙鉴：《论我国少年法律体系的学理构建》，《预防青少年犯罪研究》2016年第5期。

之中。然而，这些规定却过于笼统，缺乏可操作性。改革开放后，中共中央批转北京市委关于解决当前首都治安的一个文件中指出："为了把那些有违法犯罪行为，一般学校难以管理，但又不够打击处理的学生，集中起来进行管理教育，建议市教育局恢复过去的3所工读学校。"①

1979年6月，中共中央转发宣传部、教育部、文化部、公安部、国家劳动总局、全国总工会、共青团中央、全国妇联等8个单位的《关于提请全党重视解决青少年违法犯罪问题的报告》，1981年4月国务院批转教育部、公安部、共青团中央的《关于办好工读学校的试行方案的通知》，1985年10月，中共中央颁发的《关于进一步加强青少年教育、预防青少年违法犯罪的通知》，1987年6月，国务院办公厅转发国家教育委员会、公安部、共青团中央的《关于办好工读学校的几点意见》，2000年12月，中共中央办公厅、国务院办公厅转发的《中央社会治安综合治理委员会关于进一步加强预防青少年违法犯罪工作的意见》以及2016年5月中共中央办公厅、国务院办公厅印发的《关于进一步深化预防青少年违法犯罪工作的意见》等，均对工读教育的开展提出了相应要求。除此之外，北京、上海等地也根据当地实际制定了自身的地方性政策法规。然而，面对如此纷繁复杂的工读教育体系，两部法律中寥寥几条规定明显不够，而政策文件的位阶较低，在各地实践之中很难真正地引起重视。

（二）地区差异悬殊

由于各地财政收入状态不同，其对工读学校经费保障的程度也不同。有的是全额保障，有的是基本保障，大部分地区是部分保障。曾有学者比喻，我国的工读学校办学者往往是抱着中央文件的"金饭碗"到地方政府部门也"讨"不到"饭"吃。②

就中国教育学会工读教育专业委员会的统计而言，截至2015年年底，我国工读学校共89所，分布在25个省、自治区、直辖市。其中贵州、上海、辽宁、四川、北京、广东六省市的工读学校普及率较高，其中江苏、

---

① 石军：《中国工读教育政策法规的历史演变与当代意义》，《预防青少年犯罪研究》2014年第1期。

② 胡俊琦：《论当前工读教育面临的困境与发展机遇》，《预防青少年犯罪研究》2014年第6期。

福建等经济较为发达的地区仅1所工读学校。另外，还有9个省、自治区、直辖市没有工读学校。从20世纪90年代开始，很多工读学校开始探索新的办学模式，经过数年的发展，一些独具特色的工读学校脱颖而出，如上海育华学校、广东新穗中学、成都52中等；与之相反，大多数学校却在走下坡路；更有少数学校处于生存的边缘，如安徽蚌埠工读学校就长期没有学生。①

（三）师生数量萎缩

由于不少地方的财政保障不足，许多工读学校在办学规模、办学层次、学校设施、引进师资方面均显薄弱，在吸引生源上就更缺乏竞争力。招生难严重制约着工读教育发展，生源的不断减少直接导致工读学校数量萎缩、办学规模缩小。学校招不到、招不满学生的情况时有发生，有的工读学校出现师多生少的情况，甚至有的学校已没有学生，名存实亡。即便在我国工读教育的发源地——北京，其门头沟区工读学校在整个2014年度，也仅有2名学生。②

全国法院公布的有关资料显示，2011年，判决生效未成年犯人数是67280人，由此可推断2011全年新产生的有严重不良行为的未成年人数至少有7万人。③

由于工读学校多实行寄宿制，面对的又是行为有偏差或学习能力低下的学生，与普通中学相比，工读学校教师的工作压力、工作责任及工作风险远远高于普通学校教师，还很难获得成就感。但在国家相关政策方面，如岗位津贴、职称评定等，对这类特殊学校没有明显倾斜，无法吸引高素质人才，甚至还会造成已有优秀教师的流失。④ 这种状况和工读学校这类特殊教育对专业性人才的需要形成很大的反差，对工读教育的发展非常不利。

（四）舆论宣传不到位，社会普遍存在偏见

1999年《预防未成年人犯罪法》中规定了关于进入工读的学校、家

---

① 姚建龙、孙鉴：《从"工读"到"专门"——我国工读教育的困境与出路》，《预防青少年犯罪研究》2017年第4期。
② 搜狐网：http://news.sohu.com/20140526/n400018170.shtml，2016年12月27日。
③ 路琦：《工读教育与未成年人违法犯罪预防》，《预防青少年犯罪研究》2013年第1期。
④ 刘世恩：《对我国工读学校立法的思考》，《法学杂志》2005年第11期。

长、学生三自愿原则,这个规定被认为是导致工读学校生源萎缩的重要因素。舆论宣传的不力和社会偏见的存在是公众对工读学校存在误解的主要原因。提到工读教育,公众易将工读学校和劳教所、少管所相提并论,将工读生与少年犯相提并论。作为学生家长,他们害怕自己的孩子在工读学校的"不光彩"经历给孩子的未来烙上印记,存在"去了工读学校,以后找工作都困难"的担忧,害怕孩子在这里会学到其本来不会的犯罪技能,因而宁可让自己的孩子在马路上游荡,也不愿意让他到这种特殊的学校来上学。① 长久以来,"工读生就是不良少年甚至少年犯"的社会评价为这些学生以及工读学校扣上了摘不掉的帽子。而对于学校,污名化的评价则深刻地反映着教育系统内部优势群体与弱势群体之间"贴标签式命名"的权力关系。②

实际上,工读学校创建的目的就是建立一种新的防控形式来收容、矫治既不适合在普通中学学习又未达到送劳教所和少管所的严重程度的未成年人,把处于犯罪边缘的青少年通过特殊教育手段引入正常的社会轨道。它仍属于教育系统的一部分,与作为劳动改造机构和行政处罚机构的少管所和劳教所有本质的区别。应该说国家宣传的不到位是造成公众误解的主要因素。工读学校作为普通教育系统中的特殊教育组织,正是教育和矫治这类实施违法和轻微犯罪未成年人的最佳场所。它不同于少管所带有的强烈的惩戒色彩,也有别于普通学校宽松的管理环境,既有普通教育的形式也有更严格的校规、校纪管理,很适合偏常行为未成年人。③

(五) 外来流动未成年人未纳入工读教育的范围

据调查显示,地方政府普遍排斥外来不良儿童。④ 中治委预防青少年违法犯罪领导小组2002年的研究报告显示,各地闲散青少年中只有4.1%曾在工读学校学习过,其余95.9%的青少年从未接触过工读学校。⑤

---

① 熊伟:《我国工读教育面临的问题与对策》,《青少年犯罪问题》2011年第9期。
② 陶鹏:《公众污名、自我污名和媒介污名:虚拟社会泛污名化现象的三维解读》,《广东行政学院学报》2014年第2期。
③ 杜雄柏、万志鹏:《预防未成年人犯罪应尽快恢复和完善工读教育》,《湘潭大学学报》2005年第11期。
④ 《青少年权益保护与犯罪预防》课题组、鞠青、关颖:《中国工读教育研究报告》,《中国青年研究》2007年第3期。
⑤ 赵文:《工读学校招生难问题透析》,《山西省青年干部管理学院学报》2004年第11期。

因为人口的流动，人员交往的复杂性使得青少年受到交叉感染的可能性变大，社区预防的对象范围应该扩大到社区里的全体青少年。

（六）工读学校自身存在的问题

有学者曾将工读学校的内部发展归结为"六重六轻"：（1）重经验管理，轻改革创新；（2）重纪律约束，轻文化濡染；（3）重知识教学，轻实践活动；（4）重行为塑造，轻心理辅导；（5）重孤立发展，轻协同共育；（6）重值班管理，轻教学研究。[①]

具体而言，工读学校自身存在以下突出问题：

1. 教师缺乏特殊教育相关知识。目前，工读学校的教师绝大多数没有接触过特殊教育的相关知识，我国从中等师范到普通本科，以致研究生层次的师范教育，除去特殊教育专业，一般不参加或不需要在上学期间学习特殊教育课程，在教师资格证的考核中，也没有掌握特殊教育知识的相关要求。这就导致大多数教师不具备特殊教育的知识。工读学校的老师所具有的有关特殊教育知识，多数是在工读学校的教学实践、职后培训、口耳相传等基础上所获得的，其实用性可能比较强，但科学性与系统性则比较差。

2. 传统高压管理占据主导地位。工读学校从建立之处，承袭了马卡连柯的教育模式，即大多数采用军事化管理，学生们几乎没有自由活动的机会，无论是吃饭、劳动、上课、休息等，都由教师看管，对学生的日常生活，如学习、饮食、洗漱、活动、就寝等，进行严格的积分管理。[②] 学校集中住宿、教师对学生的全方位照顾可以成为监护缺失孩子的保护伞，在一定程度上弥补了一些学生家庭监护的缺陷。但这也使得实施工读教育的工读学校带上了明显的司法色彩，过多地凸显了规训与惩罚的功能。[③] 这种缺少人文关怀与积极行为支持的管理模式，导致对学生的管理重形式轻效果，对工读生的行为与心理矫正不能取得满意的效果。

---

① 石军：《中国工读学校内部发展的困境与对策研究》，《预防青少年犯罪研究》2012 年第 9 期。

② 徐芝茹：《工读学校学生管理的问题与对策研究》，硕士学位论文，华东师范大学，2006 年。

③ 胡俊崎、尹章伟：《英国伯明翰市预防青少年违法犯罪的特殊教育体系及作用》，《青少年犯罪问题》2007 年第 5 期。

3. 课程忽视学生的心理教育。在课程的设置上，由于生源构成的特殊性，工读学校内开设的课程大多是针对学生行为矫正的课程教学，即思想品德教育与法制教育等，而相对忽视学生的心理教育。北京市朝阳工读学校曾对多名普通中学的学生和工读学校的学生进行心理测试、对比研究，得出的结论是工读学校的学生大部分具有一定程度的心理障碍，易扰性突出、情绪起伏大和心理稳定性差是最突出的问题。① 而在全国多所工读学校中，大部分学校的心理健康咨询环节是一片空白，只有40.9%的工读学校配有心理咨询教师。②

四 工读教育的转向

（一）健全工读教育的法律法规

进入21世纪以后，针对建设法治国家的要求，工读教育必须加强立法才能解决其发展完善的问题，才能在预防青少年违法犯罪系统工程中充分发挥作用。政府不仅要明确工读教育的定位，更要订立清晰的操作指引和规范，尤其是要澄清各部门的职责，规范工读教育办学和经营。

当前我国的工读教育各项工作的开展主要来源于《未成年人保护法》及《预防未成年人犯罪法》两部法律以及各政策文件之中，相对来说较为笼统，可操作性不强。有学者曾经对工读立法的进程做出研究，提出渐进式立法：第一阶段，由教育部制定一部《工读学校管理办法》，对我国工读学校当前急需解决的问题做出规定；第二阶段，在《工读学校管理办法》执行一定时间后，由国务院制定《工读学校管理条例》；第三阶段，在进行大量准备工作的基础上，由全国人大常委会制定《工读学校法》。③ 法律的改良需要时间的沉淀，不能一蹴而就。通过法律政策来进一步明确工读教育的特教职能，进一步明确何时需要强制进行工读教育矫治，何时可以靠自愿，增强工读教育的完整性、严谨性、实用性和可操作性。

（二）减少地区差异，提供资源支持

工读学校的经费问题是制约其发展的关键性因素，办好工读学校在

---

① 熊伟：《我国工读教育面临的问题与对策》，《青少年犯罪问题》2011年第5期。
② 鞠青：《中国工读教育研究报告》，中国人民公安大学出版社2007年版，第64页。
③ 刘世恩：《对我国工读学校立法的思考》，《法学杂志》2005年第11期。

经费上必须实行全额保障。除了国家对工读学校应加大投入外，社会力量的参与在现实条件下既可缓解教育资源不足的压力，也为特殊教育的发展拓宽了途径，应鼓励各种单位、组织、团体或个人以各种方式支持和帮助工读教育的发展。

根据各地实际情况和需求，给予工读教育适当的资源，扩展办学规模，改善办学条件和员工的福利。建立全国工读教育体系，协调和整合各地工读教育资源，促进内部交流和合作。同时，引入行外的资源，利用整体优势推进工读教育实务和理论研究的发展，共同协助工读学生实现全面发展。

（三）建立专门的师资和专门的招生程序

据调查，专门学校内的教师工作时间普遍要比普通学校的时间长。其中班主任周工作时间为64.1小时，其他任课教师周平均工作时间为49.7小时，校长周平均工作时间为63小时，均远远高出国家规定的每周40小时的工作时间。[①] 如此繁重的工作任务及更高的素质要求，促使我们尽快建立一支优秀的专门学校教师队伍，这一方面要求我们对他们的工资、福利待遇予以改善——对工读学校的教师的职称评定应该采取专门的标准以区别于普通学校，并且在名额上给予政策倾斜，以吸引更多的优秀人才；另一方面，也更为重要的是，对工读学校教师还应该加强培训，提高教师队伍的专业性。我们可以考虑在各师范院校有针对性地开设工读等特殊教育专业与方向，从源头上为国家培养更多的专门学校的优秀教师。

工读学校学生的主要来源，是实施了《预防未成年人犯罪法》规定的"严重不良行为"的越轨未成年人，而所谓"严重不良行为"包括如下行为：（1）纠集他人结伙滋事，扰乱治安；（2）携带管制刀具，屡教不改；（3）多次拦截殴打他人或者强行索要他人财物；（4）传播淫秽的读物或者音像制品等；（5）进行淫乱或者色情、卖淫活动；（6）多次偷窃；（7）参与赌博，屡教不改；（8）吸食、注射毒品；（9）其他严重危害社会的行为。2016年中共中央办公厅、国务院办公厅《关于进一步深

[①] 人民网：http://www.people.com.cn/item/flfgk/dffg/1983/A 133403198301.html，2016年12月31日。

化预防青少年违法犯罪工作的意见》明确指出:"探索改革入学程序,畅通有严重不良行为未成年人进入专门学校接受教育矫治的渠道,研究建立符合条件的涉案未成年人进入专门学校接受教育矫治的程序。"坚持强制入学与自愿入学相结合,并建立相应的入学评估机制。建立工读学校强制入学的评估机制,由教育主管部门、司法行政机关组织所在学校、工读学校、独立心理学家、社区共同组建评估委员会,对是否强制移送工读学校就读进行评估;工读学校还应辅之以自愿入学制度,在实践中,当未成年人出现《预防未成年人犯罪法》第 14 条规定的"不良行为",而学校、监护人无法成功教育、纠正的时候,监护人可以求助于特殊教育。如果监护人提出申请,在通过工读学校的入学评估机制评估以后,未成年人可以到工读学校就读。

(四)加强宣传,改变公众对工读学校的误读

很多公众将工读学校当成少管所,认为进入工读学校的孩子就毁了,出来后也找不到工作,大家会用歧视的眼光看待他们,因此,家长大多不愿将孩子送入工读学校。

针对这一情况,我们可以通过舆论宣传转变公众对工读学校的认识。政府相关部门可以在预防犯罪警示基地或法制教育中心专栏宣传工读学校的特点、作用以及学校的运作方式和在矫治未成年人心理和行为方面的重要功能,增进公众对工读教育的了解,消除学生和家长的顾虑,让公众主动自觉地参与到预防未成年人犯罪工程中来,支持国家的工读教育。

尽量淡化标签效应。我们可以通过采取适当措施淡化工读学校的标签效应,力争将消极负面效果降到最低:(1)工读学校就读经历不计入档案,档案归属仍然为原所在学校;(2)工读学校学生名单不对外公开,仅由教育主管部门和司法机关备查;(3)工读学校不得有任何特殊标记、标示。

(五)加强社会力量的支持

未成年人违法犯罪的预防是一个系统的工程,学生不良行为的转变,绝不是单靠学校,而是需要全社会的通力配合。应动员全社会的力量加大对未成年人的保护。

首先是家庭教育,据调查,90%以上的工读生都存在家庭教育的缺陷。我们可以通过以下方式进行改善:第一,通过开办家长学校,举行系列讲座,传授科学的家庭教育知识,以提高家长的教育素养和能力。

第二，经常与学生家长保持多种形式的联系。联系的内容也应该有所改变，不要出了问题再与家长联系，教师可用"赏识"的理念，抓住学生的点滴进步及时与家长进行沟通，多介绍学生好的方面，然后再提出一些希望，这样的效果会更好。第三，为家长提供心理咨询服务，与家长共同探讨问题学生的问题所在，共同制订诊治教育方案；同时，也要求家长调整在教育子女过程中的心态。第四，定期举行亲子活动。工读学校很多学生正是因为缺少家庭的温暖才会产生这样或那样的问题，工读学校应适当开展一些此类活动，这样能够帮助家长与孩子建立起更为融洽的亲情关系，增强教育的效果。[①] 第五，建议国家出台相关条例，对父母监护责任加大监督力度，为贫困家庭提供救助，对父母怠于监护或脱离家庭的儿童提供救助和保护，并大力发展各类社会服务项目，对行为失范和教育不当的家长提供咨询及治疗。[②]

其次是各行各业也都应在自己的领域内承担保护未成年人的责任。如果网吧、酒吧未严格执行禁止未成年人进入的规定，政府应出台相关规定，对上述行业违反规定者采取重罚甚至吊销营业执照的处罚；执法部门也应严格执法，对网吧、酒吧严格监督、管理，杜绝此类事件发生。

（六）设置特殊的教育教学内容

根据《义务教育法》《预防未成年人犯罪法》中的相关规定，工读学校的性质应当是对实施严重不良行为的未成年人进行矫治和教育的专门学校。"矫治"这个定位，充分表明工读学校的特色。工读学校应区别于普通学校，应该包含丰富的行为干预治疗课程、心理矫治课程、法制教育课程。根据相关调查，一些工读学校的课程设置与普通学校的课程设置完全相同，没有能够发挥工读学校应有的优势与作用。[③]

工读教育，首先需要的是心理健康方面的教育和引导，但目前在全国80多所工读学校中，大部分学校的心理健康咨询几乎都处于空白。工

[①] 赵向明：《工读教育向问题学生家庭延伸的实践与思考》，《青少年犯罪问题》2006年第7期。

[②] 郡杰英、鞠青：《家庭抚养和监护责任履行的社会干预研究报告》，中国人民公安大学出版社2004年版，第251页。

[③] 徐芝茹：《工读学校学生管理的问题与对策研究》，硕士学位论文，华东师范大学，2006年。

读学校在关心学生的文化课程学习成绩的同时,更要关心学生的心理状况、人格发育情况。工读学校教师既要根据学生的学业基础、个性差异制定教学目标,精心组织教学内容,运用有效的教学策略,科学开展学习评价,从而增强教学效果的实效性;又要认真学习并善于运用有关心理学与教育学理论,并且在不断总结实践经验的基础上,不断提升自己的教学与管理水平。

第 六 章

问题青少年双预论的国际比较

第一节　中美预防教育的比较

随着身体的发育、知识的积累、认知能力的发展，洋溢着青春气息的未成年人不再盲从于成年人，而开始以自己的方式探索世界。很多事情不经过实践操作是无法学会的，例如做决定、驾驶、恋爱，其中最重要的是选择自己的人生道路。成熟是需要实践的，但没有人能每一次都做出正确的选择。我们应当允许未成年人做出错误的选择，希望他们能犯恰当的错误。例如在怎样与异性相处方面，一次失败的约会的成本远远小于一次失败的婚姻。因此，应当对于做出错误选择的未成年人进行教育，能够及早发现未成年人的违法行为，由事后的消极惩罚转向事前的积极预防，通过教育矫正违法行为，遏止其不良行为的发展，这可以在预防未成年人犯罪或预防重新犯罪方面起到非常重要的作用。笔者尝试从美国人格教育和教育生态学入手，探索预防教育的意义以及对我国教育矫正的启示。

一　人格教育

积极人格是 20 世纪末在美国心理学界基于积极心理学的兴起而产生的人格研究新潮流。心理学作为学科的研究使命，主要体现为治疗人的心理疾病、帮助普通人生活得更幸福、发现和培养具有非凡潜能的人这三大任务，但是在"二战"结束之后，心理学家关注和研究的重点集中于第一项任务，在消极心理学的研究取向之下，对焦虑、抑郁、恐惧、痛苦、愤怒、害怕、紧张、嫉妒、贪婪、愤怒、沮丧、自私、强迫、偏执、冷漠、孤独、暴躁、自卑、冲动、空虚、多疑、狭隘、孤僻、敌对等消极的人格特征研究和关注比较多；对以责任、幸福、快乐、愉快、热忱、谦虚、节制、友善、仁爱、公正、勇敢、卓越、智慧、宽容、感恩、幽默、诚信、友爱、自由、兴趣、希望、福乐、理想、礼让、正义、同情、互助等积极人格特征则研究和关注得不够。"积极心理学主张人格心理学的积极取向，强调人格研究不仅要研究问题人格特质和影响人格形成的消极因素，更要致力于研究人的良好人格特质以及影响人格形成的积极因素，特别是研究人积极的现实能力和潜在能力在个体良好人格特质形成或发展中的作用，即积极的人格特质研究。积极人格研究就是要通过培养拥有积极人格，能够创造幸福、拥有幸福的人，使人的生理与心理、人格与社会性相互融合，转化和提升。"[①] 两相对立的积极和消极心理情绪不同程度地共存于个体的心灵之中，性本善也好，性本恶也好，在人的欲念中善与恶是同在的，表现在人的行为上则是善与恶的取向，积极的情绪能够有效抵制消极情绪则呈现为积极的行为表现，消极情绪压抑了积极情绪则呈现为消极的行为表现。鉴于此，加强和关注对青少年积极人格、积极情感的培育，对青少年的健康快乐幸福成长具有重要意义。

（一）美国人格教育的发展

人格教育是伴随着美国教育的发展而产生的，早在20世纪初期以著名教育家杜威（John Dewey，1859—1952）为代表的教育研究者就提出人格教育是学校教育的"天职"，在20世纪30年代兴起了影响广泛的"人格教育运动"。后来，由于教育领域科学主义的兴起，特别是智商量表的运用，引发了人们对学校教育中人格教育的有效性的质疑。在对实证方法权威性的盲目崇拜中，人格教育从学校教育中隐退，甚至是销声匿迹，从而出现了价值教育以及后续的道德教育。自20世纪50年代以来，由于美国后工业时代知识工业的快速增长，人口的大面积流动迁徙，高等教育的迅速扩张，家庭电视机的大面积普及，以及20世纪60年代各种民权运动和解放运动的兴起，这一切都从不同的方面改变着教育管理和教育

---

① 陈浩斌、苗元江：《积极人格研究概述》，《北京教育学院学报》（自然科学版）2008年第2期。

政治的版图，也导致大量青少年问题的产生。20世纪70年代，美国总统科学顾问委员会、凯特灵基金会和联邦教育部资助了三个有关青少年教育的研究项目，来调查学校教育存在的问题，三篇研究报告无一例外都对当今的学校教育进行指责，把它描绘成存在严重问题的教育机构。报告认为，青少年正常的社会化过程被严重扰乱，其结果是严重的：学校的学术标准不断下降，入学人数越来越不稳定，学生个人行为失检，校园破坏乃至暴力行为频发，人际关系紧张等不正常的现象不断向公众发出警示。① 到了20世纪80年代，美国人格教育的主要倡导者——人格教育理事会主席立坎纳则详细列举了美国学生中普遍存在的一系列引人注目的道德问题：暴力犯罪、偷窃、撒谎、反权威、同辈犯罪、盲信、脏语、性问题、自我中心、自毁行为等。与较早时期进行定量比较，立坎纳发现这些道德问题在美国校园呈大幅度上升的趋势。② 正是在对知性德育的指责与问难中，引发了学校教育中人格教育的回潮和复兴。

（二）美国人格教育的主要类型

20世纪末期，在美国兴起的以重视人的积极体验、人格特质与力量的心理学价值回归的积极心理学运动，从关注人的病态转向关注人的优势和美德的开发，从人的消极心理问题的解决转向人的积极心理品质的塑造，不再满足于应对畸变心理问题，而是从积极心理学出发，激发和培养人的积极人格。美国人格教育的复兴基于积极心理学和积极人格，激励和促进个体在幸福快乐中成长，有效地预防犯罪的出现。美国中小学开展的以积极人格为主导的人格教育活动，有明确的人格教育目标：即培养有责任感的公民；有良好的职业道德；诚实的学术态度；宽容、合作、正直、容忍的品质；神圣的国家意识，等等，③ 围绕人格教育目标提出了人格教育的11项原则，以塞利格曼（Seligman）为代表的心理学专家，制定了6大美德和24项积极人格特质，对积极人格教育提供了具体的内容条目和教育模式。在美国中小学人格教育的实践活动中，有较

---

① Cremin, L. A. , *Public Education*, New York: Basic Books, 1976, pp. 62 – 63.
② Thomas Lickona, *Educating for Character: How Our Schools Can Teach Respect and Responsibility*, New York: New Times Company, 1989, pp. 13 – 19.
③ 崔波：《中美青少年人格教育比较研究》，《北京青年政治学院学报》2005年第3期。

大影响并产生良好效果的是"六特质"和"12点·综合法"人格教育。

1. "六特质"人格教育

人格的"六特质"实际是从人类所遵从的价值观中所提取出来的六种最普遍、核心的价值观。这六种价值观就是：可信赖性、尊重、责任、公平、关爱、公民的职责与权力，而每一种价值观又包含一些具体的行为规范。①"可信赖性"包括：诚实、可信赖；有勇气做正确的事情；赢得好的声誉；忠诚于家庭、朋友和祖国。②"尊重"包括：我们每个人都有义务营造一种尊重人的社会氛围；尊敬他人；宽容地对待他人的不同意见或意见分歧；讲礼貌，不说脏话；将心比心；不威胁、打骂或伤害他人；平和地处置愤怒、侮辱和争执。③"责任"包括：做别人期望自己所做之事；做事有毅力、有恒心；做事总是尽自己的最大努力；自控；自律；行为之前要慎思，考虑其结果；对自己的行为负责。④"公平"包括：按规则行事；胸襟开放，听取他人意见；不利用他人；不粗心大意地责备他人。⑤"关爱"包括：仁慈；对他人富有同情心并表现自己对他人的关心；表达自己的感激；宽恕他人；帮助需要帮助的人。⑥"公民的权利与职责"包括：为使自己的学校和社区变得更好而尽自己的一份努力；合作；熟谙时事，参加投票选举；成为他人的好邻居；遵守法律和规则；尊重权威；保护环境；废物再利用。"六特质"人格教育的实施在美国中小学模式繁多，如伯巴（Borba）博士提出的"五步"人格教育模式，要求人格的六种特质要分别进行专门培养，每一种特质的培养都应该遵循下列五个步骤：一是要培养学生某种新的人格特质，首先必须向学生强调这种特质；二是告诉学生所确定的人格特质的价值和意义；三是让学生清楚这种特质看上去和听上去像什么；四是给学生提供实践这种特质的机会；五是给学生提供有效的信息反馈。根据调查①显示，美国中小学"六特质"人格教育的实施所取得的效果显著。在伊利诺伊州的库克（Cook）和威尔（Will）两个县，有七万多学生接受了"六特质"的人格教育。调查发现，这两个县的90%的学校校长相信，人格教育促进了学校风气的好转，也融洽了师生之间的关系；80%

---

① 江新华：《美国中小学"六特质"人格教育：内涵、模式及效果》，《外国中小学教育》2005年第8期。

的校长反映，学生的纪律问题和破坏行为已大大减少。内布拉斯加州（Nebraska）对教育工作者的一项调查表明：85%的教师报告，"六特质"人格教育实施以后，他们所教的学生发生了全面、积极的变化；73%的教师反映学生使用了人格"六特质"语言（可信赖性、尊重、责任、公平、关爱、公民的职责与权力）；75%的教师报告实施"六特质"人格教育也改变了他们自己的行为；61%的教师报告看见学生帮助他人的次数增加；55%的教师报告他们看到学生责备他人的次数明显减少；50%的教师报告他们看到更多事例证明学生值得信赖。

2. "12点·综合法"人格教育

在美国中小学开展的"12点·综合法"人格教育，是在美国兴起的众多的人格教育模式中富有特色和启发意义的积极人格教育模式。"12点"是指人格教育12个方面的实施策略，包括构建一个充满爱心的班集体，道德纪律，创建一种民主的教室氛围，通过课程传授价值观，合作学习，发展职业良心，鼓励伦理思考，指导解决冲突，教师作为监护者、榜样和良师，培育教室外的关心，创造一种积极的校园道德文化，父母和社区作为合作者。关于"综合"的内涵，纽约州立大学教育学院的教授托马斯·里克拉（Thomas Lickona）博士进行了归纳，但其归纳比较散乱，我国学者江新华在阅读相关资料的基础上，参考托马斯·里克拉的解释，对该模式的"综合"重新进行了概括，树立了"综合"的四层含义：一是对人格概念理解的综合。人格概念包括认知、情感和行为三个层面，良好的人格由道德的心智习惯、情感习惯和行为习惯构成。二是对儿童活动形式的综合。儿童人格的形成是多种活动形式综合作用的结果，诚如詹姆士·斯腾森（James Stenson）所说："儿童是通过他们之所见、所闻及多次按照要求之所做来发展他们的人格。"三是对影响儿童人格发展的课程的综合。儿童人格的形成是多种课程——包括显性课程和隐性课程，教室内课程和教室外课程——综合作用的结果。四是对儿童实施人格教育的主体综合。儿童人格的形成是由多个教育主体，包括家长、教师和社区人员共同努力的结果。[①]

---

① 江新华：《美国人格教育的"12点·综合法"及其启示》，《外国中小学教育》2006年第1期。

（三）美国人格教育获得的社会支持

美国人格教育模式的有效开展，首先在于国家的重视和人格教育质量标准的完善设计。1993年在华盛顿成立了"人格教育协会"，作为全美人格教育的倡导者和领导者，该协会每年会在全国评选10个人格教育成绩突出的学校和社区，颁发人格教育奖，并在全美予以宣传和推广。此外，该协会还制定和发布了"人格教育质量标准"，包括11项原则：发展性原则；人格必须从思维、感情和行为等方面加以综合界定原则；综合性原则；群原则；实践性原则；在学术课程中进行人格教育的原则；内在动机原则；全员教育原则；多种领导原则；父母和社区共同参与原则；综合评价原则等。这些都为在全国范围内开展人格教育提供了制度和策略保障。另外，在美国中小学无论是"六特质"人格教育、"12点·综合法"人格教育，还是其他结合学校实际展开的丰富多彩的人格教育模式，其中所体现出来的人格教育主体的广泛性和示范性、教育影响的渗透性和全面性、教育途径与方法的多样性等，都为我们开展积极人格教育的策略思考与教育方法提供了有益的启示和借鉴。

（四）美国人格教育对我国触法未成年人教育矫正的启示

教育的直接对象是一个个具体、鲜活的生命个体，教育的出发点和落脚点就是提高人的生命质量，这是教育的初心。丢掉教育矫正的价值本真，找不到教育矫正的价值本体，才会造成功利性、工具性、效用性以及其他实用性价值观念被认可和流行，造成教育矫正迷茫于"价值丛林"。[①] 未成年人处在学习、成长和发展的过程中，面对未成年人教育活动的展开，不仅仅是矫正和弥补他们的缺点与不足，更要善于发现和发掘他们的美德、优势和潜能，使他们在学习和实践以及与自然、社会、他人的和谐相处中幸福快乐地成长。基于人格完善的心治策略与教育方法，是直指教育本心的，从积极人格教育出发，引导优势，提高未成年人对不良行为的自我矫治、抵制和消解的能力，使其在自我人格的不断完善和提升中幸福成长。积极教育"就是指教育要以学生外显和潜在的积极力量、积极品质为出发点，以增强学生的积极体验为主要途径，最

---

① 刘若谷：《幸福成长：教育价值的本体回归》，《教育研究》2016年第5期。

终达成培养学生的积极人格,使学生成为一个幸福快乐的人"。①

目前我国未成年人心理与人格状况令人担忧,据 2010 年统计,我国内地至少有 3000 万名中小学生受到各类学习、情绪、行为问题的困扰,未成年人暴力、网瘾、早恋等现象有上升趋势。2015 年对全国 9 个省市的青少年的心理健康状况的调查显示,城市青少年心理健康状况不良的占总数的 12.63%,而农村青少年的心理健康水平同样不容乐观,占 11.90%。在未成年人犯罪的动力因素中,反社会意识是个体实施犯罪的精神动力,畸变需求是犯罪的内驱动力,调查显示,在未成年犯的性格特点中,其排序依次是暴躁(37.1%)、自卑(35.3%)、悲观(34.4%)、孤独(30.5%)、懦弱(26.8%)、偏执(23.9%)、冷酷(22.5%)。② 未成年犯的情感特征是空虚(27.5%)、不安(17.2%)、痛苦(16.3%)、仇恨(15.2%)、嫉妒(14.0%)、鄙视(6.2%)、恐惧(5.6%)等。③ 面对我国未成年人的人格问题,笔者认为应当从以下三个方面入手,对未成年人进行心灵的教育和人格的完善。

1. 立足传统,借鉴外来:明确人格教育内涵

人格的完善与教育不是一个空洞的口号和空泛的概念,也不能陷入知性德育的空心化,需要有明确的目标、具体的内容(可以细化为条目)和可评价性标准。中国古代传统的伦理道德教育和现代西方的人格教育实践,都反映了这应该是增强人格教育实效性的可行途径。因此,"立足传统,借鉴外来"便成为我们在人格完善方面的基本策略。

改革开放以来,国家重视未成年人在思想品德与心理健康方面的教育,先后出台了一系列的文件和通知要求——从 1985 年中共中央颁发的《关于改革学校思想品德和政治理论课程教学的通知》到 2012 年教育部修订的《中小学心理健康教育指导纲要》。在这些文件中对未成年人思想品德的总体目标和分阶段目标都有明确的规定。但从实施层面来看仍然偏重于知性德育,目标笼统,内容空泛,缺少操作性和可评价性。因此

---

① 严瑜:《幸福心理学》,人民出版社 2015 年版,第 30 页。
② 路琦、牛凯、刘慧娟:《2014 年我国未成年人犯罪研究报告》,《中国青年社会科学》2015 年第 3 期。
③ 路琦、董泽史、姚东:《2013 年我国未成年犯抽样调查分析报告》(上),《青少年犯罪问题》2014 年第 3 期。

立足传统，借鉴外来，面向未来，进一步明确人格教育目标、内容以及可评价性标准，应该成为必然的策略选择。

美国中小学开展的以积极人格为主导的人格教育活动，有明确的人格教育目标：有责任感；有良好的职业道德；诚实的学术态度；宽容、合作、正直、容忍的品质；神圣的国家意识等，①并围绕人格教育目标提出了人格教育的11项原则，以塞利格曼为代表的心理学专家，制定了6大美德和24项积极人格特质，为积极人格教育提供了具体的内容条目和教育模式。

在中国古代伦理文化的历史发展中，形成了儒教的仁、义、礼、智、信、忠、孝、恕、悌、慈、温、良、恭、俭、让、诚、勇、宽、敏、惠等道德条目。其中，"仁"是最重要的和统领性道德条目，其他道德条目都涵盖于"仁"的范畴之中，都是"仁"的具体表现。由于历代学者的阐释和弘扬，形成了以"四维""五常""八德""十义"为主要内容的伦理道德的体系范畴。"四维"即礼、义、廉、耻；"五常"即仁、义、礼、智、信；"八德"即孝、悌、忠、信、礼、义、廉、耻；"十义"即父慈、子孝、夫和、妇从、兄友、弟恭、朋谊、友信、君敬、臣忠。这些伦理道德范畴内涵丰富，既是我国古代教化育人的具体内容，同时也为我们今天立足传统创造性转化和创新性发展提供了难得的人格教育资源。

2. 德智体美四育并举：完善人格教育

人格教育是一个系统工程，不取决于某一方面和单一因素的作用，而是体现和渗透于各个方面和环节中。作为学校教育，人格的完善不是依赖于某一门具体的课程，而是应该渗透于德育、智育、体育、美育各个方面，突出人格教育和完善的综合性。

在中国近现代教育史上，蔡元培是第一个提出和强调健全人格教育的，他认为普通教育的最终目的就是培养健全人格，健全人格构成了蔡元培教育思想的核心。1920年，蔡元培在任北京大学校长时提出："所谓健全的人格，内分四育，即体育、智育、德育、美育。这四项是一样重要，不可放松一项的。"②

学校是未成年人教育的主阵地，承担着未成年人人格完善教育的重

---

① 参见崔波《中美青少年人格教育比较研究》，《北京青年政治学院学报》2005年第3期。
② 蔡元培：《普通教育和职业教育》，北京大学日刊，1921年1月7日。

任。根据"四育并举"的人格教育原则，我们对目前学校教育进行反思，尽管随着素质教育的推进情况有所改观，但存在的问题依然很多。（1）体育的边缘化。体育课和体育活动的时间被挤压，让路于升学考试科目的学习。重视体育特长生的培养，忽视学校群体活动的开展；重视与升学有关联的体育达标项目的针对性训练，忽视一般性体育项目和体育活动的开展；更严重的是忽略体育的"育人"功能，对体育活动中蕴含的坚毅顽强的勇气、百折不挠的意志、更高更快的追求、团队协作的精神、恪守位置的责任等缺少必要的认识，从而丧失了体育育人功能的首要宗旨。（2）德育的碎片化。在德育教学中，人格的完善教育本来应该是德育的题中要义，在中华文化中，蕴含着极为丰富的德育教育资源，形成了可资借鉴的德育教育传统。但在目前面向未成年人的德育教学中，存在着碎片化的问题，缺少系统性。在山东教育出版社出版的初中《思想品德》课本中，有珍爱生命、同伴友情、自尊自信、意志磨炼、情绪调控、分辨是非、相亲相爱、学会交往、合作竞争、关注国家等专题，作为目前仍在使用的比较好的一套教材，其主题比较突出，但仍然显得零碎且缺少内在的逻辑结构。在人民出版社出版的高中生《思想政治》课中，则更多突出的是政治色彩，与初中的思想品德课缺少必要的内在联系和逻辑提升。另外，无论是初中的《思想品德》课还是高中的《思想政治》课，都没有充分体现出人格完善的教育理念，在一定程度上还存在从升学考试出发的意识，注重知识点的教学，把思想品德教育知识化、教条化，忽略行为养成与实践教育的内化。（3）智育的片面化。在中学的教育体系中，智育被放在一个显要的位置上，但普遍存在重理轻文的现象，即重视科学教育轻视人文教育。在人文经典中蕴含着丰富的世界观、人生观、道德价值观、情感与思维模式、对真善美的追求等，但从应试目的出发的对人文经典的过度解读式教学，随着教师的条理和知识点的归纳而被肢解，丧失了对学生具有感染和熏陶的淋漓元气。（4）美育的非专业化。在应试教育的背景中，学校重视的是语数外物化生等主科的建设和师资的引进，对于没有纳入统考内容的音乐和美术则普遍不予以重视，许多音乐、美术教师都是非专业出身，课程由其他有音乐或美术特长的教师兼任，这种情况在乡村中学尤为严重和普遍。有的学校音乐、美术课程甚至无法开设，即使开设了质量也无法保障，以美育来进行人格完善教育也就无从谈起了。这是我们在学校人格教育中所面临的现实问题，也是我们在加强"四育并重"的人格完善教育中必须要解决的问题。

3. 认知与实践相结合：建立正确的人格

根据认知心理学理论，认知是人们对信息接收、合成、编码、储存、提取、重建、概念形成、判断和问题解决的信息加工，也就是个体进行信息处理的过程。皮亚杰认知发展理论认为，未成年人主动建构他们的认知世界，但是信息并不是完全从环境进入他们的心理世界。为了理解世界，未成年人还会根据他们已有的经验，区分重要概念和次重要概念。未成年人在主动建构认知世界的过程中使用了图式，图式作为一种心理概念或框架，用于组织和解释信息，并通过两个过程来使用和改变他们的图式，这就是同化和顺应。同化（assimilation）是将新信息纳入已有的知识中去，在同化过程中，图式并没有改变。顺应（accommodation）是改变已有图式来适应新信息，在适应的过程中图式发生了改变。皮亚杰强调的另一个过程是平衡（equilibration），未成年人在尝试理解世界时，有时会经历认知冲突或不平衡感，最终他们会解决冲突以达到思维的平衡。①

认知包括社会认知、他人认知与自我认知三个方面。社会认知是指未成年人对社会的印象、感觉与判断，包括了对社会价值、作用、意义的理解，对社会制度、规则、法律的认识，对社会现象、行为、道德的判断，对学习与生活环境的印象和评价等。当未成年人凭借已有经验建立的图式认知社会时，若出现认识上的冲突、偏离和错位，形成社会认知障碍，就会萌发抵触、对抗等消极情绪，从而产生越轨、违法行为。如校园恶性暴力事件频发表现为未成年学生对法律知识的认知错误；性犯罪事件表现为未成年学生对性行为和性道德认识的错误；防卫过度和以暴制暴是对自我防卫认识的错位；对环境与秩序的破坏是对人与环境关系的认识错位，等等。他人认知主要体现为通过他人言谈、举止、服饰、仪表、神态、行为、习惯等形成的"印象"，这种印象构成了对他人

---

① ［美］约翰·桑特洛克：《青少年心理学》，寇彧译，人民邮电出版社2013年版，第111页。

的认识"图式"。未成年人如果不能认同他人的印象图式和尊重他人的个性习惯,就会产生排拒感,导致对他人的认知障碍,引发与他人的冲突行为,并进而影响其对是非的判断,把好人当坏人,把坏人当好人,降低了未成年人对不良诱惑的抵御能力。自我认知是通过对自我外表、行为、个性、习惯、爱好等信息加工形成的自我认知图式。自我认知与自尊密切相关,"未成年人时期是个体自我发展的重要阶段,自尊对未成年人的自我认知、自我判断及自我概念的发展有着重要影响,并直接关系着未成年人的人格塑造和心理健康水平"。[1] 研究发现,同伴关系对未成年人的自尊发展有着直接的促进作用,同伴侵害和同伴之间的冲突、自私行为阻碍了未成年人自尊的发展,而同伴之间的友爱互助对未成年人的自尊发展则起着积极的促进作用。[2] 未成年人不能客观地评价自己,不能正确地树立和维护自尊,容易产生自我认知障碍,从而坠入"无可救药""破罐子破摔"的"问题未成年人"的怪圈之中不能自拔。

针对未成年学生在社会认知、他人认知、自我认知中存在的认知障碍和问题,学校、社会和家庭都有责任和义务对未成年人进行认知教育和矫正,在以社会主义核心价值观为引领的道德教育、法治教育、人格完善教育中,帮助他们树立正确的世界观、人生观、价值观。这种认知教育不能是空洞的说教,要创设良好的氛围,让未成年学生能够积极主动地从已有的认知结构中提取与新知识、新概念以及有密切联系的旧知识、旧概念,在认知过程中不断地分化、整合、优化,从而达到同化效应。另外,重视对未成年学生的认知教育,又不能把认知教育仅仅作为一种知识教育——只是停留在知识的层面,这是远远不够的。认知教育是基于实践的教育,认知的"同化"与"顺应"是建立在实践的基础之上,通过认知实践达到解决冲突的"思维平衡"。认知实践要从未成年学生日常的学习生活实际出发,符合未成年学生的认知水平,从身边做起,从小事做起,一点一滴地积累,在落细、落小、落实上下功夫。李建均在《有感于认知教育在英国小学德育中的运用》一文中,分析了英国小

---

[1] 潘颖秋:《初中青少年自尊发展趋势及影响因素的追踪分析》,《心理学报》2015年第6期。

[2] 同上。

学德育的认知教育与认知实践,总结英国小学校长的观点:"学校要重视学生的认知实践,在实践中激起学生内在的认知结构优化,纠正错误的行为习惯和道德观念,形成正确的道德认知和道德品行。"①

二 教育生态学

美国哥伦比亚大学师范学院院长劳伦斯·A. 克雷明于1976年明确提出了教育生态学,认为教育不是一个独立于社会之外的形态而是一个有机的和复杂的生态系统,把各种教育机构与结构置于彼此联系以及维持它们并受它们影响的更广泛的社会之间的联系中加以审视是有益的,"教育结构中各教育机构之间的关系既可能是相互补充的,也可能是相互对立的;既可能是和谐一致的,也可能是矛盾冲突的"。② 学校、家庭、社会等教育机构之间的"和谐一致"抑或"矛盾冲突",取决于教育价值取向,只有在教育价值取向上达成一致和共识,才能形成"和谐一致"的良好生态,发挥"相互补充"的作用。当社会发展到人们只需花少量的时间就可以解决温饱的生存问题后,文明和幸福则成为人们关注的焦点,教育也由过去的一种外在使然而成为一种内在的需求,教育的根本任务就成为"使每一个个体、每一个家庭和整个社会都变得富有生机,而要达到以上目的的根本前提则是使每个个体生活快乐、幸福和健康"。③

(一) 美国教育生态学的发展

生态结构作为生态系统内各要素之间相互联系和作用的方式,是属于生态学范畴的一个基础性、核心性概念。生态学(Ecology)作为研究生物有机体与其周围环境之间相互关系的概念,是由德国动物学家海克尔(E. Haeckel, 1834—1919) 在1866年首先提出的。Ecology 一词来源于希腊文 oikos,原意为"住所"或"栖息地",因此,就文字的表层意思来看,生态学就是关于生命的生活(居住、学习、生存、成长)环境状态的科学。在生态学的发展过程中,英国生态学家 A.G. 坦斯利(A. G. Tansley)于1935年提出的生态系统概念具有里程碑式的意义。作

---

① 李建均:《认知教育在英国小学德育中的运用》,《江苏教育研究》2006 年第 11 期。
② Cremin, L. A., *Public Education*, NewYork: BasicBooks, 1976, p. 30.
③ 严瑜:《幸福心理学》,人民出版社 2015 年版,第 17 页。

为生态学核心概念的"生态系统",简言之就是指生物群落与周边环境组成的功能整体,它由若干个密切联系并相互作用的层级系统和子系统构成。"把生态系统中的人与其他各个组成部分物质循环和能量流动作为其重要的研究内容,这就是所谓的生态系统方法。"① 生态系统生态学的研究首先引起了人类学家的关注,这主要是由于生态系统的整体观,其进入教育研究领域则是后起之事。

20世纪70年代,美国著名的教育史家、教育评论家劳伦斯·A. 克雷明(Lawrence Arthur Cermni, 1925—1990)首次提出"教育生态学"理论,他在《公共教育》一书中指出"将生态学方法运用于教育研究是有益的,即把各种教育机构与结构置于彼此联系以及与维持它们并受它们影响的更广泛的社会之间的联系中加以审视"。② 克雷明在他的教育生态学理论中引入了教育结构的概念,他所谓的教育结构也就是各种个体与教育机构的有机结合。克雷明认为除了学校,教育也在其他的教育情境和机构中进行,他认为"不要把所有的成就都归功于学校,也不要把所有的缺点都归罪于学校"。并强调"教育必须从整体上加以考察,它不仅贯穿人的整个一生,而且必须关注所有发生教育的情境和机构"。③ 西方的教育生态学是从20世纪末开始引起我国教育学界的注意的,并在我国教育领域兴起了方兴未艾的教育生态学研究景象,发表了大量论文并有以范国睿《生态教育学》为代表的著作出版。作为新的研究范畴,"教育生态学是把教育作为一个自然的、社会的、经济的、政治的、文化的,由时间和空间构成的,开放而实在的生态系统。它的解释框架是运用系统论的观点和系统分析的方法,将教育作为一个由各层次的结构单元和外界多维生态环境中各种生态因子所构成的网络,各个单元和因子之间又互相联系、互相作用和影响,形成一种复杂的结构,在功能上组成一个统一的整体"。④

---

① 崔明昆:《生态人类学的系统论方法》,《中南民族大学学报》(人文社会科学版)2012年第4期。
② Cremin, L. A., *Public Education*, NewYork: BasicBooks, 1976, p. 24.
③ Ibid., pp. 58-59.
④ 李守可:《大学生思想政治教育的教育生态诠释与构建》,《毛泽东思想研究》2015年第1期。

生态结构作为生态系统内各要素相互联系和作用的方式，构成了生态系统的基础，教育的生态结构则是指教育个体与生态环境诸要素之间的复合网络与层级结构。美国著名的心理学家布朗芬布伦纳提出了生态系统理论（Ecological Systems Theory），他把"环境"定义为"一套嵌套结构，一层套一层，像一套俄罗斯套娃"。他用"套娃"理论非常形象地说明发展中的个人处于中心位置，"被几层环境系统所包围，从直接环境（家庭）到更远的环境，如文化。这些系统，层与层、层与个体之间相互作用，最终影响人的发展"。[①] 尤里·布朗芬布伦纳把生态系统进行精细化分析，分为微系统、中系统、外系统和宏系统四层生态结构。最内层环境指青少年周围环境中的活动和互动，称为微系统；第二层环境指的是家庭、学校以及同伴群体等相互联系和内在关系，称为中系统；第三层环境是指青少年并不身处其中，但其发展却不可避免地受其影响的环境（如父母的工作、社区事件等），称为外系统；最外层环境是一个意识形态系统，它规约了社会与成人应该怎样对待青少年、青少年应该接受怎样的教育、应该追求什么样的成长目标等。在不同的生态系统的结构层级以及因素之间，由于其物质循环、能量流动、信息交换等而产生相互作用与影响，如作为社会意识形态的宏系统不可否认且理所当然地影响和制约着微系统、中系统和外系统。在同一层级结构中的不同因素也会产生互相或连环作用，从而影响青少年的发展，如与父母建立了亲密关系的青少年很容易为同伴所接受，从而建立与同伴亲密的支持性的关系；青少年的学习能力不仅仅依赖于学校教师的教育质量，同时在某种程度上也与父母对教育活动的价值定位以及父母与教师的共同探讨和合作密切相关。[②] 布朗芬布伦纳围绕生态系统论的生态分层结构理论，对于我们的研究具有重要的启示与借鉴意义。

(二) 教育生态学在未成年人犯罪预防中的运用

1. 课后托管

由于经济上的压力，美国工薪阶层的父母大多需要同时外出工作，

---

① 戴维·谢弗：《社会性与人格发展》（第5版），陈会昌等译，人民邮电出版社2012年版，第93页。

② 同上书，第93—94页。

传统的"男外女内"家庭模式已基本消失。父母下班时间相对固定，而中小学学生通常的放学时间要比父母的下班时间早一个半小时以上，由此带来孩子监管的"真空期"。课后托管教育又称"学龄期儿童课后托管"（School Age Child Care，SACC）或者"课后托育"（After School Programs，ASPG）。美国儿童福利联盟的定义是：当学龄前或学龄儿童的双亲因工作等原因无法在家照顾儿童，或因家贫、儿童心智障碍等特殊理由，使得儿童每天有一段时间必须经由一个团体式或家庭式的托育机构来给予其适当的安置，以帮助父母给儿童提供适当的保护照顾，并培养儿童生理、情绪、智能和社会发展等各方面潜能。[1]

美国课后托管教育的定位非常明确，以服务未成年人为理念，为未成年人提供一个安全、健康的学习、生活环境，避免孩子在父母上班或未在校期间可能被引诱而发生的不当行为，甚至误入歧途，以促进青少年的健康成长。课程主要以学生的学习兴趣为主，主要包括未成年人学习学术、运动、音乐、艺术、社会服务、电脑资讯课程、阅读及早认识大学等项目，以扩展孩子的学科知识及经验。[2] 通过游戏、小组对话、实地操作等方式，将未成年人吸引到教室中。既可以增长知识，又能阻隔不良因素对未成年人的影响。

美国课后托管教育由家庭、政府、社区三方共同承担，教育部门在其中起主导作用。早在1985年，加利福尼亚的"学龄社区儿童保健法"（The School Age Community Child Care，SACCC）明确规定课后托管教育机构由教育部管理。美国课后托管教育的形式主要有三种：一是采取付费方式，主要针对双薪家长且放学无法安置的学生，由地方教育局全权统筹办理，在学区内各需要学校中办理类似"安亲班"的课后学习班；二是以社会福利的方式，提供给有家庭不利等因素的孩子，由政府相关单位提出"课后学习方案"的申请计划与经费，依计划内容联系学区内各学校，给予参与学生免费名额，派人到校实施活动计划；三是由地方教育局向教育部提出计划申请经费，督导计划实施，州立大学提供实习大学生或参与者的人员训练，博物馆等机构则为社区提供艺术活动方案。

---

[1] 康丽颖、贾丽：《中美儿童托管教育的比较分析》，《比较教育研究》2011年第12期。
[2] 郭毅萍：《美国课后托管教育对我国的启示》，《南阳理工学院学报》2014年第4期。

由上述的法律规定和机构设置的要求、途径可以看出，美国的课后托管教育是一种以教育部门为主导，社区为载体，家长配合实施，三方责任分工明确的社会福利事业。

2. FCIK 教育的合力

课后托管制度的构想很美好，但是在实际的操作中遇到了政府资金投入不足、贫困社区师资力量缺乏的致命问题，这导致了虽然富裕的家长有能力承担付费方式的课后托管，但他们居住的社区环境较好，子女课余生活丰富，对于课后托管的需求并不急切；而贫困家庭的子女急需健康成长、避免不良诱惑的场所，但他们的父母无力支付相对昂贵的课后托管费用。这使得课后托管制度在很大程度上成为"水中月，镜中花"。1995 年，芝加哥市 5000 名中低收入家庭的中学生日平均在校时间为 4 小时，看电视的时间则高达 6 小时。有更多的孩子流连于街头，将时间消磨于玩闹、追逐，甚至是打架、盗窃和吸毒上。媒体向孩子传播的性、暴力和扭曲的价值观与街头亚文化对孩子的诱惑或强迫，使得未成年人一步步走向犯罪。

为了使孩子们得到应有的照料和管理，让其远离不良影响，美国于 1996 年成立了一个 5000 多名的，由警察局长、县司法警长、检察官、司法部长、执法官以及暴力幸存者组成的非政府组织——FCIK（Fight Crime：Invest in Kids）。该组织利用现有社会教育资源构建了一个包含儿童早期教育、问题儿童的家长培训、改善校内外教育以及矫治问题青少年在内的四维一体的预防矫治体系。这个体系从孩子的婴儿期开始一直贯穿至青少年期，涉及儿童、父母、家庭、学校、社区以及整个社会，旨在通过发挥教育的合力来达到预防青少年犯罪的目的。[①]

一是为问题未成年人的家长建立培训教育。家长对孩子的虐待和忽视与青少年的反社会行为密切相关。研究表明，受到虐待和忽视的儿童成年后，其犯罪的概率远远大于正常儿童，而美国每年大约有 80 万名儿童受到虐待或是被忽视。[②] 出于公众安全的考虑，FCIK 认为必须为有虐待和忽视儿童倾向的家长提供儿童教养帮助和培训，使其成为称职的家

[①] 孙宏愿、孙怀君：《教育合力对预防青少年犯罪的影响》，《青年探索》2011 年第 5 期。

[②] 同上。

长,让子女远离虐待和忽视,避免走上犯罪之路,同时使他们在以后的生活中能有所成就。

保育员—父母合作项目(Nurse-Parent Partnership)是针对父母缺乏教育和养育儿童经验的问题而设立的,它可以帮助新手父母学习如何处理新生儿带来的问题:如何保持新生儿身体健康?怎样营造安全的家庭环境?并提供获得各种所需资源,如医生、儿童养护帮助的渠道等。该项目开展后,父母虐待和忽视儿童的行为就减少了一半,同时青少年的犯罪行为也减少了一半。[①] 华盛顿州立公共政策研究所经研究指出,保育员—父母合作项目使每个受益家庭节约了2万多美金的儿童犯罪支出。

二是为学龄青少年改善校内外教育。FCIK对学龄青少年的教育主要从开展有效的校内、校外活动两方面进行。校内活动主要通过榜样激励策略,鼓励和帮助儿童学习如何有效地管控自己的行为,改变儿童不良行为,帮助其构建积极的行为模式。教师和学生共同商定游戏的时限,通过正强化奖励表现好的小组。

放学后的时间段是未成年人犯罪发生的高峰期,因此,开展青少年喜闻乐见的课外活动一方面可以增强他们的体魄和完善团队合作精神,另一方面可以将他们与街头"亚文化"相隔离。

三是为问题青少年提供矫治教育。对已经犯罪的青少年进行正确的引导,矫正其不良心理问题与失范行为,能帮助其回归正轨。一些家庭矫治项目在这方面起到了良好的作用,比如功能性家庭矫治法。

(三) 美国教育生态学对我国触法未成年人教育矫正的启示

未成年人是家庭的希望,更是国家和民族的未来,社会、学校、家庭是构成教育的共同体,是未成年人健康、快乐、幸福成长的责任承担者。在应试教育的背景下,人们更多地关注学习好、成绩高的尖子生,这些学生让家长骄傲,受老师喜爱,得社会青睐;而对于那些学习不好、成绩差的学生,则让家长自卑,受老师歧视,被学校轻视,遭社会忽视,从而使这些学生长期处于抑郁、焦虑、自卑、消沉、怯懦、孤独、空虚

[①] Eckenrode,J.,"Long-Term Effects of Prenatal and Infancy Nurse Home Visitation on the Life Course of Youth:19 – Year Follow-up of a Randomized Trial",*Archives of Pediatric and Adolescent Medicine*,2010,164(1):9 – 15.

的情绪体验中，甚至使有的学生以偏执、暴躁、敌对、极端、冲动性的行为表现自我或引起关注。一些学习差的学生在学校管理、家长监护不到位的情况下，经常旷课、逃课，以至于失学、辍学，游荡于社会中，从而陷入违法犯罪的泥淖中不能自拔。面对这种教育现实，我们必须进行理性反思，在各种政策文件、法律法规、发展纲要中，国家反复强调应该加强素质教育，扭转应试倾向，促进学生全面发展、健康成长，但在现实中无论是在社会、学校还是家庭层面却收效甚微，改观不大，原因何在？鉴于教育生态系统的生成结构以及当下我们所面临的教育现实问题，我们从生态结构的视阈出发，以美国教育生态为启示，探讨我国教育生态在预防未成年人犯罪方面的策略。

1. 优化以家庭为核心的微系统教养策略

家庭是以血缘为纽带而构成的人类最普遍、最基础、最持续的社会单元和组织，是每个人必不可少的生活领域，是未成年人无可选择的生活与成长、学习与认知的重要场所。家庭是孩子的第一所学校，父母是孩子的第一任教师。

重视家庭教育，营造良好的家庭环境，树立正确的家庭教育理念，采取科学恰当的教育方式，有利于未成年人的健康成长。进行家庭教育，首先要清楚家庭教育"教什么"和"怎么教"的问题。不可否认，在目前整个社会重视家庭教育的背景下，家庭教育生态出现了偏颇：在长时间的应试制度背景下，家长对教育的认知被固化在分数上，以分数作为唯一标准评价学校和教师的教育质量，以分数作为唯一标准衡量孩子的学习与成长，因而出现了重智轻德、重知轻能、过高要求等现象。家庭教育还存在学校化趋势，把学校的课程教育延伸到家庭。另外，家长还用各种特长班塞满了未成年人的课余时间，不问其兴趣，盲目报班。在"不能输在起跑线上"的心理驱动下，催生了许许多多的"虎妈""狼爸"，家庭教育中父母缺失了"陪伴成长，等待花开"的心态，从而严重影响了孩子的健康成长和全面发展。

为了积极发挥家庭教育在未成年人成长过程中的重要作用，促进学生的健康成长和全面发展，在2015年10月发布的《教育部关于加强家庭教育工作的指导意见》中，对关于家庭教育的内容方面提出了明确的阶段性要求：在小学生阶段，家长要督促孩子坚持体育锻炼，增长自我保护知识和基本自救技能，鼓励参与劳动，养成良好的生活自理习惯和学习习惯，引导孩子学会对父母感恩、诚实为人、诚实做事；在中学生阶段，家长要对孩子开展性别教育、媒介素养教育，培养孩子积极的学业态度，与学校配合减轻孩子过重的学业负担，指导孩子学会自主选择。在《指导意见》中充分体现了以人为本的理念，突出强调了未成年人的健康成长和全面发展。

在明确了"教什么"的前提下，为了增强家庭教育的时效性，还要学会"怎么教"的教育方法问题，国外最近的研究表明，父母的下列教育行为更有利于培养出有道德的儿童：（1）温暖的、支持的，而不是惩罚性的；（2）采用诱导式的教养方式；（3）给儿童提供学习他人观点与感受的机会；（4）让儿童参与家庭决策和思考道德决定的过程；（5）自己表现出榜样道德行为和认知方式，并让孩子有模仿的机会；（6）让儿童知晓什么样的行为是被人期望的，以及人们期望这些行为的原因；（7）培养内在的而不是外在的道德感。[①] 具备以上教养行为的父母能够培养出具有良好德性的儿童，并能够营造出良好的家庭生态和积极的亲子关系。

在中华文化中历来就有以家庭为核心，重视家教，注重传承良好家风的传统。我国古代讲究修、齐、治、平，只有首先做到"身修""家齐"，然后才可致国家兴盛天下太平。《孟子·离娄上》说："天下之本在国，国之本在家，家之本在身。"《礼记》："一家仁，一国兴仁；一家让，一国兴让；一人贪戾，一国作乱。"家庭和睦团结、诚信友好、亲善礼让，有助于社会的和谐兴盛，因此，在我国古代产生了丰富多彩、各具特色的家训、家范、家约、家规、家法、家诫等，用以规范子孙后代的言行，养成规则意识。古人家教重视抓早抓小，甚至根据孩童成长的过程有针对性地设计出适合不同阶段的教育内容和要求，如司马光在《家范》中设计的蒙养过程与内容："能食则教之以右手，能言则教之以自名，稍有智则教之以恭敬尊长。六岁男子始习书字，女子则始习女工之小者。七岁开始诵读《孝经》和《论语》。八岁教之以谦让，诵读《尚书》。九岁诵读《春秋》及诸史，使晓义理。十岁外出就师求学，诵读

[①] ［美］约翰·桑特洛克：《青少年心理学》（第11版），寇彧译，人民邮电出版社2013年版，第283页。

《诗》、《礼》、《传》，知仁义礼智信。"家庭教育作为中国古代优秀传统文化的有机组成部分，蕴含着丰富的家庭教育资源，在我们当下进行的家庭教育中非常有必要把中华民族的优秀传统和家庭美德发扬光大。

2. 深化以学校教育为重点的融合互动策略

学校是专门从事教育的机构，是对未成年人进行教育培养的主阵地和主渠道。学校教育是按照特定社会要求和受教育者的身心发展规律，对受教育者进行的传授知识技能、发展智力和体力、培养思想品德的系统活动，具有比较强的统一性、集中性、系统性和组织性的特点。学校教育有明确的教育目标、科学的教学计划、合理的课程安排、专业的师资队伍、完备的教育教学设施，体系稳定，结构完整，这一切都有利于学生德智体美的全面发展，作为学校教育生态结构中正效能的方面是其他任何教育形式都无可比拟和无法取代的。学校在教育的系统链条中，一头连着家庭，一头连着社区，形成了教育生态结构中系统的三个相互联系和作用的子系统。

（1）学校对家庭教育的指导。美国教育家杜威有一个非常著名的观点，说的是家庭教育与学校教育的分离是教育中最大的"浪费"，如果学校在教育过程中要有效利用家庭教育的资源，在重视家庭的同时，必须加强对家长的培训。这是因为，现实中家长的构成成分比较复杂，有的家长本身的文化素养比较低，没有接受过正规的高等教育，缺少专业训练；有的家长由于工作忙碌，缺少时间研究未成年人学习与成长的规律，在与孩子的沟通方面存在很多障碍；有的是随着孩子年龄增长、认知水平的提高和知识的更新，家长原有的知识积累与思维模式已无法满足家庭教育的要求等。这就客观地要求家长要从家庭教育的"教育者"适时转变为"被教育者"。目前关于家庭教育指导培训的模式和机构比较多，但是最有效和最重要的家庭教育指导，还是由教育部门牵头中小学组织实施的家庭教育指导。

要提高"家长学校"在家庭教育指导方面的效益，需要切实加强几个方面的工作：一是建立专职和兼职相结合的团队，以学校校长、德育主任、年级组长、班主任以及德育课教师为主体，聘请专家学者、优秀家长共同参与，构成一支综合水平高、专业互补性强、富有责任心的家庭教育指导团队；二是内容与形式丰富多样，开展中华优秀传统家庭教育专题讲座、家长培训讲座、咨询服务、教育知识培训、教育理念指导、经验交流、优秀家长讲座、倾听孩子心声、志愿服务、公益活动、文体活动、社会实践等，通过内容与形式的多样化，增强指导的实效性和吸引力；三是增强指导的针对性，家长的情况不完全相同，学校可以制定和提供不同的培训课程模块，供家长选择，以满足家长不同的需求，增强培训的针对性；四是支持孩子参与教育过程，如多参加文体活动、实践活动、公益活动等，增进亲子交流，倾听孩子心声，也可让孩子登上讲台，使其在教育者与被教育者的身份互换中得到提升。

（2）家庭、社区对学校教育的参与。在教育的生态系统中，学校教育不可能唱独角戏，它必须与家庭教育和社区教育融合互动形成合力，才能最大化地发挥教育的效能，产生 1＋1＋1≥3 的能量。家庭教育是通过言传身教和家庭生活实践来实施的，具有亲和性、早期性和稳定性的特点，同时又带有相对封闭的缺陷；社区教育具有实践性、补充性和适应性的特点，同时又带有碎片化的不足，学校教育具有系统性、统一性和集中性的特点，但是又表现出一定的书生气和抽象性，学校教育、家庭教育、社区教育的不同作用与特点，为三者的合作提供了必要性的依据。从教育目的来看，学校教育、家庭教育、社区教育的目标是一致的，这就为三者的融合互动提供了可行性依据。

对于学校教育与社区教育这两个教育群落，在我们以往的教育范畴理解中，学校教育是面向未成年人的系统教育，社区教育是面向成年人的补偿教育，这种传统的狭隘构图已经无法适应新的教育生态系统的建构了。在学校与社区的一体化方面，日本经历了从"学社结合"到"学社融合"递进演变。在"学""社"一体化的实践中，开发"综合学习时间"项目，即"积极开拓和充分利用教室以外的、以社会教育资源为主的广阔资源，重视体验性学习和探究性学习、拓展性学习，注重跨学科的合作与协调"。[①] 充分展现了校社合作的广阔空间和多样化的模式。

3. 净化社会教育的网络媒体引导策略

信息技术的蓬勃发展时代，未成年人摒弃了原有的社会教育载体，

---

① 杨雄、刘程：《关于学校、家庭、社会"三位一体"教育合作的思考》，《社会科学》2013 年第 1 期。

把网络作为获取知识和信息以及消遣娱乐的主要方式。在中国青少年网络协会 2009 年 10 月开展的有关"上网目的"的调查中显示，未成年人上网行为依次为网络游戏、视频音频、联络朋友、搜寻信息论坛（BBS）、个人空间、浏览新闻、网络购物。其中，排在第一位的"网络游戏"达到了有效样本数的 75.4%。在经济利益的驱动下网络游戏充满暴力、色情和低级趣味，2014 年全球游戏市场收入预计将达到 820 亿美元，全球游戏玩家数将达到 18 亿。德国《焦点》周刊称，在这个巨大的市场中，80% 的电子游戏含有暴力和色情成分。最近几年频发的未成年人的恶性暴力和性犯罪案件，就与网络游戏的模仿和影响密不可分。游戏使未成年人潜移默化地了解了犯罪手法，不知不觉地形成了"解决问题的最好方法是暴力"的行动思维。

首先要加强法律制度建设，依法进行网络管理，净化网络空间。针对当前网络无所不在的影响，迫切需要进行法律制度建设，依法管理，规范网络行为，净化网络空间。许多国家在保障未成年人权益的法律建设上已取得了值得借鉴的成果。如美国从 1996 年至今，先后颁布了《儿童在线保护法》《儿童网络隐私保护法》《儿童互联网保护法》《传播净化法案》和《删除在线掠夺者法案》五部法律。德国在 1997 年颁发了《信息与通信服务法》，2009 年 6 月又出台了《反对因特网儿童色情法》。日本、韩国等也纷纷出台类似的保护未成年人网络安全的相关法律、法规。因此，借鉴其他国家的成功经验并结合我国实际，尽快制定防止未成年人网络暴力、网络色情、网络欺凌、网络犯罪的法律和制度就显得尤为重要了。

其次要加强道德建设，培养健康的网络道德。由于网络道德依存于不同于现实道德的物理空间而是虚拟空间，作为存在于虚拟空间的道德，最突出的表现就是行为主体的隐匿性，在缺少有效监督和道德评价的背景下，更容易出现道德偏差和道德失范。马晓辉等在未成年人网络道德与网络偏差行为的实证研究基础上提出，要"加强对未成年人的道德认知教育，促使他们正确认识网络中的道德现象和行为，并培养他们积极的网络道德意向"；"对于未成年人的网络偏差行为，学校和社会应多重视男生的过激和色情行为表现，在教育过程中结合不同性别的差异进行专门辅导，比如对男生有更多的情绪疏导知识、适当行为和性知识教育"。①

最后要重视网络主流文化建设，引导未成年人健康成长。网络的全面普及，使网络进入人们社会生活和个人生活的方方面面，影响着人们生活的各个层面和各个环节，对人的道德人格与行为方式也都产生了不同的影响。由于网络道德的开放性与多元性的特点，其道德表现遇到的形态也是良莠不齐、鱼龙混杂，诸如拜金、逃避、低俗、放弃、堕落、欺凌、暴力、色情等消极文化大量存在于网络空间，对未成年人的世界观、人生观不可避免地带来了消极影响。因此，加强网络主流文化建设，唱响主旋律，把正确的世界观、人生观、价值观融入未成年人喜闻乐见的形式中，排除消极网络文化的不良影响，引导广大儿童的青少年健康成长，应该成为社会各界的共同责任。

第二节 中外工读学校的比较

我国工读学校是借鉴了苏联教育家马卡连柯"高尔基工学团"的教育理念，并结合了中国当时的实际需要创造出来的。工读学校通过半工半读的模式，对触法未成年人进行矫正。它为我国的未成年人矫正事业做出了不可磨灭的贡献。但随着时代的进步，思想的解放，政策的变化，工读学校逐渐不能胜任违法未成年人矫正的工作。本章尝试分析国外工读学校式的违法未成年人矫正措施，探讨我国工读学校的变革。

一 工读教育的起源

对触法未成年人进行工读教育的雏形出现在1553年，英王爱德华六世（Edward Ⅵ，1537—1553）命令伦敦市政府在布莱德威尔宫（Birdewell Palace）建立了第一个世俗意义上的教养院（Birdewells）②。教养院强制收容流浪汉、妓女以及轻微犯罪的未成年人等因为懒惰而不愿意自

---

① 马晓辉、雷雳:《青少年网络道德与其网络偏差行为的关系》，《心理学报》2010年第10期。

② 王敏:《矫正基本原理研究》，博士学位论文，西南政法大学，2010年。

食其力的人。为帮助他们成为对社会有用的人，向他们提供工作场所，强制他们学习劳动技能，使其养成规律的生活习惯。从教养院毕业后，如果这些未成年人仍屡屡犯罪，将被送去坐船奴。荷兰的阿姆斯特丹和德国的柏林也于16世纪建立了类似的机构。

但这些工读教育的萌芽在17世纪被摧毁殆尽。1618—1648年的"三十年战争"（Thirty Years' War）是由神圣罗马帝国的内战演变而成的全欧参与的一次大规模国际战争，也是历史上第一次全欧大战。它将欧洲所有的强国都卷入其中。长时间的战争摧毁了参战国的经济，农田荒废，工厂倒闭，人民流离失所，大量儿童成为孤儿。为了维护社会的稳定，大多数政府简单粗暴地处理了这些人：统统关进监狱。这使得监狱还承担着"精神病院""孤儿院"等任务。监狱人满为患，只能勉强维持运转，连犯人最基本的生活条件都很难满足，更别提什么矫正了。

传统的报应刑期望通过威慑的方式防止犯罪的发生。威慑分为普遍威慑和针对威慑。普遍威慑是指通过向社会展示罪犯因犯罪受到处罚的痛苦，使潜在的罪犯认识到犯罪的成本高于犯罪的收益，从而放弃犯罪。针对威慑是指对罪犯使用刑罚，使其痛苦，从而不敢再次犯罪。但刑事古典学派对于19世纪犯罪率节节高升的束手无策证明了在犯罪收益远高于犯罪成本时，仅仅是威慑是不能防止犯罪的发生。正是老子所说的"民不畏死，奈何以死惧之。"

刑事实证学派提出的对罪犯进行矫正，特别是李斯特提出的教育刑观点，使触法未成年人的矫正看到曙光。触法未成年人的矫正是指将触法未成年人视为需要帮助的人，通过各种教育措施和手段，使触法未成年人的价值观念与行为规范有所改善，从而重新融入社会，成为社会中的正常成员。[①]

美国的"核桃街拘留所"（Walnut Street Jail）是工读教育制度发展的里程碑。它通过宗教感化、强制劳动、差别关押等方式来影响并重塑触法未成年人的身心。该拘留所开创了犯罪人个别处遇的先河，通过"更生重建"（Rehabilitations）来培养犯罪人的谋生技能，培训内容如教授木

---

① 刘若谷：《低龄触法未成年人教育矫正研究》，博士学位论文，鲁东大学，2017年。

匠、缝纫、制鞋工艺等。通过劳动，绝大多数触法未成年人可以获得一定的报酬，尽管一大部分报酬会被用来支付监所内的食宿。这些制度的设计现在看起来是比较粗疏的，但在当时的历史条件下已经是具有划时代意义的了，其对后来工读教育制度的发展也提供了可借鉴的范本。[①]

我国的工读教育制度来源于苏联教育家马卡连柯（Макаренко）的高尔基学团。马卡连柯认为，未成年人应当得到尊重，他对儿童的发展的可能性充满着无限的信心。他把教育与生产劳动相结合，认为劳动教育可以培养学生优秀的品质和组织才能。触法未成年人参加生产劳动，不只是创造财富，也帮助他们认识自我、思考未来。劳动可以改变触法未成年人的精神面貌，是培养和造就一个全面发展的人的方法。

二 各国工读学校类的矫正制度

（一）美国训练营制度

美国的福利性少年法以国家亲权为指导思想，以福利型保护处分作为标志。它将非行少年（Juvenile Delinquent）视为需要国家帮助、保护、治疗的对象，采取国家主动介入的福利方式帮助非行少年矫正错误行为、回归社会。对于非行少年的定义是实施了犯罪行为或身份罪行为的未成年人，也就是说：从出生到成年前、从逃学到犯罪均属于少年法院的管辖范围之内。少年法院以"维护儿童最大权益"为目标，综合考虑非行少年的行为严重性、家庭教养环境、心理状态等情况后，对非行少年实施保护处分。通常有缓刑、假释、周末监禁或训练营等做法。其中，训练营制度是从类似于工读学校的少年训练学校发展而来的。[②]

1. 训练营制度的发展

在早期的少年训练学校中，管理者把组织非行少年劳动作为对他们的矫正措施之一，非行少年白天的大部分时间都消耗在某些形式的手工

---

① 黄延峰：《未成年偏差行为者社会化矫正研究》，博士学位论文，西南政法大学，2016年。

② 刘强：《美国犯罪未成年人的矫正制度概要》，中国人民公安大学出版社2005年版，第118页。

劳动和生产方面。这些手工劳动和生产是在制造可销售的产品，而产品创造的利润则用于维持监狱的日常运作。由于非行少年劳动报酬几乎为零或以食宿费的名义被管理者剥夺，管理者能够以远低于同类工厂的价格把产品推向市场，这就形成了不正当竞争，影响了其他制造商的利润。商人对此强烈反对，他们推动政府立法禁止非行少年劳动，这无疑导致少年训练学校的管理者陷入极其被动的局面。管理者不得不提出新的观念思想，寻找其他活动来占用非行少年的时间，以摆脱不利的处境。既然劳动生产行不通，就得以其他方式填补空缺，避免因犯因无所事事而无事生非，管理者最终选择了军事训练。① 军事化训练被视为在教养院帮助囚犯改善自己行为和学习各种真实的劳动力市场所需技能的一个途径。

随着少年法院制度的建立和福利型保护处分的完善，通过精神治疗方案规划而非身体训练，矫正机构日益把重点置于帮助非行少年矫正错误行为方式上，陈旧的军事化活动也因此不再被需要。截至20世纪70年代，精神治疗方案规划和触法未成年人恢复正常仍然是多数矫正方案的核心。由于未成年人犯罪数量的急剧上升，美国司法界逐渐形成了"严厉打击犯罪和罪犯"的观念。矫正机构管理人员减少了对于治疗的关注，转而强调惩罚和威慑，因而导致军队风格矫正方案在1983年的新生。②

2. 训练营任务和分类

训练营的任务是营造一个安全、可靠的环境，在军事化或半军事化管理的基础上提供适当的医疗、教育、心理的服务，使非行少年提高遵纪守法的意识、发展个人能力，使他们树立回归社会和正常生活的信心。

当少年法院将非行少年送往训练营的决定生效后，训练营将对非行少年进行为期4—6星期的诊断和评估。这些评估包括智力、社交状况和情感方面的测试、社会背景调查、文化程度及健康状况调查。通过这些测试，训练营将总结每个非行少年的情况，并决定每人需要的矫正措施和安全等级。

安全等级一般分为三类：低级、中级和高级。

---

① Marilyn D. McShane and Frank P. Williams Ⅲ., *Encyclopedia of American Prisons*, Garland Publictions, 1996, p. 230.
② 王志亮：《美国未成年犯罪人新收训练营地探究》，《青少年犯罪问题》2015年第3期。

安全等级为低级的训练营通常是建立在牧场、农场或森林营地的基础上的。它主要接收情节轻微者，包括初犯、从犯和过失犯等。最常见的是森林营地，触法未成年人在营地一般为2—3个月，半天劳动（公益性），半天学习，以劳动、娱乐、治疗改造和社区互动为特点。非行少年可以有自己房间的钥匙，休息时间可以在训练营内自由活动，可以经常与家长联系，同工作人员的地位相对平等。营地没有围墙或铁丝网，脱逃较为容易，但脱逃者会被送入中、高级训练营。

安全等级为中级的训练营一般采用集体宿舍或独栋住所的形式，一般四周有6—7英尺高的铁丝网。所有非行少年被告知方案的严格规则。在所有时间，要求非行少年把职员称为"先生"或"夫人"，得到许可才能讲话。对于轻微违反规则的行为的惩罚更是简明扼要、明确具体，主要包括身体训练如俯卧撑或跑步；严重违反规则的行为可能导致该非行少年被开除出方案或进入高级训练营。

安全等级为高级的训练营通常有围墙，内部的单人间带锁，对个人有严格的限制。训练营采取完全军事化管理：早晨6点，训练营成员列队走到训练区域，在操练和仪式之后，他们将参加1—2小时的身体训练。然后，列队去吃早饭，训练营成员被要求站在桌子前直到命令坐下为止，并且在吃饭的时间不允许说话。早餐后，训练营成员通常在学校教室里度过几个小时。午餐后，继续进行劳动，劳动通常涉及社区服务，例如打扫国家公园或公路。当劳动结束后，训练营成员返回训练营地，参加附加的训练活动和操练。在快速吃完晚餐之后，对训练营成员开展晚上方案（可能包括咨询商议、生活技能训练或者戒毒教育和治疗）。

（二）德国促进学校制度

德国通过创办促进学校来对问题青少年进行特殊教育来加强对问题青少年的教育力度。德国促进学校的类型很多，其教育任务和目标主要是激发学生的学习欲望、促进语言能力的提高、发挥学生现有的能力，进行教育扶助等。[1]

---

[1] 石军：《德国巴伐利亚州促进学校对中国工读学校的启示》，《外国中小学教育》2015年第6期。

1. 进入促进学校需要评估与表决

对于问题青少年是否需要进入促进学校接受特殊的教育，首先要争得学生和学生父母的同意，如果他们不同意也不能通过强制手段要求学生入学，应该至少努力做到使他们勉强接受。[①] 学生进入促进学校接受特殊教育是必需的，也就是学校和家长在通过其他方法仍然不能很好地解决该学生的心理问题和行为缺陷的情况下才要将其送到促进学校。促进学校的原则是尽量让孩子留在普通学校里。在德国，要求各类学校都应该把特殊教育的促进手段看作自己的任务，只有当相关学校在人力、物力、组织和教学方面的能力有限时，才考虑将学生转入促进学校。学生被送入促进学校不是一种惩罚，也不是基于违法和犯罪，而是针对该学生的心理问题和行为缺陷基于帮教的需要而采取的促进手段。

学生进入促进学校要符合特殊教育法的鉴定，该鉴定由普通学校组织，由具有鉴定资格和能力的特殊学校教师或经过培训的普通学校教师进行，必要时可以进行医学或教育心理学方面的鉴定。鉴定结果中要写明进入促进学校的必要性并推荐一所合适的学校。对于鉴定结果不满意，学生及其父母不同意去促进学校的，则由教育主管部门裁决。促进教育是普通教育的补充，学生在促进学校学习，完成学校规定的课程后可以重返普通学校继续上学。

2. 控制班级规模，对学生进行分类管理

促进学校会针对学生在学习、生活中存在的问题及特点进行班级的划分，坚持让每一个学生都得到帮助。首先是控制班级的规模。促进学校的班级规模都很小，每班为10人左右，一般不超过20人。这样做的目的首先是使教师准确地把握每一位学生的状态，也使学生可以有更多的机会与教师进行交流。其次是对学生进行分类管理。促进学校要对学生进行一段时间的观察，根据鉴定机构的报告以及在观察期内学生智力与心理状态的表现，确定该生需要哪一类型的帮助，以决定其将被分类到哪个班级。

3. 重视学生行为方式的改善，对学生进行个别化教学

促进学校重视对学生进行价值观教育及处事方式的完善。价值观反映一个人对事物的认知、理解，决定其对是非的判断或抉择。促进学校

[①] 鞠青主编：《中国工读教育研究报告》，中国人民公安大学出版社2007年版，第214页。

在教学中融入此类教育，包括诚实、礼貌、正义、责任、宽容等。应针对不同的学生制订教育和教学计划。教学形式灵活，学生可以自由组合、分组讨论，在讨论中也可以根据需要自由走动，甚至在走廊上完成作业。促进学校反对过度约束学生，提倡并鼓励自由发展，使学生在发展中获得自信，在自信中走向社会。

4. 从"隔离"到"融合"，促进教育的发展趋势

德国的促进学校是针对问题青少年的特殊教育矫正机构。但由于受到教育民主化思想的影响，强调教育的公平、民主和平等，促进学校做了相应的调整以加强对学生的人性关怀。[①] 一种方式是在学生进入促进学校接受定期特殊教育并完成相应的教学目标后，促进学校会对学生进行一个评估，如果达到相应的层次和要求，学生就可以回归普通学校继续完成学业。另一种方式是在普通学校设立促进班，加强普通学校的促进教育，这也符合教育民主化的教育理念。

(三) 日本少年院制度

在批判地继承国家亲权思想后，日本于1922年颁布了《少年法》。第二次世界大战失败后，在占领军当局的控制下，日本更加深化地吸收了国家亲权的思想，重新修订了《少年法》和《儿童福利法》。家庭法院的管辖对象扩大为：(1) 14—20岁的犯罪少年；(2) 未满14岁触犯刑法的少年；(3) 虞犯少年，即有犯罪危险的少年。对于(1)、(2) 类型中年满14周岁的少年必须由家庭法院审理。少年院是收容被家庭法院判处保护处分者以及根据《少年法》第56条第3款规定需要在少年院执行刑罚者，并对他们实行矫正教育的机构。

少年院处遇是在针对每个违法少年的年龄、家庭情况、犯罪严重性等背景调查的基础上，保护少年的权益最大化，采用个别化教育的方式，促使少年适应正常的社会生活[②]。在实践中，矫正教育将重点放在训育方面，并根据需要实施课程教育、职业训练等内容。常见的矫正方法有分类处遇、分级处遇和分期处遇。同时，少年院以开展心理面谈和体会被

---

① 舒志定:《德国巴伐利亚州促进学校见闻》,《世界教育信息》2004年第10期。
② 蒋文星:《试论日本少年院在少年矫正教育中的作用》,《北京青年政治学院学报》2011年第3期。

害者感受的方式更好地达到矫正违法少年的目的。

1. 少年院通用矫正教育措施

（1）分类处遇

分类处遇是指在详细地进行背景调查的基础上，根据少年违法主客观因素区别，将拥有共性问题的少年收容在同一个机构中，以推动有效的处遇。根据分类处遇制度，少年院有四种类型：初等少年院收容身心没有明显障碍、年满14周岁以上不满16周岁的少年；中等少年院收容身心没有明显障碍、年满16周岁以上不满20周岁的少年；特别少年院收容身心没有明显障碍，但犯罪倾向极强、年满16周岁以上不满23周岁的青少年；医疗少年院则收容身心有明显障碍、年满14周岁以上不满26周岁者[①]。

（2）分级处遇

分级处遇是指将违法少年在少年院的待遇由低到高设为多个阶段，根据表现进行打分，达到一定分数，给予升级；受到处分的罪犯则给予降级。每级在接见、接受物品、通信、准假制度等方面享有不同的待遇，体现处遇的差异，以提高少年改过自新的主动性。少年院要对每个少年有针对性地制定专属处遇计划，确定教育目标、各个阶段应当达到的目标、教育内容和方法。在具体实行过程中，要按照少年的表现对该计划进行客观评价并及时调整，保证实现处遇的个别化[②]。

（3）分期处遇

分期处遇是指根据少年违法行为的根源所在、改过自新的可能性以及家庭背景情况等方面因素，少年院的处遇被分为长期处遇与短期处遇。

短期处遇是对违法行为轻微，有改过自新意愿的少年，借助短时间的集中性指导及训练使其回归正常生活。一般短期处遇通过4—6个月的半开放式处遇以及开放式处遇的组合，一方面将少年与引发违法行为的不良因素相隔离，一方面使少年接受法律、公序良俗等秩序类的指导，正确地认识自身与社会秩序。

---

① 《少年院のページ》，2008年5月5日，http://www.geocities.jp/the_syounenyo/in01.html。

② ［日］濑川晃：《少年犯罪的现状与对策》，载西原春夫编《日本刑事法的重要问题》第2卷，金光旭、冯军、张凌等译，法律出版社2000年版，第198页。

长期处遇针对违法行为严重，短期处遇难以有效矫治的少年。处遇内容分为包括生活训练课程、职业训练课程、学习课程教育、身心治疗教育等方面。从适应社会、自谋生路、自我提高、身心健康等方面为违法少年提供帮助，帮助他们健康成长以及顺利回归社会。

2. 少年院特别措施矫正教育

（1）心理面谈

心理面谈是基于违法少年在少年院中面对的各类困惑，由心理、教育等方面专家利用专业知识和人生经验对少年进行指导。它最初的目的是为了解决违法少年"精神上的烦闷"，即心理困惑。随着活动的开展，心理面谈的内容延伸到兴趣的培养以及预防性教育。心理面谈的内容大致为：（1）倾听并解决烦恼（人际、未来发展、继续教育等）；（2）培养健康的兴趣（诗歌、音乐、阅读、体育等）；（3）预防性教育（成瘾性预防教育、性安全教育、健康教育等）。具体流程为：先由违法少年选择面谈问题并提出申请，根据问题的内容少年院选择最适合的专家，约定面谈时间、地点以及方式。面谈原则上为一对一面谈，可以使用少年院的设备提升效果。委员必须遵守的事项很多，不能触及有关收容少年的审判和处遇的问题，认为收容少年在管理上、指导上需要注意的问题则必须联系相关官员等。另外，在面谈结束之后，要提交记载面谈问题、指导内容以及委员意见的记录。

（2）体会被害者感受

体会被害者感受是为了使违法少年建立同理心，感受到被害人的痛苦，让违法少年进行深刻的反省，学会尊重生命，杜绝同样错误行为再次出现。具体的指导人员包括少年院的专职人员，以及有心理咨询师资格的志愿者。实施方法主要就是让违法少年阅读被害人或遗属的来信，或请被害人或遗属到少年院分享他们的情感。在此之后，违法少年应总结自己的内心感受，给被害人写信（不是真的和被害人交换，只是让他们在写的过程中思考）。另外，还有在被害人每年的死亡日都要开反省会的做法①。

---

① ［日］内田博文：《在日本少年院中实施的考虑被害人感觉的教育课程》，《辽宁公安司法干部学院学报》2006年第4期。

(四) 香港群育学校制度

香港群育学校是专为具有学习障碍、情绪障碍和行为问题的青少年而设的特殊公立学校。《香港康复政策（白皮书）》指出："适应不良的儿童大多不属于永久弱能，情绪和行为上的问题一般并非身体有缺陷，而是由于学校和家庭关系不良所造成的，如果社会给予特殊的协助，加强辅导计划，以协助他们适应，有关学童就能克服困难。"由于普通学校没有这类计划，宜将他们保留在特殊教育的范畴。在早期，香港对"情绪及问题少年"的教育模式是隔离教育，随后经过改革，由"隔离"模式转变为"共融"模式，即尽量将有特殊需要的儿童安排在普通学校就读，让他们在一般的学习环境中，与普通儿童相处加强沟通，从而逐步适应学习、获得收益。

1. 群育学校的入学

群育学校的入学方式为指定入校。家长或普通学校无权将问题少年直接送入群育学校。对于有必要进行特殊教育的学生，经教师、学校社工、学生辅导教师、学生辅导主任给予辅导后，仍未有改善的，则经家长同意，把该学生转入"中央统筹转介系统"评审委员会，并由该评审委员会对该生进行评估后决定该生应进入什么样的学校。如果评审委员会认为该名学生留在主流学校接受教育仍对该生的学习成长有利，学生原来就读的学校必须让该学生返回。回校后，该生将获得专业人员如社会工作人员、心理学家、辅导员或精神科医生等人员的额外支持和帮助。

2. 群育学校的服务

香港群育学校对学生主要提供四种服务方式。第一种是住宿服务。主要为学校或家庭关系不睦的少年提供短时间的住宿和情感支持，避免矛盾的进一步恶化，待其情绪及行为问题得到解决后便可回到主流学校继续学习。第二种是群育学校（日校）。此类服务是针对在违反校规校纪，扰乱学校正常秩序，屡教不改的；在家庭不服管教，与父母冲突激烈，多次离家出走并有明显攻击行为的；在个人社交方面自我控制能力差，易激惹，与不良团体交往过密的少年。第三种是课余照顾服务（夜校）。是指在有些夜间需要照顾青少年的家庭提供固定时间段照顾服务的措施。第四种是匡导班。群育学校对于不能或不必在特殊学校就读的未成年人提供 3 个月至一年的短期辅导，待其情绪及行为问题改善后，可回到原普通学校继续学业。

群育学校实行小班化教学，班级人数一般介于 10 人左右。这种模式有利于老师对每一位学生投入更多的关注和了解，更好地为其制定适合的教育服务计划。群育学校在办学经费方面，则由教育统筹局提供，也对这些学校的专职医疗人员、社会工作人员、护理人员提供资助。对学生则免费，但对于那些需要寄宿的学生，则收取一定的住宿费，对家庭有困难的学生，可向政府提出减免住宿费的申请。

群育学校的课程设计与普通学校有较大的不同。通常具有通识教育和个别化管理体系，分为一般课程和实用课程两类。一般课程包括：常识、科学、艺术和道德等。实用课程多数是为了学生掌握一技之长，能够自食其力的科目，如家政、机械维修和电脑操作等。

3. 群育学校的运作

群育学校采取三方共营的模式，即由政府组织、非政府组织（NGO）以及慈善机构组织共同合作经营。由政府通过向非政府组织购买服务的方式进行群育教育，并对之进行监督管理。由"教育统筹委员会"对非政府组织的资源和服务进行协调，并为其提供专业支持①。

三 国外矫治制度对于我国工读学校的启示

我国现行的工读教育机制存在污名化严重、惩罚性过强、学制过长和无法对问题青少年进行主动介入等诸多问题。为了问题青少年的幸福成长，也为了社会稳定、民众有安全感，应当完善工读教育矫正机制，对即将违法犯罪的未成年人进行帮教。同时，我国具有自己特有的文化传承和价值观、世界观，不适宜全盘照搬国外成熟的少年司法矫正体系，否则，必然会导致"水土不服"，对社会的稳定和问题青少年的矫正起到负面作用。笔者认为，应当吸收国外成熟的少年司法矫正理念，根据我国的实际情况，以我国现行的矫正机制为基础，逐步进行完善。这种做法见效快，容易被大众和问题青少年及其家庭所接受。如果出现不良反应，再次进行调整也相对及时，能有效避免出现影响社会稳定、对问题

---

① 石军、张立伦：《香港群育学校对内地工读学校的启示》，《青年探索》2015 年第 3 期。

青少年造成伤害的事件。

（一）建立拥有"先决权"的裁判机构

少年司法制度管辖方面的哲理基础是国家亲权。这意味着国家将强制介入问题青少年的矫正，而不是像目前这样放任家长和学校进行任意性过强的教育。所以，问题青少年的矫正需要一个相对独立的裁判机构，对于问题青少年按照情节轻重依法裁定对其采取何种矫正方式。日本明确规定由家庭裁判所给予处分；韩国由家事法院的少年法庭或地方法院的少年法庭管辖少年保护案件。我国《未成年人保护法》和《预防未成年人犯罪法》仅规定，有严重不良行为的未成年人应由工读学校进行矫正，但并未明确裁判机构，致使这一法律条文不具有可操作性。工读学校制度本质上是限制问题青少年的自由。一方面是防止具有严重社会危害性的问题青少年再次进行对社会造成伤害的触法行为；另一方面是为了将问题青少年与造成其违法的环境隔离，对其进行更有效的教育矫正。《北京规则》规定：把少年投入监禁机关始终应是万不得已时的处理办法，其期限应是尽可能最短的必要时间。因此，对于剥夺问题青少年自由工读矫正制度的选择权应当在对少年案件有"先决权"的裁判机关处，而不是现行规定的未成年人及其监护人手中。

先决权是指少年司法裁判机构具有对于问题青少年的案件应适用保护处分还是进入刑事程序的决定权。在一般刑事案件中，检察官先审议，在没有起诉的必要时才采取其他的处理方式即刑罚优先。在保护处分的管辖范围内，按照儿童利益最大原则，教育刑优先于刑罚。裁判机构先审议，只有不能够纳入保护处分时才将犯人移交检察机关即保护优先。日本的家庭裁判所和美国的少年法庭均享有优先审议和保护处分优先的权力。

我国虽然部分地区建立了少年法庭，但它仅仅是对刑事审判程序的改良，实质上仍然是检察官享有先决权的刑罚优先模式。因此，建立完善的问题青少年矫正制度需要将少年法庭从现行刑事审判体制下独立出来，成为拥有"先决权"的裁判机构。

（二）扩大社会调查的范围

《联合国少年司法最低限度标准规则》（北京规则）第16项明确规定了少年司法的社会调查制度："在主管当局做出判决前的最后处理之前，

应对少年生活的背景和环境或犯罪的条件进行适当的调查,以便主管当局对案件做出明智的判决。"我国《刑事诉讼法》第268条规定:"公安机关、人民检察院、人民法院办理未成年人刑事案件,根据情况可以对未成年犯罪嫌疑人、被告人的成长经历、犯罪原因、监护教育等情况进行调查。"这表明我国建立了未成年人刑事社会调查制度。根据最高人民法院发布的《人民法院量刑指导意见》规定:"对于未成年人犯罪,应当综合考虑未成年人犯罪时的年龄、对犯罪的认识能力、是否初犯、悔罪表现、个人成长经历和一贯表现等情况,予以从宽处罚。"社会调查结果是法官对于犯罪未成年人量刑的重要参考。但是按现行的《刑法》规定,问题青少年不进入刑事程序,也就意味着不会对问题青少年进行社会调查。

将问题青少年纳入社会调查是少年法院先决权的要求。法官通过审查社会调查报告,可以了解问题青少年的家庭情况、成长经历、社会交往背景,从而决定通过何种矫正手段对其矫正最为有利且使其不至于再次危害社会。这是未成年人权益最大化原则在少年司法中的表现。

将问题青少年纳入社会调查有助于确定问题青少年矫正方式。社会调查报告中包含了未成年人违法行为相关的情况进行的全面调查(包括本案相关情况、未成年人本人的基本情况、社会生活情况、家庭情况、受教育情况、职业情况以及其他必要事项),然后基于调查人专业知识和经验,运用科学的方法,对该未成年人进行客观、全面、综合、公正的评价,并对造成犯罪的原因、未成年人的人身危险性和社会危险性进行科学的、深层次的、专业的分析判断。科学而全面的社会调查为问题青少年在矫正机构中应接受何种"治疗"方式提供判断依据。

(三)改变教育方式,引入心理治疗

《预防未成年人犯罪法》规定:"工读学校按照义务教育法的要求,在课程设置上与普通学校相同。"但实际上工读生普遍存在底子薄、上课很难进入状态、对学习有抵触情绪的问题。无论教师采取怎样的教学措施(诸如补课、分层教学、个别辅导等)都收效甚微,造成工读学校文化课教学的低效甚至无效。除此之外,工读生还要拿出一定时间进行劳动矫正。这就意味着对于那些在普通学校都跟不上进度的学生来说,不仅没有减轻学习任务,学习时间还大大减少了。所以想要在矫正的同时,保证文化课不落下,对于大部分工读生而言只是水中月罢了。工读学校应当分清主次,将工作重心放在问题青少年的矫正上,文化教育只是矫正工作的有益补充。个人的提高完全可以等工读生完成矫正、回归社会后,按个人的实际情况和需求进行。

矫正过程应当引入心理治疗机制,使其为工读学校矫正问题青少年提供最有力、最科学的保障。工读学校的学生正处于"同一性危机"的年龄段,家庭环境、成长经历、受教育情况和现实的状态使他们焦虑,容易冲动,缺乏安全感。和普通同龄人相比,工读学生的同一性扩散状态因子分较高,延缓状态因子分较低,并且差异显著。[①] 心理治疗可以有效地找出问题青少年的病因,结合社会调查的成果提出科学的矫正方案。矫正方案与工读学校教师丰富的矫正实践经验相结合,可以使问题青少年的矫正效率最大化。

(四) 明确矫正时限,促进回归社会

工读学校的学生回归社会存在以下几个难点:(1) 工读学校易进难出。首先,现行工读学校是建立在保安处分的理念上,即以预防为目的,以人身危险性为基础,对符合法定条件的特定问题青少年所采用的教育、感化、隔离等特殊预防措施。这决定了工读学校是以清除社会危害性为目的而被采用的,所以学生通常要到结束义务教育的年龄才可能离开工读学校。其次,工读学校生源紧张,为了维持学校的生存,不会轻易允许学生离开。工读生在校时间过久会导致对问题青少年量刑过重,例如1名初一学生因多次盗窃被送到工读学校矫正,他将有可能被限制自由3年。而按治安处罚法规定,成年人盗窃数额较小的,最重也只不过是15日拘留,罚款1000元。这明显违反了罪刑相适应原则,更不用提儿童权益最大化原则了。(2) 工读学校学制过长易形成"亚文化",主要有以下几方面原因:一是工读学校环境封闭,学生与外界交流极少;二是相对于普通学校的学生来说,工读学校学生间有更多的思想、习惯上的共同点,容易形成共鸣;三是工读学校学生年龄较小,没有形成自己的人生观,适应力强,容易融入"亚文化"中。一个新入学的工读生至少要在工读学校度过1年以上的时间,如果不想被排挤、孤立,或多或少都要

[①] 李科生、曹中平、高鹏程:《工读学生的人格与自我同一性状态》,《湖南科技大学学报》(社会科学版) 2013 年第 6 期。

接受本校的"亚文化"。这会引起学员之间的"交叉感染",使教育矫正工作事倍功半。①（3）工读学校"污名化"现象严重。大众对于问题青少年并不宽容,虽然公开的歧视并不常见,但家长和老师不鼓励甚至是反对学生与问题青少年交往。这使得工读生的"标签效应"难以消除。

裁判机构在决定适用工读学校矫正时,应同时确定合理的矫正时间,杜绝工读学校任意增加学生在校时间,使儿童权益最大化原则落到实处。同时工读学校应建立矫正评估机制,对工读生进行全面专业的评估,表现优异者可以得到表扬、奖励甚至是减少矫正时间。这一方面可以及时、全面地了解工读生的状态,按需调整矫正手段;另一方面可以激发工读生配合教育矫正的主动性,减少"亚文化"对于工读生的污染。

为了淡化"工读生"这个标签,工读学校可以使用普通中学的名称,学生不需要使用真实姓名。对于完成矫正,通过心理评估的学生,不留显示学生真实身份的档案。工读学校应及时与当地教育部门联系,在征得学生及其监护人同意的前提下,为学生办理转学手续,回到原学校或转到其他普通学校、职业学校继续接受正常教育。

第三节　中国和美国社区矫正的比较

一　社区矫正的立法、程序、主体及经费

（一）社区矫正的立法

作为一项执法活动,社区矫正的立法规定是其存在和运行的前提。美国于1973年在明尼苏达通过了第一部社区矫正法。到1995年时,已有18个州通过了这样的立法。② 美国的社区矫正立法一般是州立法。一个州的立法部门通过确定社区矫正的目标、性质范围、资金来源乃至目标人群等来实现社区矫正法的基本功能。不同的州,其社区矫正法有所不同,但也有一些共同的特征,如规定市民参与社区矫正、规定州资助的一些事项、允许制裁以及立法规定了社区矫正的基本框架等。

---

① 刘若谷、苏春景:《虞犯制度背景下工读学校改革走势的思考》,《中国特殊教育》2016年第8期。

② 吴宗宪:《社区矫正比较研究》,中国人民大学出版社2011年版,第52页。

相对于美国，我国社区矫正的相关制度较为落后。我们没有制定社区矫正的专门立法，现有的立法主要表现在以下几个方面：依据刑法和刑事诉讼法中的相关规定；最高人民检察院、最高人民法院、公安部、司法部于 2003 年 7 月 10 日联合下发的《关于开展社区矫正试点工作的通知》；2009 年 9 月 2 日发布的《关于在全国试行社区矫正工作的意见》；2011 年 2 月 25 日通过的《刑法修正案（八）》规定了"依法试行社区矫正"的内容；2012 年 1 月 10 日《社区矫正实施办法》的制定，成为我国社会矫正实施所依据的规章；2013 年党的十八届三中全会《关于全面深化改革若干重大问题的决定》提出"完善对违法犯罪行为的惩治和矫正法律，健全社区矫正制度"；2014 年党的十八届四中全会《关于全面依法治国若干重大问题的决定》明确提出要"制定社区矫正法"；2016 年 12 月，国务院法制办公布了《社区矫正法（征求意见稿）》，向全社会征集意见；2017 年，社区矫正法被全国人大常委会列入年度审议类项目。① 在推动社区矫正立法的进程中，多个省市的司法行政机关做了大量的基础工作和调研工作，比如关于专职警察参与社区矫正工作所带来的具体影响并基本达成了一些共识，即支持监狱人民警察对社区矫正工作的参与。②

由此可知，较美国成熟的社区矫正立法来说，我国社区矫正立法方面虽然取得了很大的成绩，但可以看到更多的是国家层面的顶层设计，对于具体的问题依然存在争议。尤其是社区矫正的地方立法几乎是空白的。③

（二）社区矫正的程序通常分为决定与执行

决定包括三个方面的内容：一是社区矫正适用的对象；二是社区矫正计划的开始和结束时间；三是社区矫正的种类。

在美国，社区矫正包括两种基本类型：第一种就是作为监禁替代措施的制裁；第二种是帮助犯人离开监狱后重新融入社区的矫正计划。其中，制裁由审判机关决定，而第二种矫正计划则由假释机构决定。

---

① 杨柳：《论社区矫正地方立法的权限范围》，《法学杂志》2018 年第 7 期。
② 姜爱东：《努力开创新时代社区矫正工作新局面》，《中国司法》2017 年第 12 期。
③ 杨柳：《论社区矫正地方立法的权限范围》，《法学杂志》2018 年第 7 期。

社区矫正的决定机构最具有代表性的是缓刑和假释的决定机构。几乎世界上所有国家的缓刑都是由法院判决的，美国也不例外。假释决定机关可以有不同的类型。美国的假释决定机构主要是各级假释委员会，即决定对执行监禁刑的罪犯进行假释并负责对假释犯的监督管理的机构。假释委员会的成员一般由司法部官员、法官、医务人员、犯罪学家和心理学家以及政府其他部门的代表等组成。

美国司法部下设全国假释委员会，负责联邦系统罪犯的假释工作。美国许多州的假释和缓刑机构是合并在一起的；一些州的假释机构是独立的机构，另一些州则不是独立的，而属于矫正局的内设机构。

社区矫正的执行是指落实社区矫正决定的活动。一般分为两种：一种是管理型执行机构；另一种是实务型执行机构。前者主要承担管理职能，包括对社区矫正执行人员的管理和对社区矫正犯罪人的管理。在美国，联邦刑事司法系统中对假释犯的监督是由联邦监狱局及其下属机构、假释委员会和其他独立机构负责的，而联邦监狱局及其下属机构、假释委员会都是美国司法部下属的机构；缓刑犯的执行管理机构由2000多个单独的缓刑服务工作机构负责，多数州的这些机构都设在州司法部内，属于州司法部下属的独立机构。

社区矫正经费方面，美国社区矫正资金的主要来源是地方政府和州政府，这与监狱的情况是不同的。但为了鼓励使用社区刑罚，联邦政府也会通过补助金等方式资助一定数量的地方社区矫正计划。

在我国，缓刑、管制、剥夺政治权利以及假释由审判机关决定或裁定，只有暂予监外执行由刑罚执行机关决定。司法行政机关作为社区矫正执行的主体，其性质是政府的组成部门。在完成社区矫正工作任务的过程当中，各省市建立了"党委政府统一领导，司法行政部门牵头组织，相关部门协调配合"的领导体制。[①] 这种领导体制是将公安、检察院、法院等与社区矫正相关的部门作为成员单位，借助党政府的领导，促进各成员单位在社区矫正日常工作中出现问题的解决。那么，针对社区矫正服刑人员，《社区矫正实施办法》有明确的规定，"对于适用社区矫正的

---

① 司法部法制司、社区矫正管理局编：《社区矫正实施办法解读》，法律出版社2012年版，第3页。

罪犯，人民法院、公安机关、监狱应当核实其居住地，在向其宣判时或者在其离开监所之前，书面告知其到居住地县级司法行政机关报到的时间期限以及逾期报到的后果，并通知居住地县级司法行政机关"，"本办法所称居住地一般是指社区矫正人员能够连续居住6个月以上的居所所在县（市、区、旗）"。① 但在社区矫正工作开展过程当中，对这一制度的实施却面临诸多困难，比如流动人口因素的存在，就会产生跨区域社区矫正组织部门间关系的协调问题。②

社区矫正经费则是采用权威专家建议的"以政府划拨资金为主、以社会捐助资金为辅；省和县两级政府分担经费"的经费保证制度。③ 目前，在我国社区矫正实务工作当中，由经费紧缺所导致的工作人员紧缺问题还是比较严重的。为解决这方面的问题，有学者提出了"政府主导、社会参与和市场供给"的模式，通过政府购买社区矫正服务，引用社会资源对社区服刑人员进行监管、教育和帮扶，从社会管理机制上解决社区矫正经费匮乏问题。④

二 社区矫正量刑、缓刑与假释

（一）量刑与社区矫正

法官根据案情选择判处监禁刑或死刑，还是判处非监禁刑和其他社区矫正措施，这样一来，量刑就与社区矫正发生了密切关系。量刑最后的结果是否会判处社区矫正，影响因素有很多。在此，我们着重介绍美国的量刑指南和量刑委员会。

1. 量刑及量刑委员会

量刑指南是指导法官如何根据被告人犯罪的严重性和犯罪历史等判处具体刑罚的量刑标准建议。目前，这种量刑指南被美国和其他一些西

---

① 司法部法制司、社区矫正管理局编：《社区矫正实施办法解读》，法律出版社2012年版，第18—51页。
② 哈洪颖、马良灿：《社区矫正组织关系的实践困境探析》，《福建论坛》（人文社会科学版）2018年第5期。
③ 吴宗宪：《利用社会资源开展社区矫正的模式探讨》，《中国司法》2007年第1期。
④ 叶大凤、覃丽芳：《政府购买服务：一个社区矫正的实践样本及启示》，《中共福建省委党校学报》2017年第7期。

方国家大量使用。

美国于 1978 年在联邦法庭和 17 个州实行量刑指南。量刑指南的使用，可以缩小法官量刑的差异，以保证"同罪同罚"的司法公正。当然，在美国不同的州，对两性指南的遵守也是有差异的。

量刑委员会是指监督法官根据量刑指南进行量刑活动的管理部门。通常包括检察官、辩护律师、法官、研究人员、缓刑官和驾驶官等。目前，美国联邦系统和大约过半的州设有量刑委员会。

2. 量刑前调查报告

量刑前调查报告是根据法官要求而由缓刑官准备并向法庭提交的包含有关犯罪、犯罪人和量刑建议等内容的书面报告。主要描述犯罪的性质、犯罪人的特征、犯罪历史、被害人遭受的损失和量刑建议。

美国联邦法院行政办公室在一份报告中，将量刑前调查报告的功能或目的概括为五种：帮助法庭恰当地对犯罪人量刑；帮助缓刑官在缓刑或假释期间做好监督工作；帮助联邦监狱局和任何州监狱做好犯罪人的分类、机构内矫正和释放计划工作；向美国假释委员会和其他假释机构提供与假释决定有关的犯罪人的信息；作为研究的一种信息来源。以美国为例，量刑前调查报告的内容包含本次犯罪的信息、被告人的犯罪历史、犯罪人的个人特质（心理健康状况）、家庭历史和背景、被害后果陈述、可以利用的量刑选择、罚金和赔偿、可以作为偏离量刑指南的正当理由的因素、向法庭的量刑建议。

美国自 1984 年以来，联邦系统和一些州特别要求在量刑前调查报告中确定犯罪人支付罚金和赔偿的能力。也就是说，在量刑前调查报告中分析犯罪人的经济状况，以便为判处罚金、判处赔偿和要求支付缓刑费提供必要信息。量刑前调查报告中依然会有一些法律问题，如机密性、准确性传闻信息等。机密性问题，美国于 1978 年在《联邦刑事诉讼规则》第 32 条做了规定。该条规则规定，法庭应当根据请求准许被告律师和被告人阅读量刑前调查报告，但是，有三类信息法庭可以不让他们接触：第一类是诊断建议；第二类是信息来源；第三类则为任何其他会对被告人或其他人造成伤害的信息。

3. 社区矫正的条件

社区矫正条件是指处在社区矫正状态下的犯罪人必须履行的义务。

一般分为两类：一类是标准条件，另一类是特别条件。

社区矫正的标准条件是指对一个司法管辖区中的所有缓刑犯都附加的条件。这一条件是所有社区矫正犯罪人都必须履行的法律义务。在美国，常见的标准条件有：遵守所有法律；服从缓刑官的指示；保持正常工作；参加毒品检验；不得拥有枪支弹药或其他危险武器；未经缓刑官批准或允许，不改变住处或工作；定期向缓刑官报告；未经同意不得离开本司法管辖区；不与有犯罪记录的人交往。

特别条件，也称为"社区矫正的附加条件"，是指根据需要有选择性地对某些缓刑犯附加的额外条件。这种特别条件同样适用于假释犯。在美国，常见的特别条件主要包括：参加咨询活动；如果犯罪人缺乏读写能力，必须参加扫盲教育；获得普通同等学力证书；如果需要犯罪人了解监禁情况的话，要在看守所监禁一定时间；如果犯罪人有酒瘾或者毒瘾的话，必须参加戒酒或者戒毒治疗活动；如果犯罪人的犯罪行为涉及侵害儿童的话，不得进入儿童所在的指定场所；如果犯罪人的犯罪行为造成了损害的话，必须进行赔偿；如果犯罪人的犯罪行为涉及某些特定场所的话，其犯罪人不得进入这些场所；如果犯罪人有心理问题的话，必须接受心理治疗。

羞辱性条件，指在判处社区矫正刑罚时附加的对犯罪人具有羞辱性意味的条件。在美国的刑事司法实践中，曾出现过给社区服刑人员附加这类羞辱性条件的做法。例如，公布拉客妓女的姓名等。

与发达国家相比，中国非监禁刑及社区矫正的使用率很低。但我国已经有审前调查制度。最高人民法院2001年4月4日发布的《关于审理未成年人刑事案件的若干规定》第21条规定："开庭审理前，控辩双方可以分别就未成年被告人性格特点、家庭情况、社会交往、成长经历以及实施被指控的犯罪前后的表现等情况进行调查，并制作书面材料提交合议庭。必要时，人民法院也可以委托有关社会团体组织就上述情况进行调查或者自行进行调查。"

对于社区矫正义务，即明确犯罪人在社区矫正期间应当履行的法律义务。2011年《中华人民共和国刑法修正案（八）》仅限于禁止性义务，而无活动性义务。2012年1月10日的《社区矫正实施办法》中明确规定社区矫正过程中社区矫正人员所应该履行的义务，如社会矫正实施办法第11条规定:"社区矫正人员应当定期向司法所报告遵纪守法、接受监督管理、参加教育学习、社区服务和社会活动的情况。发生居所变化、工作变动、家庭重大变故以及接触对其矫正产生不利影响人员的,社区矫正人员应当及时报告";第33条关于未成年人参加社区矫正,应遵循的方针有:

(1) 对未成年人的社区矫正应当与成年人分开进行;(2) 对未成年社区矫正人员给予身份保护,其矫正宣告不公开进行,其矫正档案应当保密;(3) 未成年社区矫正人员的矫正小组应当有熟悉青少年成长特点的人员参加;(4) 针对未成年人的年龄、心理特点和身心发育需要等特殊情况,采取有益于其身心健康发展的监督管理措施;(5) 采用易为未成年人接受的方式,开展思想、法制、道德教育和心理辅导;(6) 协调有关部门为未成年社区矫正人员就学、就业等提供帮助;(7) 督促未成年社区矫正人员的监护人履行监护职责,承担抚养、管教等义务;(8) 采取其他有利于未成年社区矫正人员改过自新、融入正常社会生活的必要措施。

较美国的量刑前调查报告及社区矫正条件,我国依然处于落后阶段,故需要进一步完善相关立法。

(二) 缓刑

1. 缓刑的条件

缓刑作为最为典型的社区矫正种类之一,也是目前应用得最为广泛的犯罪处置方式之一。缓刑条件是法官判处缓刑时确定的要求犯罪人在缓刑期间必须履行的义务。

美国缓刑与假释协会提出了这样一些缓刑条件:[①]

(1) 与监督计划进行合作;(2) 承担家庭责任;(3) 维持稳定的就业,或者禁止从事特定职业;(4) 接受指定的教育或职业培训;(5) 参加医学治疗或者精神病学治疗;(6) 在指定的地区居住,或者在指定的机构住宿; (7) 禁止与某些类型的人交往,或者禁止去一些地方;(8) 支付赔偿金、罚金、补偿款或者家庭抚养费;(9) 接受搜查和没收;(10) 接受毒品检验。

美国将缓刑的条件分为标准条件,(即要求所有缓刑犯都必须履

---

① 吴宗宪:《社区矫正比较研究》,中国人民大学出版社2011年版,第154页。

行的义务），以及缓刑的"特别条件"，也叫"附加条件"，即法庭根据一定情况要求某些缓刑犯必须履行的义务。在前者中比较全面和具有代表性的是美国佛罗里达州的标准缓刑条件；后者可见美国德克萨斯州缓刑的特别条件。当然，不同州的缓刑条件也是不一样的。具体可查阅吴宗宪的《社区矫正比较研究》的具体内容。

2. 缓刑管理

在美国，管理缓刑的机构种类较多，层次也较多，比较复杂。大部分州区分了成人缓刑机构与青少年缓刑机构，前者归州矫正局管理，后者则多属于法院系统。当然也有一些州归矫正局或地方政府管理。那么，大多数州缓刑工作人员同时也兼管假释的工作（成人缓刑而言）。[①]

缓刑作为我国的一项重要刑罚制度，《刑法》第 75 条中有对缓刑条件的具体规定，这些规定当属于国际社会中标准的缓刑条件。因此，从这方面来看，我国缺乏缓刑的特别条件。

从上述对美国缓刑管理机构的梳理中来看，美国很多州有自己的缓刑管理机构。但我国目前并没有设立缓刑管理机构，在社会矫正试点实践中的做法是把司法行政机关作为缓刑执行的主要机构。这一项工作，值得借鉴美国缓刑的相关制度。

（三）假释

假释作为一种重要的社区矫正形式之一，其存在却备受争议。

1. 假释制度在美国的发展

1984 年，美国量刑委员会建议，废除联邦假释；1987 年 11 月 1 日对所有被判刑犯罪人都用"监督型释放"来取代假释；1990 年，美国的 12 个州对假释采取了严格的限制政策或完全废除了假释；1996 年，俄亥俄州成为废除假释的第 11 个州；美国联邦系统于 2001 年停止使用假释。但即使是在美国，假释也不会被完全取消。

在美国，假释的发展趋势表现为以下两种：一种要求并推动假释的废除；另一种则要求保留和改造假释。

2. 假释的前提及评定

适用假释的条件，即假释适合性，也就是犯人可以申请假释和有关

[①] 曾桂梅：《论美国社区矫正制度》，硕士学位论文，西南政法大学，2013 年。

部门可以批准假释的最低限度的条件。

在美国，决定犯罪人是否适用假释，受以下一些因素影响，比如法院判处的刑罚，一般而言，死刑犯没有申请假释的资格；犯罪人在监狱的服刑期是判断犯罪人是否适用假释的因素之一，例如美国的密西西比州对不同类型的犯罪人规定了不同的最低服刑时间；还有就是犯罪人在服刑期间的表现，一般会通过对犯罪人服刑期间的表现判断他们的悔罪情况以及对未来是否再次犯罪做出一定的预测。如何做出科学、有效的预测是一个技术性工作。美国的一些犯罪学家研究出了"突出因素分数"，这是一个假释危险性预测工具，主要被用来评定犯人的个人情况及他们在监狱中的服刑表现。

同样，假释批准是需要一系列的程序。在美国，假释委员会作为假释决定机构，在做出假释的决定过程中，采用了"假释决定指南"，① 用来确定不同类型的犯人在假释前应当在监狱中服刑的时间或幅度。美国大多数假释机构的工作人员都是由政府任命的、有偿的专职人员。

3. 假释条件

假释条件为对犯罪人决定执行假释时确定其应该履行的义务。同缓刑一样，美国的假释条件也分为标准条件和特别条件。同样，如果假释犯在假释期间违反假释条件，就会带来相应的法律后果，比如再次回到监狱。美国的一些研究发现，假释违规者以及假释潜逃者具备一些特征和因素。② 根据这些特征和因素，可有效预测假释违规和潜逃行为的发生率。

我国刑法对假释条件也有明确的规定，如《中华人民共和国刑法》第84条规定假释犯应"遵守法律、行政法规，服从监督；按照监督机关的规定报告自己的活动情况；遵守监督机关关于会客的规定；离开所居住的市、县或者迁居，应当报经监督机关批准"。我国没有专门的假释委员会，我国的假释裁定权的行使主体是中级以上人民法院。我国《刑法》第81条对两种罪犯可以适用假释进行了规定，但在具体操作过程中却不

---

① 这个决定主要分为三部分：一是犯罪人的犯罪类型；二是犯罪人的一些表现；三是犯罪人在假释前应当服刑的时间范围。
② 吴宗宪：《社区矫正比较研究》，中国人民大学出版社2011年版，第251—254页。

容易把握。这一点,可借鉴美国对假释犯的预测方式。

同时,我国《社区矫正实施办法》第 25 条亦规定了撤销假释的情形。

三 社区矫正工作者

本节所指的社区矫正工作者是遵从吴宗宪对社会矫正工作者的界定,即不仅包括专业人员,也包括准专业人员和志愿者。

(一)缓刑官

在美国,有缓刑官,其责任主要有:[①] 充当法庭的"官员";调查、面谈和分析;执行法庭的命令;发展对被告人的需要与危险评估;考察量刑建议;监督缓刑犯(这应该是缓刑官最重要的工作任务之一);对每名缓刑犯进行专门的诊断;担任治疗人员;填写标准化的评定表格;管理社区中心、社区矫正计划和社区矫正机构。

(二)假释官

同样,美国也有假释官,即对在社区中的假释犯进行监督和提供帮助的矫正官员。假释官的工作任务包含两个方面:其一是监督任务,监督假释犯对假释条件的履行状况;其二是帮助任务,帮助假释犯寻找工作、为假释犯提供一些治疗,如戒毒和戒酒治疗活动等。

(三)缓刑官和假释官的任职资格与职业发展

在美国,大多数州对假释官和缓刑官的任职资格要求是具备学士学位。对于缓刑官和假释官的选拔方式一般采取考试制、任命制或两种相结合的制度。同时,美国的一些州还要求缓刑官和假释官具备相应的知识和能力,比如乔恩·劳克斯提出,缓刑官的任命应考虑到其是否具备医学、心理学或者适合性标准;在美国的新泽西州,假释官应该具备阅读、解释和应用本州有关缓刑、假释以及相关司法机构的法律信息的能力,能对涉及假释犯的一些潜在危险情境进行评价,并能做出处理和判断的能力,具备对假释违规行为进行调查的能力,对不同背景、不同认

---

① Stevens, D. J., "Community Corrections: An Applied Approach", Englewood Cliffs, NJ: Prentice Hall, 2005, p. 263.

知能力的假释犯能够做出相应的反应能力等。①

美国会对社区矫正工作者进行专业的培训；同时会考虑到其职业生涯也会进行相应的知识和技能更新。值得一提的是，美国的社区矫正工作者设立的职业发展等级，这种职业等级与其工作时间、工作经验、工作成效、薪酬等相联系与结合。比如划分为：新员工等级和管理层，管理层依然会分为不同等级。美国对缓刑官和假释官在工作中是否允许其佩带武器在不同的州有不同的规定。

（四）其他人员

1. 志愿人员

美国的缓刑起源于志愿人员提供的服务。在美国，志愿者会作为假释官助手提供各种服务，比如进行调查、面谈；或者根据需要提供专业知识和技能；提供一些行政管理或文秘等协助工作；新泽西州假释局会准许大学生以志愿者的身份进行实习。对于美国，不同的州对志愿者的资格要求不同，但总体来说，官方对志愿者参与社区矫正工作是大力支持的，而在实践中，社区矫正局对志愿者的招募情况也是多样化的。

2. 准专业人员

准专业人员较志愿人员而言，也是可以获得一定的薪水，接受过一定的专业培训，在固定的工作时间内需要完成一定的工作任务。社区矫正领域中的准专业人员通常是解决志愿人员在加入社区矫正领域出现的诸多问题而逐步发展起来的。美国在很多领域都会大量地使用准专业人员，当然包括在社区矫正领域。比如，美国的俄亥俄州选刑事人员作为社区矫正领域的准专业人员。

我国《社区矫正实施办法》第2条和第3条规定："司法行政机关负责指导管理、组织实施社区矫正工作。人民法院对符合社区矫正适用条件的被告人、罪犯依法作出判决、裁定或者决定。人民检察院对社区矫正各执法环节依法实行法律监督。公安机关对违反治安管理规定和重新犯罪的社区矫正人员及时依法处理。县级司法行政机关社区矫正机构对社区矫正人员进行监督管理和教育帮助。司法所承担社区矫正日常工作。

---

① 吴宗宪：《社区矫正比较研究》，中国人民大学出版社2011年版，第275—279页。

社会工作者和志愿者在社区矫正机构的组织指导下参与社区矫正工作。有关部门、村（居）民委员会、社区矫正人员所在单位、就读学校、家庭成员或者监护人、保证人等协助社区矫正机构进行社区矫正。"实施办法的第 2 条和第 3 条呈现了我国社区矫正工作者的类型、范围。可以说，有专业人员，比如社区矫正机构的国家工作人员、司法所的国家工作人员；也有准专业人员，比如"社会工作者"中的部分人员及志愿者。较美国而言，我国社区矫正工作人员分工不明确，分类不清晰，权利、义务以及职责规定太过笼统与抽象。

四 社区矫正的监督、帮助

（一）监督

社区矫正的一项重要任务就是对罪犯进行监督。社会矫正的监督就是对在社区中的服刑人员的行为和对法律的遵守状况进行监视。

对社区服刑人员进行监督可以有效预防罪犯对社会造成新的危害，同时，也可保证服刑人员更好地遵守法律法规。

以美国的《纽约州刑事诉讼法典》为例，体会一下美国社区矫正对缓刑犯的监督目标：[①]（1）通过缓刑官履行特别义务而保护公众；（2）帮助缓刑犯为独立的守法的生活做准备；（3）向缓刑犯提供充足的参加社区中活动的机会；（4）发现、使用和创造社区中可以满足缓刑犯需要的资源；（5）根据对所有缓刑犯的分类和他们的需要，发展一种区别监督的体系；（6）实施成本低、效率高的监督计划；（7）根据要求对被害人提供赔偿或者补偿。

在美国，社区矫正中的监督有一个历史的变迁过程，大致可分为四个阶段：第一个阶段是以重视个案工作为其主要特点的阶段，在这一阶段中，缓刑官或假释官以"个案工作者"的身份对社区服刑人员提供咨询和帮助。第二个阶段是从 20 世纪 70 年代初到 20 世纪 80 年代初，这一阶段的特点是社区矫正工作者向社区服刑人员介绍专业化的社区机构，这些机构则为服刑人员提供相应的服务，比如就业、住房、教育等。第三个阶段就是公平模式时代。这一阶段将公平提上日程，注重犯罪人获

[①] 吴宗宪：《社区矫正比较研究》，中国人民大学出版社 2011 年版，第 352 页。

得帮助的条件与其应付的代价之间的平衡性。这里被判处缓刑或假释其实包含两方面的内容,其一就是犯罪人基于其犯罪行为应该受到一定程度的惩罚;其二就是对被害人或社区所造成的损害进行赔偿。最后一个阶段则是从1997年到现在,被称为彻底改造缓刑时代。基于对目前缓刑存在的诸多问题,比如缺乏长期的策略、公众对缓刑的负面态度等,美国全国缓刑局长协会发起了一场运动,即"彻底改造缓刑运动"。这场运动针对目前缓刑存在的问题,提出了一系列改进的措施,比如强调公众的安全、重视缓刑官的在场监督等。

美国对社区服刑人员的监督,依次遵循评估、分类、分配、监督这几个步骤进行。评估就是通过各种方法对犯罪人的情况进行全面的了解和评定的过程。当然,美国不同的司法管辖区所使用的评估工具具有差异性,但都会包含两方面的内容:一是对犯罪人人身危险性的评定,二是对犯罪人的需要状况进行评定。这里值得一提的是美国威斯康星州的犯罪人人身危险性评估工具。这个量表包含十一个因子,最后根据总分对犯罪人的危险性进行评定。不过,目前并不知道这个量表的信度和效度如何。其他的还有宾夕法尼亚州危险评估量表、马萨诸塞州缓刑管理局犯罪人危险性评估工具等。

基于评估结果会对犯罪人进行分类。分类也会使用到一些工具;遵循一定的标准进行,以达到更方便和有效地进行管理。分类后就会进入案件分配环节,这里会涉及分配的案件量问题。美国缓刑与假释协会提出了"工作量模式",认为这种模式可以更为公正地显示监督官员的案件量。

最后一个步骤就是对社区服刑人员的监督问题了。监督活动会在个案计划的基础上进行。美国纽约州认为,在监督的初次面谈环节上,应达成以下几个目标:(1)建立好双方之间的关系,这一点和心理咨询的初次面谈目标是一致的;(2)分析服刑人员的存在问题;(3)提出建议;(4)明确假释过程之后的结果。我们看到,除了最后一点,其他三点和我们心理咨询面谈基本一致。那么,在监督的过程中,可以采取直接监督,比如办公室约谈、现场巡视,或者进行间接监督,如电话查证、电子监控等。

(二) 帮助

社区矫正工作的一项重要职责就是为社区服刑人员提供帮助。在美国的很多州，都有为社区服刑人员提供服务的做法。比如，提供咨询、戒毒治疗、工作技能培训等。提供帮助的前提条件是需要了解社区服刑人员的需要。根据马斯洛的需要层次理论，只有满足了个体如生理需要、爱的需要、安全需要等缺失性需要，才会有追求审美、认知、自我实现这种发展性需要。在这了解社区服刑人员需要的工作中，美国也是最先发展起来了一些评估工具，比如威斯康星州矫正局编制的"当事人需要评估表"、宾夕法尼亚州新"当事人需要评估表"。但是，目前并没有找到这些工具的信效度值。

美国对社区服刑人员的帮助既有直接帮助，也有间接帮助。提供帮助主体有刑事司法机关、专业的社区矫正工作者、准专业人员、志愿者。这里值得一提的是美国在社区矫正工作中对社会资源的利用。比如心理健康部提供各种治疗、社会服务部提供一些残疾人士需要提供的帮助等。[①]

在提供帮助的服务当中，会涉及对成瘾型犯罪人的治疗，比如酒精成瘾或者毒品成瘾者。美国大多数州采取的是强制治疗。上面还提到了提供心理服务的帮助形式，心理服务就是对社区服刑人员提供心理咨询或心理治疗的活动，其利用的是心理学专业的相关理论和技能。比如对成瘾犯罪者在"戒瘾"期间，同时还需要进行一系列的心理疗法。心理服务的范围广，但针对社区服刑人员的心理服务主要会有以下几个方面的内容：首先是提供社会适应性的训练，大多数犯罪者犯罪的原因是对当前社会的一种不良适应，比如破坏法律秩序，或者暴力犯对人际交往技能的缺乏所导致的。其次是进行人格的重塑，根据一般犯罪学理论，犯罪的原因是自我控制加上机遇的结果。低自我控制就会涉及人格问题，如何提升犯罪者自我控制力也可以从心理学视角寻求解决方案。最后是提供发展性的心理咨询，比如进行职业规划，从而为犯罪人就业和回归社会做好准备。

美国对社区服刑人员还有其他的帮助形式，比如就业帮助、文化教

[①] 吴宗宪：《社区矫正比较研究》，中国人民大学出版社 2011 年版，第 385 页。

育、紧急救助等,这里就不一一列举了。

我国在社区矫正实践中采取的是分类管理的方式,一般将服刑人员分为三个等级,即宽管、普管、严管,不同的等级对应着相应的期限。但目前存在的问题有以下几个方面:首先是各个地方在确定服刑人员监管等级之前有一个过渡期,各地对过渡期的性质和期限的认识存在差异,如北京市认为,过渡期性质为严管,期限为入矫教育1个月,但湖北省则认为过渡期属于严管,期限为入矫教育不满3个月。其次是各地对社区服刑人员采取的风险评估模式差异过大,有的省市借助了较为科学的评估量表,有的省市的评估方式则较为粗略,缺乏科学性和客观性。再次是各地对处遇等级调整评估期限不同。比如北京市规定是常规矫正期动态评估期限为半年,解矫前3个月进行动态调整评估,山东的期限则笼统地规定为半年。最后是三级处遇间的界限不明显,比如江西省社区服刑人员分类管理分阶段教育实施办法关于监管教育方式中口头汇报频率的规定为:严管每周1次,普管半个月1次,宽管则每月1次。相应地,福建省社区矫正对象分类管理分阶段教育实施办法则规定口头、电话汇报的频率为:严管每周1次,普管每周1次,宽管半个月1次。那么,如果不同监管等级之间差异不显著的话,就会使得社区服刑人员缺乏积极改造的动机,从而所定等级也不能起到威慑或者激励的作用。[①]

我国在社区矫正工作当中,也会提供心理矫治的服务。心理矫治就是指在社区矫正工作当中,运用心理学知识和技能,帮助社区服刑人员调整和改善他们的心理环境,并从发展的角度帮助他们建立正确的认知方式,塑造积极健康的人格。目前我国对心理矫治十分重视,因为意识到犯罪在很大程度上是人格偏差或者心理因素导致,所以,心理矫治是非常必要的。但目前我国在这一方面依然存在诸多问题,比如缺乏专业的心理学工作人员,缺乏相应的设备和场地,以及对心理矫治缺乏科学的认知等均影响到社区心理矫治工作的开展。

不管是分级还是进行心理治疗服务,都会涉及评估环节。我国的社区矫正相关立法中对社区矫正的对象、执行主体以及社区矫正的实施范围有所规定,比如刑法规定了适用社区矫正的对象,监狱法中规定了社

[①] 何显兵、廖斌:《论社区矫正分级处遇机制的完善》,《法学杂志》2018年第5期。

区矫正的执行主体，但对社区矫正风险评估的程序、评估实施主体、评估的标准等细节问题均未涉及。虽然在 2012 年的《社区矫正实施办法》中对社区矫正的审前社会调查，社区服刑人员的报到、接收乃至解除矫正前的考核结果评定有所规定，对社区矫正的风险评估起到一定的参考价值，但这些规定缺乏操作性和系统性，故在实践当中依然存在诸多问题。

从以上中美两国在对社区服刑人员的监督和帮助方面的对比中，我们看到美国在这一块已经做得非常成熟了，尤其是评估中标准化量表的引入以及提供心理帮助方面非常值得我国学习和借鉴。

五　社区矫正的新发展形式——不同类型的制裁

在社区矫正的发展过程中，虽然取得了不错的成绩，但问题也相伴而来，比如，传统社区矫正惩罚力度的问题、对社区矫正效果的质疑、重新犯罪率的考虑等。在这样的背景下，中间制裁便首先在西方国家发展起来。

（一）居住式中间制裁

居住式中间制裁是一种较传统的缓刑和假释更为严厉的惩罚；犯罪人应当在特定的矫正机构居住一定时间的中间制裁。这种制裁包括中途之家、休克缓刑等多种形式。下面主要介绍美国的"中途之家"这种居住式制裁。

中途之家，也被称为"过渡性矫正所"，一般是为了帮助出监犯罪人以及其他相关人员更好地回归社会而设立的一种机构。美国的中途之家观念于 1816 年产生，1964 年第一所服务少年罪犯的中途之家建立于密歇根州。

中途之家一般可划分为"入内中途之家"和"出外中途之家"，前者可作为监禁的前端替代措施，相应地，后者用于监禁的后端替代措施。比如密歇根州的"卡拉马祖缓刑增强计划"就是为了增强缓刑和假释的惩罚性措施，其主要目的是帮助缓刑犯找到并维持职业，所以，在这个计划中会涉及教育矫正的内容，如为了顺利就业而进行的各项职业技能的培训。整个计划分为若干阶段，不同阶段缓刑犯受到的监督强度、完成的任务以及所受到的待遇均有差别。此为"入内中途之家"的例子。

"出外中途之家"的例子如美国联邦系统的一个后端中途之家体系。美国联邦监狱系统制定划分为三阶段的体系。第一个阶段在监禁时就会进行一系列的矫治。第二个阶段就是将犯人释放于中途之家。最后一个阶段是将犯人放置于社区监督之中。实施这种阶段体系的目的则是为了使犯人更好地回归社区。当然,是否适用这种三阶段体系还需要满足一定的条件,比如不适合性犯罪的罪犯、人身危险性高的罪犯以及刑期方面也是需要考虑的因素。

中途之家一般会实行矫正计划,矫正计划有支持型的,也有干预型的。大多数的中途之家的目的就是促进罪犯重新融入社会之中,预防重新犯罪。预防重新犯罪就需要罪犯很好地适应社会,适应社会的关键是能够有自己的工作和可靠的经济来源。所以大多数途中之家会关注罪犯的就业和职业问题,并力所能及地为他们提供就业机会和维持其职业生涯。

总体而言,美国的研究表明,中途之家实施的效果还是不错的,比如,成功完成中途之家的经历似乎与较低的重新犯罪率有关,中途之家的罪犯在受到矫治后能够拥有稳定的职业生涯等。

2007年7月8日,我国的第一家中途之家建立于北京市朝阳区,并于同年12月25日正式投入使用。这家中途之家是对无家可归、无亲可投、无生活来源的社区服刑人员和刑满释放解矫人员提供的一种过渡性食宿的社区矫正机构。在这样的社区矫正中,会对居住其中的人员提供救济、教育矫正、必要的职业技能培训等服务。

我国的中途之家是在借鉴国外经验基础上发展起来的,其重要的特点就是政府的介入。也正因如此,我国的中途之家首要立足点是社会,即维护社会的安全与秩序。中途之家的运行模式,如北京市朝阳区中途之家采取的是政府负责的运行模式,即由政府出资,隶属于朝阳司法局,以行政指令方式整合资源,对员工工作的考核与评价也是采取行政机制激励方式,工作内容以管教为主。从发展上来看,我国的中途之家发展晚于社区矫正制度,从这一点来分析,中途之家的设置是为了社区矫正制度更好地运行,是对目前社区矫正制度存在问题的一种弥补。①

---

① 马志强:《中途之家的本土形态与本土逻辑——基于国家与社会关系的分析视角》,《人文杂志》2013年第1期。

我国中途之家由于政府强有力的介入，固然会有一些优势，比如功能齐全、效果良好，但同时也会出现一些弊端。较美国中途之家充分吸纳志愿者加入的特点，我国中途之家则志愿者参与不足。

（二）非居住式中间制裁

非居住式中间制裁，顾名思义就是受到制裁的罪犯不用居住在特定的矫正机构服刑，而是居住在自己的家中，在社区内接受监督和执行刑罚。非居住式中间制裁同样包括多种具体的形式，如家庭监禁、电子监控、日间报告中心等。下面主要介绍美国的家庭监禁这种非居住式中间制裁。

家庭监禁就是指将罪犯监禁于家庭住所当中，并且在特定的时间段内不允许罪犯离开住所的一种中间制裁形式。1971年，圣路易斯将家庭监禁作为一种刑罚措施开始使用。在美国，佛罗里达州作为第一个正式使用家庭监禁的州，并且在家庭监禁方面进行了大量的探索。首先是对监禁对象的探索。只有以下这三类罪犯可被判为家庭监禁：犯有非暴力型重罪的罪犯，实施了轻罪的缓刑犯，以及实施了轻罪的假释犯。其次规定了家庭监禁罪犯的基本义务，比如规定向家庭监禁官汇报的频次，从事无偿公共服务的时间，每个月支付的赔偿费数额，以及其他所必须履行的义务。[①]

由于家庭监禁通常和电子监控是同时进行的，所以，下面用少量的笔墨介绍一下电子监控。

电子监控是指在社区矫正中使用电子通信设备对社区服刑人员进行监督和控制的一种技术。美国司法援助局认为，电子监控具有效率高、成本低，可以促进公共安全，与罪犯所犯罪行相适应等优点。

我国虽然没有家庭监禁这种中间制裁方式，但电子监控是有的。早在社区矫正试点工作启动之时，就有地区采用了电子监控。部分省市采用了"电子手环"的方式，通过实时定位、行动轨迹检测、越界报警等功能对社区服刑人员进行监控。同时，还配备有专门接听电话的手机，通过随机、随时的联络，确保社区服刑人员24小时处于被监管之中。但是，电子监控的使用同样存在诸多问题，比如，不能从根本上杜绝犯罪

---

① 吴宗宪：《社区矫正比较研究》，中国人民大学出版社2011年版，第527—528页。

行为，技术方面的问题，以及经济投入过大等。

较美国的非居住式中间制裁多样化形式而言，中国在这方面还处于起步阶段，我国社区矫正应充分利用相关资源，完善社区矫正中间制裁的各种具体形式，建立具有中国特色的非居住式中间制裁模式。

（三）经济制裁

经济制裁是指由罪犯向社区和被害人等直接进行金钱补偿和提供具有经济价值的服务的一种制裁形式。比如进行社区服务、没收财产、进行慈善捐款、交保证金等形式。以下主要介绍社区服务这种经济制裁形式。

社区服务是指罪犯到社区中提供一段时间的无偿劳动或服务的非监禁刑刑罚。社区服务的第一个特点就是无偿性，即提供无偿的劳动或服务，通过这种无偿性的劳动或服务为他们的犯罪行为负责。第二个特点是强制性，即便是社区服务，也是一种刑罚，故刑罚的强制性特点也适用于社区服务。第三个特点是社区性，社区服务顾名思义其服务地点为社区，一般为罪犯所居住的社区或者相关社区。最后一个特点就是建设性。虽然社区服务是一种刑罚处罚的方式，但惩罚性并不是其唯一的目的，修复罪犯和其侵害的社会关系也是其中的目的所在，故体现了建设性。

在美国，社区服务出现较晚。在美国，社区服务可适用于各种类型的罪犯。当然，一些司法管辖区规定某些类型的人不适用社区服务，比如得克萨斯州规定与醉酒有关的罪犯不得从事社区服务，纽约州规定，性罪犯也不得从事社区服务。

美国社区服务适用模式有三种：对犯罪情节极度轻微的罪犯适用的唯一刑罚，监禁前端转处措施，以及缓刑的增强工具。在法院判处罪犯进行社区服务之前，需要收集必要信息，比如美国华盛顿就通过社区服务令问卷来收集信息，帮助法官做出是否判处社区服务的决定。社区服务令是一种法律文书，是法庭判处罪犯从事社区服务的法律载体。有了社区服务令，罪犯就需要在指定的地点工作（在美国，通常是非营利性机构或慈善性质的机构、政府机构）；同时，罪犯一般从事的是较为简单的工作，或者帮助他人的工作。这一点很好理解，因为罪犯去提供服务的前提是他有服务的能力。在美国，罪犯从事社区服务工作主要有以下几种类型：维护财产和房屋工作，维护道路工作，园林绿化等。

就社区服务的管理情况来看，由于社区服务主要是作为缓刑的一种前提条件而进行的，所以管理机构一般来说就是缓刑机构，一些缓刑机构会建立专门机构，负责安置并监督从事社区服务的罪犯是否遵循了社区服务令。还有就是一些司法管辖区会和私营机构签订合同，由私营机构管理和监督罪犯的相关情况，比如社区服务量刑计划。①

社区服务作为一种刑罚措施，对罪犯和社会而言均有一定的益处。我国对社区服务也是一种认可的态度。比如我国有"社会服务令"的法律文书，也有"公益劳动"的相关立法。

社区矫正作为一种非监禁刑罚执行方式，体现了恢复性司法理念，即以修补被犯罪所破坏的社会关系为目标的司法模式。② 恢复性司法不仅体现了对被害人合法权益的维护，还表现出对罪犯顺利回归正常社会生活的恢复。社区服务作为社区矫正的一种形式，无疑是对社区矫正的"惩罚性功能"和"恢复性目的"的最好解说。通过罪犯的无偿服务，达到其与被害人和社会的"和解"，有利于其回归社会，同时也体现了刑罚的谦抑性。我国在这一领域理论方面进行了较多的探索，但社区服务的实践依然处于起步探索阶段，应该向国外借鉴和学习相关经验。

---

① 这是由私营机构和纽约市签订合同，从而安置和监督罪犯，并对罪犯从事社区服务的状况进行汇报的一种形式。

② 茅仲华：《刑罚代价论》，法律出版社2013年版，第278页。

后　记

本书是我们在多年研究问题青少年预防教育和矫正干预的理论与实践基础上，借鉴和吸收国内外最新资料而写成的。

本书具有较高的学术创新和学术价值，一是构建了多学科视角下问题青少年预防和干预的双预机制。既从宏观层面，通过教育学、社会学、心理学、犯罪学、法学视角对问题青少年的各种成因进行综合探索，又兼顾微观层面上的对问题青少年的内部心理机制的研究，形成一个系统化的"预防教育"和"干预矫正"的双预机制。二是探索问题青少年特殊的心理发展路程与成长轨迹，寻求其转变的关键点。通过纵向跟踪研究，从时间序列上描述并解释问题青少年特有的心理状态，探求"正常青少年—虞犯青少年—犯罪青少年—矫正青少年—回归青少年"的转化规律，从而为"预防"与"干预"提供切入点。通过横向比较，研究正常青少年与各种类型的问题青少年的异同之处，使"预防"与"干预"具有针对性与可操作性。三是采用了质性研究和量性研究相结合的研究方法。针对问题青少年，采用质性研究和量性研究相结合的方法，既为研究问题青少年提供第一手的宝贵资料，又为预防教育和干预矫正提供了扎实的科学研究方法，保证了研究的科学性和实效性。

本书是我以及我的博士研究生共同撰写的，参加编写的具体分工为：苏春景（第一章、第二章）、杨虎民（第三章）、刘丽（第四章）、焦迎娜（第五章）、盖蓉蓉（第一章的第三节、第五章的第五节）、刘若谷（第六章的第一节、第二节）、徐淑慧（第六章的第三节）。苏春景负责书稿的统筹与审定工作。

作者在撰写本书过程中，参考了大量国内外相关资料和最新研究成果，在此表示衷心的感谢。

我们也向出版此书的中国社会科学出版社，尤其是为本书顺利出版付出艰辛工作的各位编辑，表示由衷的感谢。

由于双预机制视角下问题青少年教育矫正研究的复杂性以及作者理论水平和实践经验有限，本书内容存在许多不足之处，敬请各位读者和专家斧正。

苏春景

2018 年 7 月